Cassia E. de Moura

Gestão de Estoques

Ação e Monitoramento na Cadeia de Logística Integrada

Gestão de Estoques: Ação e monitoramento na cadeia de logística integrada
Copyright© Editora Ciência Moderna Ltda., 2004

Todos os direitos para a língua portuguesa reservados pela EDITORA CIÊNCIA MODERNA LTDA.

De acordo com a Lei 9.610, de 19/2/1998, nenhuma parte deste livro poderá ser reproduzida, transmitida e gravada, por qualquer meio eletrônico, mecânico, por fotocópia e outros, sem a prévia autorização, por escrito, da Editora.

Editor: Paulo André P. Marques
Supervisão Editorial: João Luís Fortes
Capa: Paulo Vermelho
Diagramação e Digitalização de Imagens: Érika Loroza
Revisão de provas: Larissa Neves Ventura
Assistente Editorial: Daniele M. Oliveira

Várias **Marcas Registradas** aparecem no decorrer deste livro. Mais do que simplesmente listar esses nomes e informar quem possui seus direitos de exploração, ou ainda imprimir os logotipos das mesmas, o editor declara estar utilizando tais nomes apenas para fins editoriais, em benefício exclusivo do dono da Marca Registrada, sem intenção de infringir as regras de sua utilização. Qualquer semelhança em nomes próprios e acontecimentos será mera coincidência.

FICHA CATALOGRÁFICA

MOURA, Cassia.

Gestão de Estoques: Ação e monitoramento na cadeia de logística integrada

Rio de Janeiro: Editora Ciência Moderna Ltda., 2004.

1. Administração empresarial.
I — Título

ISBN: 85-399-343-7

CDD 650
658.5
658.7

Editora Ciência Moderna Ltda.
R. Alice Figueiredo, 46 – Riachuelo
Rio de Janeiro, RJ – Brasil   CEP: 20.950-150
Tel: (21) 2201-6662/ Fax: (21) 2201-6896
E-MAIL: LCM@LCM.COM.BR
WWW.LCM.COM.BR

Aos meus pais, João Patrício de Moura e Virginia Ercolin de Moura, que, com sua cultura natural, lutaram e se empenharam em estimular a esperança e a perseverança na defesa dos ideais.

AGRADECIMENTOS

Às minhas irmãs, Elisabete, Raquel, e Andréa, bases nas realizações dos meus ideais, e em especial ao meu irmão João Patrício, pelo incentivo e permanente apoio.

A Carmen, pelos comentários e participação no desenvolvimento deste trabalho, e por me ensinar, com sua experiência, que, apesar das limitações, o que importa é simplesmente fazer o melhor...

A todas as pessoas que, direta ou indiretamente, apoiaram na elaboração desta obra.

Finalmente, à competente equipe da editora Ciência Moderna, que contribuiu de modo significativo para o produto final.

SUMÁRIO

Prefácio XV

Capítulo 1 - Gestão de Estoques 1

1 Conceito da Gestão de Estoques 1

   1.1 Introdução 1

   1.2 Definição 2

   1.3 A Demanda e a Curva ABC 5

   1.4 Fundamentos Básicos do Estoque 7

   1.5 Previsão de Necessidades e Lead Times 11

   1.6 Objetivos dos Estoques 12

   1.7 Classificação dos Estoques 13

2 Estoque de Segurança 16

   2.1 Introdução 16

   2.2 Incertezas *versus* Estoque de Segurança 17

   2.3 Previsão de Incertezas da Demanda 18

   2.4 A Incerteza do Lead Time 20

   2.5 A Incerteza na Quantidade Recebida 21

   2.6 Dimensionamento de Estoques de Segurança 22

   2.7 Estoque de Segurança no Modelo de Reposição de Pedido 23

   2.8 Definição do Estoque de Segurança 25

Problemas Propostos 26

Teste 28

Sugestões Para Revisão 30

VIII | Gestão de Estoques

Capítulo 2 - Giro de Estoque 33

  1 Introdução 33

    1.1 Como Trabalhar com o Ativo Circulante 33

    1.2 Estoque na Visão Financeira 34

  2 Análise dos Ativos no Ciclo Operacional 34

    2.1 Cálculo do Estoque 34

    2.2 Natureza do Estoque 35

  3 Os Bens Giram Financeiramente 35

    3.1 O Giro é um Conjunto de Fatos 36

    3.2 A Fórmula do Giro 37

  Problemas Propostos 40

  Teste 40

  Sugestões Para Revisão 42

Capítulo 3 - Modelos de Quantidade Econômica de Compras e Pedido 43

  1 Lote Econômico de Compra (LEC) 43

    1.1 Modelo Básico 44

    1.2 LEC com Reposição Progressiva 51

    1.3 Desconto em Função da Quantidade 56

    1.4 Reposição do Estoque em um Modelo LEC 59

    1.5 Modelo de Intervalo Fixo 72

    1.6 Modelo de Período Único 74

    1.7 Resumo 79

    1.8 Desvantagens dos Modelos LEC (Lote Econômico de Compras) 80

  Problemas Propostos 81

  Teste 89

  Sugestões Para Revisão 91

Capítulo 4 - Material Requirements Planning (MRP) – Planejamento das Necessidades de Materiais 93

  1 Introdução 94

  2 Metas do MRP 94

  3 Demanda do Sistema MRP 95

  4 Inputs Para o MRP 96

    4.1 Programa Mestre 96

    4.2 Arquivo-Lista do Material (LDM) ou BOM – Bill of Materials 97

    4.3 Arquivo de Registro de Estoque 97

  5 Processamento do MRP ou Elementos de Registros Básicos 98

    5.1 Tempo de Ressuprimento (Lead Time) ou Tempo de Espera 98

    5.2 Período (Time Bucket) 98

    5.3 Necessidades Brutas (Gross Requirements) 99

    5.4 Recebimentos Programados (Scheduled Receipt) 99

    5.5 Estoque Projetado Disponível (Projected Available Balance) 99

SUMÁRIO IX

5.6 Plano de Liberação de Ordens (Planned Order Releases) 99
5.7 Tamanho do Lote (Lot Size) 99
6 Outputs do MRP 100
6.1 Relatórios Principais 100
6.2 Relatórios Secundários 101
7 Vantagens do Sistema MRP 102
8 Desvantagens do Sistema MRP 102
Problemas Propostos 108
Teste 110
Sugestões Para Revisão 112

Capítulo 5 - Manufacturing Resources Planning (MRPII) – Planejamento de Recursos
de Fabricação 113

1 Introdução 113
2 Visão Global do MRPII 113
3 Objetivo do Sistema MRPII 115
3.1 Circuito de Planejamento 115
4 Princípios Básicos do MRPII 115
5 Processamento do MRPII 116
5.1 O MRP II Possui Cinco Módulos Principais [Corrêa, 1996, p. 116]: 116
6 Aplicação do MRPII 120
7 Benefícios da Implementação de MRPII 121
Sugestão Para Revisão 122

Capítulo 6 - Setup 123

Capítulo 7 - Kanban 125

1 Introdução 125
2 Andon 126
2.1 Quadro da Meta de Produção Diária 126
2.2 Identificação de Problemas 127
3 Apresentação do Kanban 127
3.1 Conceito 129
3.2 Objetivos do Kanban 129
4 Processo de Produção "Puxada" 130
5 Tipos de Kanban 130
5.1 Kanban de Retirada ou de Requisição 130
5.2 Kanban de Produção 130
5.3 Kanban de Fornecedor ou de Subcontratado 131
5.4 Kanban de Nível de Reposição ou de Estoque Mínimo 132
5.5 Kanban Expresso 133
5.6 Kanban de Emergência 133
5.7 Kanban de Ordem de Serviço 134
5.8 Kanban Integrado ou Kanban Túnel 134

GESTÃO DE ESTOQUES

5.9 Kanban Comum 134
5.10 Etiqueta 134
5.11 Sistema de Trabalho Completo ou Kanban Elétrico 135
5.12 Quadrado Kanban 135
5.13 Kanban Porta-lâmpadas 136
5.14 Kanban Eletrônico 136
6 Vantagens 136
7 Desvantagens 138
8 Regras Básicas 138
   8.1 Produtos com Defeitos 138
   8.2 Interligação do Ciclo Operacional 139
   8.3 Interação do Ciclo Operacional 139
   8.4 Carga de Produção Uniforme e Nivelada 140
   8.5 Variação dos Kanbans 140
   8.6 Estabilidade dos Processos Produtivos 140
   8.7 Quantidade de Kanbans 140
Teste 141
Sugestões Para Revisão 143

Capítulo 8 - Heijunka – Balanceamento de Linha 145
1 Introdução 145
2 Gerenciamento Visual 146
   2.1 Controle de Material em Processo 146
   2.2 Metodologia de Mensuração de "Buffers" 146
   2.3 Atendendo à Demanda dos Clientes 147
3 Desenvolver Kanbans 148
   3.1 Kanbans de Linha 148
   3.2 Kanban de Produtos Acabados 148

Capítulo 9 - Inventário 151
1 O que é Inventário e Qual a sua Finalidade? 151
   1.1 Por que Planejar? 152
   1.2 Como Planejar? 152
2 Modelo de Ficha de Inventário 153
3 Finalização 154
Sugestões Para Revisão 155

Capítulo 10 - Just in Time – Inovação ou Renovação 157
1 Introdução 157
2 Cronograma de Desenvolvimento 158
3 O Sistema Toyota de Produção 159
4 Just in Time (JIT) 160
   4.1 Estoques Isoladores ou de Segurança 161
   4.2 Estoques de Ciclo 161

SUMÁRIO XI

4.3 Estoque de Antecipação 161
4.4 Estoque Isolador 161
4.5 Estoque de Canal 161
4.6 Estoques Isoladores e de Ciclo 161
4.7 Estoques *versus* Problemas 162
Teste 162
Sugestões Para Revisão 164

Capítulo 11 - Kaizen 167
1 Introdução 167
2 Metodologia de Trabalho 167
3 Resultados Esperados 168
4 Genba – Local Real 169
5 Muda – Perda 169
6 Vantagens 170
6.1 Benefícios aos Usuários 170
6.2 Implantação Imediata 170
6.3 Treinamentos 170
6.4 Tecnologia 170
6.5 Integrante Principal – Usuário 170
6.6 Ferramentas 170
7 Desvantagem 171

**Capítulo 12 - Supply Chain Management (SCM) – Gerenciamento da Cadeia
de Suprimentos** 173
1 Introdução 173
2 Conceito 175
3 A Importância da Cadeia Global de Suprimentos 178
3.1 Crescimento do Outsourcing 178
3.2 Competição Global 178
3.3 Efeito da Estratégia Corporativa 178
4 Estratégia Para uma Cadeia Global de Suprimentos 179
4.1 Desenvolvimento da Estrutura 179
4.2 Localização 179
5 Desenvolvimento do Processo 179
5.1 Desenvolvimento da Rede Organizacional 180
5.2 Parcerias e Alianças 180
6 Projeto da Cadeia Global de Suprimentos 180
6.1 Estratégia das Compras 180
6.2 Localização das Plantas Industriais
e de Centros de Distribuição 180
6.3 Logística 181
6.4 Serviços ao Cliente 182
7 Implementando o Conceito de SCM: Barreiras e Alternativas de Solução 182

XII | GESTÃO DE ESTOQUES

8 Manutenção e Monitoramento da Cadeia Global de Suprimentos 184
    8.1 Estabelecer Metas e Métricas de Desempenho 184
    8.2 Controles Financeiros 185
9 Vantagens na Implantação da Cadeia de Suprimentos 185
10 Desvantagens da Criação de uma Cadeia de Suprimentos 185
    10.1 Despesas Monetárias 185
    10.2 Recursos Utilizados 185
    10.3 Interrupção das Atividades de Negócio 186
    10.4 Interrupção das Atividades dos Canais e das Parcerias 186
    10.5 Perdas em uma Fatia de Mercado 186
11 O apoio da Tecnologia de Informação na Implantação do SCM 186

Capítulo 13 - Enterprise Resource Planning (ERP) – Planejamento de Recursos
de Empreendimento 189

1 Introdução 189
2 Funcionamento do Sistema ERP 190
3 Preparando a Implantação do Sistema 190
    3.1 Primeira Etapa – Definir Objetivos e Soluções Pretendidas 190
    3.2 Segunda Etapa – Mensurar Custos e Benefícios da Implantação 191
    3.3 Terceira Etapa – Estrutura e Suporte Técnico 191
4 Avanços na Implantação do ERP 191
5 Manutenção do Sistema ERP 192
    5.1 Terceirização na Manutenção 193
    5.2 Vantagens da Terceirização 193
    5.3 Desvantagens na Terceirização 194
6 Escolhendo o Melhor Sistema ERP 194
    6.1 Produto 194
    6.2 Prestadores de Serviço 194
Sugestões Para Revisão 195

Capítulo 14 - Efficient Consumer Response (ECR) – Resposta Eficiente
Para o Consumidor - Implicações na Cadeia Produtiva 197

1 Introdução 197
2 Um pouco de História 198
3 ECR e Suas Estratégias 199
    3.1 Primeiro Processo 199
    3.2 Segundo Processo 199
    3.3 Terceiro Processo 200
    3.4 Quarto Processo 200
4 As Estratégias e os Seus Desdobramentos 200
    4.1 Sortimento Eficiente das Lojas 200
    4.2 Reposição Eficiente de Mercadorias 200
    4.3. Promoções Eficientes 200
    4.4 Introdução Eficiente de Novos Produtos 201

SUMÁRIO | XIII

5 Entidades e Associações 201
Sugestões Para Revisão 202

Capítulo 15 - Arranjo Físico ou Layout 205

1 Introdução 205
    1.1 Layout Posicional 206
    1.2 Layout Funcional 206
    1.3 Layout Linear 206
2 Escolhendo o Tipo de Layout 206
    2.1 Layout Posicional 206
    2.2 Layout Funcional 206
    2.3 Layout Linear 207
3 Fatores que Influenciam os Arranjos Físicos 207
4 Metodologia para Elaboração do Layout 208
5 Considerações Gerais 209
Sugestão Para Revisão 210

Capítulo 16 - Auditoria de Fornecedores 211

1 Introdução 211
2 Seleção e Avaliação de Fornecedores 212
    2.1 Objetivos do Departamento de Suprimentos 213
    2.2 Avaliação dos Fornecedores 214
Sugestão Para Revisão 216

Anexo I - Armazenagem 217

Anexo II - Formulário para Auditoria de Fornecedores 221

Referências 243

Tabelas 247

Glossário de Logística 253

Respostas dos Problemas Propostos e Testes 393

Prefácio

Atualmente, a administração em gestão de estoques vem ganhando força no cenário de empresas competitivas. O que no passado das organizações era considerado uma estratégia de mercado — como, por exemplo, ter estoques excedentes à demanda (assegurando preços, faltas ocasionais, etc.) —, é hoje um indicador de custo que preocupa administradores que possuem uma visão global do processo da gestão de estoques.

Esse processo pode ser entendido por meio dos quatro aspectos básicos que constituem este livro. O primeiro aspecto se refere às políticas e modelos quantitativos utilizados, com os quais as organizações avaliam, mensuram e acompanham o desempenho do processo como um todo. Escolhi alguns métodos (como curva ABC, modelos de lotes econômicos, etc.) para mostrar como é efetuado o monitoramento da gestão de estoques. No entanto, não tenho a pretensão de induzir o leitor a utilizar somente estes métodos (visto que muitas mudanças estruturais têm ocorrido nas empresas, principalmente após o evento Logístico), mas são métodos que podem ser considerados como os primeiros passos para o aprendizado dos cálculos que envolvem o processo, além de proporcionar subsídios para a criação de novos caminhos para o monitoramento dos estoques.

No segundo aspecto, o que importa são as questões organizacionais envolvidas, o conhecimento das ações de empresas concorrentes ou não, sobre como estão fazendo para se abastecer. Tais informações, porém, não serão suficientes se o autoconhecimento não estiver envolvido na ação. Isto significa que a sustentação de uma ação de mudança ou de transformação somente pode ser estruturada se iniciada com processos educacionais. Dentre esses processos, indico alguns, como *just in time*, kaisen, kanban, etc.

O terceiro aspecto que estudaremos envolve as tecnologias existentes no mercado e que poderão ser utilizadas. No mercado atual, existem inúmeros métodos para se gerir uma empresa como um todo; tem-se falado muito do MRP (Planejamento das Necessidades de Materiais), por isso, teremos um capítulo exclusivo sobre ele. Cabe lembrar que pequenas empresas podem optar por outras tecnologias tão eficazes para o monitoramento de seu processo como o MRP, o que nos leva a crer que todo e qualquer tipo de tecnologia utilizada, se avaliada conforme a necessidade da empresa, tem garantido o sucesso de sua operação. Como o MRP está sendo bastante difundido e seu funcionamento é muito interessante, o escolhemos como uma das tecnologias a serem particularmente estudadas.

O quarto e último aspecto da gestão de estoques é o monitoramento do desempenho do processo. Para cada ação, existe uma reação que deve ser conhecida, analisada e avaliada para a tomada de decisão.

Neste livro, o leitor encontrará algumas tabelas que o ajudarão nos cálculos propostos, além do formulário de avaliação de fornecedores, que tem por objetivo iniciar o aluno na avaliação dos sistemas de qualidade, propondo às empresas fornecedores parceiros e engajados com o objetivo de melhor atender ao cliente, superando suas expectativas.

Por fim, espero que este livro proporcione o conhecimento de técnicas, métodos e cálculos que capacitem o leitor a conhecer, criar ou transformar idéias que produzam um sistema de monitoramento de desempenho de estoque adequado às necessidades das empresas.

A autora

1

GESTÃO DE ESTOQUES

1 Conceito da Gestão de Estoques

1.1 Introdução

Novos parâmetros para medir eficiência têm influenciado, nos últimos tempos, o rumo das empresas no mercado competitivo. Em um passado não tão distante, conhecemos histórias de empresas de grandes nomes, que pareciam sólidas, e se tornaram marcas de prestígio e credibilidade, mas que - como num passe de mágica – sucumbiram, não somente pela concorrência, mas pela própria desorganização de seus métodos. Hoje, sabemos que uma gestão eficiente de estoques, em qualquer segmento do mercado, pode colocar qualquer empresa em destaque, pronta para enfrentar fortemente a concorrência do mercado - além de trazer à tona os problemas de todo o ciclo produtivo. Outra vantagem da gestão eficiente é possibilitar ajustes eficazes em seu processo, resultando em redução de custo e economia nas aquisições. O estoque tem efeito impactante no êxito das empresas. Um dos motivos é o alto volume de dinheiro empregado. Com base nisso, podemos começar a refletir sobre a influência de uma excelente gestão de estoques para o sucesso de uma empresa. Iniciamos, portanto, com os conceitos básicos, definindo passo a passo o que significam, e como administrá-los.

1.1.1 Gestão de Estoques *versus* Controle de Estoques

Faz parte da cultura de muitas empresas que os produtos devem ser mantidos em estoques, seja qual for o objetivo ou para assegurar-se das faltas na variação da demanda, ou para produzir lotes econômicos ou ainda para não perder vendas.

Essa visão administrativa causa alguns problemas:

a) Altos custos de manutenção de estoques;
b) Falta de tempo de resposta do mercado;
c) Risco do inventário se tornar obsoleto.

1.1.2 Gestão de Estoques Integrada

O gerenciamento dos estoques permite a integração do fluxo de materiais às suas funções de suporte, tanto por meio do negócio, como por meio do fornecimento aos clientes imediatos. Isso significa que, para o gerenciamento se tornar eficaz, há necessidade da abrangência de informações envolvendo a função de compras, de acompanhamento, gestão de armazenagem, planejamento, controle de produção e gestão de distribuição física, como mostra a Fig.1.1. Portanto, o gestor em estoque deve ter um conhecimento geral das necessidades da empresa, para focar no alvo e desenhar sua trajetória e duração.

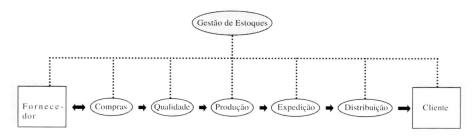

Figura 1.1 Atuação do Gestor de Estoques

1.2 Definição

O que é estoque?

Estoque é um conjunto de bens armazenados, com características próprias, e que atende as necessidades da empresa.

O estoque acomoda itens de toda a natureza, tais como:

- **Administrativos:** lápis, caneta, papéis, clipes, etc.
- **Manutenção ou reposição:** ferramentas, parafusos, óleos, e outros.

CAPÍTULO 1 – GESTÃO DE ESTOQUES | 3

♦ **Matérias-primas:** itens relacionados às atividades da empresa, utilizados em seu processo produtivo; geralmente, os mais caros e os mais estocados, devido a sua influência no ciclo.

Acreditava-se que um bom gerenciamento de estoques era aquele em que os itens eram alocados em volume muito superior ao utilizado, favorecendo a segurança de não faltar peças/componentes e matérias-primas para o perfeito fluxo diário da produção. Hoje, sabemos que isso era um engano. Por mais que o estoque estivesse inflado de peças/componentes e matérias-primas, mesmo assim, o que se notava no decorrer da produção é que, por diversas vezes, ocorriam paradas por falta de algum item que não parecia tão importante.

1.2.1 Nova Visão

"Gerenciar o estoque significa ter um conhecimento amplo das necessidades da empresa".

A nova visão aponta para não se ater a um almoxarifado que recebe "ordens" de compras e as coloca em prateleiras. É preciso mais, tornar-se conhecedor da trajetória das aquisições, onde elas são utilizadas; saber qual a duração do ciclo de sua produção, em quanto tempo são depositadas na expedição, e outras informações que possam ser úteis ao gerenciamento, que devem ser analisadas e refletidas freqüentemente.

Nunca se esqueça de que cada parada de um material em descanso significa estoque, em qualquer momento dentro da organização.

Portanto, o significado de estoque, assim como de seu gerenciamento, é muito mais amplo do que podemos imaginar. Vai além de armazenar e controlar. O estoque é o que impulsiona, de forma correta ou não, a vida de uma empresa, e seu perfeito gerenciamento é o que viabiliza a empresa de se tornar competitiva. O estoque tem importância vital para o bom desempenho da empresa, pois as operações são movimentadas por ele e contribuem para a satisfação do cliente. Outro ponto a ser analisado é o volume de dinheiro empregado no estoque. Analise o seguinte: se não houver uma administração segura, fundamentada na utilização real, o dinheiro que poderia estar dando fruto em uma aplicação financeira fica empatado em peças que correm o risco de se perderem ou ficarem obsoletas em prateleiras.

4   GESTÃO DE ESTOQUES

1.2.2 Dimensionamento na Gestão de Estoques

Em termos gerais, as políticas de estoques são:

- ◆ Metas da empresa quanto ao tempo gasto para atendimento ao cliente, em relação a produtos e serviços;

- ◆ Definição da rotatividade dos estoques;

- ◆ Definição do espaço a ser utilizado (CD, sites, depósitos, armazéns, etc) e a lista de materiais a serem estocados;

- ◆ Qual a quantidade satisfatória para se manter em estoque atendendo a flutuação na demanda (alteração no consumo);

- ◆ Ponto de equilíbrio entre comprar antecipadamente para não correr risco de falta ou comprar em grande quantidade para usufruir descontos.

Para gerir com eficiência os estoques de uma organização, é necessário conhecer o capital investido, a disponibilidade do estoque existente, o custo incorrido e a demanda (consumo). A relação e o conhecimento desses tópicos resultam num planejamento consciente do que é necessário. Podem, ainda, representar a resposta consistente de quanto e quando será necessário estocar, evitando desperdícios e dinheiro empatado. Para conhecermos um pouco mais a influência do estoque sobre o lucro da empresa, vamos dimensioná-lo no índice de retorno de capital:

$$RC = \frac{Lucro}{Capital}$$

Que multiplicado pela venda, pode ser escrito da seguinte forma:

$$RC = \frac{Lucro}{Capital} = \frac{Lucro}{Venda} \times \frac{Venda}{Capital}$$

1.2.3 Classificação dos Estoques quanto ao Tipo

Existem alguns aspectos que devem ser especificados para se montar um sistema de controle de estoque. O primeiro passo é conhecer os diferentes tipos de estoques existentes:

Capítulo 1 – Gestão de Estoques | 5

Estoque Ativo

É todo estoque resultante de um planejamento prévio e destinado a uma utilização em:

- **Produção:** Constituído por matérias-primas e componentes que integram o produto final.
- **Produtos em Processo:** Constituído por materiais em diferentes estágios de produção.
- **Manutenção, Reparo e Operação:** Formado por peças e componentes empregados no processo produtivo, sem integrar o produto final;
- **Produtos Acabados:** Compreendem os materiais e/ou os produtos em condições de serem vendidos.
- **Materiais Administrativos:** Formado por materiais de aplicação geral na empresa, sem vinculação com o processo produtivo.

Estoque Inativo

É todo estoque inutilizado, decorrente de alterações de programas, mudanças nas políticas de estoques ou eventuais falhas de planejamento, que engloba as seguintes categorias:

- **Estoque Disponível:** Constituído pelos materiais sem perspectiva de utilização, sem destinação definida, total ou parcialmente.
- **Estoque Alienável:** Constituído de material disponível, inservível, obsoleto, e sucatas destinadas à venda.

1.3 A Demanda e a Curva ABC

A classificação por valor (curva ABC) consiste no agrupamento de todos os materiais em 3 categorias, de acordo com o valor atualizado ou corrigido de cada item, de forma a permitir um tratamento seletivo aos mais representativos. O valor atualizado ou corrigido de cada item pode ser considerado em relação ao seu saldo em estoques e/ou valor anual de sua demanda. Demanda é a quantidade de material necessária ao consumo em determinado período de tempo, geralmente medida a cada doze meses.

1.3.1 Tipos de Demanda

- **Independente:** a necessidade não está associada diretamente com a demanda de outro item.

  Exemplo: automóveis, eletrodomésticos, etc.

6 | GESTÃO DE ESTOQUES

- **Dependente:** está diretamente relacionada à necessidade de outro item. Exemplo: na fabricação de um automóvel (os pneus, os retrovisores, etc.), de fogões (os acendedores, forno, etc.). Neste caso, para formar um produto pronto para venda é necessário determinado número de outros produtos (componentes).

1.3.2 Classificação das Demandas

A classificação das demandas possibilita identificar as responsabilidades pelas informações para manutenção de estoques e uma programação de compras com base nas demandas informadas. Permite, também, a adoção de modelos estatísticos de previsão de estoque e identifica a necessidade de inferência gerencial na decisão de manutenção de estoques.

DEMANDA PROGRAMADA

São as demandas decorrentes de fatores que exigem planejamento. As demandas programadas, associadas ao tipo de demanda dependente, permitem a determinação de um programa específico de aquisição e entregas em quantidades e prazos prefixados.

DEMANDA PREVISÍVEL

São as demandas não vinculadas a programas específicos, calculáveis através de modelos estatísticos e associadas ao tipo de demanda independente. A demanda previsível pode ser projetada através de duas possibilidades:

- **Incerta:** Onde o mercado dita a evolução das vendas. Normalmente, se projetam as futuras vendas tomando-se por base os últimos doze meses.
- **Eventual:** A demanda aumenta por meio de promoções, períodos de festas ou exportações sem prévio aviso.

DEMANDA DETERMINÍSTICA REGULAR

É a demanda perfeitamente conhecida, previsível e caracterizada por uma pequena variação da quantidade entre sucessivos intervalos de tempo prefixados.

DEMANDA DETERMINÍSTICA IRREGULAR

É a demanda conhecida, previsível e caracterizada por uma grande variação de quantidade em sucessivos intervalos prefixados.

Demanda Probabilística

É aleatória. Porém, a distribuição de probabilidades, sendo conhecida, permite a análise de seu comportamento.

Demanda incerta

São aquelas decorrentes de fatores de difícil previsão, mas cuja possibilidade de ocorrência indica a necessidade de manutenção de um estoque. Na demanda incerta, a quantidade de material a ser mantida em estoque é definida com base na análise de:

a) Vida útil do equipamento;

b) Informações dos usuários;

c) Informações do fabricante;

d) Importância operacional;

e) Experiência de operação de equipamentos similares. Exemplos: itens de manutenção / peças de reposição.

Demanda eventual

Decorrente de necessidades específicas, para aplicação imediata e cuja repetição não é prevista. Materiais de demanda eventual devem ser os objetos de aquisições específicas, restritas às quantidades solicitadas, visando não imobilizar capital. Neste caso, são entregues diretamente ao usuário, portanto, não são mantidos estoques.

1.4 Fundamentos Básicos do Estoque

Comuns a todos os tipos de problemas de estoques, sejam matérias-primas, componentes ou produtos acabados.

- ◆ Custos associados aos estoques
- ◆ Objetivos dos estoques
- ◆ Previsões de incertezas

1.4.1 Custos Associados aos Estoques

Excetuando o custo da aquisição da mercadoria, os custos associados aos estoques podem ser divididos nas seguintes categorias:

- ◆ **Custo de pedir:** custo administrativo

8 | GESTÃO DE ESTOQUES

◆ **Custos de manter em estoque:** armazenagem, seguro, deterioração, obsolescência e oportunidade de empregar dinheiro em investimentos. Este indicador tem três questões que devem ser abordadas:

- *A diferença entre o valor e o custo do estoque:* O valor do estoque informa quanto "vale" e não, quanto custa o estoque. O valor é calculado por meio do somatório total do valor dos produtos acabados e dos insumos de posse da empresa. O custo deve ser mensurado em função do custo das oportunidades deste estoque, ou seja, qual seria o retorno para a empresa caso o valor investido em estoque fosse aplicado de alguma outra forma; ou, por outro lado, quanto se deixa de ganhar pelo fato de aquele valor estar imobilizado. Este custo é alcançado multiplicando-se o valor do estoque pela taxa mínima de atratividade da empresa, ou seja, qual o retorno mínimo que um projeto ou investimento necessita para que a empresa decida investir nele. Como, muitas vezes, este valor não é conhecido, é comum o uso de taxas do mercado financeiro, CDI e SELIC, para se obter este custo.

- *As deficiências do monitoramento de valores contábeis:* Esses indicadores são construídos com base em normas e princípios contábeis, portanto, muitas vezes, não são uma representação fiel do fluxo físico de materiais na empresa. Isto é particularmente verdadeiro em relação à prática de reduções bruscas no valor contábil do estoque, às vésperas de fechamento de balanços, com o produto já recebido.

  Outra inadequação dos indicadores contábeis refere-se ao fato de estes tratarem a informação de forma agregada, não fazendo distinção entre produtos com características diferentes.

- *A necessidade da utilização de mais de um indicador para se ter um indicador de qualidade:* Para o monitoramento completo, consideramos necessários não apenas a informação de quanto custa o estoque — aspecto coberto pelo indicador apresentado anteriormente —, mas também se este custo está adequado à característica da empresa. A resposta pode ser obtida por meio do indicador de cobertura de estoque, ou seja, o tempo em que o estoque existente é suficiente para atender à demanda, sem necessidade de reposição.

  Exemplo: Para demonstrar a importância da conjugação desses dois tipos de indicadores, imaginemos a situação de três empresas. Uma empresa, com um valor de estoque de $ 4 milhões e custo de oportunidade de 20% ao ano, possui um custo de estoque de $ 800 mil/ano. Entretanto, este valor pode possuir relevância diferente para uma empresa com faturamento anual de $ 48 milhões, ou seja, tal valor indica que o estoque é suficiente apenas para um mês. Por outro lado, para uma empresa com faturamento anual de $ 8 milhões, este estoque é

CAPÍTULO 1 – GESTÃO DE ESTOQUES | 9

suficiente para seis meses. Dessa forma, um mesmo valor de estoque pode representar um nível bastante baixo, conforme o primeiro exemplo mencionado, como também pode ser um sinal de alerta, de acordo com o segundo exemplo.

- **Custo total:** é a soma dos custos de pedir e manter estoque.

- **Custo associado à falta de estoque:** Este custo está intimamente ligado ao nível de serviço atingido, devido a sua qualificação financeira. Apesar de grande importância, raramente é utilizado. Os produtos acabados e os insumos devem contar com indicadores diferentes, mesmo que estejam baseados no mesmo conceito.

  - **Produtos acabados:** Neste caso, o custo da falta é medido pela margem de contribuição de cada venda perdida pela indisponibilidade do produto. Em outras palavras, a medida é o lucro que a empresa deixa de obter por não conseguir atender uma demanda existente. Nos casos de produtos com alta margem, o custo da falta tende a ser bastante significativo. O lucro cessante é conhecido estimando-se paradas de produção devido à falta de produtos, ou nos casos de falta de insumos.

  - **Insumos:** A falta de um único insumo, mesmo aquele cujo valor agregado é baixíssimo, pode resultar num alto custo de falta, em função da dependência que o processo produtivo tem dele. Esta lógica também pode ser utilizada para peças de manutenção. É um erro pensar que, para reduzir a margem de risco de falta de estoque, é necessário sobrecarregá-lo de itens e componentes; a ponderação na gestão de estoque é um dos principais direcionadores do acerto no processo, que avalia o nível de estoque que resultará em menor custo total.

  - **Outros custos associados:** A gestão de estoque possui importância vital na administração dos custos, e as variedades de custos associados aos estoques podem ir além dos custos de manutenção de estoques, ou daqueles relaciona-dos diretamente à falta deles. Para se definir os custos a serem considerados, é preciso analisá-los em função das características operacionais de cada empresa, e seus impactos devem ser observados com enfoque na gestão de estoques.

  Estes custos devem ser monitorados para que seja possível a avaliação do custo total do processo de gestão de materiais. Ocorre que, muitas vezes, esses custos tornam-se tão relevantes quanto os custos de manutenção de estoques ou de falta de produto.

  Exemplos: O custo de destruição de produtos fora da validade; ou o custo de urgência, quando se é obrigado a trocar o transporte para um atendimento rápido, como no caso da troca do transporte marítimo (mais lento) pelo transporte aéreo, mais rápido e mais caro.

10 | GESTÃO DE ESTOQUES

1.4.2 Indicadores de Nível de Serviço

Os indicadores de nível de serviço estão associados aos resultados da gestão de estoques no que se refere à disponibilidade de produtos. Estes indicadores são importantes porque influenciam o nível de estoque através da meta de serviço. Podem ser divididos em dois grupos, de acordo com seus objetivos:

- ◆ **Indicador do Custo da falta:** Sua característica possibilita que seja classificado tanto como indicador de custo quanto de nível de serviço. O indicador de custo está relacionado no tópico acima. A seguir, estudaremos outro tipo de indicador de nível de serviço;

- ◆ **Indicador de monitoramento de disponibilidade:** Esses indicadores, relacionados à disponibilidade de produto, podem se referir tanto à visão do cliente como à do produto.

  - • **Cliente:** O nível de serviço pode ser medido de diversas formas. Essa visão representa exatamente o serviço prestado pela empresa ao cliente. Esses indicadores servem de guia para que a gestão de estoque atenda as necessidades definidas pela estratégia da empresa.

  - • **Produtos:** Estão associados à disponibilidade de cada um deles, ou seja, o percentual da demanda pelo produto em um determinado período de tempo atendido de imediato, a freqüência com que o produto apresenta falta de estoque, entre outros. Esses indicadores passam informação mais segmentada e, por isso, permitem identificar produtos específicos que estejam apresentando problemas, além de permitir o monitoramento de grupos de produtos com estratégias de estoque diferenciadas.

1.4.3 Indicadores de Conformidade

Os indicadores de custo e de nível de serviço permitem monitorar o resultado final do processo de gestão de estoques. Entretanto, eles não são capazes de explicar o porquê do desempenho obtido. Os indicadores de conformidade do processo é que possibilitam obter esta informação.

Esses indicadores são fundamentais para o dimensionamento adequado do nível de estoque. O estoque tem como principal função a garantia da disponibilidade do produto em função das características operacionais da empresa, e absorver as incertezas presentes. Os indicadores de conformidade surgem para monitorar todos os aspectos e incertezas que causam impacto no nível de estoque.

Quanto mais complexo, incerto e restritivo for o fluxo de matérias, tanto maior será o nível de serviço. Portanto, é necessário conhecer o fluxo de materiais para garantir o nível de estoque adequado às necessidades da empresa.

O fluxo de materiais é definido a partir de várias atividades distintas, que podem ser impactantes, ou não, nos níveis de estoques. O objetivo desse fluxo é identificar quais as atividades relevantes para a gestão de estoques e seu monitoramento.

1.5 Previsão de Necessidades e Lead Times

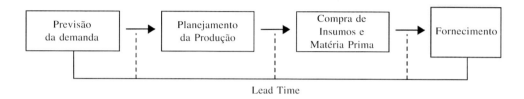

Figura 1.2 Lead time entre os processos

Como explica a Fig.1.2, as atividades apresentadas, desde o início, com o input dado pela previsão da demanda, até o momento do fornecimento, exigem um lead time que deverá ser respeitado e que resultará no estoque de matéria-prima.

Para completar a eficiência das informações que geram este sistema, é preciso relacionar também o planejamento de estoque como sendo uma atividade de forte impacto para o controle de estoque, visto que sofre alterações freqüentes em um horizonte de tempo inferior ao tempo de reposição. Quando isso ocorre, o nível de estoque também deve estar preparado para absorver essa incerteza.

Depois de definidas as atividades relevantes para o estoque de matéria-prima, parte-se para o estoque de produto acabado, que também está relacionado à demanda ou à precisão da previsão de vendas e às incertezas em sua reposição. A reposição está associada à confiabilidade da produção, rendimento e controle da qualidade, e à sua flexibilidade de resposta ou tempo de fabricação.

Definidas as atividades que devem ser monitoradas, parte-se para a identificação do impacto de cada uma no nível de estoque. Ao chegar nessa etapa, é necessário ter certeza de que as políticas de estoque da empresa estejam definidas e estruturadas com base nos modelos matemáticos utilizados na definição dos estoques de segurança e de ciclo.

LEMBRETE: *O estoque de segurança pode e deve ser parametrizado em função das incertezas existentes no processo.*

12 | Gestão de Estoques

Grande parte das incertezas consideradas como relevantes anteriormente já estarão sendo consideradas em algum grau para o cálculo do estoque de segurança, na forma de alguma medida estatística. É esta medida que deverá ser utilizada como indicador. Tipos de medidas:

- Previsão de vendas;
- Confiabilidade da produção;
- Variabilidade do prazo;
- Entrega do fornecedor.

Dependendo da característica da empresa, uma situação pode ser mais relevante que outra. Exemplo: Uma empresa importadora tem baixo nível de confiabilidade no que se refere ao recebimento (fornecedores), resultando na importância da previsão de vendas, sendo uma das principais incertezas contempladas pelo estoque de segurança. Se a produção planejada não é atingida em sua totalidade, essa confiabilidade também é monitorada.

Portanto, qualquer alteração que possa ocorrer nas medidas do processo gera alterações no nível de estoque e possibilita a definição de estratégias para redução do estoque sem comprometimento do nível de serviço.

1.6 Objetivos dos Estoques

- Estabelecer seus níveis e sua localização é apenas parte do problema. Para tornar o objetivo mais amplo, devem-se incluir o custo de pedir e o custo de manter em estoque, com a meta de encontrar um plano de suprimento que minimize o custo total.

  Exemplo: quanto maior a quantidade estocada, maiores serão os custos de manutenção. Quanto maior o estoque médio, mais alto será o custo para mantê-lo.

  Em caso de solicitações de compra com maiores quantidades, menores serão os custos administrativos.

- Objetivos de níveis de serviços: manter o maior equilíbrio possível entre a produção, o custo total de estoque e o serviço prestado aos clientes.

1.6.1 Previsão de Incertezas

A empresa deve mapear com exatidão cada um dos fornecedores, para obter informações precisas sobre o tempo que necessitam para processar o pedido, programar a produção, e, se necessário - e em qual situação – produzir, além do tempo requerido para a entrega.

1.7 Classificação dos Estoques

A classificação pode ser uma ferramenta fundamental para a tomada de decisão no controle de estoques. Um dos métodos mais antigos e conhecidos (além de muito aplicado nas indústrias devido à sua possibilidade de reduzir custo) é o Gráfico de Pareto, que demonstra que nem todos os itens merecem o mesmo tratamento ou atenção. Embora haja controvérsias quanto à enunciação do gráfico, exemplifica-se, aqui, a versão conhecida como a de Vilfredo Pareto.

O matemático e economista Vilfredo Pareto nasceu na Itália no século XIX, e utilizou o seu método para medir a distribuição de renda da população. O conceito criado por Pareto afirma que, em geral, pequenos fatores são responsáveis por grandes proporções. O que equivale a dizer que poucos itens dentro do nosso estoque são responsáveis pelo maior volume de dinheiro. Esse conceito também é conhecido como regra 80-20, ou seja, 20% do estoque representam 80% do gasto empregado nele, e 80% de qualquer item são responsáveis por 20% do valor empregado nele.

NOTA: *Joseph Moses Juran, autor de extensa obra na área da qualidade e conhecido como um dos gurus dessa área, define qualidade como "adequação ao uso". São de sua autoria, ainda, a conhecida "Espiral da Qualidade" e a "Trilogia da Qualidade" (Trilogia de Juran). Ele reclama para si o Princípio de Pareto.*

1.7.1 Método Pareto e Curva ABC

A aplicabilidade do método de Pareto nos estoques foi comprovada e posta em prática nos Estados Unidos pela empresa General Elétric (GE), logo após a Segunda Guerra Mundial. A partir daí, esse sistema tem se mostrado eficaz como importante instrumento de controle e gerenciamento de estoques. É dividido nas categorias A, B, C, devido à representatividade de cada item em relação aos investimentos feitos em estoques. A classificação por valor (A, B, C) atualizado ou corrigido de cada item, visa, em primeiro lugar, permitir um tratamento adequado que identifica os itens mais significativos para a gestão financeira dos estoques. O tratamento diferenciado - dos itens mais importantes para os menos importantes - exibe simplificação nos controles, seletividade e racionalização dos estoques. Isto representa tempo x dinheiro, proporcionando melhor desempenho na distribuição dos materiais a serem estocados.

CLASSE "A" - materiais de grandes valores financeiros e pequenas quantidades físicas.

CLASSE "C" - materiais de pequenos valores financeiros e grandes quantidades físicas.

CLASSE "B" - materiais cujos valores financeiros e quantidades físicas se inserem numa categoria intermediária entre "A" e "C"

14 | GESTÃO DE ESTOQUES

Esse método é muito aplicado nas indústrias, devido à sua eficácia na redução de custos. Demonstra que nem todos os itens merecem o mesmo tratamento ou atenção por parte da administração ou para atender as necessidades dos clientes.

Recapitulando

Sabemos que 20% dos produtos estocados (geralmente itens A) são responsáveis por 80% do valor empregado no estoque, assim como vale dizer que 20% dos clientes são responsáveis por 80% do faturamento de uma empresa. Quando se adota esta política de estoques, diz-se que 20% dos itens em estoque são responsáveis por 80% dos valores do mesmo estoque.

Pode-se classificar o estoque levando-se em conta desde o item de maior valor até o de menor valor. Para isso, é necessário apenas calcular o valor que cada item representa no estoque, da seguinte maneira:

⇒ **Consumo anual X Custo unitário do item**

Após efetuar este calculo, é necessário listar os itens em ordem decrescente de valor e calcular o percentual relativo de cada item em relação ao custo total do estoque, cujo somatório desse percentual deve ser igual a 100%.

Como o leitor pode ver, este procedimento é fácil de ser efetuado. Ainda mais quando você dispõe da lista de itens numa planilha de cálculo.

Para calcular a importância de cada item em relação aos estoques, é necessário proceder da seguinte forma:

- ♦ Relacionar todos os itens utilizados na produção com seu consumo mensal;
- ♦ Informar-se do custo unitário;
- ♦ Informar-se da demanda anual.

E pronto! Multiplicando a demanda mensal de cada item por doze encontra-se a demanda anual desse item. É necessário, então, saber quanto se gasta com o item anualmente. Para se chegar a esse valor, o cálculo é simples, basta multiplicar a demanda anual – já encontrada – pelo custo unitário do item. Nesse ponto, já se tem a demanda anual e o custo anual de cada item. Para aplicar o gráfico de Pareto, é preciso encontrar o valor percentual de cada um desses itens. Por meio desta informação, além de ser possível traçar a trajetória anual dos lotes de produtos (ABC) no gráfico, tem-se a representatividade do item na composição do estoque. Para este cálculo, necessitamos do somatório dos custos totais de cada item – a partir daí, divide-se o custo total individual pelo total do somatório dos custos

Capítulo 1 – Gestão de Estoques | 15

totais (esse cálculo é feito item a item). O valor fracionado resultante dessa conta deve ser multiplicado por 100:

Produto X = (Quantidade mensal X 12) = demanda anual X custo unitário = Custo unitário anual

Com este cálculo, fica fácil identificar quais são os itens que recebem mais valores dentro do estoque. Feito isso, a classificação ABC já pode ser realizada. O somatório dos valores anuais de todos os itens fornecerá a quantidade de valores dispensada ao estoque no ano. O cálculo viabiliza um planejamento mais focado nas necessidades, nos itens que mais giram durante o ano e naqueles imprescindíveis à produção. Para calcular a porcentagem de valores que cada item representa no estoque, a conta é simples: basta dividir os valores anuais de cada item pelo valor total do estoque, encontrado na regrinha acima.

NOTA IMPORTANTE: *O cálculo deve sempre visar o valor anual, para facilitar o manuseio dos dados. Portanto, os valores bi/trimestrais, semestrais, etc., devem ser convertidos em dados anuais.*

Exemplo:

Uma determinada empresa utiliza, para sua produção, cinco tipos diferentes de produtos que compõem seu estoque. O produto **X** é consumido à razão de 500 peças/mês, e o seu custo unitário é de $30; o produto **Y** possui um consumo de 370 peças/mês, e o seu custo unitário é de $54; já o produto **Q** tem o consumo mensal de 2.300 peças, e o custo por peça é de $15; os produtos **R** e **Z** são consumidos anualmente — o primeiro, na quantidade de 3.000 kg, com custo unitário de $970, e o **Z** na quantidade 7.500 kg, com custo unitário de $3. Encontre os itens da curva ABC e descubra qual o percentual de representatividade de cada item na composição do estoque.

ITEM	DEMANDA ANUAL	CUSTO UNITÁRIO	VALOR ANUAL	%
X	500 X 12 = 6.000	30,00	180.000,00	4,8
Y	370 X 12 = 4.400	54,00	239.760,00	6,4
Q	2.300 X 12 = 27.600	15,00	414.000,00	11
R	3.000	970,00	2.910.000,00	77,2
Z	7.500	3,00	22.500,00	0,60

Somatório Valor Anual (X + Y + Q + R + Z) = 3.766.260,00

Para este cálculo, necessitamos do somatório dos custos totais de cada item – a partir daí, divide-se o custo total individual pelo total do somatório dos custos totais (esse cálculo é feito item a item). O valor fracionado resultante dessa conta deve ser multiplicado por 100.

Para encontrar a porcentagem, basta dividir o total anual de cada item pelo Somatório do Valor Total e multiplicar por 100. Por exemplo, o percentual do **item X** = 180.000 : 3.766.260 = 0,048 X 100 = 4,8%. Significa que o item **X** representa 4,8% do total gasto na compra do estoque.

Utilizando o Gráfico de Pareto, como demonstra a Fig. 1.3:

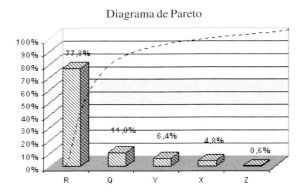

Figura 1.3 Gráfico de Pareto

2. Estoque de Segurança

2.1 Introdução

O estoque de segurança remete a erros de previsão de demanda, falta de confiança nas entregas devido a atrasos no ressuprimento de materiais, rendimento da produção abaixo do esperado. Entre outras tantas ineficiências que o processo pode gerar, o que mais preocupa são as dúvidas geradas na atuação da administração dos estoques, embora sejam problemas comuns que fazem parte do dia-a-dia do profissional da área, sobretudo, dos profissionais envolvidos em logística. Apesar de o estoque de segurança lembrar todas as falhas que estão por trás dos processos, ele ainda ajuda a lidar com essas incertezas, presentes em praticamente todos os processos logísticos. Porém, dimensioná-lo corretamente é um fator preocupante na gestão. Muitas dúvidas e divergências surgem no sentido de situá-lo num nível correto. Algumas empresas não se baseiam em informações precisas e temem a falta de estoques para atendimento ao cliente, gerando um aumento excessivo na quantidade de segurança de estoque. A causa é clara, havendo aumento de dinheiro empregado e perdas na lucratividade pelo material parado no estoque.

Se por um lado o excesso de estoque de segurança gera custos desnecessários de manutenção de estoques, relativos aos custos financeiros (capital empatado) e de armazenagem, por outro lado, o subdimensionamento do mesmo faz com que a companhia incorra em perdas de vendas, gerando um nível de serviço ao cliente insatisfatório. Portanto, a questão do estoque de segurança deve ser analisada com cuidado e sempre visando o futuro da empresa no mercado. A pergunta a ser respondida no ato da decisão pelo estoque de segurança deve ser: "qual é o estoque mínimo que irá garantir o nível de serviço ao cliente desejado pela empresa?".

A resposta desta questão deve ser pautada em técnicas quantitativas que mensurem o nível de incertezas no processo logístico.

♦ O primeiro passo é apresentar os principais problemas identificados nas empresas ao tentarem avaliar suas incertezas e formar estoques de segurança.

♦ O segundo passo é encaixar os problemas da empresa em métodos para mensuração e parametrização de indicadores

♦ O terceiro passo é analisar meios de se dimensionar o estoque de segurança considerando as incertezas do processo.

2.2 Incertezas *versus* Estoque de Segurança

Muitas vezes, os custos de manutenção de estoques e de perdas de vendas são ignorados por não serem registrados na contabilidade das empresas. É comum a falta de informações em empresas de um modo geral sobre os custos de excesso ou de falta de estoques em um determinado período da operação. É importante frisar que a mensuração desses custos é o primeiro passo para avaliar a situação da política de estoques da empresa e justificar, ou não, um trabalho de revisão.

Na gestão de estoques, a falta de conhecimento sobre a dimensão das incertezas inerentes aos processos pode provocar graves erros, que se revertem em custos desnecessários. Um fato bastante comum no setor comercial de uma empresa é estabelecer uma margem de segurança na previsão da demanda, com o objetivo de não perder vendas, sem fundamentar essa ação em cálculos estatísticos ou no histórico da demanda real. O resultado disso são, quase sempre, os mesmos erros de previsão. Acrescente-se o fato de que os departamentos de Planejamento e Controle de Produção (PCP) e o de Compras, geralmente, desconhecendo a previsão superestimada, adicionam suas próprias margens de segurança para a colocação dos pedidos de ressuprimento. Ao final, o que se tem é um custo excessivo de manutenção de estoques, decorrente de um superdimensionamento do estoque de segurança.

18 | GESTÃO DE ESTOQUES

Outro problema similar ao anterior é a utilização da meta de vendas como previsão de demanda. Se essa meta é freqüentemente superestimada em relação à demanda real, ou seja, inclui por si só uma margem de segurança, como conseqüência, os níveis de estoque deverão ficar constantemente acima do mínimo necessário.

Muitas vezes, as empresas aplicam regras simplificadas, não necessariamente embasadas nas características específicas do processo da empresa, e utilizam uma porcentagem da demanda no lead time (demanda esperada durante o tempo de ressuprimento). Assim, se a empresa tem uma expectativa de vender 50 unidades de um produto durante o lead time, 25 unidades seriam mantidas a mais em estoque para suportar eventuais variabilidades nessa expectativa inicial. De maneira análoga, algumas empresas dimensionam seus estoques de segurança sem avaliar razoavelmente todas as incertezas e provocam sobrecarga dos estoques por determinados períodos.

Outro fator que pode se tornar um problema é a antecipação de pedidos de ressuprimento feita sem maiores cuidados. Isto ocorre, por exemplo, na falta de confiança de fornecimento, quando o departamento de compras, após constantes atrasos do fornecedor, opta por antecipar as datas dos pedidos, "encavalando os produtos", isto é, abastecendo o estoque com antecedência desnecessária.

Para conhecer as incertezas relevantes para a definição de políticas de estoque e que custos elas estão gerando para a empresa, é preciso entender e modelar todo o processo logístico, desde a abertura de requisição de um pedido até o atendimento ao cliente, passando pela produção de produtos acabados e aquisição de matérias-primas. Assim, é possível definir indicadores referentes às incertezas do processo e quantificá-las. Portanto, é de extrema importância a criação de uma base de dados contendo séries históricas desses indicadores, que forneçam informações de seu comportamento ao longo do tempo.

2.3 Previsão de Incertezas da Demanda

A variação entre a demanda real e sua previsão é inevitável. Praticamente, sempre haverá um erro de previsão. No entanto, dependendo da dimensão desse erro, os impactos podem ser bastante prejudiciais para o processo de planejamento. Do ponto de vista da gestão de estoques, não basta saber se há erros, mas quanto se erra e como este varia. Mas para começar a se aperfeiçoar na previsão da demanda e diminuir os riscos da incerteza, existem técnicas quantitativas para analisar os futuros cenários. Essa medida possibilita a diminuição gerada pelas ocorrências drásticas envolvendo os estoques.

A incerteza causada pela variabilidade na previsão pode ser calculada, utilizando-se um indicador chamado de razão da previsão (Rp), definido a seguir:

$$Rp = \frac{\text{Demanda Real}}{\text{Previsão de Demanda}}$$

A resposta do RP é encontrada da seguinte forma:

◆ Rp menor que 1: Indica que a demanda esteve abaixo da previsão – Uma média inferior a 1 mostra que a previsão está sistematicamente acima da demanda real, caracterizando, talvez, um dos problemas já mencionados, como a utilização da meta de vendas no lugar da previsão.

◆ Rp maior que 1: Indica uma demanda acima da previsão.

NOTA: *Para mensurá-lo de forma sistemática, é preciso criar uma base de dados contendo uma série histórica desse indicador, para cada produto. A partir dessa base, devem ser calculadas estatísticas de Rp, como sua média e seu desvio padrão. Estas, por sua vez, devem ser utilizadas no cálculo do estoque de segurança. A média, no caso, é uma medida de centralização do indicador Rp, ou seja, indica se há algum viés, ou erro sistemático, na previsão. Já o desvio padrão é uma medida de dispersão, quantificando a variabilidade do indicador em torno de sua média.*

É usual fazer a medição da variabilidade da demanda para parametrização de modelos de estoques ao invés dos erros de previsão. Mas uma observação constante da incerteza sobre a demanda e os erros de previsão nos fornece informações valiosas. Dessa forma, se estamos analisando um sistema que apresenta comportamento de demanda muito variável, mas também previsível, poderemos utilizar estoques de segurança menores. Exemplo disso são as ocasiões em que há variações sazonais conhecidas. Nesse caso, se o estoque for dimensionado e relacionado diretamente à variabilidade da demanda, a tendência é utilizar estoques de segurança maiores do que o necessário. Na Fig.1.4 é demonstrada a variação da demanda em função do tempo.

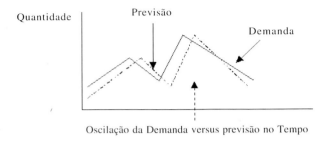

Figura 1.4 Variabilidade da demanda através do tempo.

2.4 A Incerteza do Lead Time

A razão para atrasos nos ressuprimentos de produtos e matérias-primas é decorrente de diversos fatores:

- Quebra de máquinas;
- Greves nos setores de transporte;
- Falta de estoques do fornecedor, entre outros.

A avaliação do volume e da freqüência em que ocorrem esses atrasos é fundamental a fim de parametrizar o sistema de gestão de estoques.

A partir deste ponto, é necessário construir uma base de dados para medir de forma sistemática a incerteza do lead time. Essa base pode se construída com base nos pedidos a fornecedores ou a setores de produção, medindo-se o intervalo entre a colocação do pedido e a sua disponibilidade, ou seja, o lead time real de ressuprimento. O lead time pode ser decomposto da seguinte maneira:

- **Lead time de Requisição:** Data de Colocação do Pedido - Data de Abertura da Requisição;

◆ **Lead time do Fornecedor:** Data de Recebimento do Pedido - Data de Colocação do Pedido;

◆ **Lead time de Análise:** Data de Liberação do Pedido - Data de Recebimento do Pedido.

IMPORTANTE: *O lead time total de ressuprimento é a soma de todos os subníveis. É desejável que este seja decomposto, pois assim é possível identificar gargalos e pontos críticos do processo, tendo em vista a redução do lead time médio e de sua variabilidade (desvio padrão). Quanto menor a variabilidade do lead time, menores serão os estoques de segurança necessários.*

A base de dados deve conter o histórico do lead time, segmentado por produtos, itens de matérias-primas, fornecedores ou transportadores. Essas informações podem fazer parte da estatística e servir de base para o dimensionamento do estoque de segurança.

2.5 A Incerteza na Quantidade Recebida

Não é raro que o recebimento de determinada quantidade seja menor do que a quantidade solicitada. Se o fornecedor é o próprio usuário, quando o pedido é colocado no setor de produção, esse fato pode ser conseqüência de os rendimentos dos processos de produção ficarem abaixo dos patamares esperados. Já para pedidos feitos a fornecedores, a reprovação de lotes por problemas de qualidade pode ser a principal causa do problema de se ter disponível menor quantidade do que havia sido solicitada.

Quando a quantidade recebida é suficiente para atender a demanda por um período mais longo que o lead time, eventuais faltas podem não representar maiores problemas, já que haveria tempo para o recebimento de outro pedido.

Exemplo: Determinada empresa tem o lead time de ressuprimento de uma semana e possui uma expectativa de demanda de 200 unidades de produto por semana, caso sejam pedidas 600 unidades ao fornecedor, para atender a demanda por três semanas. Mas, se por algum motivo, somente 400 unidades estivessem disponíveis, não ocorreriam maiores problemas, já que essa quantidade seria suficiente para atender a expectativa de duas semanas de demanda, havendo tempo suficiente para colocar um novo pedido ao fornecedor sem aumentar o risco de falta de estoque.

Em muitos casos, o pedido cobre uma expectativa de demanda durante um tempo menor ou próximo ao lead time, tornando as incertezas referentes às faltas nas quantidades fornecidas relevantes para a gestão de estoques. Assim, é conveniente a criação de um indicador da quantidade fornecida, aqui chamado de Qf, expresso da seguinte maneira:

$$QF = \frac{\text{Quantidade efetiva disponível}}{\text{Quantidade pedida}}$$

Neste momento, também há necessidade de uma base de dados contendo, para cada produto, uma série histórica desse indicador. Devem ser calculados a média e o desvio padrão do mesmo, a fim de se ter todos os parâmetros para o dimensionamento do estoque de segurança.

2.6 Dimensionamento de Estoques de Segurança

Quando se possui a informação correta do comportamento passado das incertezas, é possível utilizar técnicas quantitativas para dimensionar o estoque mínimo correspondente ao nível de serviço ao cliente desejado.

O dimensionamento do estoque de segurança tem por objetivo estimar a necessidade por um determinado item, num determinado período. Portanto, a necessidade que queremos estimar gira em torno de um patamar médio ou esperado, podendo variar tanto para mais quanto para menos, seguindo uma certa distribuição de probabilidades. A curva normal, exemplificada na Fig.1.5, é uma das mais utilizadas para modelar essa distribuição de probabilidades, sendo possível definir, em função do desvio padrão, a probabilidade de ocorrer um valor dentro de certas faixas, chamadas de intervalos de confiança.

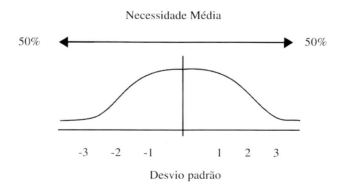

Figura 1.5 Necessidade Média em função do desvio padrão

Como pode ser visto na Figura 1.5, a necessidade está simetricamente distribuída em torno de sua média, ou seja, existem probabilidades iguais de acontecer um valor menor ou maior que a necessidade esperada.

IMPORTANTE: *Conhecendo-se a média e o desvio padrão, é possível construir intervalos com a confiança desejada.*

> *O desvio padrão dessa necessidade fornece a dispersão em torno da média. Assim, para variáveis que se comportam de acordo com a curva normal, existe uma probabilidade de 68% de ocorrer um valor dentro do intervalo limitado inferiormente pela média "menos um desvio" e superiormente pela média "mais um desvio". Da mesma forma, existe uma probabilidade de 97,5% dessa mesma variável assumir um valor menor do que a média "mais dois desvios padrões".*

De acordo com um certo nível de confiança é que se calcula o estoque de segurança. Por exemplo, considerando-se que a única incerteza existente é a de demanda, se é esperada a venda de 200 unidades de um produto na próxima semana e sabe-se, por dados históricos, que o desvio padrão é de 40 unidades, pode-se dizer, com 97,5% de confiança, que a demanda não excederá 280 unidades. O estoque de segurança, para um nível de serviço ao cliente de 97,5%, seria, então, de 80 unidades.

A questão, portanto, é determinar, com base nas estatísticas dos indicadores, quanto as incertezas farão com que essa demanda se afaste de seu valor esperado.

2.7 Estoque de Segurança no Modelo de Reposição de Pedido

O modelo de reposição de pedido (PR) ou ponto de pedido (PP) significa que é acionada uma ordem de compra sempre que o nível de estoque ficar abaixo de uma faixa de segurança. Esse momento é chamado de ponto de ressuprimento (PR). O cálculo para encontrar o ponto certo do pedido é igual à conjugação das variabilidades da demanda e do lead time. A demanda durante o lead time tem, assim, um valor esperado que é igual ao lead time médio multiplicado pela demanda média por unidade de tempo, sendo o estoque de segurança formado exatamente para suportar a variabilidade que essa demanda no lead time possa apresentar. As figuras 1.6 e 1.7 ilustram o efeito separado de cada incerteza:

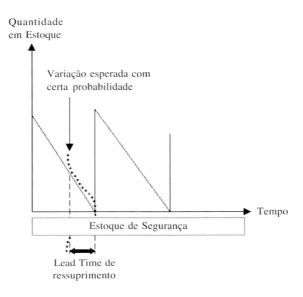

Figura 1.6 Efeito da Incerteza com variação esperada

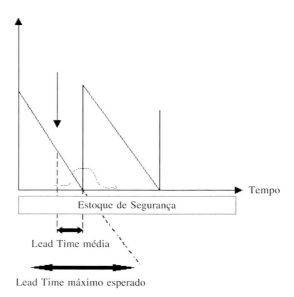

Figura 1.7 Efeito da Incerteza com variação do Lead Time

Com base nas duas incertezas presentes no processo, o estoque de segurança é dimensionado como uma função do nível de serviço ao cliente e das médias e desvios padrão da demanda por unidade de tempo, e, ainda, do lead time de ressuprimento, calculados com base na série histórica de dados.

2.8 Definição do Estoque de Segurança

De acordo com as visões das empresas atuais, preocupadas com o planejamento de suas ações, a base de cálculo de necessidades está associada à previsão de demanda. Esse pensamento tem a vantagem de poder incorporar variações explicadas da demanda ao longo do tempo, como sazonalidades e tendências de crescimento, exigindo, porém, métodos mais complexos de análise para o dimensionamento de estoques.

O MRP, por exemplo, sistema mais usado para planejamento de materiais, apresenta uma lógica baseada na necessidade líquida de determinado produto em um determinado período. Assim, o sistema vê o futuro, de acordo com o lead time parametrizado, identificando se a previsão de demanda, acrescida do estoque de segurança e da quantidade já pedida, menos o estoque inicial, resulta em um valor positivo ou negativo. No caso do valor ser negativo, uma requisição de pedido é imediatamente aberta.

O estoque de segurança pode ser, então, dimensionado de duas maneiras, que dependerão do processo da empresa.

1) Quando os pedidos tenham uma cobertura maior que o lead time.

2) Quando as falhas na quantidade fornecida não sejam relevantes.

O ideal é parametrizar o estoque de segurança para suprir variabilidades na demanda durante o lead time. Assim, o estoque de segurança seria uma função do nível de serviço desejado, da previsão de demanda, das estatísticas de Rp e das estatísticas do lead time de ressuprimento.

Se as falhas na quantidade fornecida tiverem um papel relevante, a melhor maneira de dimensionar o estoque de segurança é com base na variabilidade que a necessidade líquida possa vir a apresentar. Este seria, então, calculado como uma função do nível de serviço ao cliente, das estatísticas de Rp, de Qf e do lead time de ressuprimento, da previsão de demanda, e do estoque inicial do produto em questão.

Em ambas as formas de dimensionamento, tanto a baseada na variabilidade da demanda no lead time quanto a baseada na variabilidade da necessidade líquida, o estoque de segurança é um parâmetro dinâmico, sensível às variações da previsão ao longo do tempo. As técnicas de cálculo abrangendo todos os parâmetros de incertezas, em geral, são de grande complexidade, fazendo uso de um ferramental matemático por vezes difícil de ser implementado.

26 | GESTÃO DE ESTOQUES

Assim, fórmulas mais simples, contendo um menor número de parâmetros, podem ser combinadas com outras técnicas. Um exemplo é dimensionar o estoque de segurança em função das incertezas na previsão de demanda e na quantidade fornecida, parametrizando no sistema um lead time maior que o lead time médio, de acordo com o nível de confiança desejado.

Exemplo: um fornecedor pode entregar um pedido com uma média de 15 dias e um desvio padrão de 3 dias. Aproximando o lead time por uma distribuição normal, seria possível garantir que 97,5% dos pedidos seriam entregues em até 21 dias. Portanto, para um nível de confiança do lead time de 97,5%, bastaria parametrizar no sistema 21 dias de tempo de ressuprimento em vez de 15.

⟋ Problemas Propostos

1. Calcule os itens ABC e os identifique no gráfico de Pareto dos seguintes itens:

Item	Demanda Anual	Valor Unitário
01	1.530	3.300
02	3.000	920
03	1.800	500
04	1.300	710
05	2.800	350
06	2.500	192
07	400	100
08	500	180
09	300	210
10	2.100	35
11	2.700	10
12	8.000	3

2. Uma empresa de distribuição para autopeças montou uma área de controle de pequenas peças que são utilizadas em diversos modelos de carros, como parafusos, porcas, rebites, arruelas, anéis de borracha, antenas e botões de silicone. Fez tudo isso para descobrir quais itens causam maior impacto no valor de estoque para seus clientes. Para isso, chamou você para gerir seu estoque e pediu para que encontrasse os itens de maior importância, quanto ao seu valor, para atender melhor seus clientes. Elabore a resposta em forma de relatório.

Item	Consumo	Valor Unitário ($)
Parafuso	300/ton	1200
Arruela	80/ton/sem	430
Porca	220/ton	610
Antena	25000/trim	9
Botão de Silicone	600000	4
Anéis de Borracha	600000	6
Rebite	400/ton	1050

3. Através da abordagem A,B,C para controle de estoques, o gerente de uma farmácia espera alcançar uma melhor alocação dos esforços voltados para o controle de estoques. Dadas as utilizações na tabela a seguir, classifique os itens nas categorias A,B,C, de acordo com o valor monetário de sua utilização.

Item	Utilização	Custo Unitário
Tônico	50	$1400
Xarope	300	$12
Esparadrapo	40	$700
Ampola	150	$20
Seringa	10	$1020
Agulha	80	$140
Gaze	2000	$15
Pomada	400	$20
Cápsulas	7000	$5

28 | GESTÃO DE ESTOQUES

4. (Baseado no exercício anterior). Foram extraídos, de uma amostra aleatória, dezesseis itens de uma lista de 2000 itens que constituem o estoque da farmácia. Os valores fornecidos a seguir se referem ao volume mensal e aos custos unitários. Determine a classificação ABC e reflita sobre de que modo o gerente poderia utilizar essas informações.

Item	Custo Unitário	Utilização
Xarope	10	200
Tônico	25	600
Pomada	36	150
Band-Aid	16	25
Esparadrapo	20	80
Gaze	80	200
Cotonete	20	300
Seringa	30	800
Espátulas	20	60
Comprimido	10	550
Agulha	20	60
Mercúrio	15	110
Faixa	40	120
Colírio	30	40
Tala de Gesso	16	50
Vitamina	10	30

☑ Teste

1. Qual é o conceito de estoque?

   a) Qualquer quantidade de bens físicos que esteja conservada de forma improdutiva por algum tempo.

   b) Função de produção econômica da empresa para balizamentos conforme cenários macro e micro econômicos.

   c) Sistema de gestão e estrutura de suporte para suportar a operação empresarial.

   d) Grande quantidade de itens em fase de processo.

2. A forma de custeio ABC se aplica aos produtos quanto a:

    a) Quantidade, valor e utilização

    b) Entrada, saída e qualidade

    c) Variedade, qualidade e utilização

    d) Qualidade, movimentação e valor.

3. O estoque mais nocivo, independentemente do seu processo, pois não tem valor venal, deve:

    a) Ser o último a ser eliminado, sem pressa.

    b) Ser o primeiro estoque a ser eliminado ou diminuído drasticamente.

    c) Ser armazenado por mais tempo, por não ter valor venal.

    d) Ser o último a ser manuseado, por questões de segurança.

4. O que é estoque estratégico?

    a) É aquele que visa a uma oportunidade de mercado futuro.

    b) É aquele que serve para resolver problemas como a sazonalidade, ciclicidade ou investimento em materiais ao invés de investimento financeiro.

    c) É aquele que vislumbra no concorrente uma forma de competitividade, buscando economia e suporte para o mercado.

    d) Todas as alternativas estão corretas.

5. Alto estoque pode gerar:

    a) Ganho de mercado.

    b) Aumento do volume de vendas.

    c) Perda de dinheiro em estoque de produtos que não são necessários.

    d) Giro rápido de produtos.

30 | GESTÃO DE ESTOQUES

6. Como definir a curva ABC dos produtos?

a) Escolha de itens mais fáceis de se trabalhar.

b) Análise do histórico de compras de cada item da empresa, alocando-os do maior para o menor volume, conforme consumo e valor agregado.

c) Informação da quantidade de matéria prima que possui maior quantidade em estoque.

d) Nenhuma das alternativas está correta.

7. Qual a maior preocupação do gerenciamento de estoques?

a) Ter controle sobre os horários dos colaboradores do almoxarifado.

b) Verificar as informações da curva ABC e retransmitir a operação da empresa.

c) Atendimento das necessidades dos clientes e custo do pedido/manutenção de estoques.

d) Acompanhar o tempo de espera até o início da operação.

8. Para que é utilizado um arquivo de registro de estoque?

a) Para fazer um diagrama de montagem com dados do produto.

b) Para formação de estoques sazonais e a demanda externa.

c) Para refletir corretamente a composição de cada produto.

d) Para armazenar dados sobre a situação de cada item, em cada período.

⧉ Sugestões Para Revisão

1. Qual a importância de se manterem estoques?

2. Quais os custos que podem ser associados aos estoques? Qual a sua importância?

3. Quais os requisitos para se obter uma gestão de estoque eficaz?

4. Conceitue demanda dependente e demanda independente.

5. O que é e qual o propósito dos estoques de segurança?

6. O que significa nível de serviço?

CAPÍTULO 1 – GESTÃO DE ESTOQUES | 31

7. Qual a relação de nível de serviço com o estoque de segurança armazenado?

8. Descreva a abordagem ABC e como efetua o controle de estoques.

9. Cite algumas maneiras pelas quais uma empresa pode reduzir sua necessidade de estoque.

REDAÇÃO DE MEMORANDO

O gerente da Engenharia da sua empresa apresentou uma idéia que considerou revolucionária: a eliminação completa dos estoques da empresa. Redija para esse gerente um memorando, no qual aponta, resumidamente, os motivos da inconveniência dessa idéia.

ESTUDO DE CASO

Você foi contratado para dar consultoria em Gestão de Estoque a uma empresa de médio porte com intenção de abrir mercado para exportação.

Essa empresa possui um estoque central totalmente desorganizado, não tem prioridades, não sabe dimensionar custos, tempo e viabilidades, porém, tem um ótimo parque produtivo que tem sido gerador de lucros e crescimento. Seu desafio na função será o gerenciamento administrativo/operacional do estoque e o estudo de viabilidades na entrega e criação de oportunidades para um crescimento administrável.

Conhecendo a empresa

Empresa de origem nacional, há 20 anos no mercado, com 500 funcionários, que atua no ramo de embalagens. O carro-chefe de sua linha de produção são as latas para refrigerantes, cervejas, e tubos para dentifrícios. Mas também produz embalagens para cosméticos (batons, desodorantes, sabonetes, velas, etc.).

Devido à qualidade com que produz, ganhou espaço e confiabilidade no mercado. Recebeu uma proposta para exportar as embalagens de refrigerantes, cervejas e dentifrícios, criando possibilidades de crescimento no mercado externo. Conhece sua incapacidade momentânea devido à falta de controle em alguns de seus segmentos como, por exemplo, Estoques.

Resolve contratar um profissional no mercado que torne a empresa fortemente competitiva.

Consumo da Produção

Itens	Demanda Mensal	Custo Unitário ($)	Venda Anual
Alumínio	120 toneladas	7.800,00	
Anel de segurança	30 mil unidades	0,75	
Caixa para tubo	36 mil unidades	2,70	
Caixa Papelão P	9 milheiros	135,00	
Caixa Papelão M	12 milheiros	148,50	
Caixa Papelão G	8 milheiros	152,70	
Lacre	25 mil unidades	1,98	
Papel de seda	12 mil folhas	1,75	
Rótulo Pequeno	13 mil impressos	0,05	
Rótulo Médio	13 mil impressos	0,07	
Rótulo Grande	13 mil impressos	0,18	
Saco plástico/lata	9,6 mil unidades	20,00	
Tampa Plástica	360 mil unidades	0,60	

a) Qual será sua primeira ação em relação à organização?

b) Classificar os produtos da empresa dentro do conceito ABC.

c) Dimensionar demanda para viabilizar os custos do suprimento.

2

GIRO DE ESTOQUE

Vamos pensar em contabilidade...

1 Introdução

Embora o giro de estoque seja calculado para a elaboração do Balanço, pelo departamento contábil, o gestor de estoque deve conhecer os cálculos para poder eliminar os excessos e entender esses cálculos.

Um dos erros mais comuns existentes na gestão é o sentimento de que seu estoque está girando muito mais vezes do que a realidade mostra.

1.1 Como Trabalhar com o Ativo Circulante

O ativo circulante é composto de itens de curto prazo, a serem convertidos em dinheiro nos doze meses seguintes. Portanto, é um conjunto de bens que, na verdade, possuem *circulações*.

1.2 Estoque na Visão Financeira

O que é estoque na visão financeira?

O estoque inclui matéria-prima, trabalhos em andamento e mercadorias acabadas. O que interessa aqui é quanto dinheiro está associado a cada item, pois quanto mais matéria-prima houver, mais tempo se levará para transformá-la em dinheiro, com custo incidindo ao longo do percurso. Mercadorias acabadas são mais seguras (possuem maior liquidez). O estoque é o ativo circulante de menor liquidez.

2 Análise dos Ativos no Ciclo Operacional

O movimento do ciclo operacional é mostrado na Figura 2.1.

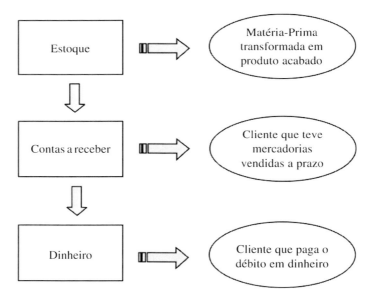

Figura 2.1 Ciclo Operacional

2.1 Cálculo do Estoque

Calcula-se o estoque pelo custo ou pelo valor líquido realizável (o que for mais baixo), pois, não deve ser superestimado. Custo é o que se paga por itens; realizável é a soma pela qual são vendidos, livres de despesas. Um item comprado por $5, com preço de venda de $20, é escriturado no estoque por $5. Se só puder ser vendido por $1, deve ser escriturado no estoque por $4, aparecendo como custo de vendas na demonstração do resultado do exercício daquele ano. Quanto maior for o estoque no fim do ano, menor o custo de vendas no relatório de lucros e perdas, e, portanto, maior o lucro declarado.

LEMBRE-SE: *Custo é o que se paga por itens; realizável é a soma pela qual são vendidos, livres de despesas.*

2.2 Natureza do Estoque

Se os preços do estoque sobem, matérias-primas compradas há mais tempo valem menos do que as adquiridas depois.

Em geral, para calcular o preço de entrada e saída de um material, os contabilistas optam entre dois métodos: PEPS (primeiro a entrar, primeiro a sair) ou UEPS (último a entrar, primeiro a sair). De acordo com o método PEPS, os números de fechamento de estoque na demonstração do resultado e no balanço serão mais elevados. Com o UEPS, as duas importâncias serão mais baixas.

Importante:

- ◆ Analise bem o ativo circulante: ele é a força vital da empresa
- ◆ Note como, no balanço, o estoque afeta o lucro na demonstração do resultado do exercício.
- ◆ Saiba que um estoque encalhado e obsoleto é um problema comum.
- ◆ Verifique se o estoque não foi superestimado; rejeite números que não pareçam corretos.
- ◆ Encare o ativo circulante como dinheiro, por enquanto, sob os cuidados de outros.

3 Os Bens Giram Financeiramente

A tendência do giro é RENOVAR estoques e créditos no tempo.

No ativo, o que essencialmente gira são os meios de pagamento. Para a consideração do giro ativo, só nos interessam o dinheiro, os estoques e os créditos a receber.

Importante:

- Para fins de análise financeira, o ativo circulante exclusivamente compõe-se de dinheiro, créditos e estoques em curto prazo.

- Comprar a prazo, receber a mercadoria, vender a mercadoria e pagar as dívidas da compra é um giro.

3.1 O Giro é um Conjunto de Fatos

O giro é realizado no tempo. Todo o elemento que gira tem:

- a) um valor no *INÍCIO* do período;
- b) um valor do *PERÍODO* em que girou;
- c) um valor no *FIM* do período.

Os elementos a, b e c fazem o *CONJUNTO* do giro.

Exemplo: Em 1º. de janeiro de 2002, o estoque era de 1.000. Durante o período, teve de crescer com as compras e o crescimento foi de 8.000.

Terminou em 31 de dezembro de 2002 com um estoque de 3.000.

Portanto:

Inicial	1.000
Compras no período	8.000
Saldo Provável	9.000
Saldo Real no final do período	3.000

O que ocorreu?

Há uma diferença de 9.000 - 3.000 = 6.000

Estes 6.000 provavelmente se referem ao "Preço do Custo do que saiu"

Movimentamos 8.000 de entrada

Movimentamos 6.000 de saída

Todo este movimento está compondo um CONJUNTO

3.2 A Fórmula do Giro

A fórmula geral para conhecer o giro é muito simples:

$$\frac{(a+b)-c}{\frac{a+c}{2}}$$

a = início do período (valor)
b = fim do período (valor)
c = valor entrado no período

Esta fórmula aplica-se a:

- Estoques
- Créditos
- Dívidas

3.2.1 Utilizando a Fórmula do Giro dos Estoques

A fórmula do giro dos estoques provém da fórmula geral:

$$\frac{(\text{Inventário Inicial} + \text{Compra}) - \text{Inventário Final}}{\frac{\text{Inventário Inicial} + \text{Inventário Final}}{2}}$$

a = saldo do estoque inventariado no início do período (saldo inicial)
b = compras realizadas no período (ou Produção)
c = saldo do estoque inventariado no fim do período (saldo final)

Exemplo: Uma empresa faz inventário no primeiro dia útil do ano e encontra o número 200 para seu estoque. Durante o decorrer do ano comprou 800 e, no seu inventário final, o número era de 400. Pergunta-se: quantas vezes girou o seu estoque?

Seguindo a fórmula:

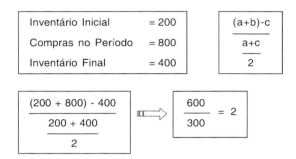

O giro se refere ao valor médio dos estoques = (início + fim do período). Neste caso, seu giro foi de duas vezes. A figura 2.2 demonstra como encontrar o custo das mercadorias.

Figura 2.2 Cálculo do Custo das mercadorias vendidas

Importante:

- Nas indústrias, a questão é um pouco distinta, pois, existem diversos giros de estoques.
- Há um giro de materiais e outro de produto;
- Os materiais giram pela aplicação nos produtos;
- Já os produtos giram pelas vendas;
- Há um Custo de Materiais Aplicados e um Custo de Produtos vendidos;
- As fórmulas, entretanto, são extraídas sempre com base no mesmo princípio.

Assim, temos:

$$\text{COMÉRCIO} = \frac{\text{Custo das Mercadorias Vendidas}}{\text{Média dos Inventários de Mercadorias}}$$

INDÚSTRIA = $\dfrac{\text{Custo das Matérias Aplicadas}}{\text{Média dos Inventários de Matérias}}$

OU TAMBÉM = $\dfrac{\text{Custo dos Produtos Vendidos}}{\text{Média dos Inventários dos Produtos}}$

O que nos interessa no giro é, sempre, em relação a cada componente (seja mercadoria, materiais ou produtos). São os seguintes elementos:

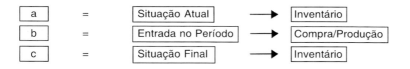

Agora, é só aplicar a fórmula do giro

$$\dfrac{(a+b)-c}{\dfrac{a+c}{2}}$$

No caso de estoque de mercadoria e de matérias de produção:

a = inventário do início do período

b = compras do período

c = inventário do fim do período.

No caso de produtos acabados:

a = inventário do início do período

b = custo de produção (materiais + mão-de-obra + custos indiretos)

c = inventário no fim do período

Assim sendo:

Mercadorias = (a + b) - c = *Custo das Mercadorias vendidas*

Materiais = (a + b) - c = *Custo de materiais aplicados*

Produtos = (a + b) - c = *Custo dos Produtos vendidos*

40 GESTÃO DE ESTOQUES

Os divisores das fórmulas serão sempre a média dos inventários $\dfrac{(a + c)}{2}$

GIRO DE ESTOQUE $= \dfrac{\text{Custos}}{\text{Média de Inventário}}$

GIRO DE MERCADORIAS $= \dfrac{\text{Custo das Mercadorias Vendidas}}{\text{Média dos Inventários de Mercadorias}}$

GIRO DE MATERIAIS $= \dfrac{\text{Custo dos Materiais Aplicados}}{\text{Média dos Inventários de Materiais}}$

GIRO DE PRODUTOS $= \dfrac{\text{Custo dos Produtos Vendidos}}{\text{Média dos Inventários de Produtos}}$

Problemas Propostos

1. Uma loja de departamento fechou para inventário no dia 31 de dezembro, para reabrir no dia 03 de janeiro com os números que iniciaria o ano. Encontrou em seu inventário o número 38.000, as compras que efetuou durante todo o ano atingiram 320.000 e fechou seu inventário no corrente ano com 224.000. Determine quantas vezes o estoque girou e reflita sobre qual a percepção do gestor de estoque, quanto a esse giro.

2. Uma pequena empresa iniciou o ano com um inventário de 370, comprou no período 830 e fechou o inventário no final do período em 410. Qual foi o giro do estoque durante o ano? Aproveite e reflita sobre se a empresa fez ou não uma boa gestão de seu estoque.

☑ Teste

1. Qual a importância do conhecimento da quantidade de vezes que o estoque gira?

a) Para conhecer a sistemática contábil.

b) Para fazer demonstrações do movimento dos estoques.

c) Para o gestor de estoques administrar os excessos e medir a eficiência.

d) n.d.a.

CAPÍTULO 2 – GIRO DE ESTOQUE   41

2. Onde o giro do estoque se encaixa?

a) Ativo circulante.

b) Ativo fixo.

c) Capital circulante.

d) Liquidez.

3. O que é estoque, na visão financeira?

a) Dinheiro empregado em compras.

b) Toda a mercadoria pronta para venda.

c) Matéria prima, trabalhos em andamento e mercadorias acabadas sem custos.

d) Dinheiro associado ao produto parado (portanto é ativo de menor liquidez).

4. Como é calculado o giro de estoque?

a) Calcula-se pelo custo ou pelo valor líquido realizável (o que for menor).

b) Calcula-se pelo número de compras realizadas no período, menos os descontos concedidos.

c) Calcula-se pelo maior lucro declarado ou pelo menor custo de vendas.

d) n.d.a.

5. O que é custo e o que é realizável?

a) Custo é o preço sugerido em mercadorias e realizável é a compra dessas mercadorias.

b) Custo é o preço pago pelo produto e realizável é a soma pela qual são vendidos, livres de despesas.

c) Custo é o valor já com impostos do que se produz e realizável é o lucro declarado.

d) n.d.a.

6. O que são UEPS e PEPS?

a) UEPS – Último elaborado primeiro solucionado; PEPS – Primeiro a entrar primeiro a sair.

b) UEPS - Último a entrar primeiro a sair; PEPS – Primeiro Estocado primeiro selecionado.

c) UEPS - Último a entrar primeiro a sair; PEPS – Primeiro a entrar primeiro a sair.

d) n.d.a.

7. O que é comum a todo elemento que gira no estoque?

a) Quantidade inicial, ganhos no período e lucro no final.

b) Dinheiro, crédito e estoques.

c) Compras a prazo, recebimento de mercadoria e controle de qualidade.

d) Um valor no início do período, um valor do período que girou e um valor no fim do período.

8. As incógnitas da fórmula do giro de estoques significam:

a) a = início do período (valor); b = valor que deu entrada no período vigente; c = final do período (valor).

b) a = movimento de entrada; b = movimento de saída; c = sobra de a - b.

c) a = entrada; b = vendas; c = somatória dos dois períodos a e b.

d) n.d.a.

Sugestões Para Revisão

1. O que quer dizer giro de estoque? O que se pode medir com ele?

2. Que medidas podem ser tomadas a partir do conhecimento do giro de estoque?

3. Por que, quando se deseja comparar o desempenho dos estoques de empresas que operam em indústrias diferentes, não se devem utilizar os índices de giro de estoques dessas empresas?

3

MODELOS DE QUANTIDADE ECONÔMICA DE COMPRAS E PEDIDO

A seguir, estudaremos os modelos de LEC (lote econômico de compra) que servem para nortear as quantidades ótimas a pedir, fazendo uma reflexão sobre o momento global da compra, seja visando uma reposição normal dos estoques, ou prevendo momentos sazonais, seja em reposição programada ou em compras promocionais, seu objetivo é minimizar os custos anuais das variáveis do pedido. Estudaremos os três principais modelos:

1. O modelo básico do lote econômico de compra com fornecimento único.

2. O modelo do lote econômico de compra com fornecimento distribuído ao longo do tempo.

3. O modelo para desconto em função da quantidade.

1 Lote Econômico de Compra (LEC)

Os modelos de Lote Econômico de Compra (LEC) podem se tornar uma ferramenta poderosa para o controle dos custos empregados no estoque e sua manutenção. Através de dados coletados, como demanda (d), custo de manutenção ou de pedir, etc., podemos chegar a uma quantidade a pedir muito próxima do ideal. Chamamos esta quantidade de Quantidade ótima (Qo).

1.1 Modelo Básico

O modelo básico para o Lote Econômico de Compra (LEC) é aplicado quando temos um fornecimento único de compra. É utilizado para identificar o tamanho do pedido que irá minimizar o custo total anual de manutenção e de encomenda dos estoques; é um ponderador que mede os custos do ato de pedir (por exemplo, mão-de-obra, telefone, fax, e-mail, impresso, hora/homem, etc.) em relação aos custos de manter em estoques (local, seguro, validade, ociosidade, etc).

Neste modelo não se considera o preço unitário para o cálculo do custo total, porque, em geral, o custo unitário não é afetado pelo volume do pedido. O custo unitário é indiretamente ligado ao custo total, quando o custo de manutenção é considerado uma percentagem do custo unitário.

Exemplo: O custo de manutenção equivale a 20% do custo unitário. Se o custo unitário for de $100, a taxa de manutenção anual será de $20.

Este modelo poderá ser usado em compras de simples reposição de estoque, quando:

1. Um único produto é envolvido
2. Quando se tem conhecimento das necessidades impostas pela demanda anual.
3. Existe estabilidade de demanda e ela está distribuída uniformemente ao longo do ano.
4. Lead time não varia
5. Cada pedido é recebido em uma única entrega.
6. Não existe desconto em função da quantidade.

A Fig. 3.1 demonstra o ciclo de consumo e estocagem de um determinado produto de um modelo LEC básico. Onde a reposição é feita com lead time não variável de 2 dias, e se tem conhecimento das necessidades impostas pela demanda anual, e o pedido é recebido de uma única vez.

CAPÍTULO 3 – MODELOS DE QUANTIDADE ECONÔMICA DE COMPRAS E PEDIDO | 45

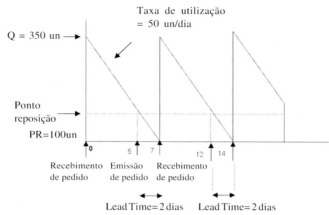

Tamanho do lote. Q = 350 un
Taxa de utilização = 50un/dia
Lead Time = 2 dias
Ponto de reposição = 100 un
(suprimento para 2 dias)

*Figura 3.1 Ciclo de Estocagem segundo W. Stevenson,
em Administração das Operações de Produção, p.430.*

Para entendermos a simulação realizada na Fig. 3.1, partimos do marco zero onde acontece a reposição dos pedidos, que abastece o estoque em seu limite máximo. Pressupondo que utilizamos 7 dias para consumir o estoque e se o lead time entre pedir e receber é de dois dias, significa que, no quinto dia, estaremos com o estoque no ponto de pedir, com o suficiente para sustentar a produção por mais dois dias (lead time). No sétimo dia, pressupõem-se o recebimento do material e o estoque voltando a seu nível máximo, para prepará-lo para um novo ciclo.

Utilizaremos alguns símbolos para o cálculo:

H = Custo unitário médio anual de manutenção do estoque

S = Custo unitário médio anual da encomenda do estoque

Q = Quantidade do pedido em unidades

D = Demanda

CT = Custo Total

1.1.1 Quantidade Ótima (Qo)

A quantidade ótima de um pedido deve equilibrar os custos da manutenção de estoque com o custo de encomenda, buscando uma opção econômica viável para os volumes de pedido. Se a opção for por muitos pedidos de pequenos volumes, teremos um custo de pedir (preenchimento de formulário, telefone, mão-de-obra, impressos, fretes, etc.) muito maior que o custo de manter em estoque (que, neste cenário, deve ser receber sempre pequenos volumes). E se a opção for reduzir o número de pedidos e manter em estoque grandes quantidades, o custo de pedir diminui e o custo de manter se eleva, ocasionando dinheiro parado em estoque (peças obsoletas, mudanças de modelos, etc.). O fato é que, com a quantidade ótima, criamos a possibilidade de um estoque viável e menos oneroso.

Assim, a solução ideal é um tamanho de pedido que não gere poucos pedidos muito grandes, nem muitos pedidos pequenos, que esteja em equilíbrio entre o pedir e o manter.

A quantidade ótima de um pedido é obtida através da fórmula expressa abaixo:

$$Qo = \sqrt{\dfrac{2DS}{H}}$$

NOTA: *Pedidos com grandes volumes, onde os custos de manter sofram uma alta significativa em relação aos custos de pedir, são viáveis em duas situações: quando o desconto para grandes quantidades seja excepcional, ou quando o produto esteja passando por situações críticas de entrega (sazonalidade, ciclicidade, falta de matérias-primas, etc).*

1.1.2 Custo Anual de Manutenção do Estoque (H)

H = Custo unitário médio anual de manutenção de estoque.

O custo de manutenção do estoque se refere aos gastos para manter o produto estocado. Fazem parte deste custo: os seguros pagos, o desgaste dos móveis, embalagens, transporte, limpeza, espaço físico, da higiene, do seguro, do manuseio, do transporte interno, da refrigeração (quando há necessidade), da mão-de-obra, etc. Esses custos podem ser minimizados se forem avaliados com cuidado.

Como exemplo desse custo, podemos citar o caso de empresas que, no ímpeto de ganhar mercado ou sair na frente da concorrência, camuflam seus problemas estocando itens que cairão em desuso rapidamente, ou mantendo produtos caros em seu estoque que serão usados num futuro distante. A ordem é não sobrecarregar seus estoques sem necessidade legítima.

CAPÍTULO 3 – MODELOS DE QUANTIDADE ECONÔMICA DE COMPRAS E PEDIDO | 47

A Fig.3.2 mostra que o custo de manutenção do estoque tem uma relação linear com o tamanho do pedido.

O custo anual de manutenção do estoque é calculado multiplicando-se a quantidade média do estoque disponível pelo custo para se manter uma unidade durante um ano. No caso de unidades que não sejam mantidas anualmente, consideram-se, para cálculo, os doze meses, fazendo-se uma projeção.

Para encontrar o estoque médio, dividimos a quantidade do pedido por 2, encontrando a metade: isso significa que é simplesmente a metade do valor da quantidade do pedido.

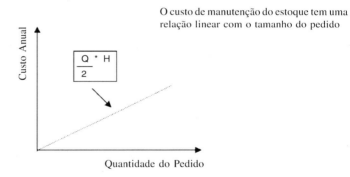

Figura 3.2 Curva do custo de manutenção do estoque.

Para se calcular o custo de manter, temos:

$$\frac{Q * H}{2}$$

1.1.3 Custo Anual da Encomenda do Estoque (S)

S = Custo unitário médio anual de manutenção de estoque

$$\frac{D * S}{Q}$$

O custo da encomenda refere-se ao custo de pedir. Estão relacionados neste custo: hora/telefones; hora/homem, digitação, fax, e-mail, impressos, frete, seguro de entrega, etc. Ao contrário do custo de manutenção, o custo de encomenda é pouco sensível ao tamanho do pedido, isto porque independente da quantidade da encomenda, as atividades precisam ser feitas, tais como: determinar quanto pedir, avaliar fornecedores, autorizar faturamento, e as atividades secundárias especificadas acima. O custo anual da encomenda é uma função do número de pedidos anuais (fixo) e do custo de encomenda do pedido (variável).

A Fig.3.3 mostra que o custo de pedido tem uma relação inversa e não-linear com o tamanho do pedido.

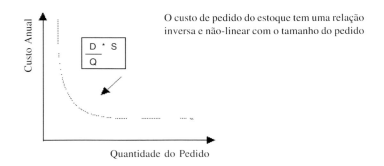

Figura 3.3 Curva do custo de encomenda do estoque

1.1.4 Demanda (D)

A demanda se refere aos pedidos, à venda ou à solicitação dos clientes durante o ano; é uma previsão dos produtos que sairão da fábrica.

Geralmente, a utilizamos em unidade ano. Conhecendo a demanda, podemos calcular o número de pedidos por ano, dividindo a demanda pela quantidade ótima.

CAPÍTULO 3 – MODELOS DE QUANTIDADE ECONÔMICA DE COMPRAS E PEDIDO | 49

1.1.5 Ciclo do Pedido

O conhecimento do ciclo do pedido facilita a programação da entrega de materiais. A fórmula é fácil - quantidade ótima dividindo a demanda. O ciclo do pedido dá a conhecer o intervalo entre um pedido e outro.

1.1.6 Custo Total (CT)

O custo total é a soma dos custos de manutenção de estoque mais o custo de encomenda (ou setup). O equilíbrio dos valores de H e S mostra que o administrador em estoques está no caminho certo. A fórmula para encontrar o custo total é desenhada na Fig.3.4; e, na Fig. 3.5, o gráfico da somatória dos custos de manutenção e encomenda.

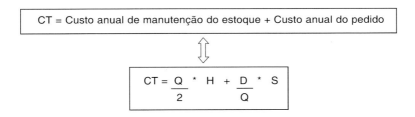

Figura 3.4 Fórmula do custo total

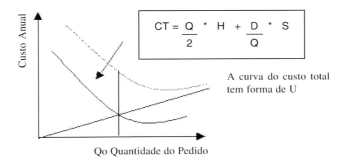

Figura 3.5 Curva do custo total: soma do custo anual de manutenção com o custo anual da encomenda.

50 | GESTÃO DE ESTOQUES

Observe que **D** e **H** precisam estar expressos na mesma unidade, por exemplo, mês, ano, quinzena, etc.

Exemplo:

1. Um fabricante de brinquedos prevê uma demanda anual de 12.000 bonecas. O custo anual de manutenção é de \$2 por boneca, e o custo de encomenda é de \$48. O distribuidor opera 290 dias por ano.

   a) Qual o valor do LEC?

   b) Quantas vezes por ano a loja repõe o estoque?

   c) Qual o tempo de duração de um ciclo de pedido?

   d) Qual o custo anual total, se for encomendada a quantidade correspondente ao LEC?

D= 12.000

H= \$2

S= \$48

a) o LEC= **759**

$$Qo = \sqrt{\frac{2DS}{H}} \qquad \sqrt{\frac{2(12000)48}{2}} \qquad \boxed{= 759 \ (*)}$$

b) Número de pedidos por ano: $\dfrac{D}{Qo} = \dfrac{12.000}{759} = 16$

c) Duração do ciclo de pedidos: $\dfrac{Qo}{D} = \dfrac{759}{12000} = 0,06 \quad (**)$

$$0,06 \times 290 = 18$$

Para obter o custo total, precisamos encontrar, antes, o custo médio anual da manutenção e o custo médio anual da encomenda. Portanto, temos:

(*) Os números são aproximados. Se fracionados, pode ser considerado o número inteiro mais próximo deste valor.

(**) O ano da empresa é igual a 290 dias. Então, teremos 290 x 0,06 = 18, ou seja, 18 dias é o tempo que se leva para se consumir o pedido.

CAPÍTULO 3 – MODELOS DE QUANTIDADE ECONÔMICA DE COMPRAS E PEDIDO | 51

$\dfrac{Qo}{2} * H$	$\dfrac{D}{Qo} * S$
$\dfrac{759}{2} * 2$	$\dfrac{12000}{759} * 48$
$359,5 * 2 = 759$	$15,81 * 48 = 759$

Encontrados os valores do custo médio anual de manutenção e do custo médio anual da encomenda, aplicamos os valores na seguinte fórmula:

$$CT = \frac{Q}{2} * H + \frac{D}{Q} * S$$

$$CT = 759 + 759 = 1.518$$

NOTA: *No Custo Total, o custo de manutenção e de encomenda ou setup devem estar em equilíbrio; isso significa que não se está estocando mais do que o necessário e nem se comprando mais, causando alta no ato de pedir.*

1.2 LEC com Reposição Progressiva

No modelo básico do Lote Econômico de Compra (LEC), entende-se que o pedido é atendido em um momento único, que chamamos de reposição instantânea. Entretanto, no LEC com Reposição Progressiva, encontram-se dois momentos: quando a reposição dos estoques é realizada ao longo do tempo e não instantaneamente, e quando as empresas são, simultaneamente, fabricante e usuária. Considere que, se as taxas de utilização e de produção (ou fornecimento) do estoque forem iguais, não haverá a formação de estoques, porque todo output será utilizado imediatamente, e a preocupação com o tamanho do lote não existirá. Neste modelo de LEC, como vimos acima, também podemos calcular o ciclo das empresas que são simultaneamente fabricantes e usuárias. Neste caso, cabe lembrar que o custo de encomenda de pedido não existe, mas usamos, em seu lugar, o custo de setup, que se refere aos gastos com preparação de máquina, tempo, limpeza, mão-de-obra, etc., e que será muito próximo ao valor do custo de encomenda.

A Fig. 3.6 ilustra um caso comum onde a taxa de produção ou de estoque excede a taxa de utilização.

52 | GESTÃO DE ESTOQUES

No caso da produção, esta ocorre apenas ao longo de uma porção de cada ciclo, porque a taxa de produção é maior que a taxa de utilização do estoque, e a utilização ocorre ao longo do ciclo inteiro.

Durante a fase de produção do ciclo, o estoque se forma a uma taxa igual à diferença entre as taxas de produção e de utilização. Exemplo: – Se a taxa de produção diária for de 50 unidades e a taxa de utilização for de 15 unidades, o estoque se formará à razão de 35 unidades por dia. Enquanto continuar a produzir, o estoque continuará a crescer; quando cessar a produção, o nível do estoque tenderá a baixar. Desse modo, o nível do estoque atingirá o nível máximo durante a produção. Quando o estoque se esgotar, a produção novamente será acionada e o ciclo se repetirá. Portanto, tal qual o custo de encomenda, o custo de setup não depende do tamanho do lote, mas de quantas vezes será feita a corrida para a produção. Quanto maior o tamanho da corrida, menor será o número de corridas necessárias.

O número de corridas de produção é calculado dividindo-se a Demanda pela Quantidade $\frac{D}{Q}$ e o custo anual de setup é igual ao número de corridas anuais multiplicado pelo custo de setup por corridas:

$$\boxed{\frac{D}{Q} * S}$$

O custo total é:

$$\boxed{\text{Ctmín} = \text{Custo de manutenção do estoque} + \text{Custo de setup}}$$

$$\boxed{\left[\frac{Imáx}{2}\right] * H + \left[\frac{D}{Qo}\right] * S}$$

Capítulo 3 – Modelos de Quantidade Econômica de Compras e Pedido

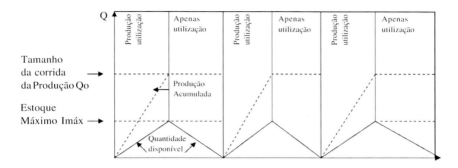

Figura 3.6 Lote Econômico de Compra com reposição progressiva do estoque

Onde:

Imax é o Estoque Máximo

Para calcular o **Imax**, temos:

$$\boxed{\dfrac{Qo}{p} * (p-u)}$$

Para o cálculo do **Imédio**:

A quantidade econômica para a corrida de produção (Lote Econômico de Fabricação - LEF), a fórmula é:

$$\boxed{Imédio = \dfrac{Imax}{2}}$$

$$\text{LEF ou } Qo = \boxed{\sqrt{\dfrac{2DS}{H}}} * \boxed{\sqrt{\dfrac{p}{p-u}}}$$

Onde:

p = taxa de produção ou de fornecimento do estoque

u = taxa de utilização do estoque

Tempo de duração de um ciclo corresponde ao tempo de utilização do material recebido, ou do início do recebimento até o início da corrida para a produção (ou compra).

Tempo de duração de uma corrida de produção: é a fase da produção

Os níveis máximos e médios do estoque são:

$$Imax = \frac{Qo * (p - u)}{p}$$ e $$Imédio = \frac{Imáx}{2}$$

Exemplo

Uma determinada empresa produtora de eletrodomésticos, líder de mercado em seu segmento, produz 50 mil acendedores de fogão. A empresa fabrica seus próprios acendedores à razão de 810 por dia. Os fogões são montados uniformemente ao longo do ano inteiro. O custo anual de manutenção do estoque é de $1,05 por acendedor. O custo do setup para uma corrida de produção de acendedores é $48. A empresa opera 240 dias por ano. Determine:

a) O tamanho ótimo da corrida de produção (determinar o Lote Econômico de Fabricação - LEF).

b) O mínimo custo total por ano, para a manutenção do estoque e para o setup.

c) O tempo do ciclo para o tamanho ótimo da corrida de produção. O tempo que dura o estoque.

d) O tempo de duração de uma corrida de produção.

D= 50.000

S= $48

H= $1,05

p= 810/dia

u= produz 50.000 acendedores em 240 dias, ou seja, 208 acendedores/dia.

CAPÍTULO 3 – MODELOS DE QUANTIDADE ECONÔMICA DE COMPRAS E PEDIDO | 55

a) LEF= 2.482

$$Qo = \sqrt{\frac{2DS}{H}} \quad * \quad \sqrt{\frac{p}{p-u}}$$

$$Qo = \sqrt{\frac{2*50000*48}{1,05}} \quad * \quad \sqrt{\frac{810}{810-209}}$$

$$Qo = 2.138,09 * 1,16 = 2.482,17 \text{ aproximando } 2.482$$

b) CT= custo de manutenção do estoque + custo de setup

Portanto, temos de calcular primeiro o valor de **Imáx**:

$$\frac{(Imáx)}{2} * H + \frac{(D)}{Qo} * S$$

$$Imax = \frac{Qo}{p} * (p-u) \qquad Imax = \frac{2482}{810} * (810-209) \longrightarrow \boxed{Imáx = 1839}$$

$$CT = \frac{1839}{2} * 1,05 + \frac{50000}{2482} * 48 \longrightarrow \begin{array}{l} = 965,48 + 966,96 \\ = 1932,44 \end{array}$$

c) O tempo de duração do ciclo, ou o tempo de duração do estoque no fluxo da produção:

$$\frac{Qo}{u} \longrightarrow \frac{2482}{209} = 12$$

Assim, uma corrida de produção de rodas será realizada a cada 12 dias aproximadamente.

d) O tempo de duração de uma corrida de produção:

$$\frac{Qo}{p} \qquad \frac{2482}{810} = \boxed{3 \text{ dias}}$$

Tempo de produção ou lead time de fornecimento = 3 dias

1.3 Desconto em Função da Quantidade

Este modelo é bem conhecido por prometer descontos significativos mediante pedidos com quantidades maiores do que as desejadas, para induzir o cliente a comprar uma maior quantidade e movimentar as vendas. É o jogo da negociação. Mas recusá-lo pode ser um grande erro, pois as possibilidades dessas promoções podem trazer rentabilidade aos cofres da organização. Para se ter certeza se o negócio é viável, precisamos conhecer a situação da empresa avaliando os seguintes fatores:

a) Condição financeira para se investir em estoques;

b) Previsão de mudanças no layout do produto, provocando perda por desuso das mercadorias a serem adquiridas;

c) Espaço suficiente para o armazenamento das mercadorias, evitando perda por má-conservação.

d) Previsão de demanda, mesmo que mínimas, para usufruir a promoção.

Tendo conhecimento desses tópicos, o gestor de estoque tem possibilidade de passar para o segundo nível de avaliação, que está dividido em duas partes e se refere exclusivamente à negociação: análise e meta.

♦ **Análise:** Compare os benefícios em potencial do preço em relação ao custo da encomenda (ou de pedir) e o custo da manutenção (ou de armazenar).

♦ **Meta:** A meta em relação aos descontos concedidos em função da quantidade consiste em escolher a quantidade do pedido que irá minimizar o custo total, definido como sendo o custo da manutenção do estoque + custo pedido + custo das compras.

Leia-se:

CT= Custo de manutenção de estoque + Custo de pedido + Custo de compras

$$\left(\frac{Q}{2}\right) {}^* \ H + \left(\frac{D}{Q}\right) {}^* \ S + P {}^* D$$

Em que:

P = Preço Unitário

Resolução passo a passo:

Passo 1: Calcular o LEC comum.

CAPÍTULO 3 – MODELOS DE QUANTIDADE ECONÔMICA DE COMPRAS E PEDIDO | 57

Passo 2: Como as faixas de viabilidade não se superpõem, apenas um dos preços unitários conterá o LEC em sua faixa. Identificar essa faixa.

Passo 3: Calcular o custo total de todas as faixas a partir da faixa onde se encontra o LEC ou Quantidade ótima a pedir. A faixa que gerar menor custo total será a melhor opção de compra, pois conterá o melhor desconto para a negociação.

NOTA 1: *Não perca tempo calculando a faixa anterior do LEC, pois se ela apresenta uma quantidade menor do que a necessária para o equilíbrio do estoque, ela deve ser descartada. Porém, todas as faixas que precederem a sua faixa limite devem ser avaliadas para se ter certeza de fazer um bom negócio.*

NOTA 2: *Sempre que a opção do pedido não for o da faixa da quantidade ótima, opte pela menor quantidade da faixa. Exemplo: A quantidade ótima é de 15 caixas de determinado produto, mas a faixa que traz melhor preço é o lote de 20 a 30 caixas neste caso, feche o pedido com 20 caixas, porque estará excedendo a quantidade ótima em apenas 5 caixas e diminuindo os riscos de perda por excesso na quantidade estocada.*

VAMOS APLICAR

O departamento de manutenção de uma grande metalúrgica utiliza cerca de 816 caixas de graxa noir por ano. O custo de pedido é de $12, e o custo de manutenção do estoque é de $4 anuais por caixa. A nova tabela de preços indica que os pedidos inferiores a 50 caixas custarão $20 por caixa; pedidos de 50 a 79 caixas custarão $18 por caixa; pedidos de 80 a 99 caixas custarão $17 por caixa; e pedidos maiores custarão $16 por caixa. Determine a quantidade ótima para um pedido, ou seja, o lote econômico de compra (LEC), e o custo total.

Faixa de Variação	Preço $
De 01 a 49	20
De 50 a 79	18
De 80 a 99	17
100 ou mais	16

D = 816 caixas por ano

S = $ 12

H = $ 4 anuais por caixa

58 GESTÃO DE ESTOQUES

a) Calculamos o valor normal para o LEC

$$\sqrt{\dfrac{2DS}{H}} = \sqrt{\dfrac{2*(816)*12}{4}} = 70 \text{ caixas}$$

b) Como o número 70 cai na faixa de 50 a 79 caixas, as 70 caixas podem ser compradas a $ 18 por caixa. À razão de 70 caixas por pedido, o custo total para adquirir 816 caixas por ano será:

$$CT_{70} = \left[\dfrac{Q}{2}\right] * H + \left[\dfrac{D}{Qo}\right] * S + P * D$$

$$CT_{70} = \left[\dfrac{70}{2}\right] * 4 + \left[\dfrac{816}{70}\right] * 12 + 18(816) = \$14.968$$

Como existem faixas de custos menores, cada uma deve ser comparada com o custo mínimo correspondente a 70 caixas, ao custo unitário de $18.

Para se poder comprar ao preço de $17 por caixa, a compra deve ser, no mínimo, de 80 caixas. Portanto, é necessário verificar a viabilidade dessa compra comparando os custos:

$$CT_{80} = \left[\dfrac{80}{2}\right] * 4 + \left[\dfrac{816}{80}\right] * 12 + 17(816) = \$14.154$$

Para se obter o custo de $ 16 por caixa, será preciso fazer um pedido de pelo menos 100 caixas, e o custo total será:

$$CT_{100} = \left[\dfrac{100}{2}\right] * 4 + \left[\dfrac{816}{100}\right] * 12 + 16(816) = \$13.354$$

Portanto, como o valor de 100 caixas por pedido corresponde ao menor custo total, a quantidade global ótima para o pedido será de 100 caixas.

IMPORTANTE: *Quando os custos de manutenção do estoque são expressos como percentual do preço, deve-se determinar a quantidade ótima de compra com o seguinte procedimento:*

Começando com o menor preço unitário, calcular os LECs para cada faixa de preço, até encontrar um LEC viável (isto é, até que um LEC caia na faixa de variação da quantidade para seu preço).

Se o LEC para o menor preço unitário for viável, ele será a quantidade ótima para o pedido. Se, na faixa de menor preço, o LEC não for viável, deve-se comparar o custo total do maior LEC viável com o custo total no ponto de mudança de preço para todos os preços menores. A quantidade que corresponde ao menor custo total será o valor ótimo.

1.4 Reposição do Estoque em um Modelo LEC

Já conhecemos os três modelos de Lote Econômico de Compra (LEC) Os modelos LEC são quase perfeitos. Quando bem analisados e leva-se em consideração a situação da empresa, respondem com segurança à pergunta de quanto pedir, mas não à pergunta de quando pedir. Essa pergunta pode ser respondida através dos modelos que identificam o ponto de pedido de reposição (PPR), ou simplesmente ponto de reposição (PR). Os dois termos são utilizados para se referir ao melhor momento de repor estoque e possuem o mesmo significado. Estão associados em termos de quantidade, quando esta diminui até um nível abaixo do predeterminado. A quantidade no modelo PPR é determinada pela demanda esperada durante o lead time, ou seja, a quantidade suficiente para manter a produção ativa durante o período necessário para empresa e fornecedor colocarem o produto em estoque e, por vezes, até a formação de um colchão de estoques contínuo.

Para o conhecimento e manutenção do PPR, é necessário um sistema de estoque contínuo. Para se entender melhor este tema, o gráfico da Fig 3.7 representa o ciclo de produção linear, que exige a atuação do estoque contínuo.

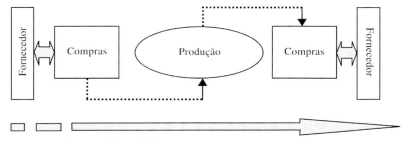

Figura 3.7 Fluxo contínuo do ciclo produtivo

60 | GESTÃO DE ESTOQUES

Para a identificação da PPR, existem quatro determinantes para a quantidade:

- ◆ A demanda do período (baseada em previsão)
- ◆ O lead time
- ◆ O grau de variabilidade da demanda e/ou do lead time
- ◆ O grau de risco aceitável para a gerência quanto à falta de estoque.

Para uma demanda e um lead time constante, o PPR ou PR é:

$$PPR = d \times LT$$

Onde os símbolos são:

d = Demanda por período (unidades por dia ou por semana)

LT = Lead Time em dias ou semanas.

A demanda e o lead time devem ser expressos em uma mesma unidade de medida.

$$PPR = \text{Taxa de utilização} \times \text{Lead time}$$

Exemplo: Uma empresa utiliza 3 componentes para sua fabricação por dia e o tempo de reposição de seu estoque é de 5 dias.

Logo:

$$PPR = \text{Taxa de utilização} \times \text{Lead time} \longrightarrow PPR = 3 \times 5 = 15.$$

Explicando: quando o estoque estiver com 15 componentes, é hora de acionar o pedido de reposição.

Será confiável pautarmos a administração do estoque somente em dados da PPR?

Evidente que não, basta saber que a demanda ou o lead time possui variabilidade. Com duas incertezas presentes no processo, o estoque de segurança é dimensionado como uma função do nível de serviço ao cliente, das médias e do desvio padrão da demanda por unidade de tempo, e do lead time de ressuprimento, calculados com base na série histórica de dados. Nessa situação, torna-se necessário manter um estoque adicional, conhecido como estoque de segurança, a fim de se reduzir o risco de ficar sem estoque durante o lead time. O ponto de pedido de reposição, então, se interliga à quantidade do estoque de segurança.

| PPR = Demanda esperada durante o Lead Time + Estoque de segurança |

IMPORTANTE: *O estoque de segurança é necessário apenas durante o Lead Time. No dia-a-dia, se for necessário acioná-lo é porque a administração está sendo incorreta em algum ponto da companhia, seja na previsão da demanda, seja na administração de estoque, ou, ainda, na falha de programação produtiva. O estoque de segurança tem um alto custo. Por isso, é considerado estratégico e só deve existir nos seguintes casos:*

Para atender o tempo de ressuprimento;

Se houver um aumento da demanda em qualquer ponto do ciclo;

Se um novo pedido for disparado;

Com quantidades para atender o estoque sem urgências.

Agindo-se dessa forma, o risco de falta de estoque iminente se torna desprezível, conforme Fig.3.8.

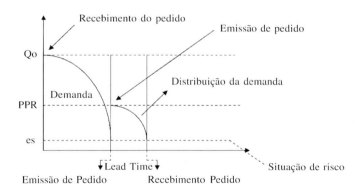

Figura 3.8 Utilização do Estoque de Segurança

62 | Gestão de Estoques

1.4.1 Nível de Serviços

Já se sabe que os estoques de segurança significam altos gastos, portanto, seu uso só será considerado viável se justificado com a redução no risco da falta de estoque, e se este estoque for imprescindível para atender as necessidades da empresa e de seus clientes. O nível de serviço aumenta conforme o risco de falta de estoque diminui. O ideal é que o estoque disponível seja suficiente para atender a demanda.

Quanto maior a porcentagem em satisfação do nível de serviço, menor será a probabilidade de risco da falta de estoque.

A quantidade de estoque de segurança que é adequada para uma dada situação depende de alguns fatores:

a) Média das demandas por período e o lead time médio.

b) Variabilidade da demanda e do lead time: quanto maior a variabilidade na demanda por período ou no lead time, tanto maior será a quantidade de estoque de segurança necessária para alcançar o nível de serviço.

c) Nível de serviço desejado: a escolha de um nível de serviço pode refletir os custos de oportunidades oriundos da falta de estoque (exemplo: vendas perdidas e a insatisfação do cliente).

Quando a variabilidade está presente, podemos utilizar vários modelos:

1.4.1.1 Quando a demanda estimativa durante o Lead Time é conhecida

Isto ocorre quando existe uma demanda estimativa durante o lead time e o seu desvio padrão estiver disponível:PPR = Demanda + zσdLT

Onde:

Demanda = é esperada durante o lead time

Z = número de desvio padrão σ dLT = Desvio padrão da demanda do lead time

IMPORTANTE: *O valor de z utilizado em determinada circunstância depende do risco que o gestor está disposto a aceitar em relação à falta de estoque; Quanto menor o risco que se corre, maior será o valor de z. Utilize a Tabela A para obter o valor de z, quando for dado um nível de serviço desejado durante o lead time.*

LEMBRETE: *O que é desvio padrão? Desvio Padrão é uma medida de dispersão, geralmente bastante empregada, por levar em consideração a totalidade dos valores da variável em estudo. É um indicador de variabilidade bastante estável. O desvio padrão baseia-se nos desvios em torno da média aritmética e a sua fórmula básica pode ser traduzida como: a raiz quadrada da média aritmética dos quadrados dos desvios — e é representada por σ.*

$$\sigma = \sqrt{\frac{\Sigma\,(\overline{X}i - \overline{X})^2}{n}}$$

No nosso caso, não precisaremos utilizar a fórmula bruta do desvio padrão, pois, para obter os valores de z quando for dado um nível de serviço desejado durante o lead time, utilize a Tabela B do Apêndice.

Para explicar como aplicar a fórmula nas informações que temos, segue um exemplo:

Uma determinada empresa, a partir de registros históricos, determinou que a demanda do produto A durante o lead time é, em média, de 50 toneladas. Determinou também que a demanda durante o lead time pode ser descrita através de uma distribuição normal, com uma média de 50 toneladas e um desvio padrão de 5 toneladas. Considerando que esta empresa está disposta a aceitar um risco não superior a 3% de ocorrer uma falta em seu estoque, responda às perguntas a seguir:

a) Qual o valor adequado para z?

b) Qual a quantidade de estoque de segurança que deveria manter?

c) Que ponto de pedido de reposição deveria ser utilizado?

Resolução passo a passo:

Passo 1: Qual a demanda esperada durante o lead time?

A resposta é: 50 toneladas.

Portanto,

d= 50 toneladas

Passo 2: Qual o desvio padrão estipulado?

Resposta: 5 toneladas.

Portanto,

σdlt = 5 toneladas

Passo 3: Qual o risco assumido pela empresa para uma eventual falta de estoque?

Risco de 3%

Agora, temos todas as informações necessárias para iniciarmos os cálculos:

a) Utilizando um nível de serviço de $1 - 0,03 = 0,9700$ (Lembre-se: 0,03 é a porcentagem (3%) de 1 inteiro de nível de serviço. Com esses dois números, 0,03 e 0,9700, obtemos, a partir da Tabela B do Apêndice, um valor de $z = 1,88$.

b) Como encontrar o estoque de segurança? A fórmula utilizada é **zσdlt** $= 1,88 \times (5) =$ **9,40 toneladas**, em que: 1,88 é o valor de z encontrado na TABELA B e 5 refere-se ao desvio padrão estipulado.

c) Quando obteremos a informação de que chegamos ao ponto de reposição do pedido ou ressuprimento?

Para encontrarmos essa informação, precisamos saber qual a demanda esperada durante o lead time. Esta informação nos foi dada, acima, no Passo 1, como sendo de 50 toneladas; e, no item B, obtivemos o valor do estoque de segurança 9,40 toneladas. Dessa forma, temos que:

PPR = demanda durante o lead time + estoque de segurança ou

PPR = 50 + 9,40 = 59,40 toneladas.

1.4.1.2 Quando a demanda durante o Lead Time não está imediatamente disponível

Para se obter êxito no cálculo do PPR e do estoque de segurança, são necessários os dados, geralmente disponíveis, de demanda diária ou semanal, assim como do tempo de duração do lead time. Com estes dados em mão, é possível verificar se a demanda e/ou o lead time são variáveis e, caso haja variabilidade em um deles ou em ambos, ele poderá determinar o desvio padrão respectivo. Para estas situações, pode ser utilizada uma das seguintes fórmulas:

a) Se somente a demanda varia:

$$PPR = \bar{d} \times LT = Z \sqrt{LT}\ \sigma d$$

Em que:

d = Média da demanda diária semanal

σd = Desvio-padrão da demanda diária ou semanal

LT = Lead Time em dias ou semanas

CAPÍTULO 3 – MODELOS DE QUANTIDADE ECONÔMICA DE COMPRAS E PEDIDO | 65

1.4.1.3 QUANDO SOMENTE O LEAD TIME VARIA

$$\sigma dLT = d\sigma LT$$

$$PPR = d \times \overline{LT} + Zd\ \sigma LT$$

d = Demanda diária ou semanal

$\overline{LT}$ = Lead Time médio, em dias ou semanas

σLT = Desvio padrão do Lead Time em dias ou semanas

1.4.1.4 QUANDO A DEMANDA E O LEAD TIME FOREM VARIÁVEIS

$$\sigma dLT = \sqrt{\overline{LT}\ \sigma^2 d\ +\ \overline{d^2}\ \sigma^2\ LT}$$

Neste caso, a PPR será:

$$PPR = \overline{d} \times \overline{LT} + Z \sqrt{\overline{LT}\sigma^2 d + \overline{d^2}\ \sigma^2\ LT}$$

OBSERVAÇÃO: *cada um desses modelos adota o princípio de que a demanda e o lead time são independentes.*

Então, vamos colocar em prática esses modelos.

Exemplo:

Um restaurante consome, em média, 50 vidros de molho de tomate por semana. A utilização semanal do molho tem um desvio padrão de 3 vidros. O gerente está disposto a aceitar um risco, não superior a 10%, de uma falta de estoque durante o Lead Time, que é de duas semanas. Considere que a distribuição da utilização é normal. Pergunta-se:

a) Qual das equações anteriores é adequada para essa situação? Por quê?

b) Determine o valor de z

c) Determine o PPR

66 | GESTÃO DE ESTOQUES

Resolução passo a passo:

Passo 1: O que temos de informação:

Qual é a demanda?

d = 50 vidros por semana

Qual o desvio padrão da demanda proposta?

sd = 3 vidros por semana.

Qual é o Lead Time?

LT = 2 semanas

Qual é o risco aceitável?

Risco aceitável de 10%.

Passo 2: Encontrar o nível de serviço:

O nível de serviço é de 0,90 (1 - 0,10 = 0,90).

Passo 3:

a) Como somente a demanda varia, apenas ela tem um desvio padrão.

b) Utilizando um nível de serviço de 0,9000, a partir da Tabela B do Apêndice, obtemos
z = +1,2

c) $PPR = \overline{d} \times LT + z\sqrt{LT}\,\sigma d = 50 \times 2 + 1,28\sqrt{2}\,(3) = 100 + 5,43 = 105,43$

1.4.2 Níveis de Serviço e Níveis de Faltas de Estoque

Por meio do PPR, é revelada a quantidade esperada de faltas para determinado nível de serviço durante o lead time. Valendo-nos das mesmas informações utilizadas para calcular o PPR, mais uma informação adicional da Tabela 3.1, abaixo, podemos calcular o número esperado de unidades em falta. A utilização da tabela pressupõe que a distribuição da demanda durante o lead time pode ser adequadamente representada por uma distribuição normal. Se isso for possível, o número esperado de unidades em falta, durante cada ciclo de pedidos, será dado pelas seguintes equações:

1.4.2.1 NÚMERO ESPERADO DE UNIDADES EM FALTA POR CICLO DE PEDIDOS

$E(n) = E(z)\,\sigma dLT$

CAPÍTULO 3 – MODELOS DE QUANTIDADE ECONÔMICA DE COMPRAS E PEDIDO | 67

Em que:

E(n) = Número esperado de unidades em falta por ciclo de pedidos

E(z) = Número padronizado de unidades em falta, obtido a partida da Tabela 3.1

σdLT = Desvio padrão da demanda durante o lead time

Exemplo: Suponha-se que o desvio padrão da demanda durante o lead time seja conhecido, igual a 30 unidades. A distribuição da demanda durante o lead time segue aproximadamente uma distribuição normal.

a) Para um nível de serviço durante o Lead time igual a 90%, determine o número esperado de unidades em falta para um ciclo qualquer de pedidos.

b) Para uma falta esperada de duas unidades, qual seria o nível de serviço durante o lead time?

Resolução passo a passo:

Passo 1: Que informação é dada?

Que o valor do desvio padrão da demanda durante o lead time é σdLT = 30 unidades

Valendo-nos da resposta acima, já podemos montar a primeira equação:

a) O Nível de serviço durante o lead time (ciclo) é de 90%, logo = 0,90. A partir da Tabela 3.1, obtemos E(z) = 0,048. Agora, é só aplicar na equação:

$$\boxed{E(n) = E(z)\ \sigma dLT} \implies \boxed{E(n) = 0,048 \times (30\ \text{unidades}) = 1,44,\ \text{ou seja cerca de 1 unidade.}}$$

Passo2:

b) Para o caso em que E(n) = 2, devemos encontrar o valor de E(z) e, depois, utilizar a tabela para determinar o nível de serviço durante o lead time que o valor implica. Assim,

$$\boxed{E(n) = E(z)\ \sigma dLT} \quad \text{E, desse modo,} \quad \boxed{E(z) = E(n) / \sigma dLT = 2/30 = 0,070}$$

Passo 3:

Segundo a Tabela 3.1, isso corresponde a um nível de serviço de aproximadamente 81,5% (valor obtido por interpolação).

Tabela 3.1 Tabela de Níveis de Serviços

z	NS durante o Lead Time	E(z)	z	NS durante o Lead Time	E(z)	z	NS durante o Lead Time	E(z)	z	NS durante o Lead Time	E(z)
-2,40	0,0082	2,403	-0,80	0,2119	0,920	0,80	0,7881	0,120	2,40	0,9918	0,003
-2,36	0,0091	2,363	-0,76	0,2236	0,889	0,84	0,7995	0,112	2,44	0,9927	0,002
-2,32	0,0102	2,323	-0,72	0,2358	0,858	0,88	0,8106	0,104	2,48	0,9934	0,002
-2,28	0,0113	2,284	-0,68	0,2483	0,828	0,92	0,8212	0,097	2,52	0,9941	0,002
-2,24	0,0125	2,244	-0,64	0,2611	0,798	0,96	0,8315	0,089	2,56	0,9948	0,002
-2,20	0,0139	2,205	-0,60	0,2743	0,769	1,00	0,8413	0,083	2,60	0,9953	0,001
-2,16	0,0154	2,165	-0,56	0,2877	0,740	1,04	0,8508	0,077	2,64	0,9959	0,001
-2,12	0,0170	2,126	-0,52	0,3015	0,712	1,08	0,8599	0,071	2,68	0,9963	0,001
-2,08	0,0188	2,087	-0,48	0,3156	0,684	1,12	0,8686	0,066	2,72	0,9967	0,001
-2,04	0,0207	2,048	-0,44	0,3300	0,657	1,16	0,8770	0,061	2,76	0,9971	0,001
-2,00	0,0228	2,008	-0,40	0,3446	0,630	1,20	0,8849	0,056	2,80	0,9974	0,0008
-1,96	0,0250	1,969	-0,36	0,3594	0,597	1,24	0,8925	0,052	2,84	0,9977	0,0007
-1,92	0,0274	1,930	-0,32	0,3745	0,576	1,28	0,8997	0,048	2,88	0,9980	0,0006
-1,88	0,0301	1,892	-0,28	0,3897	0,555	1,32	0,9066	0,044	2,92	0,9982	0,0005
-1,84	0,0329	1,853	-0,24	0,4052	0,530	1,36	0,9131	0,040	2,96	0,9985	0,0004
-1,80	0,0359	1,814	-0,20	0,4207	0,507	1,40	0,9192	0,037	3,00	0,9987	0,0004
-1,76	0,0392	1,776	-0,16	0,4364	0,484	1,44	0,9251	0,034	3,04	0,9988	0,0003
-1,72	0,0427	1,737	-0,12	0,4522	0,462	1,48	0,9306	0,031	3,08	0,9990	0,0003
-1,68	0,0465	1,699	-0,08	0,4681	0,440	1,52	0,9357	0,028	3,12	0,9991	0,0002
-1,64	0,0505	1,661	-0,04	0,4840	0,419	1,56	0,9406	0,026	3,16	0,9992	0,0002

Tabela 3.1 Tabela de Níveis de Serviços (continuação)

Z	NS durante o Lead Time	E(z)	z	NS durante o Lead Time	E(z)	z	NS durante o Lead Time	E(z)	z	NS durante o Lead Time	E(z)
-1,60	0,0548	1,623	-0,00	0,5000	0,399	1,60	0,9452	0,023	3,20	0,9993	0,0002
-1,56	0,0594	1,586	0,04	0,5160	0,379	1,64	0,9495	0,021	3,24	0,9994	0,0001
-1,52	0,0643	1,548	0,08	0,5319	0,360	1,68	0,9535	0,019	3,28	0,9995	0,0001
-1,48	0,0694	1,511	0,12	0,5478	0,342	1,72	0,9573	0,017	3,32	0,9995	0,0001
-1,44	0,0749	1,474	0,16	0,5636	0,324	1,76	0,9608	0,016	3,36	0,9996	0,0001
-1,40	0,0808	1,437	0,20	0,5793	0,307	1,80	0,9641	0,014	3,40	0,9997	0,0001
-1,36	0,0869	1,400	0,24	0,5948	0,290	1,84	0,9671	0,013			
-1,32	0,0934	1,364	0,28	0,6103	0,275	1,88	0,9699	0,012			
-1,28	0,1003	1,328	0,32	0,6255	0,256	1,92	0,9726	0,010			
-1,24	0,1075	1,292	0,36	0,6406	0,237	1,96	0,9750	0,009			
-1,20	0,1151	1,256	0,40	0,6554	0,230	2,00	0,9772	0,008			
-1,16	0,1230	1,221	0,44	0,6700	0,217	2,04	0,9793	0,008			
-1,12	0,1314	1,186	0,48	0,6844	0,204	2,08	0,9812	0,007			
-1,08	0,1401	1,151	0,52	0,6985	0,192	2,12	0,9830	0,006			
-1,04	0,1492	1,117	0,56	0,7123	0,180	2,16	0,9846	0,005			
-1,00	0,1587	1,083	0,60	0,7257	0,169	2,20	0,9861	0,005			
-0,96	0,1685	1,049	0,64	0,7389	0,158	2,24	0,9875	0,004			
-0,92	0,1788	1,017	0,68	0,7517	0,148	2,28	0,9887	0,004			
-0,88	0,1894	0,984	0,72	0,7642	0,138	2,32	0,9898	0,003			
-0,84	0,2005	0,952	0,76	0,7764	0,129	2,36	0,9909	0,003			

70 | GESTÃO DE ESTOQUES

NOTA: *O número exato de unidades em falta, em determinado ciclo, será um valor bem próximo ao encontrado quando empregada esta equação. Lembre-se de que, quando há lotes envolvidos, o resultado deverá ser número inteiro e não, fracionado.*

Podemos, ainda, ir mais longe Após obtermos o número esperado de unidades em falta para um ciclo de pedidos, podemos determinar o número esperado de unidades em falta por ano.

1.4.2.2 NÚMERO ESPERADO DE UNIDADES EM FALTA POR ANO

Este valor é simplesmente o número esperado de unidades em falta por ciclo multiplicado pelo número de ciclos (de pedidos) por ano. A equação fica assim:

$$E(N) = E(n) * \frac{\overline{D}}{Q}$$

Onde,

E(N) = Número esperado de unidades em falta por ano

VAMOS APLICAR

Valendo-se das informações a seguir, determine o número esperado de unidades em falta por ano:

D = 1.000

Q = 250

E(n) = 2,5

Utilizando a expressão, temos:

$$E(N) = E(n) * \frac{\overline{D}}{Q} \qquad E(N) = \frac{2,5 \times \overline{1.000}}{250} \longrightarrow = 10,0 \text{ unidades por ano}$$

1.4.2.3 NÍVEL DE SERVIÇO COM CÁLCULO ANUAL OU PROPORÇÃO DE ATENDIMENTO:

Outro cálculo que pode ser bastante útil para o Gerenciamento de estoques é o do nível de serviço em termos anuais, também conhecido como proporção de atendimento. Nível de serviço anual significa o percentual da demanda atendida diretamente a partir do estoque. Este cálculo auxilia na análise de satisfação quanto ao nível de serviço anual.

Em termos simples, se a demanda anual for de 100, e 99 unidades foram atendidas

Capítulo 3 – Modelos de Quantidade Econômica de Compras e Pedido | 71

diretamente a partir do estoque (havendo as faltas totalizadas de 1 unidade ao longo do ano, segundo os registros), o nível anual de serviço (a proporção de atendimento) seria 99/100 = 99%. O nível anual de serviço e o nível de serviço durante o lead time podem ser relacionados utilizando-se a seguinte fórmula:

$$N\ Sanual = 1 - \frac{E(N)}{D}$$

Utilizando as outras equações de níveis de serviço temos,

$$E(N) = E(n)\ D/Q = E(z)\ \sigma dLT\ D/Q$$

$$NSanual = 1 - \frac{E(z)\ \sigma dLT}{Q}$$

Vamos aplicar

É dado o nível de serviço durante o lead time de 90%, a D = 1.000, Q= 250 e o σdLT = 16, determine o nível anual de serviço; e a quantidade do estoque de segurança durante o ciclo que forneceria um nível anual de serviço de 0,98.

Resolução passo a passo:

Passo 1: A Tabela 3.1 deve ser consultada, para se verificar qual é o E(z). Portanto, se temos um nível de serviço de 90% durante o lead time, encontramos, na Tabela, E(z) = 0,048.

Passo 2: Aplicamos a equação:

$$NSanual = 1 - \frac{E(z)\ \sigma dLT}{Q} \qquad NSanual = 1 - \frac{0,048(16)}{250} \qquad \Longrightarrow \qquad = 0,997$$

Passo 3: Utilizando a mesma equação, e considerando um nível de serviço de 0,98, podemos encontrar o valor de E(z):

$$NSanual = 1 - \frac{E(z)\ \sigma dLT}{Q} \qquad 0,98 = 1 - \frac{Ez\ (16)}{250}$$

Resolvendo a equação, encontramos E(z) = 0,312. A partir da Tabela 3.1, sendo E(z)= 0,312, podemos observar que este valor de E(z) é ligeiramente superior ao valor de 0,307.

Portanto, um valor aceitável para z poderia ser 0,19. O estoque de segurança necessário para alcançar o nível especificado anual de serviço é igual a $z\sigma dLT$. Portanto, o estoque de

72 | GESTÃO DE ESTOQUES

segurança é 0,19 x (16)= 3,04, ou seja, aproximadamente 3 unidades.

1.5 Modelo de Intervalo Fixo

O modelo de intervalo fixo de pedidos (IFP) é utilizado quando se emitem pedidos em intervalos não-variáveis, tais como: semanalmente, mensalmente, quinzenalmente, etc. Por meio deste modelo, pode-se responder a seguinte pergunta: Quanto deve ser encomendado para o seguinte intervalo fixo?

- Se a demanda for variável: o tamanho do pedido será variável de um período para o outro

Essa característica na variabilidade do tamanho do pedido é o que diferencia este modelo da abordagem do LEC/PPR, onde o tamanho do pedido, geralmente, permanece fixo de um ciclo para o outro, enquanto a duração do ciclo pode variar. Em outras palavras, se a demanda for maior que a média, o ciclo será mais curto, e se a demanda for inferior à média, o ciclo será mais longo.

Este modelo é bastante utilizado no comércio varejista, principalmente em pequenas mercearias e farmácias, pois, possibilita que seus estoques sejam monitorados periodicamente, não causando muitas paradas para inventário.

Mas não é somente para o comércio varejista que o modelo de intervalo fixo pode ser útil. Em alguns casos, a política de fornecedores pode incentivar a emissão de pedidos em intervalos fixos. Num outro tipo de caso, com o agrupamento de pedidos para itens supridos por um mesmo fornecedor, pode gerar economias no custo de frete.

1.5.1 Quantidade a Pedir no Modelo de Intervalo Fixo

As variabilidades da demanda e do lead time são fatores predominantes para o uso deste modelo. Se a demanda por período e o lead time forem constantes, tanto o modelo do intervalo fixo, quanto o modelo de quantidade fixa funcionarão de forma idêntica. O modelo de intervalo fixo, assim como o PPR, admite variação tanto na demanda, quanto no lead time, ou em ambos.

Por ser a forma mais utilizada, focalizaremos apenas a situação de demanda variável e o lead time fixo.

A emissão de pedidos no modelo de quantidade fixa se dá por uma quantidade (PPR). Quando os estoques chegam a determinado nível preestabelecido pelo PPR, os sistemas alertam para a necessidade de emissão de pedidos. Já no modelo de intervalo fixo de pedidos, os sistemas são acionados em intervalos de tempo definidos anteriormente de acordo com as necessidades. Desse modo, o sistema de intervalo fixo precisa ter uma proteção contra faltas no estoque durante o lead time, como também durante o ciclo seguinte de pedido. Mas o sistema de quantidade fixa necessita de proteção apenas durante o lead time, porque pedidos adicionais podem ser emitidos em qualquer momento e serão recebidos pouco tempo depois. O que significa dizer que o estoque tende a ser maior no modelo de intervalo fixo.

Ambos os modelos são sensíveis à demanda verificada imediatamente antes da emissão de novo pedido, mas de modos diferentes:

1.5.1.1 Modelo de quantidade fixa

Demanda maior que o normal, tempo mais curto entre pedidos. Requer um monitoramento afinado dos níveis de estoque, a fim de se saber quando a quantidade disponível atingiu o ponto de emissão de novo pedido.

Por meio de um simples inventário periódico dos níveis do estoque imediatamente antes da emissão de um pedido.

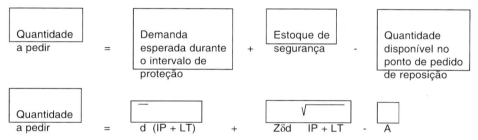

Onde:

IP = Intervalo entre pedidos (duração de tempo entre pedidos consecutivos)

A = Quantidade disponível no momento da emissão de um pedido.

Vamos aplicar

Determine a quantidade a encomendar a partir dos seguintes dados:

d = 60 unidades por dia

σ_d = 6 unidades por dia

LT = 2 dias

Nível de serviço = 99%

Quantidade disponível no momento da emissão de um pedido = 142 unidades

IP = 7 dias

Resolução Passo a Passo:

♦ Utilizando a tabela de Níveis de Serviços: para um nível de serviço de 99%,   z = 2,34
(média)

$$\sqrt{}$$

d $(IP + LT) + z\sigma d$ x $IP + LT - A$

♦ Quantidade a pedir: $\sqrt{}$

60 x (7 + 2) = 2,34 x (06) x   7 + 2 - 142

1.5.2 Vantagens e Desvantagens do Modelo de Intervalo Fixo

Esse modelo pode trazer alguns benefícios à administração de estoque. Dentre eles, temos; quando o fornecedor supre mais de um item, pode gerar economias nos custos de pedido, embalagem e frete; outro benefícios estão relacionados ao controle dos itens A na curva ABC, onde o monitoramento é afinado.

A desvantagem do sistema de intervalo refere-se ao estoque de segurança, que, para se proteger do risco da falta de estoque, deve ser maior do que em outros modelos. Além do investimento em estoque, o custo de manutenção aumenta.

1.6 Modelo de Período Único

O modelo de período único é utilizado para controlar estoque *versus* pedido de itens perecíveis (tais como: frutas, verduras, frutos do mar, congelados, etc.), itens de vida limitada (como os periódicos: jornais, revistas, etc.) e, ainda, alguns itens como peças de reposição para equipamentos especializados. Tais itens normalmente não podem ser utilizados em outros equipamentos, portanto, o estoque desse tipo de peça pode se tornar problemático devido ao custo de estocagem para atender um único modelo que pode nunca ser usado, ou ao custo de falta, no caso de quebra desse equipamento.

Os itens que se encaixam no modelo de período único não podem ser estocados por muito tempo. Exemplo disso são os produtos de uma padaria: os pães que não forem vendidos hoje, serão reciclados por mais algum tempo, exigindo maior atuação da mão-de- obra, conseqüentemente, aumentando o custo e diminuindo o lucro; outros itens devem ser descartados, se não forem vendidos após a data de validade, como os doces e confeitos.

Portanto, a análise de situações de período único focaliza geralmente dois tipos de custos:

a) Custos de falta;

b) Custos excedentes.

1.6.1 Custos de Falta

O custo de falta pode ser considerado de diversas maneiras. Uma delas é a perda da oportunidade da venda (custo de oportunidade), quando o cliente se cansa de esperar pelo produto. Desse modo, o custo de falta é simplesmente o lucro unitário não-realizado.

$$Cfaltas = Cf = \text{Receita unitária - Custo unitário}$$

Se uma falta de estoque decorrer de um item utilizado na produção ou de uma peça de reposição para uma máquina, então, o custo das faltas corresponderá ao custo real da produção perdida.

1.6.2 Custos de Excedentes

Os custos de excedentes referem-se a itens não utilizados ou consumidos no final do período. O custo de excedentes é a diferença entre o custo de aquisição e o valor residual.

$$Cexcedentes = Ce = \text{Custo unitário original - Valor unitário residual}$$

Se houver um custo associado ao descarte de itens excedentes, o valor residual será negativo, e haverá, então, um acréscimo no custo unitário de excedentes.

O objetivo do modelo de período único é identificar a quantidade a pedir, ou o nível de estoque, que venha minimizar os custos de faltas e de excedentes em longo prazo.

Iremos considerar duas categorias de problemas: Aqueles para os quais se pode fazer uma aproximação do comportamento da demanda utilizando-se uma distribuição contínua, e aqueles para os quais se pode fazer uma aproximação do comportamento da demanda utilizando-se uma distribuição discreta. O tipo de estoque é que vai indicar qual dos modelos pode ser adequado.

1.6.3 Níveis de Estocagem Contínuos

Se a demanda for uniforme, mais fácil se torna à identificação do nível ótimo de estoque. O equilíbrio entre o custo unitário excedente (Ce) e o custo unitário de faltas (Cf) possibilita o ponto exato do nível de estocagem ou "ponto de equilíbrio".

O nível de serviço é a probabilidade de que a demanda não irá exercer o nível estocado, e o cálculo do nível ótimo de estocagem So, ilustrado na Fig.3.9.

So   Nível Ótimo de Estocagem

$$NS = \frac{Cf}{Cf + Ce}$$

Em que:

Cf = Custo Unitário de Faltas

Ce = Custo Unitário de Excedentes

NS = Nível de Serviço

Se a demanda real exceder So, haverá uma falta. Desta forma, Cf estará na extremidade direita da distribuição. Se ocorrer o contrário, a demanda for menor que So, haverá um excedente e Ce ficará à esquerda da distribuição. Quando Ce = Cf, o nível ótimo de

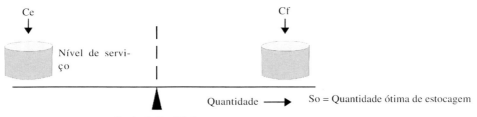

estocagem ficará a meio caminho entre os pontos extremos da distribuição. Se um custo for maior que o outro, So ficará mais próximo do custo maior.

Figura 3.9 O equilíbrio dos custos unitários de faltas
e de excedentes ou nível ótimo da estocagem

Exemplo I:

Uma sorveteria recebe, semanalmente, uma certa quantidade de sorvete. A demanda varia uniformemente entre 300 e 500 litros por semana. A sorveteria paga $40 centavos por litro de sorvete e cobra $1,40 por litro pelo produto vendido. O sorvete não vendido tem valor residual nulo e não pode ser mantido até a semana seguinte porque se deteriora. Determine o nível ótimo de estocagem e o risco da falta de estoque para essa quantidade.

Resolução passo a passo:

Passo 1:

Ce = Custo unitário - Valor residual unitário

= $0,40 - $0,00

= $0,40 por unidade

Passo 2:

Cf = Receita Unitária - Custo Unitário

= $1,40 - $0,40

= $1,00 por unidade

NS anual = $\dfrac{Cf}{Cf + Ce}$ = $\dfrac{\$1,40}{\$1,40 + \$0,40}$ = 0,78

Assim, o nível ótimo de estocagem precisa satisfazer a demanda durante 78% do tempo. Para a distribuição uniforme, isso corresponde a um ponto igual à demanda mínima mais 78% da diferença entre as demandas máximas e mínimas.

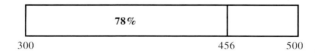

Passo 3:

So = 300 + 0,78 (500-300) = 456 litros

O risco de falta de estoque é de 1,00 - 0,78 = 0,22

Exemplo II:

1. Uma lanchonete vende um mix de sucos de frutas. A demanda do suco segue aproxima-

78 | Gestão de Estoques

damente uma distribuição normal, com uma média de 200 litros por semana e um desvio padrão de 10 litros por semana. Cf = 60 centavos por litro e Ce = 20 centavos por litro. Determine o nível ótimo de estocagem para o suco.

Resolução

$$NSanual = \frac{Cf}{Cf + Ce} \qquad \frac{\$0,60}{\$0,60 + \$0,20} \qquad = 0,75$$

O cálculo acima Indica que 75% da área sob a curva normal precisam estar à esquerda do nível de estocagem. A Tabela B do Apêndice mostra que um valor de z entre +0,67 e +0,68, digamos, 0,675, atenderá a essa condição. Assim,

So= 200 litros + 0,675 (10 litros) = 206,75 litros.

1.6.4 Níveis de Estocagem Discretos

Quando os níveis de estocagem são discretos e não-contínuos, o nível de serviço calculado segue a razão:

$$\frac{Cf}{Cf + Ce}$$

Normalmente, não coincide com um nível de estocagem viável; a quantidade ótima pode variar entre um número e outro. A solução para esses casos é fazer o estoque com o número imediatamente superior. Exemplo: se a quantidade ótima estiver entre 5 e 6, o nível de estoque aceitável será 6 (número imediatamente superior ao mínimo aceitável para a quantidade ótima). É desejável escolher uma quantidade que iguale ou exceda o nível de estocagem.

Vamos Aplicar

Determinada empresa tem um registro histórico de peças de reposição relativo à utilização de várias máquinas de grande porte, que deverá servir como estimativa para a utilização das peças a serem destinadas a uma nova máquina recém-instalada. O custo das faltas de

Capítulo 3 – Modelos de Quantidade Econômica de Compras e Pedido | 79

estoque engloba as despesas de paralisação e os custos de pedidos especiais. Estes têm um valor médio de $4.200 por unidade em falta. As peças de reposição custam $800 cada uma, e as não-utilizadas têm um valor residual igual a zero. Determine o nível de estocagem ótimo.

N° Peças de Reposição Utilizadas	Freqüência Relativa	Freqüência Acumulada
0	0,20	0,20
1	0,40	0,60
2	0,30	0,90
3	0,10	1,00
4 ou mais	0,00	
	1,00	

$Cs = \$ 4.200$

$Ce = \$800$

Resolução:

$$NS_{anual} = \frac{Cf}{Cf + Ce} \quad \frac{\$4.200}{\$4.200 + \$800} = 0,84$$

A coluna de freqüência acumulada indica a percentagem do tempo em que a demanda não excede determinado valor, isto é, em que foi igual ou menor que esse valor. Por exemplo, em 60% do tempo, a demanda não excede uma peça de reposição, e em 90% do tempo ela não excede a duas peças. Assim, a fim de alcançar um nível de serviço de, pelo menos, 84%, será necessário estocar duas peças de reposição (isto é, adotar o nível de estocagem maior mais próximo).

1.7 Resumo

"Um bom gerenciamento de estoques é freqüentemente o retrato de uma organização bem-administrada. Os níveis de estoques precisam ser planejados com cuidado, a fim de se equilibrar o custo de manutenção do estoque com o custo do fornecimento de níveis razoáveis de serviço ao cliente. O gerenciamento de estoques bem-sucedido requer um sistema para monitoramento das transações de estoques, informações precisas sobre a demanda e os lead times, estimativas realistas de certos custos relacionados com os estoques, e um sistema de prioridades para a classificação dos itens em estoque e para a

80 | GESTÃO DE ESTOQUES

alocação dos esforços de controle" (Stevenson W.J, p. 452).

Os modelos descritos neste capítulo são relevantes para a circunstância em que a demanda para itens de estoque é independente. São descritos quatro tipos de modelos: LEC, PPR, modelo de intervalo fixo entre pedidos e modelo de período único. Os três primeiros modelos são adequados quando os itens não utilizados podem ser mantidos em períodos subseqüentes. O modelo do período único é adequado quando os itens não podem ser mantidos. Os modelos LEC abordam a questão de quanto pedir. Os modelos PPR abordam a questão de quando pedir, sendo particularmente úteis para se lidar com situações que apresentam variabilidade, seja na demanda por período ou no lead time. Os modelos PPR envolvem considerações sobre o nível de serviço e sobre o estoque de segurança. Quando o intervalo entre pedidos é fixo, o modelo IFP é proveitoso. O modelo de período único é utilizado para itens que têm uma "vida de prateleira" de apenas um período.

1.8 Desvantagens dos Modelos LEC (Lote Econômico de Compras)

Os modelos LEC apresentam algumas desvantagens:

1) Os modelos são "inelásticos", ou pouco sensíveis em relação à variação da quantidade no lote. Isto significa que, mesmo que o tamanho do lote adquirido seja diferente do lote econômico, o custo total sofre variações muito pequenas.

2) Não se encontram incluídos aspectos relativos ao fornecedor do material. Assim, não se sabe se o fornecedor pode fornecer um lote do tamanho calculado ou/e eventualmente existe um lote mínimo de fornecimento. Os aspectos do transporte do produto também não estão identificados. Pode ocorrer (e, em geral, ocorre) do lote calculado estar em desacordo com o tamanho mínimo necessário para que se tenha um custo de transporte mínimo.

3) Outra desvantagem refere-se aos parâmetros do modelo. Às vezes, é difícil (ou mesmo impossível) calcular o custo para se fazer um pedido de compra, ou projetar a taxa de juros que vigorará para o ano.

Para minimizar essas desvantagens, a sugestão prática é fixar o lote em função da classificação do material e negociar o tamanho do lote com o fornecedor. Por exemplo, para itens da classe A, devem ser encomendados lotes pequenos e com maior freqüência, e para a classe C, pode-se operar com lotes maiores e com poucas reposições anuais. Para os itens da classe B, devem ser adotados intermediários às classes A e C.

Problemas Propostos

Modelo Básico para o Lote Econômico de compras (Questões 1 a 7)

1. Um distribuidor de um fabricante de volante tem a previsão de vender, no ano seguinte, aproximadamente 9.600 volantes de tamanho padrão. O custo anual de manutenção é de $16 por volante, e o custo de encomenda é de $75. O distribuidor opera 288 dias por anos. Calcule:

a) O valor do LEC.

b) Quantas vezes por ano a loja repõe o estoque.

c) O tempo de duração de um ciclo de pedido.

d) O custo anual total, se for encomendada à quantidade correspondente ao LEC.

2. Astra Pac faz montagem de monitores de vídeo. Ela compra anualmente 3.600 carcaças de vídeo, ao preço unitário de $65. O custo de encomenda é de $31, e o custo de manutenção do estoque é de 20% do preço de compra. Calcule:

a) A quantidade ótima (LEC)

b) O custo anual de encomenda e de manutenção de estoque.

3. A Indústria Fucarelli está no mercado há muitos anos, no segmento de remédios. Para fazer um determinado remédio para dores, compra 10.800 frascos de componente químico; o custo de encomenda é de $78 e o de manutenção deste item é de $18. A empresa opera 286 dias por ano. Pergunta-se:

a) Qual o valor do LEC?

b) Quantas vezes por ano a loja repõe o estoque?

c) Qual o tempo de duração de um ciclo de pedido?

d) Qual o custo anual total, se for encomendada à quantidade correspondente ao LEC?

4. Uma padaria compra farinha de trigo em sacas de 25 kg. A padaria utiliza uma média de

82 | GESTÃO DE ESTOQUES

4.860 sacas por ano. O preparo e o recebimento de um pedido de trigo envolvem um custo de $4 por pedido. Os custos anuais de manutenção do estoque são de $30 por saca.

a) Determine o LEC.

b) Qual o número médio de sacas disponíveis?

c) Quantos pedidos anuais deverá haver?

d) Calcule o custo total de pedido e da manutenção do estoque de trigo.

5. Uma fotocopiadora utiliza, diariamente, uma média de 40 resmas (500 folhas) de papel para cópias. A fotocopiadora opera 260 dias por ano. Os custos anuais de estocagem e de manuseio do estoque de papel são de $3 por resma, e custa aproximadamente $6 fazer um pedido e receber uma remessa de papel.

a) Qual tamanho de pedido minimiza o custo anual total de pedido e de manutenção de estoque (quantas resmas)?

b) Calcule o custo anual total, utilizando o tamanho de pedido determinado no item a.

c) Desconsiderando o arredondamento, no ponto do LEC os custos anuais de pedido e de manutenção do estoque serão sempre iguais?

d) O gerente de suprimentos está utilizando, atualmente, um tamanho de pedido de 200 resmas. Os sócios da empresa têm a expectativa de que a fotocopiadora venha a ser administrada de modo eficiente, em termos de custos. Você recomendaria que o gerente do escritório passasse a utilizar o tamanho ótimo para pedidos, em vez de 200 resmas?Justifique sua resposta.

6. Uma floricultura utiliza 750 potes de argila por mês. Os potes são adquiridos a $2 por unidade. Estima-se que o custo anual de manutenção do estoque corresponda a 25% do custo, e que o custo de encomenda seja de $30 por pedido.

a) Determine a quantidade econômica de um pedido e os custos anuais totais de pedido e manutenção de estoque.

b) Suponha que uma análise demonstre que o custo real de manutenção do estoque é aproximadamente o dobro da estimativa corrente. Se o tamanho do pedido não for alterado, qual será o custo adicional em que a empresa irá incorrer?

7. Uma determinada empresa do ramo de autopeças injeta 5.000 pára-choques. O custo incorrido no preparo do equipamento para a produção dos pára-choques é de $22. O custo anual da manutenção de estoque é de $15 centavos por pára-choque e a fábrica opera 300

Capítulo 3 – Modelos de Quantidade Econômica de Compras e Pedido | 83

dias por ano. Determine:

a) O tamanho ótimo para uma corrida de produção.

b) O número de corridas de produção por ano.

c) O tempo de duração de uma corrida de produção (em dias).

LEC COM REPOSIÇÃO PROGRESSIVA DO ESTOQUE (QUESTÕES 8 A 11)

8. Uma empresa do segmento automobilístico utiliza 26 mil buzinas para produzir volantes para a montadora da linha Gol/VW. A empresa monta sua própria buzina, e o faz à razão de 500 por dia. Os volantes são montados uniformemente ao longo do ano inteiro. O custo anual de manutenção do estoque é de $3 por buzina e o custo de setup para uma corrida de produção de buzinas é de $135. A empresa opera 240 dias por ano. Determine:

a) O tamanho ótimo da corrida de produção (determinar o lote econômico de fabricação LEF).

b) O mínimo custo total por ano, para a manutenção do estoque e para o setup.

c) O tempo do ciclo para o tamanho ótimo da corrida de produção.

d) O tempo de duração de uma corrida de produção.

9. Uma empresa de embalagens utiliza 100 mil lacres por ano para produzir latinhas de cerveja. A empresa fabrica seus próprios lacres, que produz à razão de 2.500 por dia. As latinhas de cerveja são montadas uniformemente ao longo do ano inteiro. O custo anual de manutenção do estoque é de $1 por lacre e o custo de setup para uma corrida de produção de latas é de $54. A empresa opera 288 dias por ano. Determine:

a) O tamanho ótimo da corrida de produção (determinar o lote econômico de fabricação LEF).

b) O mínimo custo total por ano, para a manutenção do estoque e para o setup.

c) O tempo do ciclo para o tamanho ótimo da corrida de produção.

d) O tempo de duração de uma corrida de produção.

10. Um fabricante de brinquedos utiliza 48 mil rodas de borracha por ano para produzir sua série popular de caminhõezinhos de lixo. A empresa fabrica suas próprias rodas, que produz à razão de 800 por dia. Os caminhões de brinquedo são montados uniformemente ao longo do ano inteiro. O custo anual de manutenção do estoque é de $2 e o custo de setup para uma corrida de produção de rodas é de $45. A empresa opera 240 dias por ano. Determine:

84 | Gestão de Estoques

a) O lote econômico de fabricação.

b) O mínimo custo total por ano para a manutenção do estoque e para o setup.

c) O tempo do ciclo para a corrida de produção.

d) O tempo de duração de uma corrida de produção.

11. Uma determinada empresa produz extrato de parafina em sacos de 50 quilos. A demanda para esse produto é de 20 toneladas por dia. A capacidade de produção é de 50 toneladas por dia, os custos de setup são de $100 e os custos de estocagem e manuseio são de $5 anuais por tonelada. A empresa opera durante 200 dias por ano. Determine:

a) Quantos sacos por corrida de produção correspondem a um nível de produção ótimo.

b) O estoque médio para este tamanho de lote.

c) A duração aproximada, em dias, de uma corrida de produção.

d) Quantas corridas de produção existiriam, aproximadamente, em um ano.

Descontos em função da quantidade (Questões 12 a 15)

12. Uma empresa de material elétrico utiliza 4.000 lâmpadas por ano. As lâmpadas têm os seguintes preços: de 01 a 499 unidades, 90 centavos por lâmpada; de 500 a 999 unidades, 85 centavos por lâmpada; e 1.000 unidades ou mais, 80 centavos por lâmpada. O custo de elaboração e de recebimento de um pedido é de, aproximadamente, $30, e os custos de manutenção do estoque equivalem anualmente a 40% do preço unitário de compra. Determine:

a) A quantidade ótima de pedido (LEC).

b) O custo anual total.

13. O departamento de curativos de um posto de saúde utiliza cerca de 430 caixas de gaze por ano. O custo de pedido é de $6 e o custo de manutenção do estoque é de $4 anuais por caixa. A nova tabela de preços indica que os pedidos inferiores a 50 caixas custarão $10 por caixa; pedidos de 50 a 79 custarão $8 por caixa, pedidos de 80 a 99 custarão $7 por caixa e pedidos de 100 ou mais custarão $6 a caixa. Determine:

a) A quantidade ótima para um pedido, ou seja, o lote econômico de compra (LEC).

b) Se a intenção da empresa é minimizar os custos anuais totais, qual o LEC e o custo que melhor atenderia a esse objetivo?

CAPÍTULO 3 – MODELOS DE QUANTIDADE ECONÔMICA DE COMPRAS E PEDIDO | 85

14. Uma distribuidora de perfumes utiliza 18.000 caixas por ano. O custo anual de manutenção de estoque é de 20 centavos por caixa e o custo de pedido é de $32. Considerando a tabela de preços fornecida, determine:

a) A quantidade ótima de pedido (LEC).

b) O número de pedidos por ano.

Número de caixa	Preço por caixa
De 1.000 a 1.999	1,25
De 2.000 a 4.999	1,20
De 5.000 a 9.999	1,18
10.000 ou mais	1,15

15. Um fabricante de equipamentos de refrigeração compra um conjunto de circuitos para montagem do motor de um fornecedor que tem a seguinte tabela de preços: para quantidade abaixo de 1000 conjuntos, $5 por unidade; de 1000 a 3.999 conjuntos, $4,95 por unidade; de 4.000 a 5.999 conjuntos, $4,90 por unidade; 6000 conjuntos ou mais, $4,85 por unidade. O custo do pedido é de $50. O custo anual de manutenção do estoque corresponde a 40% do custo de aquisição, e a utilização anual é de 4.900 conjuntos. Determine uma quantidade de pedido que venha minimizar o custo total.

PPR ou PR - PONTO DE PEDIDO DE REPOSIÇÃO
OU PONTO DE REPOSIÇÃO (QUESTÕES 16 A 18)

16. Você é gerente de uma grande construtora e tem estudado os registros históricos da empresa para viabilizar ganhos de financeiro com o estoque. Numa determinada obra, você verificou que utilizará, em média, 70 toneladas de areia durante o lead time. Determinou, então, que a demanda durante o lead time pode ser considerada normal, com uma média de 70 toneladas e um desvio-padrão de 7 toneladas. Considerando que você está disposto a aceitar um risco não superior a 5% de ocorrer uma falta de estoque, pergunta-se:

a) Qual o valor adequado para z?

b) Qual a quantidade de estoque de segurança que você deveria manter?

c) Qual ponto de pedido de reposição deveria ser utilizado?

17. Uma papelaria estipulou a demanda de papel sulfite durante o lead time em 20 resmas para o uso do xerox. A demanda durante o lead time foi descrita como normal, com a média

86 | GESTÃO DE ESTOQUES

de 20 resmas e um desvio-padrão de 2 resmas. Sabendo que há forte concorrência no comércio local, o gerente está disposto a aceitar um risco não superior a 3% de ocorrer falta de estoque. Determine:

a) O estoque de segurança.

b) A PPR que o gerente obterá com os números acima.

18. Considere as seguintes informações:

◆ Demanda esperada durante o Lead Time = 300 unidades.

◆ Desvio-Padrão da demanda durante o Lead Time = 30 unidades.

Considerando que a demanda durante o Lead Time segue uma distribuição normal, pergunta-se:

a) Qual a PPR que corresponde a um risco de 1% de haver falta de estoque durante o Lead Time?

b) Qual o estoque de segurança necessário para se ter um risco de 1% de haver falta de estoque durante o Lead Time?

c) Um risco igual a 2% de haver falta de estoque iria requerer mais ou menos estoque de segurança do que um risco de 1%? Justifique.

d) O PPR seria maior, menor ou não iria variar, se o risco aceitável for de 2%, em vez de 1%? Justifique.

PPR COM DEMANDA VARIÁVEL (QUESTÕES 19 E 20)

19. Uma prestadora de serviços consome 65 caixas de chips telefônicos por semana. A utilização semanal do chip tem um desvio padrão de 8 caixas. Estão dispostas a aceitar um risco não superior a 8%, de uma falta de estoque durante o lead time, que é de 1 semana. Considere que a distribuição da utilização é normal.

a) Quais das equações é determinada para a equação? Por quê?

b) Determine o valor de z.

c) Determine o PPR.

20. Uma empresa de usinagem utiliza, por dia, uma média de 30 lts de lubrificante. O suprimento é reabastecido quando a quantidade disponível atinge 170 litros, e são necessários quatro dias para que um pedido seja atendido. O estoque de segurança é de 50 litros, o que dá um risco de 9% de haver falta de estoque. Se for de 3% o risco aceitável de falta de estoque, que quantidade de estoque seria necessária?

Capítulo 3 – Modelos de Quantidade Econômica de Compras e Pedido | 87

Níveis de faltas de estoque e níveis de serviço (Questões 21 e 22)

21. Como uma determinada empresa poderá conhecer o número esperado de unidades em falta para um ciclo de pedidos, se possui apenas as informações que o desvio-padrão da demanda durante o lead time é de 60 kg de um produto qualquer e que o nível de serviço durante o lead time é de 87%? Faça o cálculo.

22. Sabe-se que o desvio-padrão da demanda durante o lead time é de 40 caixas de papelão para empacotamento. A distribuição da demanda durante o lead time segue aproximadamente uma distribuição normal. Pergunta-se:

a) Para um nível de serviço durante o lead time igual a 93%, determine o número esperado de unidades em falta para um ciclo qualquer de pedidos.

b) Para uma falta esperada de duas unidades, qual seria o nível de serviço durante o lead time?

Níveis de faltas de estoque (Questão 23)

23. Através das informações fornecidas, encontre o número esperado de unidades em falta por ano.

a) D= 2.500
   Q = 750
   E(n) = 3,7

b) D = 840
   Q = 320
   E(n) = 2,2

Modelo de intervalo fixo entre pedidos (IFP) (Questões 24 e 25)

24. Uma empresa apresenta os números a seguir. Determine a quantidade a encomendar.

d = 40 unidades por dia
σd = 2 unidades por dia
LT = 5dias
Nível de serviço desejado = 98%
Quantidade disponível no momento da emissão de um pedido = 80 unidades
IP = 4 dias

25. De acordo com os dados a seguir, determine a quantidade a encomendar.

88 | GESTÃO DE ESTOQUES

d = 80 unidades por dia
σd = 20 unidades por dia
LT = 4 dias
Nível de serviço desejado = 99%
Quantidade disponível no momento da emissão de um pedido = 284 unidades
IP = 14 dias.

MODELO DE PERÍODO ÚNICO - NÍVEIS DE ESTOCAGEM
CONTÍNUOS (QUESTÕES 26 E 27)

26. Semanalmente uma pizzaria recebe uma certa quantidade de polpa de frutas. A demanda varia uniformemente entre 300 e 500 sachês por semana. A pizzaria paga $0,20 por sachê e cobra $0,80 pelo sachê. A polpa não vendida tem valor residual nulo e não pode ser mantida até a semana seguinte porque deteriora. Determine:

a) O nível ótimo de estocagem.

b) O risco da falta de estoque para essa quantidade.

27. Um pequeno mercado vende hortifrutigranjeiros frescos, que adquire de um fazendeiro local. Durante a estação de morangos, a demanda por morangos frescos segue aproximadamente uma distribuição normal, com uma média de 40 quilos por dia e um desvio-padrão de 6 quilos por dia. O custo de excedentes equivale a $35 centavos por quilo e o custo da falta $1,05. O dono do mercado encomenda 49 quilos por dia. Determine:

a) O nível ótimo de estocagem para os morangos.

b) O custo correspondente às faltas por quilo.

NÍVEIS DE ESTOCAGEM DISCRETOS (QUESTÃO 28)

28. A empresa Arco S.A. aluga máquinas para limpeza de tapetes, para as quais a demanda tem um comportamento conforme a tabela a seguir. As máquinas são alugadas somente em base diária. O lucro unitário nas máquinas de limpeza de tapete é de $10 por dia e a Arco tem quatro máquinas para limpeza de tapetes.

Demanda	Freqüência
0	0,30
1	0,20
2	0,20
3	0,15

Capítulo 3 – Modelos de Quantidade Econômica de Compras e Pedido | 89

☑
⁵

0,10

0,05

1,00

Considerando que a decisão de estocagem da empresa Arco seja ótima, qual o valor correspondente da faixa de variação para o custo de excedentes por máquinas?

Teste

1. Qual a função dos estoques?

a) Atender a demanda, tornar as necessidades da produção mais regulares, proporcionar proteção para faltas.

b) Atender a demanda prevista e viabilizar operações.

c) Tirar proveito dos ciclos de pedidos e desacoplar as operações no sistema de produção-distribuição, proteger contra aumento de preços, aproveitar descontos.

d) Todas as alternativas estão corretas.

2. Qual a função da gerência de estoques?

a) Acompanhar o estoque disponível e encomendado; previsão de demanda, domínio do lead time; estimar os custos de manutenção, de pedido e de faltas de estoques e elaborar um sistema de classificação.

b) Controlar entradas e saídas.

c) Controle dos volumes de produção e gestão operacional.

d) N.d.a.

3. Qual a importância da classificação dos estoques?

a) É o conhecimento dos itens separados por família.

b) É conhecer a relevância em termos de capital investido, potencial de lucro, do volume de vendas ou de utilização, ou de penalidades por faltas de estoques.

c) Para um perfeito armazenamento de classes de materiais.

d) N.d.a.

90 | Gestão de Estoques

4. O que é determinado através do LEC?

a) Lote de encomenda de compras.

b) Lote efetivo de compras.

c) Lote econômico de compras.

d) Lote excluído de compras.

5. O que é LEC com reposição progressiva do estoque?

a) Quando os fornecimentos são distribuídos ao longo do tempo, a recomposição do estoque também ocorre ao longo do tempo, e não instantaneamente.

b) Quando os pedido são atendidos em um único instante.

c) Quando os pedidos são atendidos com volumes crescentes.

d) N.d.a.

6. Quando o nível de estoque cai abaixo de uma quantidade predeterminada, qual modelo para reposição deve ser adotado?

a) ES.

b) PPR.

c) LEC.

d) LEF.

7. O que são os níveis de serviços?

a) Medida adotada para medir os prestadores de serviço terceirizado.

b) Tomada de decisão hierárquica.

c) Probabilidade de a demanda não exceder o suprimento durante o lead time.

d) N.d.a.

8. O que é IFP?

a) Interferência Fundamentada na Produção.

Capítulo 3 – Modelos de Quantidade Econômica de Compras e Pedido | 91

(!b)) Intervalo na Fabricação de Produtos.

c) Intervalo Fixo de Pedidos.

d) N.d.a.

Sugestões Para Revisão

1. Afirma-se: "Sendo os valores de D,S e H estimativos, os modelos LEC tendem a fornecer resultados não confiáveis". Como você responderia a essa crítica?

2. Como você descreveria os descontos em função da quantidade?

3. Explique como a redução do tempo de setup pode reduzir a quantidade de estoque e por que isso seria benéfico.

4. Relacione as principais premissas do modelo LEC.

5. Em que consiste o modelo de compra de intervalo fixo entre pedidos?

6. Justifique resumidamente: "No momento de período único, o nível ótimo de estocagem pode ser, em alguma circunstância, menor que a demanda esperada".

Redação de memorando

A alta gerência de sua empresa, com a intenção de diminuir o número de fornecedores, para possibilitar uma eficiência na relação com os fornecedores, propôs a redução dos oito fornecedores vigentes (que fornecem oito produtos diferentes) para um único fornecedor. Porém, o fornecedor escolhido somente atenderá a pedidos que sejam feitos em intervalos fixos. Redija um memorando sucinto, descrevendo, com relação ao sistema proposto, os fatores de custo que poderiam sofrer um aumento e aqueles que poderiam diminuir, fornecendo uma breve explicação sobre cada fator.

4

MATERIAL REQUIREMENTS PLANNING (MRP) – PLANEJAMENTO DAS NECESSIDADES DE MATERIAIS

"São sistemas de planejamento baseados na explosão da estrutura dos produtos, visando controlar as necessidades de materiais com o uso do computador" (Simcsik, 1992).

Figura 4.1 Movimento do sistema MRP

1 Introdução

O MRP é conhecido como sendo um software de planejamento das necessidades de material ou de toda a manufatura, no caso do MRP II. Contudo, o MRP é muito mais do que isto, trata-se de uma lógica sistemática aplicada no planejamento da produção.

É uma técnica para determinar a quantidade e o tempo para a aquisição de itens de demanda dependente, necessários para satisfazer os requisitos de um programa-mestre, ou seja, o conjunto de procedimentos logicamente relacionados, projetados para calcular necessidades de materiais de itens de demanda dependente.

O MRP (Planejamento das Necessidades de Materiais) é um sistema de inventário que consiste em tentar minimizar o investimento em inventário. Em suma, o conceito de MRP é obter o material certo, no ponto certo, no momento certo. Tudo isto através de um planejamento das prioridades e da Programação Mestra de Produção.

Este sistema tem as seguintes funções: planejamento empresarial, previsão de vendas, planejamento dos recursos produtivos, planejamento da produção, planejamento das necessidades de produção, controle e acompanhamento da fabricação, compras e contabilização dos custos, e criação e manutenção da infra-estrutura de informação industrial.

A criação e manutenção da infra-estrutura de informação industrial englobam: o cadastro de materiais, estrutura de informação industrial, estrutura do produto (lista de materiais), saldo de estoques, ordens em aberto, rotinas de processo, capacidade do centro de trabalho, entre outras.

A grande vantagem da implantação de um sistema de planejamento das necessidades de materiais é a de permitir ver, "rapidamente", o impacto de qualquer re-planejamento. Assim, podem-se tomar medidas corretivas, sobre o estoque planejado em excesso, para cancelar ou reprogramar pedidos e manter os estoques em níveis razoáveis.

"Gerar ordens de produção e solicitações de compras com base em uma previsão de vendas. Ou seja, o que o MRP faz é uma projeção do saldo em estoque, calculando as previsões de saída e as necessidades de acordo com os dados disponíveis". (Haberkon,1999)

2 Metas do MRP

De modo geral, a implantação de um sistema MRP visa:

- ♦ Diminuir custos de estocagem e movimentação;
- ♦ Tempo de vida e controle de validade, em casos de produtos perecíveis. Além disto, o produto pode sofrer, por exemplo, alterações de modelo.

Capítulo 4 – Material Requirements Planning (MRP)... | 95

♦ Atendimento ao cliente.

♦ Diminuir a improdutividade. A produtividade pode ser atingida e afetada por: falta de materiais, tempo de preparação, quebra de máquina, hora extra, variação na equipe, etc.

♦ Previsibilidade, incluindo a manutenção dos equipamentos, a previsão de compras e produção;

♦ Capacidade da instalação para o atendimento, ou seja, capacidade de atendimento ao cliente;

♦ Diminuir o custo de materiais e transporte;

♦ Diminuição do custo de obtenção.

3 Demanda do Sistema MRP

a) **Demanda Dependente:** Por demanda dependente entende-se aquela que é determinada pela demanda de um outro bem de nível superior, ou seja, inteiramente previsível no caso de se conhecer a demanda estabelecida deste bem de nível superior. Refere-se a peças e materiais que entram na produção para a fabricação de um produto acabado.

b) **Demanda Independente:** Por demanda independente entende-se aquela que não depende da demanda de nenhum outro bem, tão somente da procura do mercado. Refere-se aos estoques de natureza independente, como o produto acabado.

Exemplo: A demanda por automóveis pode ser classificada como demanda independente, enquanto a demanda por motores, numa montadora, pode ser entendida como uma demanda dependente.

Como estocar para esses dois tipos de demanda: "Suponhamos que uma fábrica de componentes para jardim fabrica itens como: aparadores manuais, cortadores de grama automáticos e tratores. Suponhamos, também, que os vários produtos sejam produzidos periodicamente – em determinado mês, alguns componentes, como porcas e parafusos, são comuns à maioria dos itens, portanto, um estoque contínuo dessas peças faz sentido. Porém, outras peças podem ter utilização restrita, servindo a um único item. Conseqüentemente, a demanda para essas peças acontecerá somente quando este item for produzido, o que ocorrerá a cada oito ou nove semanas; no restante do tempo, a demanda é zero. A demanda dependente, portanto, apresenta períodos de concentração, ou seja, os itens podem ser estocados um pouco antes da ocasião em que serão necessários no processo de produção. Já os itens de demanda independente precisam ser mantidos em estoque continuamente, se o objetivo não for o do JIT (Just in Time)".

4 Inputs Para o MRP

Um sistema MRP tem três fontes principais de informações: um programa mestre, um arquivo-lista do material e um arquivo de registro de estoque (ver Fig 4.1, página 93).

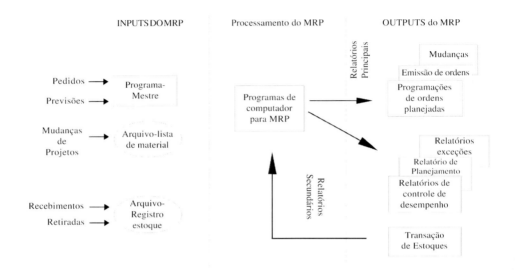

Figura 4.2 Principais fontes de informação do sistema MRP

4.1 Programa Mestre

Também conhecido como programa de produção, informa quais itens finais deverão ser produzidos, quando serão necessários e em que quantidade. A Fig. 4.3 representa o output planejado para o produto x

Item x	1	2	3	4	5	6	7	8
Quantidade				100				220

Figura 4.3 Programa Mestre para o item final x

Em um programa mestre, as fontes de informações provêm de: pedidos de clientes, as previsões, os pedidos dos depósitos para a formação de estoques sazonais, e a demanda externa.

O programa mestre desmembra o horizonte de planejamento em uma série de períodos ou intervalos de tempo, freqüentemente expressos em semanas. No entanto, os intervalos não precisam ter todos a mesma duração.

Seja qual for a forma de programa, o programa mestre precisa abranger, no mínimo, o lead time acumulado, ou total, necessário para produzir os itens finais (ver Fig. 4.4).

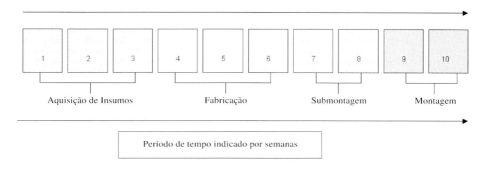

Figura 4.4 O Planejamento conta com o acúmulo do lead time.

4.2 Arquivo-Lista do Material (LDM) ou BOM – Bill of Materials

Um arquivo-lista de materiais contém uma relação de todos os conjuntos, subconjuntos, peças componentes e matérias-primas necessárias para se produzir uma unidade de um produto acabado.

Assim, cada produto acabado tem sua própria lista de materiais. É extremamente importante que a lista de materiais reflita corretamente a composição de um produto. Registros precisos são um pré-requisito para um MRP eficaz (ver Fig. 4.5).

4.3 Arquivo de Registro de Estoque

É utilizado para armazenar dados sobre a situação de cada item, em cada período. Inclui: necessidade bruta de estoque, os recebimentos programados e a quantidade disponível esperada. Para cada item, são também incluídos outros dados, como: fornecedor, o lead time e o tamanho do lote. Também são registradas, nesse arquivo, as variações devidas a recebimentos e retiradas dos estoques, ou em razão de produtos cancelados e eventos similares.

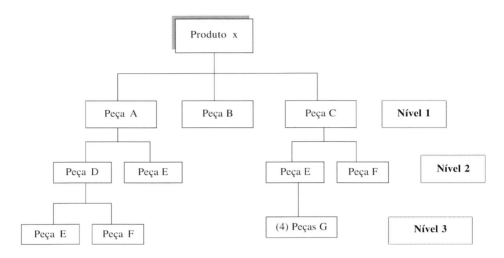

Figura 4.5 Árvore da estrutura do produto final X.

5 Processamento do MRP ou Elementos de Registros Básicos

5.1 Tempo de Ressuprimento (Lead Time) ou Tempo de Espera

É o tempo que decorre entre a liberação de uma ordem de compra ou de serviço e a completa disponibilidade do material correspondente para utilização. Pode ser medido em diversos momentos:

- Tempo de edição de uma ordem (compra, manufatura, serviço, etc).
- Tempo de tramitação de uma ordem.
- Tempo de transporte do material.
- Tempo de setup.
- Tempo de processamento.
- Tempo gasto com inspeção de qualidade, etc.

5.2 Período (Time Bucket)

Espaço de tempo utilizado para o planejamento. Pode variar em dias, semanas, quinzenas, meses, etc., conforme cada caso. O período mais utilizado é o semanal.

5.3 Necessidades Brutas (Gross Requirements)

Quantidades que representam a demanda de determinado item, sem levar em consideração as disponibilidades de estoques durante cada período.

5.4 Recebimentos Programados (Scheduled Receipt)

Ordens em aberto para reposição de estoque com recebimento programado para o início do período.

5.5 Estoque Projetado Disponível (Projected Available Balance)

Engloba a posição e os níveis projetados de estoque do item, disponíveis ao final de cada período, seja dos fornecedores ou de outro lugar na linha de abastecimento.

5.6 Plano de Liberação de Ordens (Planned Order Releases)

Ordens planejadas a serem liberadas no início de cada período. Quando uma ordem é emitida, ela é retirada do item "emissões de ordens planejadas" e inserida em "recebimentos programados".

5.7 Tamanho do Lote (Lot Size)

As ordens colocadas seriam do tamanho exato necessário, nem mais, nem menos. Entretanto, a empresa pode optar por trabalhar com lotes de produção para fazer frente a eventuais custos fixos em relação à quantidade produzida (como, por exemplo, os custos de preparação de máquina).

O número de períodos no registro é chamado de horizonte de planejamento, e representa a visão dos períodos futuros para realizar o planejamento.

As necessidades brutas representam as ordens seguras de reposição de estoque para o item. São consideradas período a período e não, em termos agregados ou médios. Isto permite que fatores como sazonalidade e ciclicidade possam ser considerados. Uma necessidade bruta em determinado período não será satisfeita a menos que haja item em estoque, ou que seja esperada uma quantidade suficiente através de um recebimento programado (resultante da existência de ordem seguras), ou, ainda, um recebimento planejado (resultante da existência de uma ordem planejada), a tempo de atender à necessidade bruta.

100 | Gestão de Estoques

A linha de recebimentos programados descreve a situação das ordens já abertas para o item. Esta linha mostra as quantidades referentes às ordens abertas e os momentos nos quais se espera que elas sejam completadas. Recebimentos programados são resultados de decisões previamente tomadas e representam uma fonte do item para atender as necessidades brutas.

A linha de Estoque projetado disponível representa o balanço depois de os recebimentos programados e planejados terem sido efetuados e as necessidades brutas terem sido satisfeitas. E representa o plano de liberação das ordens: toda vez que a linha de estoque atingir o volume mínimo projetado para satisfazer uma necessidade bruta (balanço negativo), material adicional precisa ser providenciado. Isto é feito criando-se uma liberação de ordem planejada para um período, com suficiente antecedência, a fim de permitir que o balanço de estoque disponível projetado não fique negativo.

Os recebimentos das ordens planejadas, em geral, não se apresentam na linha de recebimentos programados porque elas ainda não foram liberadas para a produção ou compra. Nenhum material foi, ainda, comprometido com sua manufatura. Trata-se apenas de um plano, uma intenção de produzir ou comprar, que é, portanto, sujeito ao cancelamento ou alteração no caso da ocorrência futura de um evento que justifique tais ações.

O entendimento do funcionamento do registro básico do MRP é fundamental para o entendimento do sistema como um todo. É o registro básico, também, que vai permitir o encadeamento lógico pai-filho entre os diversos componentes de um produto.

6. Outputs do MRP

O sistema MRP pode fornecer ao gestor de estoque uma ampla faixa de outputs, constituindo os relatórios principais, que são ferramentas de grande relevância para administrar os processos, e os relatórios secundários, que são opcionais.

6.1 Relatórios Principais

São os relatórios de produção e, assim como os de planejamento e controle do estoque, constituem uma parte dos relatórios principais. Incluem normalmente as seguintes informações:

- ◆ **Ordens Planejadas:** Programação indicando a quantidade e ocorrências de encomendas.

Número de semanas	1	2	3	4	5	6	7	8
Item								
Necessidades brutas								
Recebimentos programados								
Estoque disponível projetado								
Necessidades líquidas								
Recebimentos de ordens planejadas								
Emissões de ordens planejadas								

♦ **Liberações de ordens:** autorizam a execução das ordens planejadas.

♦ **Mudanças:** Ordens planejadas, incluindo a revisão de prazos e quantidades, constando as ordens, assim como o cancelamento de ordens.

6.2 Relatórios Secundários

Informam sobre o controle do desempenho, o planejamento e as exceções.

♦ **Relatórios de controle de desempenho:** Avaliam as operações de um sistema. Medem o afastamento em relação aos planos originais, inclusive, os fornecimentos não-realizados e as faltas de estoque, e fornecem informações que podem ser utilizadas para avaliar o desempenho dos custos.

♦ **Relatórios de Planejamento:** Prevêem necessidades futuras de estoques, incluem compromissos de compras, etc., que ajudam a avaliar o desempenho dos custos.

♦ **Relatórios de Exceções:** Apontam pedidos atrasados, vencimentos, índices de perda excessivos, os erros e as necessidades de peças que não existem no mercado.

Existe uma vasta gama de faixas de output no sistema MRP, o que permite que o usuário adapte às necessidades da empresa as informações específicas.

7 Vantagens do Sistema MRP

A grande vantagem comercialmente anunciada desses sistemas é que eles seriam capazes de:

- Reduzir os custos de estoque, bem como de sua gestão do custo de oportunidade dos recursos investidos, etc.

- Melhorar a eficiência da programação, uma vez que, ainda no processo de planejamento da produção, todos os dados da manufatura estariam completos, reduzindo-se, então, os desperdícios de tempo e materiais.

- Reagir rapidamente às mudanças do mercado, segundo os novos requerimentos de clientes e fornecedores.

- Disciplinar e priorizar a produção, dispensando os custos da administração tradicional, que envolveria controles manuais dos processos e das ordens de produção.

- Controlar o inventário, tanto de produtos acabados, quanto de produtos em fabricação / processo e matérias-primas de fornecedores. Tudo isto eletronicamente.

- Auxiliar na estruturação de produtos, quando em contato direto com a área de engenharia de produtos, uma vez que estes softwares forneceriam as informações, até então indisponíveis, de como uma estrutura de produto se comporta na produção.

Obviamente, muitas dessas "promessas" tiveram um caráter falacioso, uma vez que outros problemas foram criados quando da implantação desses softwares, conforme as críticas apresentadas a seguir.

8 Desvantagens do Sistema MRP

Apesar de sua enorme contribuição no gerenciamento dos recursos das organizações, o MRP, como ferramenta de planejamento, por um lado, apresenta muitos problemas e é imensamente limitado em diversos aspectos, dentre os quais os abaixo citados:

- Nervosidade do Sistema: Pedidos adicionais ou mudança de quantificação podem descontrolar todo o sistema, pois, os softwares utilizam uma lógica circular, onde os tempos de processo são arbitrados, mas são igualmente dependentes da própria carga estipulada pelo sistema. Quando se aumenta o tempo de processamento (com folga), o sistema foge do conceito de *Just in Time*. Além disso, uma pequena variação nos níveis superiores acarreta grande ressonância na composição geral da produção e gestão de estoques, uma vez que a estrutura de materiais é explodida a cada nova intervenção do software.

Capítulo 4 – Material Requirements Planning (MRP)...   103

- Projetos muito longos não podem ser bem implementados (somente bem aplicados para períodos moderados).

- Existe uma dificuldade na definição de tempo de fabricação e espera (o que acaba resultando em filas e aumento de estoques em fabricação).

- Existe, também, uma dificuldade de implementação em estrutura de serviços, pois, além de materiais, o MRP se baseia no fator tempo.

- O MRP, ao contrário dos softwares de Manufatura Sincronizada, hoje em evidência, programa toda a produção e/ou recursos de manufatura de uma só vez; ao passo que os softwares de Manufatura Sincronizada possuem estrutura de programação dinâmica.

- Há uma dificuldade na manutenção dos registros de estoque, principalmente com a explosão de materiais - pode gerar inconsistências que levam à necessidade de um sistema regenerativo.

- Transforma problemas complexos em algo de tal complexidade que necessita de uma tecnologia mais avançada e cara para sua administração e gestão.

- Depende de dados perfeitos que, quando não acurados, fazem o sistema causar muitos danos, ao invés dos benefícios propostos.

- Utiliza a concepção de capacidade infinita de produção, não considerando as limitações normais e eventuais problemas "no chão de fábrica".

- Depende do CRP para continuar programando a produção, após uma validação. Isto torna toda a atividade de planejamento muito dependente e vagarosa.

- A utilização de estoques mínimos e de lead time de matérias-primas de produção no MRP, mas não exclusivamente neste, pode acarretar uma enorme variação na composição final da produção.

- O nível de estoques, após um determinado momento, aparece-nos absolutamente zerado. Isto seria muito bom caso não se necessitasse, na prática, de níveis de estoques mínimos para a segurança dos processos produtivos.

- Conforme citado acima, por questão de segurança da produção, costuma-se utilizar um nível mínimo de estoques, de tal forma que o seu nível invariavelmente não chegará a zero, seja pelos itens estocados, seja pela gestão de solicitações (solicitar antes da real necessidade, protegendo-se de um eventual atraso).

Vamos Aplicar

Um fabricante de cortinas recebeu dois pedidos: o primeiro, de 100 cortinas, e o segundo, de 150 cortinas. O fornecimento de 100 unidades deve ser feito no início da semana 4 da programação corrente, e o fornecimento do segundo pedido de 150 unidades deve ser feito no início da semana 8. Cada cortina consiste em quatro ripas de madeira torneada e duas estruturas. As ripas são fabricadas pela própria empresa, e a fabricação dura uma semana. As estruturas são encomendadas, e o lead time é de duas semanas. A montagem das cortinas demanda uma semana. Existe um recebimento programado de 70 lotes de ripas para o início da semana 1. Determine o tamanho e os momentos das emissões de ordens planejadas necessárias para atender aos requisitos de fornecimento em cada uma das seguintes hipóteses:

a) Política de encomendas lote a lote (nesse sistema, o tamanho de cada pedido é igual às necessidades líquidas).

b) Política de encomendas por tamanho fixo de lote, com um tamanho de lote de 320 unidades para estruturas e de 70 unidades para lotes de ripas.

Resolução passo a passo:

a) A primeira ação é a montagem do programa mestre:

Número de semanas	1	2	3	4	5	6	7	8
Quantidade				100				150

Comentários: O programa mestre requer que 100 cortinas estejam prontas para entrega no início da semana 4, e, como não há disponibilidade projetada de cortinas, as necessidades líquidas serão também de 100 peças de cortinas. Desse modo, o recebimento planejado de cortinas para a semana 4 é de 100 unidades. Como a montagem das cortinas demanda uma semana, será preciso fazer a emissão planejada de uma ordem de produção no início da semana 3. Utilizando o mesmo raciocínio, 150 cortinas devem ser montadas durante a semana 7, para estarem disponíveis para entrega no início da semana 8.

Número de semanas	1	2	3	4	5	6	7	8
Quantidade			/////	100			/////	150

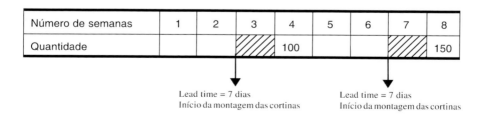

Lead time = 7 dias
Início da montagem das cortinas

Lead time = 7 dias
Início da montagem das cortinas

Capítulo 4 – Material Requirements Planning (MRP)... | 105

Programa-mestre para cortinas

Número de semanas	1	2	3	4	5	6	7	8
Quantidade				100				150

↓

Recebimento do pedido

Cortinas Lead Time = 1 semana		1	2	3	4	5	6	7	8
	Necessidades brutas				100				150
	Recebimentos Programados								
	Estoque disponível projetado								
	Necessidades líquidas				100				150
	Recebimentos de ordens planejadas				100				150
	Emissão de ordens planejadas			100				150	

A emissão de ordem de produção planejada para 100 cortinas no início da semana 3 significa que 200 estruturas (as necessidades brutas) precisarão estar disponíveis nessa ocasião. A expectativa é de que não existirá disponibilidade de estoque, haverá então uma necessidade líquida de 200 estruturas, e um recebimento planejado de 200 estruturas para o início da semana 3. O lead time de 2 semanas implica que a empresa precisará encomendar 200 estruturas no início da semana 1. Analogamente, a emissão de ordem de produção planejada de 150 cortinas, na semana 7, gera uma necessidade bruta (e líquida) de 300 estruturas para a semana 7, assim como recebimento planejado para este período. O lead time de duas semanas significa que a empresa precisará encomendar as estruturas no início da semana 5.

NOTA: *Perceba que se forma uma corrente lógica entre fornecedor e produção. O lead time para o fornecimento das estruturas é de duas semanas, e o lead time para a montagem das cortinas pela produção é de 1 semana. Portanto, são necessárias três semanas para o planejamento, o pedido e a montagem do produto para o cumprimento do prazo de entrega ao cliente.*

106 | Gestão de Estoques

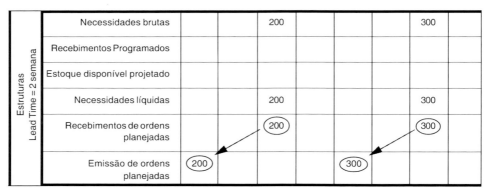

A emissão de uma ordem de produção planejada de 100 cortinas no início da semana 3 também gera uma necessidade bruta de 400 lotes de ripas para a ocasião. Entretanto, como existe a expectativa de que haverá uma disponibilidade de 70 lotes de ripas, a necessidade líquida será de 400 − 70 = 330 unidades. Isso significa um recebimento planejado de 330 unidades no início da semana 3. Como o tempo de fabricação é de uma semana, a produção deverá começar no início da semana 2 (através da emissão de ordem de produção planejada).

Analogamente, a emissão de ordem de produção planejada para 150 cortinas na semana 7 gera uma necessidade bruta de 600 lotes de ripas para este período. Como não está previsto haver disponibilidade de lotes de ripas, a necessidade líquida também será de 600 unidades, e essa mesma quantidade será recebida através da ordem planejada. O lead time de uma semana significa que 600 unidades de ripas deverão ter sua fabricação programada para o início da semana 6.

	Ripas — Lead Time = 1 semana							
Necessidades brutas				400			600	
Recebimentos Programados	70							
Estoque disponível projetado	70	70	70					
Necessidades líquidas				330			600	
Recebimentos de ordens planejadas				330			600	
Emissão de ordens planejadas			330			600		

CAPÍTULO 4 – MATERIAL REQUIREMENTS PLANNING (MRP)...   107

A única diferença da política de encomendas por tamanho fixo de lote em relação ao sistema lote a lote é que, no primeiro, os recebimentos planejados podem exceder as necessidades líquidas. O excedente é lançado como valor do estoque projetado para o período seguinte. Assim, por exemplo, o tamanho do lote para as estruturas é de 320 unidades, e a necessidade líquida para a semana 3 é de 200 unidades; assim, há um excedente de 320 – 200 = 120 unidades, que se torna o valor do estoque projetado para a semana seguinte. Analogamente, como a necessidade líquida de 180 unidades é menor em 140 unidades que o tamanho do lote encomendado de 320 unidades, o excedente torna-se o valor do estoque projetado para a semana 8. O mesmo ocorre em relação aos lotes de ripas; os excedentes dos recebimentos planejados para a semana 3 e 7 são acrescidos aos estoques projetados para as semanas 4 e 8, respectivamente. Observe que o tamanho da encomenda (ordem de compra ou ordem de produção) para cada item componente precisa ser um múltiplo do valor do tamanho do lote respectivo. Vamos considerar, por exemplo, os lotes de ripas: para a semana 3, o tamanho do pedido é 5 vezes 70; para a semana 7, o tamanho do pedido é 9 vezes 70.

A Fig.4.6, abaixo, demonstra a Programação do MRP do exercício dado, com a política de encomenda por tamanho de lote fixo para os componentes.

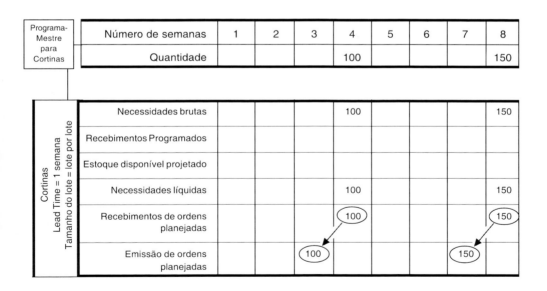

Figura 4.6 Programação MRP, com a política de encomenda por tamanho de lote fixo.

Problemas Propostos

1. A árvore de estrutura a seguir indica os componentes necessários para montar uma unidade do produto X.

  a) Redesenhe a árvore para que ela esteja em conformidade com a codificação de nível baixo.

  b) Determine o nível de cada componente e as quantidades necessárias de cada um para montar uma e 100 unidades do produto X.

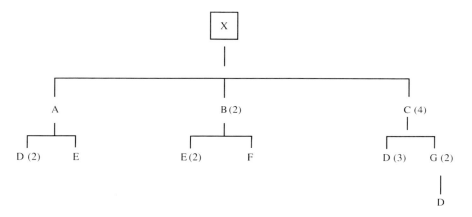

2. Considere o diagrama para um produto dado a seguir. Determine a quantidade necessária de cada componente para se montar uma unidade de produto acabado:

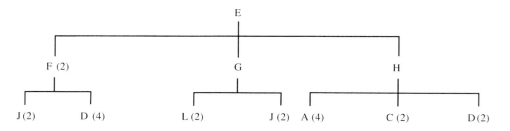

3. Um produto muito simples consiste de dois componentes A e B. Para fazer esse produto, são utilizados dois itens A e quatro itens B. O departamento quer expedir 100 unidades do produto no início da semana 6. Existem 50 itens A e 100 itens B disponíveis. Além disso, há dois recebimentos programados de 100 itens B cada um, sendo um previsto para o início da semana 4 e o outro para o início da semana 5. O lead time é de duas semanas para o item final e de uma semana para cada item A e B. Elabore um plano MRP para esse produto, adotando a política de encomenda lote a lote.

4. O item P é composto de três subconjuntos: K, L e W. O subconjunto K é montado utilizando-se 3 itens G e 4 itens H; o item L é composto de 2 itens M e 2 itens N, e o item W é composto de 3 itens Z. Os estoques disponíveis são de 20 itens L, 40 itens G e 200 itens H.

Os recebimentos programados são de 10 itens K para o início da semana 3, de 30 itens K para início da semana 6 e de 200 itens W para o início da semana 3. Cem itens P serão expedidos no início da semana 6, e outros 100 no início da semana 7. Os lead times são de duas semanas para os subconjuntos e de uma semana para os componentes G, H e M. A montagem final de P demanda uma semana.

Em cada ordem planejada para o item G, inclua 10% adicionais, a título de tolerância para as perdas. O tamanho mínimo das ordens para o item H é de 200 unidades. Elabore o seguinte:

a) Um programa mestre para o item P.

b) Um plano de necessidades de materiais para os itens K, G e H, utilizando a política de encomenda lote a lote.

5. Uma mesa é montada a partir de três componentes, conforme mostrado na árvore da estrutura do produto que se segue. A empresa fabricante da mesa pretende expedir 100 unidades no início do dia 4, 150 unidades no início do dia 5 e 200 unidades no início do dia 7. Um recebimento de 100 seções de tampos de madeira está programado para o início do dia 2. Existem 120 pés de mesa disponíveis no estoque. A título de estoque de segurança, são acrescidos 10% do tamanho do pedido para os pés da mesa. Existem 60 travessas disponíveis, e não há necessidade de um estoque de segurança. Os lead times (em dias) para todos os itens são mostrados na tabela a seguir. Elabore um plano de necessidades de materiais, utilizando a política da encomenda lote a lote.

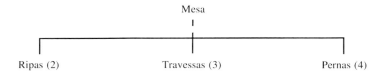

Quantidade	Lead Time
até 200	1
200 - 550	2
551 - 999	3

110 | Gestão de Estoques

☑ Teste

1. O que significa MRP?

a) Sistema computadorizado de informações, projetado para lidar com a encomenda e a programação de estoque que tem uma demanda independente.

b) Sistema computadorizado de informações, projetado para lidar com a encomenda e a programação de estoque que tem uma demanda dependente.

c) Sistema manual de informações, projetado para lidar com a encomenda e a programação de estoque que tem uma demanda independente.

d) Sistema manual de informações, projetado para lidar com a encomenda e a programação de estoque que tem uma demanda dependente.

2. Qual demanda é administrada de forma eficaz pelo MRP?

a. Demanda dependente.

b. Demanda Independente.

c. Demanda sugerida.

d. n.d.a.

3. Quais são as três principais fontes de informação do sistema MRP?

a) Plano de ação, Informação Gerencial e Informação do piso de fábrica.

b) Listas de defeitos, Programação de encomendas e Relatórios Gerenciais.

c) ERP, Grupos de discussão e Ação de melhorias.

d) Programa-mestre, Arquivo-lista do Material e Arquivo de Registro de Estoques.

4. Qual a função do Programa-mestre ou programa-mestre de produção?

a) Desenhar o mapa do fluxo operacional.

b) Habilitar o Gestor no movimento dos estoques.

c) Informar quais itens finais deverão ser produzidos, quando serão necessários e em que quantidade.

d) Relacionar os conjuntos, subconjuntos, peças, componentes e matérias-prima necessários para se produzir uma unidade de um produto.

5. Fazem parte do processamento do MRP:

a) Necessidades brutas e Emissões de ordens planejadas.

b) Recebimentos programados e Estoque disponível projetado.

c) Necessidades líquidas e Recebimentos de ordens planejadas.

d) Todas as alternativas estão corretas.

6. De que forma a gerência recebe as informações do sistema MRP?

a) Através dos relatórios principais e secundários.

b) Através dos relatórios de faltas, elaborados pela Produção.

c) Através das reclamações recebidas de clientes.

d) n.d.a.

7. Que informações constam dos relatórios principais?

a) Relatórios de exceções, de controle de desempenho e de planejamento.

b) Relatórios de ordens planejadas, liberações de ordens e mudanças.

c) Relatórios de faltas, excessos e desempenho.

d) n.d.a.

8. O que se torna desnecessário com a implantação do sistema MRP?

a) Avaliar desempenho dos custos.

b) Necessidades futuras de materiais.

c) Manter estoque de segurança.

d) n.d.a.

Gestão de Estoques

🗩 Sugestões Para Revisão

1. Confronte a demanda dependente com a demanda independente.

2. Em que momento a implantação de um sistema MRP pode ser adequada?

3. Defina e explique os seguintes termos:

    a) Programa-mestre.

    b) Lista de Materiais.

    c) Arquivo de registro do estoque.

    d) Necessidades Brutas.

    e) Necessidades Líquidas.

    f) Plano em fases (time-phased).

Redação de memorando

Seu diretor deseja saber por que é tão extenso o tempo que você estimou que irá levar para montar um sistema MRP e colocá-lo em operação. Ele notou que você incluiu uma tolerância para possíveis imprecisões nos registros de estoques e na lista de material, e agora quer saber como a empresa pôde ter tido um desempenho tão bom até hoje, "se os registros atuais não fossem realmente bastante precisos". Redija um memorando em resposta às preocupações de seu diretor.

5

Manufacturing Resources Planning (MRPII) – Planejamento de Recursos de Fabricação

1 Introdução

O MRPII não substitui o MRP e não é uma versão mais atualizada dele, é uma abordagem muito ampla em relação ao planejamento e a programação dos recursos empresariais industriais. Refere-se ao planejamento de recursos de fabricação, intenta expandir o escopo do planejamento e envolver outras áreas funcionais da empresa nesse procedimento. As áreas mais importantes afetadas pelo processo de fabricação são as áreas de Finanças e Marketing. Em geral, essas duas áreas, somadas à área produtiva, agem sem conhecimento completo das ocorrências e interferências no processo do fluxo de trabalho de outras áreas; chegou-se ao entendimento de que, para a empresa ter eficácia, todas as áreas funcionais precisam se concentrar em objetivos comuns. Um dos propósitos do MRPII é a integração de todos no processo de planejamentos de necessidades.

2 Visão Global do MRPII

Este processo de planejamento começa com um plano de negócio e previsão de demanda. Em seguida, determina-se um plano mestre de produção que concilie (geralmente), a cada semana, a demanda de cada produto com seus respectivos níveis de estoque e pedidos pendentes. Em alguns casos, a geração deste plano mestre de produção é seguida de uma verificação simplificada da capacidade produtiva (conhecida, na literatura, como Rough

114 | GESTÃO DE ESTOQUES

Cut Capacity Planning). Depois de resolvidas as violações de capacidade neste nível, as quantidades de cada produto em cada semana são multiplicadas pelas necessidades correspondentes de materiais, nível a nível, da lista de materiais (Bill of Materials). Este processo é conhecido como "explosão da lista de materiais" e representa o cálculo básico do MRP. O passo seguinte é o da verificação da capacidade produtiva (Capacity Requirements Planning), semelhante àquele realizado pelo Rough Cut Capacity Planning, porém, considerando restrições de capacidade produtiva em nível de detalhe mais granular, levando em conta restrições de capacidade para produção de componentes e materiais intermediários.

Para empresas onde o processo de atendimento da demanda envolve uma rede de distribuição complexa, contendo centros de armazenagem e manufatura localizados em diferentes pontos, os tradicionais sistemas ERP suportam uma lógica semelhante àquela do MRP, conhecida como Distribution Requirements Planning (DRP).

O fluxo de planejamento descrito acima é essencialmente seqüencial e requer múltiplas iterações para que se produza um plano viável. Em outras palavras, não há nenhuma representação no cálculo inicial do plano mestre de produção que considere as restrições de capacidade e fornecimento. É preciso que se proceda a explosão da lista técnica para que se verifiquem suas violações. Este método requer, portanto, ajustes iterativos que, dependendo do tamanho da lista de produtos, componentes e materiais, podem consumir quantidade significativa de recursos e tempo, além de retardar o tempo de ajuste do plano a contínuas variações de mercado, capacidade produtiva e fornecimento. Além deste aspecto, oportunidades econômicas significativas são perdidas quando a operação produtiva se aproxima dos limites de capacidade, pois, neste caso, a complexidade de sincronização das suas atividades aumenta consideravelmente.

A impossibilidade de se produzir rápidos ajustes dos planos de produção através da aplicação deste tipo de lógica seqüencial e iterativa tem provocado um fenômeno bastante comum em muitas organizações. Com muita freqüência, planos alternativos, gerados por interferência humana em diferentes estágios do processo produtivo, convivem dentro da organização sem necessariamente estarem sincronizados. Esta desorganização da cadeia produtiva implica perdas econômicas significativas. Além disto, a falta de um plano integrado de produção, inevitavelmente, leva a um cenário caótico onde o foco das atividades de planejamento passa a ser o de combate diário às situações de emergência, sem visão do impacto das mesmas na operação global. Acreditamos ser este um quadro bastante comum em empresas nacionais, mesmo aquelas que já completaram a implantação de seus sistemas de gestão.

3 Objetivo do Sistema MRPII

Ações do tipo agilidade nos processos, diminuição de estoques, principalmente dentro do fluxo produtivo, tornam as organizações capazes de sobreviver à concorrência e ampliam seus mercados, com a diminuição dos custos refletindo na diminuição dos preços aos clientes. A implementação do MRPII possibilita alcançar o fortalecimento da competitividade. Porém, os objetivos do MRP II superam as expectativas e se ampliam. Abaixo, citamos alguns desses objetivos:

a) Melhorar a competitividade para sobreviver ou, até mesmo, ampliar a parcela participativa no mercado.

b) Manter ou melhorar lucros

c) Adotar um enfoque de unidade de negócio.

d) Reduzir custos – diretos e indiretos.

e) Produção enxuta.

f) Melhorar desempenho de entrega, tanto em termos de confiabilidade quanto velocidade.

g) Produzir com qualidade, superando as expectativas do cliente.

h) Focalizar as necessidades reais dos clientes.

3.1 Circuito de Planejamento

Para se estabelecer qualquer sistema, projeto ou atividade, deve-se estabelecer um plano e organizá-lo. O passo seguinte é a execução deste plano, mensurando cada etapa para avaliar se o desempenho está sendo atendido, surpreendendo ou se está sendo ineficaz. No decorrer da implantação, ocorrerão necessidades de mudanças e alterações, que serão ajustadas ao plano e às necessidades previstas pela empresa. Mudanças e ajustes precisam ser feitos ao plano ou aos recursos e necessitam ser postos em funcionamento. A execução do plano não deve ser interrompida, e todas as modificações devem ser analisadas e conduzidas para aperfeiçoar o sistema que está sendo implantado.

MRP + Circuito de planejamento = MRPII

4 Princípios Básicos do MRPII

"O sistema MRPII tem por base o cálculo das necessidades, uma técnica de gestão que permite viabilizar, pelo uso do computador, as quantidades e os momentos em que são

GESTÃO DE ESTOQUES

necessários os recursos de manufatura (materiais, pessoas, equipamentos, entre outros), para que se cumpram os programas de entrega de produtos, com um mínimo de formação de estoques". (Corrêa, 1988)

O cálculo das necessidades dos componentes é realizado a partir das necessidades dos produtos finais. Suponhamos que determinado processo produtivo seja dividido em três etapas:

- Compra de materiais;
- Fabricação dos componentes;
- Montagem do produto final A;

Para a montagem do programa, precisa-se do conhecimento do lead time necessário para a execução dessas três etapas.

Os principais aspectos do princípio de MRP II são:

- A partir das necessidades de entrega dos produtos finais (quantidades e datas);
- Conhecimento da demanda para atendimento do cliente, se possível, sem folgas;
- O cálculo é realizado para trás, no tempo: as datas em que as etapas do processo de produção devem começar e acabar;
- Determinam-se os recursos, e as respectivas quantidades necessárias para que se execute cada etapa.

5 Processamento do MRPII

O MRPII é um sistema hierárquico de administração da produção, em que os planos de longo prazo de produção, agregados, são sucessivamente detalhados até se chegar ao nível do planejamento de componentes e máquinas específicas.

Geralmente, os sistemas de MRPII encontram-se disponíveis no mercado sob a forma de sofisticados pacotes de computador. Estes são divididos em módulos que têm diferentes funções e mantêm relações entre si:

5.1 O MRP II Possui Cinco Módulos Principais [Corrêa, 1996, p. 116]:

- Módulo de planejamento da produção - Production Planning
- MPS - Modulo de planejamento mestre de produção - Master Production Schedule

Capítulo 5 – Manufacturing Resources Planning (MRPII)... | 117

♦ MRP - Módulo de cálculo de necessidade de materiais - Material Requirements Planning

♦ CRP - Módulo de cálculo de necessidade de capacidade - Capacity Requirements Planning

♦ SFC - Módulo de controle de fábrica - Shop Floor Control

Além destes, há ainda os módulos de atualização dos dados cadastrais, que se ocupam de alterações relacionadas aos dados de itens de estoque, estruturas de produtos, centros produtivos, roteiros de produção, entre outros.

5.1.1 Planejamento da Produção

O módulo de planejamento da produção visa auxiliar a decisão dos planejadores quanto aos níveis agregados de estoques e produção período a período, baseando-se também em previsões de demanda agregada (níveis de demanda do conjunto de produtos). É o nível mais agregado de planejamento de produção e, por isso, pela agregação e moderada quantidade de dados detalhados, presta-se ao planejamento de longo prazo, podendo chegar a alguns anos. Como se tratam de dados agregados sobre a produção de produtos diferentes, a unidade usada no planejamento, muitas vezes, é monetária. As decisões referem-se a volumes vendidos em unidades monetárias e níveis de estoque a serem mantidos também em unidades monetárias.

Os planos de produção desagregados, estabelecidos pelos demais módulos (MPS e MRP), devem ser consolidados e confrontados com o plano de produção, para que o administrador tenha certeza de que suas decisões desagregadas e detalhadas estão contribuindo com o cumprimento das metas de produção de prazo mais longo.

5.1.2 Planejamento Mestre de Produção (MPS)

O plano ou programa mestre de produção visa a produção de itens de produtos finais, período a período. Como tal, é uma declaração referente à produção de produtos finais e não, uma declaração referente à previsão de demanda do mercado ou previsão de vendas. O MPS pode determinar que alguns itens sejam produzidos antes do momento em que sejam necessários para a venda, e outros itens podem não ser feitos, ainda que o mercado se disponha a consumi-los.

O plano mestre de produção é o elo básico de comunicação entre os níveis mais agregados de planejamento (plano estratégico da empresa e plano de produção agregado) e a produção. O plano mestre de produção é definido em termos de especificação de produtos e não, em valores monetários. Isto se deve ao fato de que é a partir do programa mestre que

118 | GESTÃO DE ESTOQUES

se vão calcular as necessidades de componentes, a capacidade produtiva, entre outros recursos. Portanto, é necessário que este especifique os produtos em particular, necessários em determinadas quantidades e datas, ao longo do tempo.

Em termos de esquema geral, o bloco de gestão de demanda representa os sistemas de previsão de vendas, recebimento de pedidos e promessas de entrega da empresa. Isto inclui todas as atividades que representam necessidades a serem atendidas pela empresa. Estas necessidades podem ser: pedidos firmes ou previsões de pedidos, tanto de clientes como de setores internos e externos à empresa, sejam pedidos de produtos finais ou partes (partes para reposição, demonstração, cortesia, etc.).

O plano mestre representa uma das contribuições mais importantes da função operacional, da manufatura ao processo de planejamento global da organização. Ele representa a desagregação (em termos de produtos individualizados) do plano de produção agregado. O plano de produção limita e restringe o MPS, pois a soma das quantidades detalhadas por produto do MPS tem sempre que ser igual à soma ditada pelo plano agregado.

O planejamento de recursos (agregados, ou rough cut) envolve a análise do programa mestre para determinar a existência de setores que possam representar possíveis gargalos no fluxo de produção, isto é, representa uma primeira análise agregada da questão da capacidade dos recursos. Se for detectada uma necessidade de recursos agregados maior do que a disponibilidade de recursos neste ponto, o plano mestre analisado tem grande possibilidade de não ser viável. Entretanto, é importante notar que, mesmo no caso de não ser identificada a inviabilidade neste ponto, ainda não se pode afirmar que o plano mestre é viável, pois a análise de capacidade é feita, até este momento, de forma agregada, considerando grupos de recursos como se fossem recursos uniformes e intercambiáveis. Entretanto, nem sempre isto é verdade. Daí a necessidade de se viabilizar o plano mestre de forma desagregada, quando se consideram os particulares recursos, itens, e outros. A checagem desagregada de capacidade é feita pelo módulo de CRP (planejamento das necessidades de capacidade).

5.1.3 Planejamento das Necessidades de Materiais (MRP)

O planejamento das necessidades de materiais é o coração do processo. Veja na Fig.5.1.

Capítulo 5 – Manufacturing Resources Planning (MRPII)...

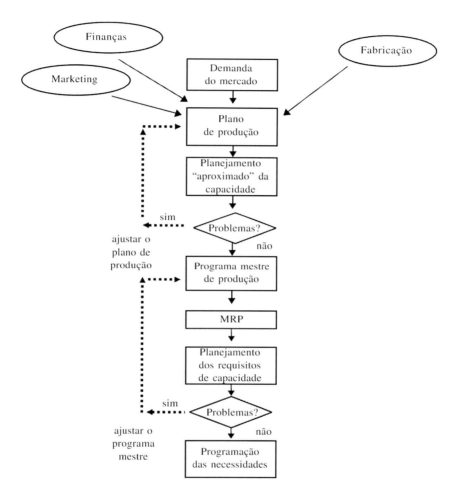

*Figura 5.1 Visão Geral do MRPII ***

5.1.4 Cálculo das Necessidades de Capacidade (CRP)

O planejamento da capacidade de produção é tão importante quanto o planejamento dos próprios materiais. A capacidade de produção insuficiente pode deteriorar o desempenho de uma empresa em termos do cumprimento de prazos, um critério competitivo de importância crescente no mercado competitivo atual. Também fica afetada a quantidade de estoques em processo e o ânimo das pessoas que trabalham na manufatura, além de proporcionar o estabelecimento de uma mentalidade de complacência com os atrasos freqüentes, por parte

*Segundo William J. Stevenson Adm. das Operações de Produção pg. 490.

120 | GESTÃO DE ESTOQUES

da mão-de-obra e da administração. Por outro lado, capacidade de produção em excesso pode representar custo desnecessário, que, muitas vezes, pode ser reduzido, caso a capacidade em excesso seja identificada a tempo.

Nos sistemas de administração da produção do tipo MRPII, o módulo de planejamento das necessidades de capacidade atua em mais de um nível. É feita uma avaliação prévia, chamada rough cut capacity planning, cujo objetivo é localizar inviabilidades de determinado plano mestre de produção que sejam identificáveis a partir de cálculos simples e agregados.

O módulo CRP calcula, então, período a período, as necessidades de capacidade produtiva, de forma detalhada, permitindo a identificação de ociosidades ou excesso de capacidade, e possíveis insuficiências.

5.1.5 Controle da Fábrica (SFC)

É o responsável pela seqüência das ordens, por centro de produção, dentro de um período de planejamento, e pelo controle da produção, no nível de fábrica. No MRPII clássico, é este módulo que busca garantir que o que foi planejado será executado da forma mais fiel possível aos planos. Se o módulo de controle de fábrica dos sistemas do tipo MRPII é adequado a algum tipo de sistema produtivo, este é o job-shop. Entretanto, de maneira geral, o uso dos módulos de controle de fábrica dos sistemas MRPII de forma estrita tem sido bastante limitado, tanto no Brasil como no exterior. O alto volume de informações de apontamento necessário, informando ao sistema, de forma detalhada, freqüente e precisa, o que ocorre na fábrica parece não ser compatível com a moderna visão gerencial que elimina, tanto quanto possível, as atividades que não agregam valores aos produtos.

Segundo Vollmann, Berry e Whybark (1992): "a tarefa do módulo de controle de fábrica pode ser comparada àquela de um caçador de patos que tenta atingir o alvo móvel: sistemas de controle e acompanhamento devem interagir, de forma a buscar cumprir os prazos."

6 Aplicação do MRPII

A maior dificuldade das empresas em adotar o MRPII está na sua implementação. Alguns aspectos devem ser levados em consideração:

- ◆ Comprometimento da alta direção – a direção da empresa deve estar comprometida com os resultados.
- ◆ Escolha adequada de sistema, hardware e software.
- ◆ Treinamento.
- ◆ Gerenciamento da implantação.

7 Benefícios da Implementação de MRPII

- Inventário reduzido.
- Melhores serviços ao cliente, maiores vendas.
- Melhor produtividade da mão-de-obra.
- Custos reduzidos de compras.
- Custos reduzidos de transporte.
- Aquisição reduzida de itens obsoletos.
- Hora extra reduzida;
- Ter os números para gerenciar o negócio com sucesso.
- Ter responsabilidade em toda a organização.
- Maior qualidade de vida aos funcionários. [Goodfellow, 1996, p. 11].

Os benefícios substanciais que levaram a YORK International (uma empresa que utilizava o processo de manufatura) a sair do caos dinâmico na década de 90 são:

- Datas de entrega aos clientes cumpridas em 95%;
- Foram capazes de prever entregas atrasadas;
- Material em processo e pendências substancialmente traduzidas;
- Listas de faltas foram abolidas;
- Problemas de capacidade de produção foram previstos;
- Possibilidade de previsão dos níveis necessários de mão-de-obra;
- Lead time reduzido;
- Melhorias significativas no desempenho de entrega dos fornecedores;
- Todos confiam e respeitam o sistema.

⨀ Sugestão Para Revisão

Uma grande empresa fabricante de eletrodomésticos contava com tecnologia de ponta para seu parque produtivo e, com um design inovador, era líder de vendas no mercado.

Com o passar do tempo, a empresa começou a encontrar dificuldades nas vendas: a demanda que excedia a capacidade produtiva, gerando atraso nas entregas, passou a diminuir, gerando estoques excedentes; os fornecedores aumentaram o lead time, priorizando a concorrência.

Acreditando que a solução para se firmar no mercado reside na inovação da tecnologia, faça um simulado com seu grupo, onde cada integrante seja o líder de um departamento, implante o MRPII e relacione as oportunidades que a empresa poderia obter com o sistema. Faça um relatório das medidas que tomariam para a implantação do MRPII.

6

SETUP

Setup é o tempo que se perde na preparação de máquinas, desde a última peça de um lote até a primeira peça do lote seguinte.

A Toyota, como sempre, é um bom exemplo para se medir a eficiência de seus ajustes em setup. Até 1955, eram necessárias, em média, de 2 a 4 horas para fazer a preparação e ajustes de suas ferramentas, além de um custo considerável associado a essa troca. A medida tomada pela empresa para reduzir os gastos com o setup, que não podiam ser realizados com freqüência, devido às perdas com a produção, foi produzir em grandes lotes, a fim de diluir o custo da troca nessas grandes porções. Era óbvio que, com isso, haveria a inevitável formação de grandes estoques ao longo do processo produtivo (estoques intermediários), como ao final deste (estoque de produtos acabados).

Esta situação se tornou desconfortável na medida em que contrariava a filosofia emergente na época — no caso, o just-in-time —, a qual, entre outras idéias, pregava uma maior flexibilidade na produção e redução dos estoques.

Nesse ponto, com o reconhecimento da necessidade de redução dos tempos de preparação, passou-se a estudar e buscar soluções de redução dos setups, o que viabiliza a diminuição do tamanho dos lotes de produção e o tempo de execução de vários tipos de produtos, condicionando a empresa a uma rápida adaptação às oscilações do mercado.

124 | GESTÃO DE ESTOQUES

As empresas no Japão mudaram essa questão, trazendo mais agilidade a seus processos. Como exemplo, tomamos uma linha produtiva da Toyota, onde é realizado o setup de uma prensa de grande porte:

1) Um alerta com som e luzes, localizado acima da prensa, sinaliza que a produção do lote de peças está por terminar;

2) Mesmo antes de a máquina parar, duas equipes se formam ao lado da prensa;

3) Ao parar a máquina, um contador digital de tempo entra em funcionamento;

4) Imediatamente, as duas equipes, mais os quatros operadores, iniciam a operação;

5) Dois minutos após, a troca de ferramentas já está concluída;

6) Os operadores executam uma peça, e aferem com o gabarito, sendo observados pelas duas equipes de preparadores;

7) Após uma regulagem, processa-se outra peça e afere-se novamente, onde, geralmente, constata-se que está (ok). Ao iniciar a produção do novo lote, o sinalizador pára de funcionar e o contador de tempo exibe o resultado - pouco inferior a cinco minutos.

7

KANBAN

"Você precisa introduzir o Kanban a qualquer momento e com qualquer nível de estoque. Porém, se você não aproveitar o potencial do Kanban para identificar os problemas e aumentar a produtividade, você não está utilizando totalmente o "Sistema Kanban". (Taiichi Ohno – Criador do "Sistema Kanban").

Kanban: (kahn + bahn) uma palavra japonesa que significa cartão, placa ou registro visível, se espalhou pelo mundo na década de 80, proporcionando uma revolução na administração da produção no piso de fábrica. Nunca um sistema tão simples causou tanto impacto nas modernas técnicas da Administração da Produção

1 Introdução

O "Sistema de Produção Toyota", mais conhecido como "Sistema *Kanban*", é uma técnica originalmente desenvolvida na Toyota Motor Company por seu ex-vice-presidente Taiichi Ohno. Nos últimos 25 anos, este sistema, que criou raízes na companhia, foi gradativamente adotado por suas subsidiárias. Posteriormente, serviu de base para programas semelhantes em grande número de empresas industriais no Japão.

Existem duas características distintas no sistema. Uma é a produção *Just in Time*, onde somente os produtos necessários, no momento certo, nas quantidades requeridas, devem ser produzidos, mantendo os estoques em níveis mínimos. A outra visa obter a plena

126 | GESTÃO DE ESTOQUES

utilização dos recursos humanos, por meio da exploração de sua capacidade, estimulando a participação ativa na produção, a melhoria da produtividade e das condições gerais de trabalho. A conseqüência do envolvimento dos trabalhadores nas soluções de problemas ampliou suas habilidades e aumentou a motivação.

Os pontos que enfatizaram a implantação do sistema *Kanban* foram:

♦ A inexistência de recursos naturais, gerando uma atitude voltada ao combate do desperdício.

♦ O elevado grau de conscientização do operário japonês em relação à importância da empresa onde trabalha, e a retribuição por parte desta, repartindo os lucros obtidos com seus empregados.

Observou-se que, na atividade de fabricação, o desperdício se apresenta, principalmente, de sete formas diferentes:

♦ Desperdício provocado pelo *excesso de produção;*

♦ Desperdício provocado pelo *tempo ocioso;*

♦ Desperdício provocado pela *fabricação indevida;*

♦ Desperdício provocado pelo *transporte;*

♦ Desperdício provocado pela *produção rejeitada;*

♦ Desperdício provocado pelas atividades;

♦ Desperdício provocado pelo *estoque.*

Antes de iniciarmos a descrição do sistema kanban, vamos falar um pouco sobre Andon, uma linguagem de sinais visuais criada no Japão, e que é a base do sistema kanban.

2 Andon

Sistema de controle visual, usado no piso de fábrica, para ajudar a gerência e os operários a visualizarem a produção. Existem dois tipos de *andon*: o quadro da meta da produção e o sinal de trânsito, com lâmpadas verdes, amarelas e vermelhas, as quais simbolizam o estado da qualidade, ou os problemas, em cada posto de processamento.

2.1 Quadro da Meta de Produção Diária

São geralmente quadros suspensos, constantemente atualizados durante o turno;

2.2 Identificação de Problemas

Por meio de lâmpadas vermelhas, amarelas e verdes, que mostram visualmente a posição de um posto de processamento ou uma máquina. Pode até ser uma simples lâmpada ligada a um dispositivo de inspeção, mostrando uma condição "passa-não-passa".

3 Apresentação do Kanban

A dupla Ford e Taylor foi responsável pela criação de métodos de programação e controle de produção que primavam pelo processo de manufatura em massa, onde os fatores importantes estão: na divisão de tarefas; nas determinações através do estudo dos movimentos, e na redução do tempo-padrão de manufatura. Eles tinham, por objetivo, que homem x máquina produzissem o máximo possível, dentro desses padrões, onde deveria ser abolida a ociosidade, mesmo que os destinos dos produtos fossem os armazéns. A partir daí, os setores de marketing e vendas se encarregariam dos produtos, para que esses chegassem ao consumidor com máxima agilidade possível.

Este tipo de método funciona da seguinte maneira:

1) A direção de uma empresa decide pelo lançamento de um novo produto;

2) Comunica a decisão para a engenharia de produto, que desenvolve a idéia, projeta o bem e envia a documentação para a engenharia industrial;

3) A Engenharia Industrial desenvolve o processo, os dispositivos e tudo mais, depois, remete as ordens para o setor de produção;

4) O setor de Produção é quem fabrica o novo produto. Estes são transferidos para o armazém;

5) A partir deste momento, cabe ao setor de Marketing, incluindo Vendas, levá-lo ao consumidor.

A produção em massa veio de encontro aos interesses dos produtores, principalmente, após a Segunda Guerra, quando eram grandes os recursos financeiros norte-americanos. Ocorreu, então, um crescimento demográfico, e com isso havia uma carência de bens. O mercado era altamente demandante, a população havia sofrido com a retração do consumo devido à catástrofe mundial e queria recuperar o "tempo perdido".

Nesse período, os Estados Unidos eram o que podemos chamar, hoje, de o "benchmarking" na reconstrução. Era o início da década de 50, e o Japão buscava sua reconstrução. Após a guerra, era necessário elaborar um plano de reconstrução da economia do país, onde tudo estava destruído. Precisariam começar do início, implantar e desenvolver indústrias competentes que pudessem fazer frente ao mercado e levantar a estima de seu povo. Nesse momento, um grupo de executivos da empresa Toyota é enviado aos Estados Unidos para

128 | GESTÃO DE ESTOQUES

fazer "benchmark". Sua função era observar, estudar e aprender com os fabricantes de automóveis e de autopeças, para trazer ao Japão idéias que pudessem tornar a Toyota uma empresa de ponta no mercado japonês.

Embora observando todos os processos, o grupo não conseguia ver as diferenças que tornavam as empresas americanas mais efetivas no mercado do que a Toyota. Induzidos pela curiosidade ou premidos por necessidades individuais, tiveram contato com o sistema de atendimento ao varejo através dos supermercados, que já começavam a despontar no país com uma logística de reposição fantástica.

Convictos de que poderiam ajudar seu país no plano de reconstrução, aliando a isto o hábito da autodisciplina, aqueles técnicos observavam e estudavam tudo, e não deixaram de traçar comparações entre o sistema de trabalho das industrias e dos supermercados, notando que este último segmento era completamente distinto daquele primeiro. Num supermercado, são os clientes, em função do atendimento de suas necessidades próprias, que determinam como deve ser o serviço de reposição de mercadorias em relação às marcas, quantidades e períodos; principalmente num regime econômico estável, no qual é desnecessário manter estoques de produtos em casa. Isto significa dizer que o consumidor é quem "puxa" pelas atividades daquele tipo de estabelecimento. A partir daí, foi traçada a idéia de "produção puxada".

O sistema de produção puxada é uma maneira de conduzir o processo produtivo, de tal forma que cada operação requisita, da operação anterior, os componentes e materiais para o cumprimento de sua tarefa somente no instante e quantidades necessários. Este método choca-se frontalmente com o tradicional, no qual a operação anterior empurra o resultado de sua produção para a operação posterior, mesmo que esta não o necessite ou não esteja pronta para o seu uso.

Estendendo-se o conceito de puxar a produção para toda a empresa, descobre-se que é o cliente quem decide o que vai se produzir, pois o processo de puxar a produção transmite a necessidade de demanda especifica para cada elo anterior da corrente.

Quando retornaram ao Japão, aqueles técnicos procuraram adaptar tudo o que tinham visto nas indústrias e nos supermercados a uma nova tecnologia de gerenciamento de produção. Estes estudos redundaram em um sistema de administração da produção "puxada", controlada através de cartões, que denominaram kanban.

O propósito mais importante no sistema de administração da produção através de kanban é o de aumentar a produtividade e reduzir os custos através da eliminação de todos os tipos de funções desnecessárias ao processo produtivo.

O método é basicamente empírico e consiste em identificar as operações não agregadoras de valor, investigá-las individualmente, e, aplicando-se o método de tentativa e erro, conseguir chegar a uma nova operação que apresente resultado considerado satisfatório para aquele determinado problema daquela empresa específica.

Capítulo 7 – Kanban | 129

Isto implica que o sistema kanban não é uma receita pronta que possa ser aplicada indistintamente a qualquer empresa. Mesmo dentro de uma única empresa, serão apresentadas soluções diversas para cada um dos setores produtivos, cada tipo e quantidade de produtos a serem fabricados, e as operações que não agreguem valores integrantes de cada um dos processos.

3.1 Conceito

Eliminar qualquer operação que não agregue valor ao produto final é o ideal de todo o processo produtivo. Portanto, tempo de parada, estoques em excesso, sejam de produtos intermediários, finais ou acabados, resultam em perdas, e sua eliminação gera redução de custos e aumento notável de produtividade. Por esta razão, o sistema Kanban é utilizado no processo produtivo, pois, tem por meta a agilidade das operações.

Kanban é uma ferramenta que administra o método de produção "puxada", que poderá evoluir para uma produção Just in Time, ou seja, é um sistema de informação que utiliza cartões, chamados de kanban. Esses cartões (kanban) são utilizados para planejar, programar e controlar a produção, as quantidades a serem manufaturadas pela empresa.

3.2 Objetivos do Kanban

Os objetivos básicos do sistema kanban são:

1. Minimizar o inventário em processo e os estoques de produtos acabados;

2. Minimizar a flutuação dos materiais em processo, visando simplificar o seu controle;

3. Reduzir o "lead time" de produção,

4. Evitar a transmissão de flutuações ampliadas de demanda ou do volume de produção entre processos;

5. Descentralizar o controle da fábrica, fornecendo tarefas no controle de produção e de estoque aos operadores e supervisores de área;

6. Permitir uma maior capacidade reativa do setor produtivo à mudança da demanda;

7. Reduzir os defeitos através da diminuição dos lotes de fabricação;

8. Permitir o controle visual ao longo das etapas de fabricação;

9. Fornecer os materiais sincronizadamente, em tempo e quantidade, conforme sua necessidade, no local certo.

4. Processo de Produção "Puxada"

Um processo de produção "puxada" funciona quando existem dois postos de trabalho, X e Y, e o fluxo de produção é de X para Y. O posto de trabalho Y retira no posto de trabalho X os componentes necessários para atender o que lhe está sendo demandado.

5. Tipos de Kanban

Genericamente, o kanban é um cartão recoberto por um envelope plástico. Há diversos tipos de kanban:

5.1 Kanban de Retirada ou de Requisição

Utilizado como uma requisição de materiais ou peças da operação imediatamente anterior àquela que se está executando no momento.

Exemplo: Há necessidade de entrega de uma determinada quantidade de um produto A. O trabalhador responsável pelo abastecimento da expedição se dirige ao setor de montagem do produto A, retira a quantidade necessária e procede ao despacho.

Um típico kanban de requisição contém basicamente as seguintes informações:

- ◆ Descrição da peça;
- ◆ Capacidade do contenedor;
- ◆ Número de emissão do kanban;
- ◆ Centro de trabalho precedente e seu local de estocagem;
- ◆ Centro de trabalho subseqüente e seu local de estocagem.

5.2 Kanban de Produção

O cartão kanban de produção, originariamente, se encontra na caixa (contêiner) ou prateleira do setor que os produz, juntamente com os itens prontos. Quando o setor que utiliza os produtos dessa etapa de produção executa a retirada desses itens, os cartões de produção retornam ao quadro de kanban, assinalando a necessidade de se produzir a quantidade de peças retiradas. Desta forma, com o kanban no quadro, a produção desse item é acionada para que seja providenciada a montagem equivalente à mesma quantidade dos itens retirados. Portanto, o kanban de produção funciona como uma ordem de serviço.

Capítulo 7 – Kanban 131

O kanban de produção é usado apenas no centro de produção que produz a peça, e usualmente contém as seguintes informações:

◆ Descrição da peça, com a identificação do código e nome;

◆ Descrição do processo e do centro de trabalho onde a peça é fabricada;

◆ Capacidade do contenedor, o que indica quantas peças devem ser produzidas para este contenedor específico;

◆ Local para estocagem, indicando onde as peças devem ser colocadas depois de fabricadas;

◆ Número de emissão do kanban, que indica o contenedor onde o kanban foi anexado e a relação do total de contenedores em uso no centro de trabalho específico, isto é, a quantidade total de peças em processo.

5.3 Kanban de Fornecedor ou de Subcontratado

O kanban de fornecedor é utilizado para transferência entre empresas. Funciona como um cartão de retirada entre processos. Como em uma empresa que adota o sistema de controle da produção através de kanban, o sistema de produção utilizado é o JIT, não deverá haver armazéns especiais ou depósitos para os produtos ou componentes; portanto, nesse cartão, deve constar a informação adicional do local exato (prateleira, área da fábrica, centro produtivo, etc.) onde o material deve ser entregue. Se o sistema JIT funciona perfeitamente ajustado, constam, ainda, desse cartão: a hora em que o material deve ser entregue, as quantidades de entregas diárias, e o tempo máximo no qual deverá ser feita a entrega; por exemplo, consta do cartão, abaixo do nome do fornecedor, o código. 1.3-3, que significa que o produto deve ser entregue 3 vezes por dia, e o pedido deve ser atendido, no máximo, 3 vezes o tempo de transporte após a entrega do kanban.

"O sistema kanban de cartões utiliza, normalmente, um painel porta-kanbans para indicar o fluxo de consumo de cada peça. O painel pode ser pintado de verde, amarelo e vermelho. Os cartões são colocados em ganchos, de baixo para cima. A prioridade com que as peças são produzidas está relacionada com a proximidade dos cartões à zona vermelha" (Adaptado de Moura, 1989).

Abaixo, seguem os significados dos cartões:

◆ **Cartão vermelho:** significa que as peças estão com o estoque zerado nas prateleiras e é preciso produzi-las.

◆ **Cartão verde:** está relacionado ao tempo de espera da peça produzida até que seja usada novamente.

◆ **Cartão amarelo:** é baseado no tempo de fabricação da peça.

132 | GESTÃO DE ESTOQUES

5.4 Kanban de Nível de Reposição ou de Estoque Mínimo

Este tipo de cartão é utilizado para itens que ocasionam gargalos em algum centro produtivo. Para este caso, são utilizados dois tipos de kanban, que diferem entre si pelo material em que são confeccionados.

Um dos cartões é retangular, igual aos demais, isto é, de papelão recoberto de plástico, e o outro, é metálico, de forma triangular, razoavelmente pesado. O cartão de papelão é um tipo de kanban de requisição de material, geralmente colocado na metade do estoque de produtos acabados.

Quando a operação imediatamente posterior requisita uma quantidade de itens e faz com que o nível de estoque se reduza à metade, este cartão assinala que o centro produtivo em análise deve se encaminhar para o centro produtivo da operação imediatamente anterior e retirar a quantidade indicada de material.

O kanban triangular metálico situa-se em um ponto abaixo da posição do cartão retangular, indicando o nível de reposição de estoque. Quando a quantidade de produtos acabados atinge este limite, é sinal para que o centro produtivo inicie a produção de um novo lote de produtos, conforme a quantidade indicada no cartão.

Exemplo: Uma determinada empresa produz o produto X, e seu estoque deve ser de 100 peças, para atender a demanda. A cada requisição, são solicitadas 40 peças, conforme seu kanban retangular, as quais são utilizadas no decorrer de todo o dia. O lead time para a manufatura das peças X é de ½ dia, isto significa que 20 peças são suficientes para atender a demanda enquanto estão sendo manufaturadas. Portanto, o kanban metálico deve ser colocado logo após as 80 peças que deverão ser requisitadas em dois lotes de 40 peças. Posteriormente, são retiradas mais 20 peças X. Nesse instante, atinge-se o nível de estoque mínimo indicado pelo cartão triangular, metálico. então, ao mesmo tempo, inicia-se a produção de um novo lote de produtos X, na quantidade indicada pelo cartão triangular.

Uma variação deste sistema de dois cartões pode ser feita, por exemplo, da seguinte forma: pintar o local de armazenagem das peças com cores diferentes, e demarcar no chão, junto ao centro produtivo, uma área ou um quadrado, onde cabem 100 peças. A área ocupada entre a qüinquagésima primeira e a septuagésima peça é pintada de amarelo, e a área ocupada pela septuagésima primeira e a centésima é pintada de vermelho. Este sistema de dois kanbans é muito parecido com o controle de estoque muito utilizado no ocidente, conhecido como sistema de duas gavetas.

5.5 Kanban Expresso

Este cartão é utilizado quando ocorre falta de peça, o que significa que, por algum motivo, o kanban de retirada e o kanban de produção deixaram de funcionar a contento. Sanado o problema, este tipo de kanban é recolhido.

Imaginemos a seguinte situação: o produto D é obtido através da montagem dos itens A, B e C. Numa determinada etapa, o abastecedor da linha de montagem de D, ao ir até o estoque da linha de produção do item B com o kanban de retirada, observa que não há peças na quantidade suficiente. Imediatamente, ele deve tomar a seguinte providência: emitir o kanban expresso e colocá-lo na caixa ou quadro receptor de kanban apropriado, que, neste caso, não é o freqüentemente usado; trata-se de um receptor denominado de posto vermelho.

Em cada centro produtivo, ao lado do posto receptor de kanban, há um botão de alarme, que, ao ser acionado, acende uma lâmpada vermelha em um painel luminoso (em japonês, denominado Andon), no qual estão representadas as diversas linhas de produção — no nosso caso, referentes aos itens A, B e C.

O abastecedor aciona, então, o botão da linha de produção B e, no painel, acende-se a lâmpada vermelha da respectiva linha.

O trabalhador responsável pelo centro produtivo correspondente à indicação luminosa vermelha no painel — no caso em estudo, a linha de produção do item B —, deve iniciar imediatamente a produção da peça em falta e levá-la pessoalmente à linha de montagem de A.

De acordo com a filosofia de valorização do trabalho e do ser humano, em casos como o descrito, o trabalhador da linha de produção B, ao entregar pessoalmente o item ao setor de montagem de A, pede também desculpas pelo inconveniente causado. Por seu lado, recebe o reconhecimento dos demais trabalhadores, através de palmas e elogios, quando a luz vermelha no painel (Andon) se apaga.

5.6 Kanban de Emergência

Este tipo de cartão também tem caráter temporário, sendo emitido nas seguintes ocorrências:

a) reposição de itens defeituosos;

b) problemas com as máquinas;

c) inserções extras;

d) operações de emergência em finais de semana.

Deve ser retirado de circulação assim que for resolvida a situação de emergência.

5.7 Kanban de Ordem de Serviço

Este kanban não deve ser utilizado para reposição da produção. Ele é individual, ou seja, apenas emitido para um determinado centro produtivo que deve executar uma ordem de serviço específica.

5.8 Kanban Integrado ou Kanban Túnel

Quando duas ou mais operações adjacentes originam um processo simples e estão estritamente conectadas entre si, é emitido um só kanban para as operações envolvidas. Por exemplo, em linhas de usinagem, onde o transporte dos itens entre um centro produtivo e outro é feito através de calhas, ou em processos de tratamento de superfície, tais como cromagem, pintura, galvanoplastia e tratamentos térmicos, nos quais a transferência das peças também é feita automaticamente.

Este kanban é semelhante a um sistema integrado de transporte, como, por exemplo: metrôônibus, ônibus-ferrovia, ferrovia-metrô, ônibus-ônibus; ou seja, o usuário adquire um só bilhete e pode trafegar por todo o complexo.

5.9 Kanban Comum

Quando duas operações são supervisionadas pelo mesmo trabalhador, as funções dos kanban de retirada e de produção são executadas por um único cartão.

Neste caso, o trabalhador transfere as caixas vazias da operação posterior para a anterior, retira as caixas cheias de itens, e deixa o kanban único no quadro de cartões de produção.

5.10 Etiqueta

É um tipo de kanban, embora, na maioria das vezes, não tenha este nome. A etiqueta é utilizada nos sistemas de transferência de peças para a linha de montagem, que geralmente é feita por um transportador aéreo. Colocadas nos ganchos do transportador, essas etiquetas informam, periodicamente, aos abastecedores da linha de montagem, que tipo de peça e em que quantidades devem ser colocadas nos ganchos, para que a linha de montagem possa seguir sua programação do tipo e quantidade de produto final a concluir.

Etiquetas semelhantes também são usadas na própria linha de montagem final, e informam a seqüência de montagem dos modelos de produtos finais para cumprimento do plano de produção.

5.11 Sistema de Trabalho Completo ou Kanban Elétrico

É utilizado entre duas operações adjacentes, totalmente automatizadas. Exemplo: uma determinada peça sofre uma usinagem na máquina P, a qual, por um sistema automático, executa a descarga da peça em uma calha, que a transporta para a máquina Q, onde sofrerá uma nova operação. Entre estas operações não há trabalhador envolvido. Como as máquinas possuem diferenças de velocidade de trabalho, o tempo de operação da máquina P é maior que o tempo de operação da máquina Q. Portanto, a máquina P não deve continuar trabalhando, gerando estoques entre as duas estações, e nem deixar de atender as necessidades da operação Q. Determina-se, então, qual o nível de inventário entre as duas operações — por exemplo, cinco peças —, e monta-se um sistema de identificação na calha de transporte (chave de fim de curso, fotocélula, ou qualquer outro dispositivo do gênero), que "identifique" que há uma "fila de espera" para sofrer a operação Q com cinco peças. Então, o dispositivo interrompe a operação da máquina P.

Os kanbans expresso, integrado, de emergência, de ordem de serviço e comum são praticamente idênticos aos cartões de retirada e de produção. O que os distingue são tarjas, ou bordas coloridas, diferenciadas, para uma rápida identificação visual. Há empresas que utilizam papelão de cores diferentes para a confecção dos kanbans.

Anteriormente, mencionamos que os kanbans são cartões de papelão cobertos de plástico, mas que isso nem sempre acontece – como é o caso do kanban triangular, feito de metal. Diversos materiais são utilizados em sua confecção, e outros objetos podem ser usados como kanbans, tais como: esferas (bolas) coloridas de borracha, isopor, bolas de pingue-pongue. Pode-se, ainda, utilizar regiões demarcadas no piso, junto ao centro produtivo como kanban. Para peças pesadas e de grande porte, os próprios carros industriais que as transportam funcionam como kanbans; assim como, em processos de batelada, que exigem grande quantidade de material (como, por exemplo, o setor de fundição), o caminhão que carrega a sucata, o minério, etc., pode ser considerado um kanban.

As variações no sistema de Kanban são sempre bem-aceitas, como descritas nos casos acima. A seguir, apresentaremos alguns exemplos que poderão ser úteis na confecção do kanban de empresas específicas:

5.12 Quadrado Kanban

O sistema kanban usa os conceitos de visibilidade para simplificar ao máximo os processos. Um exemplo disto é a possibilidade de se utilizarem espaços físicos perfeitamente identifica-dos, ao lado dos centros de trabalho, para uma determinada quantidade de materiais que serão consumidos no processo. Novos materiais não podem ser colocados a não ser que esteja vazio um ponto de armazenamento. Estes quadrados kanban, identificados no piso da fábrica, dispensam o uso de cartões, e a lógica de fornecimento é simples: completar os quadrados

136 | GESTÃO DE ESTOQUES

vazios, e, se o quadrado estiver com peças, então, a atividade do centro de trabalho subseqüente pára. Por meio do número de contenedores, cada quadrado kanban está associado a um tempo de produção. Junto ao quadrado kanban, podem ser desenhadas, inclusive, linhas de alerta, visíveis no momento de retirada de um certo número de contenedores ou peças, indicando a necessidade de reposição ou de uma troca de ferramentas.

5.13 Kanban Porta-lâmpadas

O uso de um painel de lâmpadas coloridas junto aos códigos das peças fabricadas pode ser aplicado ao conceito do kanban. De acordo com este método, sempre que um centro de trabalho precisar de mais peças, o operador acende a luz junto ao código da peça no painel. Este sinal inicia o processo de abastecimento ou de produção, seja na área de estocagem ou diretamente em outro centro de trabalho.

5.14 Kanban Eletrônico

O kanban eletrônico utiliza computadores, dispositivos de entrada e saída de dados, além de uma rede de comunicações para interligar os diferentes centros produtivos entre si, e a fábrica aos fornecedores.

6 Vantagens

Segundo MARTINS & LAUGENI (1998, p. 293), podemos identificar as principais vantagens de um sistema de controle de produção que utiliza kanbans, ao compará-lo a sistemas convencionais:

- ♦ Aumentam a densidade das máquinas, minimizando a distância no fluxo de produção, reduzindo os custos de manuseio e o número de contêineres ou bancadas.

- ♦ Se as máquinas são agrupadas em forma de "U", como é o caso mais comum, diminui a distância percorrida pelo(s) operador(es).

- ♦ A alimentação da célula pode ser feita por gravidade, tanto na entrada quanto na expedição. São comuns tais dispositivos.

- ♦ Um operador atende várias máquinas. Aumentando a demanda, pode-se chegar a um operador por máquina. A capacidade da célula torna-se flexível.

- ♦ Facilitam a utilização de dispositivos visuais ou sonoros para notificar a ocorrência de problemas na célula, facilitando sua solução.

- ♦ Devido à proximidade, o uso de kanbans melhora o relacionamento entre os colaboradores, possibilitando o trabalho em equipe.

Capítulo 7 – Kanban   137

- Facilitam o retrabalho, pois, em razão das pequenas distâncias, torna-se mais fácil recolocar peças não-conformes onde devem ser retrabalhadas.
- Não formam corredores de passagem de pessoas e material, que usualmente ocasionam a desatenção dos operadores.
- Facilitam a distribuição de ferramentas e de trabalho.
- Facilitam a ligação com outras células.
- Simplificam a troca da seqüência de máquinas entre lotes diferentes, reduzindo custos de preparação (setup), com o conseqüente aumento da capacidade produtiva.
- Como trabalham com família de peças, reduzem a variação das tarefas e encurtam o período de treinamento e adaptação.
- Tornam os roteiros de produção mais diretos, possibilitando: planejamento e controle da produção mais simples, produção mais rápida, menor espera em processo, menores estoques intermediários, e antecipação da expedição.
- Como, em geral, as peças seguem projetos similares, os operadores se especializam e ficam especificamente treinados para fabricá-las, o que melhora a qualidade.
- Com a menor variação das operações, há maior facilidade para a automação. É um passo intermediário para a automação por meio da implantação de sistema CAM/CIM.
- Aplicam-se tanto às fabricas pequenas, de menores volumes, como às grandes, de maiores volumes de produção.
- Fornecem excelente roteiro para a redução de custos, sem a necessidade de grandes investimentos.

Podemos citar mais algumas vantagens:

1. Eliminação do estoque de material em processo.
2. Os setores produtivos são melhores aproveitados, resultando numa maior capacidade total das linhas produtivas, ou seja, num aumento da produtividade.
3. Os tempos de obtenção (lead time) são reduzidos, quer em nível de itens individuais, quer em termos de produto final. Portanto, podemos antecipar nossos prazos de entrega.
4. Como trata-se, aqui, de um sistema de produção "puxada", o nível de existência de produtos finais poderá ser reduzido, ou até mesmo deixar de existir. Lembre-se de que o cliente é quem determina o ritmo de produção. Portanto, se todo o sistema funcionar corretamente, quando o produto estiver terminado, estará na hora de entregá-lo, ou seja, não necessita permanecer em armazém esperando para ser entregue.
5. Melhor administração dos estoques intermediários, ou em processo, e finais.

138 | GESTÃO DE ESTOQUES

6. Menor ocupação de espaço, até a extinção, para estoques intermediários, e diminuição das áreas de almoxarifado e armazenagem na expedição.

7. O sistema permite uma identificação rápida das flutuações da demanda e proporciona uma resposta imediata, graças à adaptabilidade do sistema. Este ponto é um tanto quanto polêmico, pois, dá ensejo a confusão entre o que é causa e o que é efeito. Não há dúvidas de que, para a implantação do sistema de kanbans, uma série de atividades não-agregadoras de valor são deslocadas para "fora da produção"; as operações devem ser padronizadas (regra 6), tornando o sistema flexível, portanto, de fácil adaptabilidade às alterações de demanda.

7 Desvantagens

MARTINS & LAUGENI (1998, p. 293) citam, como desvantagens:

♦ Pode ser necessário duplicar investimentos, isto é, ter dois equipamentos quando apenas um seria suficiente, mas eles são necessários em células independentes. Muitas vezes, é preciso ter outra célula de reserva, ou seja, o backup de célula.

♦ A utilização das máquinas pode ser menor que no layout funcional.

♦ A flexibilidade da célula na relação volume/mix pode ser limitada, levando a baixa eficiência de balanceamento.

No planejamento e estruturação de células de manufatura, são fundamentais a participação e o envolvimento dos operadores, pois, além da contribuição, os operadores se sentirão responsáveis e comprometidos para que a idéia funcione.

8 Regras Básicas

O controle da produção através do sistema de kanban exige grande disciplina de todos os envolvidos. Para o seu funcionamento adequado, estão instituídas sete regras básicas:

8.1 Produtos com Defeitos

Os produtos com defeitos não devem seguir o fluxo da produção.

Em resumo, a produção de defeituosos significa um investimento de materiais, mão-de- obra, equipamentos e facilidades de produção, em um bem que, depois de concluído, não poderá ser aproveitado. Portanto, ao primeiro sinal de produção de itens não-conformes, devem-se tomar todas as providências para que se corrijam as anomalias e se retorne à normalidade.

Para facilitar a identificação dos problemas e tornar mais rápida a descoberta de sua solução, parte-se da certeza de que ninguém conhece melhor o processo de fabricação do aquele que realmente o faz. Portanto, como complemento a esta regra, deve ser dada autonomia aos trabalhadores envolvidos nas operações, para:

1) Interromper a produção assim que detectada uma falha.

2) Comprometê-los na busca da solução definitiva para eliminação da causa.

Estas providências devem ser tomadas o mais breve possível. É preciso lembrar que estamos trabalhando com um sistema de produção "puxada", isto é, se um determinado centro produtivo passa a manufaturar peças defeituosas, todos os demais centros seguintes à operação deverão parar e esperar o saneamento do problema.

8.2 Interligação do Ciclo Operacional

A operação posterior deve retirar, na operação anterior, somente a quantidade de itens necessários para atendimento do planejamento da produção em tempo correto.

Como já exposto, estamos trabalhando com um sistema de produção "puxada", o que em outras palavras significa que o centro produtivo posterior, para cumprimento do que lhe está sendo exigido, retira no centro produtivo anterior os componentes que necessita, quando necessita. Do contrário, ou seja, quando a operação anterior empurra sua produção para a operação posterior, sistema de "empurrar" a produção, termina-se criando estoques interme-diários, que são indesejáveis por todas as implicações que representam e já foram comentadas acima.

Para que se possa cumprir de maneira correta esta segunda regra, existem três sub-regras, ou regras secundárias desta segunda, que são:

5) Cada caixa ou recipiente que comporta peças deve possuir seu kanban:

6) Não deve ser retirado nenhum componente sem que haja um kanban autorizando tal transação;

7) Os itens devem ser retirados somente na quantidade determinada pelo kanban.

8.3 Interação do Ciclo Operacional

Cada centro produtivo somente deverá produzir a mesma quantidade de itens retirados pelos centros produtivos clientes, de acordo com o ordenado pelos kanbans.

140 | GESTÃO DE ESTOQUES

Num processo produtivo controlado pelo sistema de kanbans, é de ordem básica que os inventários em processo devem ser mantidos os menores possíveis, sendo desejado que atinjam o ponto zero; portanto, não se deve produzir mais do que o solicitado.

Esta regra também possui duas sub-regras:

2) Não devem ser produzidos itens a mais do que o especificado pelos kanbans.

3) A produção dos itens deve obedecer à seqüência (ordem) de recebimento dos kanbans

8.4 Carga de Produção Uniforme e Nivelada

O mercado consumidor possui uma característica demandante com flutuações, que num modelo de produção "puxada" pode vir a influir sobre a linha de produção e montagem, através de picos ou quedas acentuadas.

Para que se evite esta flutuação indesejável, e se consiga manter uma cadência de produção com fluxo uniforme num sistema JIT - Just in Time, o centro produtivo precedente deve estar adequadamente preparado, com máquinas, mão-de-obra e materiais para atender a demanda do centro de produção posterior, inclusive, apto para acompanhar as possíveis variações de demanda. Em outras palavras, queremos dizer que a operação fornecedora deverá ter sempre uma capacidade um pouco maior que a operação consumidora.

8.5 Variação dos Kanbans

Os kanbans podem tolerar pequenas variações da demanda.

O sistema de kanban pode suportar uma variação da demanda de, no máximo, 20 %, sem que seja necessário alterar os cálculos e os números de kanban em circulação na fábrica. Porém, se a flutuação ultrapassar aquele valor, teremos de promover mudanças nos cálculos e nos números de kanbans, levando em conta o novo nível de necessidades e atendendo sempre os quesitos da regra 4.

8.6 Estabilidade dos Processos Produtivos

Para a implantação do sistema de controle da produção através de kanbans, é necessário que os procedimentos de produção sejam normalizados e estabilizados, para que as operações resultantes sejam uniformes, auxiliando no cumprimento da regra número 4.

8.7 Quantidade de Kanbans

O número de kanbans deverá ser o menor possível.

Capítulo 7 – Kanban | 141

O número de kanbans em circulação, relativo a cada item produzido, determina a quantidade máxima daquele produto que deve permanecer em estoque. A filosofia básica é manter o nível de existência o menor possível.

☑ Teste

1. Quais os resultados esperados pelo método Kanban?

a) Aumento de estoques; aumento dos tempos de fabricação e expansão da área necessária para estocagem.

b) Redução dos estoques; redução dos tempos de fabricação e ganho de espaço na área de estocagem.

c) Redução dos estoques; aumento dos tempos de fabricação e aumento da área necessária para estocagem.

d) Redução dos estoques; redução dos tempos de fabricação e aumento da área necessária para estocagem.

2. São ferramentas para alcançar redução dos estoques:

a) MRP, Kanban e JIT.

b) MRP, GPS e Kaisen.

c) JIT, ABC e GPS.

d) Kanban, GIS e SAP.

3. Qual é a forma de operação do método Kanban em um estoque?

a) Cartões que permitem controle visual da posição do estoque.

b) Controle do estoque através do suplly chain.

c) Inventários quinzenais, para maior controle do material estocado.

d) Compras programadas, de acordo com o setup.

4. O que é kanban?

a) Tipo de estoque.

b) Círculo da Qualidade.

c) Métodos de soluções de problemas.

d) Controle dos processos e estoques manuais e informatizados da área produtiva.

142 | GESTÃO DE ESTOQUES

5. "Utiliza cartões que permitem o controle visual da posição de estoque de qualquer item, a qualquer momento". Esta frase se refere a qual metodologia de trabalho?

a) Kaizen.

b) Just in Time.

c) Kanban.

d) Outsourcing.

e) Suplly Chain.

6. Quais são os tipos de kanban listados no heijunka?

a) Kanban de retirada, kanban de produção, kanban de fornecedor.

b) Kanban de fornecedor, kanban de estoque, kanban de faturamento.

c) Kanban de gerenciamento, kanban de produção, kanban de retirada.

d) n.d.a.

7. Quais as duas características do sistema kanban?

a) Inexistência de recursos naturais e combate ao estoque cíclico.

b) Uma produção Just in Time e a plena utilização dos recursos humanos.

c) Baixo grau de conscientização do operário nas funções operacionais, baixa rentabilidade nos lucros.

d) Desperdício provocado pelo excesso de produção e falta de iniciativa nas atividades.

8. O que é Andon?

a) Sistema que empurra a produção.

b) Reunião de operários e gerência para discussão de problemas.

c) Canal de ligação entre departamentos para troca de informações.

d) Sistema de controle visual, usado no piso de fábrica, para ajudar a gerência e os operários a visualizarem a produção.

Capítulo 7 – Kanban   143

꒰! Sugestões Para Revisão

1. Construa uma ficha kanban com informações que você acredita serem importantes para um ciclo produtivo.

2. Com a classe dividida em grupos, monte uma linha do ciclo produtivo de um mesmo produto, onde cada grupo seja responsável por um processo ou parte da montagem. Escolha um modelo de kanban que possa atender às necessidades demandadas pelo fluxo produtivo desde o início até o final.

Exemplo

Vamos imaginar um processo produtivo simples, composto de um centro produtivo para a montagem do produto X .

♦ chamaremos o centro produtivo do produto X de CP-X;

♦ o produto X é composto, entre outros itens, do item A, produzido no CP-A.

Quando, na montagem, são necessários itens A. O abastecedor do CP-X se dirige ao CP-A, com uma caixa vazia de produtos e o kanban de reposição A.

Coloca a caixa vazia no local apropriado, tomando o cuidado para retirar o kanban de reposição.

Se dirige, com o kanban de reposição, ao estoque de itens acabados A.

Confere os dados do cartão de requisição com os dados do kanban de produção que acompanha cada caixa de produto A.

Se as informações estão idênticas, retira o kanban de produção da caixa e o coloca no quadro de cartões de produção do CP-A.

Apanha a caixa com itens A, coloca nela o kanban de requisição e a transporta para o CP-X.

Quando o serviço no CP-X inicia a produção com os itens A constantes da caixa de itens A recém-chegada, o cartão de requisição é retirado e enviado ao quadro de cartões de requisição do CP-X.

A retirada de kanbans de requisição do quadro é efetuada em horários predeterminados ou, então, quando estiver acumulado um certo número de cartões.

Em um centro produtivo no qual são produzidos mais do que um produto, os itens devem ser fabricados de acordo com a ordem seqüencial dos kanbans que estão no quadro de cartões de produção.

O produto ou a caixa de produto e o kanban devem se movimentar pela fábrica como um par, ou seja, é proibida a circulação de caixas sem kanban e de kanban sem caixa.

8

HEIJUNKA – BALANCEAMENTO DE LINHA

1 Introdução

O gerenciamento do Heijunka, ou balanceamento de linha, é utilizado para administrar os gargalos (uma operação que envolve tempo para o atravessamento num fluxo contínuo de manufatura; em outras palavras, o gargalo é o afunilamento da linha de produção, causando acúmulo de peças e componentes preparados para montagem) e operações específicas do produto. Sendo o gargalo a mais lenta operação numa cadeia de operações, ele irá cadenciar a produção de toda a linha.

O gargalo, por ser um fator crítico em uma linha de produção, deve ser bem analisado e administrado para que o fluxo de produção tenha material suficiente para a sua movimentação normal, sem causar paradas ou afunilamento. Portanto, o gerenciamento das operações produtivas deve ser cauteloso para que operações de altas capacidades teóricas não venham a se transformar em gargalos. O cuidado no dimensionamento da velocidade com que um determinado produto será produzido, evita causar filas desnecessárias, por exemplo, acumulando um operador e deixando outros operadores da mesma linha de produção ociosos. Isto irá criar um gargalo artificial, quando suficiente capacidade está disponível, mas não pode ser utilizada devido ao pobre gerenciamento do fluxo da produção.

Segundo Matt Cooper, "Pulmões propriamente mensurados na linha de produção solucionam este problema e balanceiam o trabalho entre processos inflexíveis. O Heijunka é facilitado em se especificando caminhos para o material em processo, e seqüenciando a

146 | GESTÃO DE ESTOQUES

liberação de material para o processo produtivo, com o intuito de balancear o fluxo de material ao longo destes caminhos".

2 Gerenciamento Visual

Quando estipulamos um "pulmão" para a saúde do fluxo, devemos ter em mente que há necessidade de gerenciá-lo para que o operador saiba exatamente onde o material em processo deve ser mantido, reduzindo os desperdícios associados à procura das peças que precisam ser produzidas e o excesso de material em processo em frente às operações, à espera do início da produção. Portanto, cada "buffer" pode provir sinais de gerenciamento visual em relação à corrente condição do processo produtivo. Todo "buffer" é específico para os códigos e pode conter as operações que ele alimenta.

2.1 Controle de Material em Processo

Outra função dos "buffers" é o gerenciamento rigoroso do nível de material em processo de cada uma das linhas. Todos os lotes de materiais em processo têm consigo um cartão de kanban que permanece com o lote conforme ele se move da produção para o "buffer". Conforme o lote de material em processo é consumido no buffer, o cartão de kanban é retornado ao início da produção para realimentação do buffer.

Por haver níveis específicos para cada código, também será necessário um número determinado de cartões de kanban no sistema. Nenhum material deverá ser produzido a não ser que tenha o cartão. Há exceções para produções de engenharia (protótipos) e retrabalhos entrando no processo de manufatura, mas estas são estritamente exceções.

Ao se restringir o número de cartões no sistema, e havendo resposta do processo de manufatura a estes sinais, os materiais em processo de todos os produtos serão mantidos em níveis ótimos para o balanceamento do processo, minimizando tempos de produção e investimentos em inventário.

2.2 Metodologia de Mensuração de "Buffers"

- ◆ **Primeiro passo:** Estabelecer um sistema de "puxar" utilizando o kanban, para compreender a seqüência do fluxo de produtos necessário ao contínuo fluxo da produção.

- ◆ **Segundo Passo:** Os materiais em processo se movem entre operações que são flexíveis ou não têm gargalo em seu processo, para assegurar o PEPS ou FIFO.

- ◆ **Terceiro Passo:** Enquanto o material em processo fluir para operações que são paralelas e inflexíveis, os "buffers" serão estabelecidos. No nosso exemplo, o material em processo irá continuar através de filas até que chegue a hora do teste final, quando deverá ser direcionado para "buffers" de específicos códigos. Os testadores irão responder às "puxadas" de produtos dos clientes.

2.3 Atendendo à Demanda dos Clientes

◆ Definir o tamanho do buffer conforme a demanda do cliente;

◆ A média da demanda semanal deverá ser calculada com base no "forecast" corrente.

Para calcular o atravessamento da produção:

$$\frac{\text{Horas operacionais do período}}{\text{Total da média semanal da demanda durante o período}}$$

Em seguida, basta comparar o resultado ao tempo de ciclo de linha. Para a produção estar bem alinhada, o tempo mínimo do ciclo teórico deverá ser menor que o tempo de atravessamento requerido para atender à demanda. Se isso não ocorrer, o processo está com capacidade insuficiente. Para aumentar sua capacidade, duas medidas se fazem necessárias: a curto prazo, o problema pode ser resolvido com horas extras e, a médio e longo prazo, com um estudo e implementação de melhorias no processo. Uma vez determinado que a demanda do cliente pode ser atendida, podem ser estabelecidos os tamanhos dos "buffers" e os números de kanbans no sistema.

2.3.1 Mensuração dos "Buffers" e Utilização de Kanbans

◆ Subdividir a demanda em pequenos volumes que representam a demanda por períodos de processo (considerar sempre a média).

◆ A unidade de tempo usada para calcular kanbans não deve estar abaixo do tempo de processamento do lote. Se o inverso ocorrer, o sistema ficará desnecessariamente ávido por trabalho.

◆ Na implantação inicial de um sistema de "puxar", é prudente escolher períodos de tempo maiores do que o tempo de processo para um lote de material, a fim de se obter uma margem de segurança.

A partir da habilidade adquirida com o sistema, a quantidade de material em processo pode e deve ser reduzida. Com isso reduz-se, também, o período de tempo usado para se calcular o número de kanbans necessários a um período de tempo usado para uma unidade de tempo mais próxima do tempo de processo.

148 | GESTÃO DE ESTOQUES

3 Desenvolver Kanbans

Finalmente, para terminar o processo de estabelecer "buffers" e iniciar o sistema de produção "puxada", é necessário desenvolver kanbans.

Os kanbans deverão ser claros e fáceis de serem compreendidos, mas precisam passar toda a informação necessária para que os operadores possam processar as operações indispensáveis ao produto e ter os produtos quando houver necessidade.

3.1 Kanbans de Linha

Os kanbans para a linha de produção devem conter as seguintes informações.

- **Endereço de Armazenamento:** O "buffer" no qual o lote de material em processo irá permanecer enquanto espera por processamento.

- **Código.**

- **Descrição.**

- **Fornecedor:** A operação original para o subproduto.

- **Quantidade:** As unidades de subproduto que o cartão de kanban está solicitando.

- **Número de Kanban:** Usado para localizar e facilitar o inventário dos kanbans. O número de kanbans é baseado nos cálculos descritos acima, e não é usado para seqüenciamento.

- **Alternativa do Testador:** Outro testador que poderá ser usado para testar determinado produto se, por alguma razão, o testador primário não estiver disponível.

NOTA: *Esta informação será exclusiva para aquela linha de produção. Esta área poderia ser usada para comunicar outras informações importantes aos operadores, dependendo do processo.*

3.2 Kanban de Produtos Acabados

- **Código:** O código do produto acabado.

- **Descrição.**

- **Fornecedor:** O testador primário usado para o subproduto utilizado para produzir o produto acabado.

- **Quantidade:** A quantidade a ser embarcada para este produto acabado.

- **Número de Kanban:** Usado para localizar e para facilitar o inventário dos kanbans.

NOTA:

◆ *O número de produtos acabados não é baseado na demanda dos clientes.*

◆ *Para simplificar, o número é divisível por 5, e deverá ser um número grande o suficiente para haver sempre suficientes kanbans para colocar os cartões de produtos acabados para satisfazer um dia de demanda.*

9

INVENTÁRIO

O tamanho do seu inventário é o tamanho da sua capacidade de resolver os problemas.

1 O que é Inventário e Qual a sua Finalidade?

O inventário é uma preocupação do pessoal de gestão de materiais. Não é para menos, pois, a partir dele podemos avaliar como estão sendo administrados os produtos e os materiais da empresa.

O inventário é uma forma de identificar as quantidades de produtos ou materiais disponíveis nas dependências da empresa. Com ele, podemos avaliar as perdas em mercadorias que se tornaram obsoletas, as "gorduras" no excesso de estoque, e as prováveis faltas que ocasionarão parada de produção. Porém, sua finalidade vai mais além, é a de determinar os valores de produtos em estoque para avaliação financeira de investimentos, pagamento de impostos, entre outros. Também é um bom momento para avaliar se as informações controladas estão de acordo com as quantidades físicas, principalmente quando os estoques são informatizados, como relatamos acima.

152 | GESTÃO DE ESTOQUES

1.1 Por que Planejar?

O planejamento é imprescindível em qualquer projeto para se obter um bom e rentável resultado. Com planejamento, é possível prever as falhas, as dificuldades que surgirão, elaborar ações preventivas, enfim, atingir os objetivos.

Independente de optar pelo serviço terceirizado, o planejamento deve ser feito antes, durante e depois, o seu resultado dará ao administrador de estoque subsídios para administrar as falhas e os custos durante o próximo período, possibilitando ao gestor corrigir erros e conseguir uma visão ampla da constituição de seu estoque e das medidas a serem adotadas.

1.2 Como Planejar?

Por meio de terceirização? Se a resposta for afirmativa:

- ◆ Consulte referências da empresa junto a outros clientes.
- ◆ Procure conhecer a sistemática, como será feito o trabalho, que tipo de recursos serão utilizados, o tempo de execução, as pessoas envolvidas, a credibilidade, o retorno.
- ◆ Coloque no papel os seus objetivos e suas dúvidas e troque uma idéia com a empresa do que poderá obter.
- ◆ Conheça as formas de apresentação dos resultados propostas pela empresa e opte pela mais compreensível.

O trabalho será realizado pela equipe interna? Se a resposta for sim:

- ◆ Verifique o pessoal necessário. Lembre-se de que o número de pessoas pode fazer grande diferença no resultado. Uma grande equipe poderá fazer o trabalho mais rápido, porém, o controle das informações poderá ser prejudicado. Um número de pessoas adequado ao seu volume de estoque é a forma mais sensata de iniciar os trabalhos.
- ◆ Verifique e estude a técnica a ser utilizada, tais como: relatórios, material de apoio, normas e procedimentos, fluxograma, treinamento do pessoal, tratamento de divergências. Não invente normas e procedimentos impossíveis de serem executados

LEMBRE-SE: *Não esconda as falhas e erros que encontrar, é por causa deles que o inventário existe, para a sua correção.*

Durante a execução:

- Fiscalize. Verifique se as normas e procedimentos estão sendo aplicados corretamente e se a identificação e contagem dos itens estão sendo feitas da maneira correta, conforme você planejou.
- Procure incentivar o pessoal envolvido durante a execução.
- Troque as equipes com freqüência, não deixe que o pessoal fique cansado antes do tempo.
- Verifique se os itens não-identificados estão recebendo o tratamento adequado para que os trabalhos sejam concluídos no tempo previsto.
- Relatórios: Mantenha-os organizados. Após cada conferência, arquive-os em pastas para que você os tenha como base para comparativos futuros.
- Revise os procedimentos, e verifique se estão de acordo com a execução.
- Manter a organização transparece tranqüilidade, isto faz com que a equipe envolvida sinta-se segura quanto aos resultados futuros e o tempo de conclusão. Os trabalhos devem causar boa impressão ao pessoal, para que estes se sintam eficientes. Há maior probabilidade de resultados mais precisos quando a equipe trabalha satisfeita.

2 Modelo de Ficha de Inventário

Cada empresa constrói a sua ficha de inventário de acordo com suas necessidades. Normalmente, nela constam os seguintes dados: código da peça, nome científico, apelido, quantidade encontrada, e um campo para ser preenchido com a quantidade em sistema, além de outras informações necessárias para a gestão da empresa.

Figura 9.1 *As informações devem estar contidas sucintamente, de forma a agregar somente dados importantes.*

Figura 9.2 A etiqueta demonstra as informações que poderão ser úteis no decorrer do processo.

As figuras 9.1 e 9.2 mostram fichas diferentes de um mesmo inventário. Portanto, para cada situação, existe uma peculiaridade, que deve de ser respeitada para não se perder tempo com informações pouco relevantes, deixando as que realmente interessam sem o destaque devido.

3 Finalização

Certifique-se:

- De que todos os locais foram contados.
- De que todos os produtos não-identificados durante as contagens foram devidamente etiquetados, contados e constam de relatórios.
- Da conferência de relatórios, etiquetas de identificação das seções ou locais.

Se fizer um bom planejamento nesta hora, saberá da confiabilidade dos resultados e poderá partir para a ação.

⚰ Sugestões Para Revisão

1. Desenhe o layout de uma ficha de inventário.

2. Inventarie a despensa de sua casa. Repita este exercício a cada três meses e relacione os produtos que continuam lá desde a contagem anterior.

   Objetivos deste exercício:

   a) Conhecer os produtos de principal importância.

   b) Tomar conhecimento dos gastos com produtos irrelevantes.

   c) Informar-se sobre as validades. Para programar e guardar segundo PEPS (Primeiro que entra, primeiro que sai).

   d) Verificar onde se gasta dinheiro sem necessidade e as perdas com os produtos obsoletos.

   e) Planejar as compras

   f) Organizar o estoque

10

JUST IN TIME – INOVAÇÃO OU RENOVAÇÃO

1 Introdução

A Toyota é a principal representante da era das transformações industriais, pelo arrojo de suas idéias. Tornou-se exemplo de empresa de sucesso, e foi nela que começou o sistema JIT.

O conhecido "pai do Just in Time", Taiichi Ohno, nasceu na Manchúria, China, em fevereiro de 1912. No ano de 1932, formou-se em Engenharia Mecânica na Escola Técnica de Nagoya, atualmente, denominada de Nagoya Institute of Tecnology. Iniciou seu trabalho na Toyota Fiação & Tecelagem, que mais tarde veio a ser Toyota Jidôsha Kabushikigaisha ou Automóveis Toyota S.A. Não possuía experiência neste tipo de empresa, o que acabou ajudando-o a não trazer consigo os "pecados" da administração das empresas automobilísticas e, portanto, facilitou a concepção desta abordagem revolucionária e criativa que ele desenvolveu para a administração da produção e operações. O resultado disso foi a criação do Sistema Toyota de Produção, que, como ele mesmo dizia, surgiu por necessidade.

Em 1943, começou a trabalhar para a Automóveis Toyota. No ano de 1949, assumiu a chefia da fábrica de motores, chegando à direção da empresa em 1954. Alguns anos mais tarde, em 1964, tornou-se diretor administrativo até chegar, em 1975, a vice-presidente. Logo após, em 1978, aposentou-se, assumindo a presidência do Conselho de Administração da Toyota Fiação e Tecelagem.

Faleceu em 1991.

158 | GESTÃO DE ESTOQUES

Taiichi Ohno formou uma equipe competente e com ela inovou e desenvolveu vários sistemas.

A Toyota passou por várias fases. Vejamos essas fases no cronograma abaixo.

2 Cronograma de Desenvolvimento

♦ **1947:** Inicio da Multifuncionalidade - Operação de 02 máquinas por operário. Layout paralelo ou em "L".

♦ **1948:** Sistema de produção "puxada" - Taiichi Ohno se inspirou em um artigo publicado em um jornal japonês sobre o sistema de produção "puxada" pela demanda. Nesse ponto, a empresa enfrentava dificuldade do pós-guerra, além da inflação e da queda na demanda. O sistema utilizado era o da produção "empurrada", ou seja, produzia-se em grande quantidade (comprava-se mais, estocava-se mais, e se produzia desenfreadamente), onerando os estoques e a produção. No novo sistema concebido por Ohno, cada operador movia-se para a estação de trabalho imediatamente anterior apenas para buscar itens necessários ao trabalho do momento. O processo anterior seria o que reabasteceria o estoque de matéria-prima ou em processo, objetivando um controle dos diversos estoques (componentes, matéria-prima, produto em processo e acabado).

♦ **1949:** Multifuncionalidade e Qualidade - Conseguiu eliminar os estoques intermediários na fábrica de motores, graças ao sistema "puxado". Realizou a multifuncionalidade, tornou os operários polivalentes, operavam 3 ou quatro máquinas. Porém, nessa época, a demanda ainda era muito baixa, o que não permitia as máquinas funcionarem simultaneamente. Então, cada funcionário passou a controlar e inspecionar a qualidade de seu próprio serviço. Essa medida trouxe duas melhorias significativas para o sistema: primeiro, o operador já treinava a qualidade, fazendo com que houvesse preocupação com ela, e, segundo, eliminou os cargos de inspetores.

♦ **1950:** Sistema "puxado" e Sincronização (gorika) - Implantação do sistema "puxado" em diversas áreas da empresa. A empresa pressionada pelos bancos decidiu reduzir drasticamente seus estoques, produzindo só o que fosse vendido. Sincronização (gorika) da usinagem de motores e transmissão com a montagem final para diminuir estoques intermediários.

♦ **1953:** Kanban - Introdução do sistema "kanban", utilizando cartões de papelão para sinalizar as operações de processamento de materiais e a produção de peças.

♦ **1955:** Gorika, Heijunka, Controles e Botões de Emergência – Juntaram-se às oficinas de usinagem e transmissão, as oficinas de carrocerias, que passaram a produzir conforme a demanda da montagem final, com o intuito de reduzir estoques de material

CAPÍTULO 10 – JUST IN TIME – INOVAÇÃO OU RENOVAÇÃO | 159

em processo (MEP). A expedição era amplamente controlada para reduzir estoques e, nesse ponto, foi introduzido o "botão de emergência" para uso dos operários, caso julgassem necessário efetuar paradas na linha de produção em função de percepção de defeitos ou qualquer outro problema.

♦ **1957:** Andon – Instalação de lâmpadas indicadoras para alertar os supervisores da linha.

♦ **1958:** Abolição de Requisições – Os formulários para retirada de materiais foram extintos.

♦ **1959:** Controle Interno - Os níveis de estoques e o tempo de espera dos produtos foram diminuídos pelo controle interno de deslocamento e interno-externo.

♦ **1961:** Ampliação do Sistema Kanban - Utilizado agora, também, para controlar os fornecedores externos através de cartões vermelhos e azuis.

♦ **1962:** Segundo momento da ampliação do kanban – A ordem agora estava clara: pequenos lotes com produção "puxada", todos os setores da empresa usufruíam o kanban; as máquinas com sistema poka-yoke, à prova de erro humano, visando maior redução de defeitos e ganho de produtividade.

♦ **1963:** Ampliação da Multifuncionalidade – Cada operador se supera e começa a atender 5 máquinas e capazes de operar diferentes processos.

♦ **1965:** Ampliação do Sistema Kanban fase 2 – Pela segunda vez, o sistema kanban é ampliado, tomando todo o leque de fornecimento externo, agilizando ainda mais a manufatura dos materiais em processo (MEP) e fazendo o STP (Sistema Toyota de Produção) ensinar aos fornecedores do keiretsu Toyota (empresas coligadas).

♦ **1971:** Controle do Setup – A principal fábrica da Toyota consegue diminuir para três minutos os tempos de setup das prensas de estampagem. Adoção do sistema de mudança de posição dos operadores na linha de montagem.

♦ **1973:** Integração – Todos os fornecedores estão interagindo 100% com o STP, e as entregas passam a ser diretamente na linha de produção.

3 O Sistema Toyota de Produção

O Sistema Toyota de Produção (STP) tem por objetivo o aperfeiçoamento contínuo e eficiente da produção através da eliminação sistemática de desperdícios. Para Ohno, este conceito, juntamente com o "respeito ao ser humano", constituem o fundamento do STP. Não fosse pelas condições de mercado no pós-guerra, onde deslizes com a produção de pequenas quantidades de grandes variedades de produtos aumentavam o custo da manufatura, não teríamos o conhecimento do conceito STP. Portanto, o STP surgiu da necessi-

160 | GESTÃO DE ESTOQUES

dade. Embora tenha sido constituído no pós-guerra, utilizou idéias desenvolvidas anteriormente, como o conceito de automação, que significa dotar as máquinas de escrutínio humano. A palavra deriva do inglês "automation" (automação), idéia básica atribuída a Sakitchi Toyoda (fundador da Toyota Fiação e Tecelagem). Num cenário desolador, com inflação em alta, crescimento zero, e uma severa redução da demanda, a Toyota implanta seu STP e chama a atenção do mundo para os resultados obtidos.

O princípio do STP é a eliminação obstinada do desperdício. Os pilares de sustentação do STP, segundo Ohno, são:

- Sistema "Just in Time";

- A "autonomação", ou automação com um toque humano.

4 Just in Time (JIT)

O termo Just in Time, definido por Taiichi Ohno, significa que, em um fluxo de produção, os materiais e componentes só serão produzidos ou recebidos nas quantidades certas, com a qualidade desejada, no momento necessário. Este se tornou o desejo constante das empresas até os dias atuais.

Podemos entender o Just in Time por intermédio da definição de SLACK, N. et al, em "Administração da produção", p. 474: "produzir bens e serviços exatamente no momento em que são necessários, não, antes que se transformem em estoque, e nem depois, para que os clientes não tenham de esperar".

O JIT dedica-se à melhoria contínua dos sistemas produtivos para atingir este objetivo. Viabiliza, de maneira sistemática, melhoras significativas da qualidade e da produtividade das operações. O sistema JIT viabiliza, também, a redução de custos com redução de espaço, minimizando os estoques; diminui os tempos de produção; reduz perdas e retrabalhos; dispensa uso sofisticado de controles; demanda menos recursos computacionais do que outros sistemas de gestão da produção e operações; melhora o nível de comunicação e o comprometimento dos trabalhadores. Essas vantagens não são apenas privilégios da Cadeia de Suprimentos, estendem-se, também, aos canais de distribuição e para os fornecedores.

No ambiente de fábrica, o sistema JIT ataca sistematicamente os quatro tipos de estoques: os estoques isoladores (ou de segurança), os estoques de ciclo, os estoques de antecipação e os estoques de canal. O estoque, também, pode ser classificado em: estoque de matérias-primas, estoque de componentes, estoque de material em processo, estoque de produtos semi-acabados, estoque de produtos acabados, estoque de matérias auxiliares, estoque de inservíveis, estoque dos itens "A", "B", e "C", estoques de itens "X","Y" ou "Z", etc. Mas em termos didáticos, utilizaremos os primeiros blocos de pedidos.

4.1 Estoques Isoladores ou de Segurança

Objetivam compensar eventuais problemas de fornecimento, seja pelo aumento inesperado da demanda ou por problemas com o ritmo do fornecimento.

4.2 Estoques de Ciclo

Podem aparecer no JIT porque um ou mais estágios na operação não podem fornecer todos os tipos de itens que devem produzir simultaneamente. **Exemplo:** Pode não ser possível preparar massa de bolo e massa de biscoito em uma máquina misturadora. Assim, prepara-se uma determinada quantidade de bolo (uma batelada, um estoque de ciclo) e, depois, se prepara o biscoito em uma mesma máquina misturadora (outra batelada, um estoque de ciclo).

4.3 Estoque de Antecipação

Pode ser entendido como a fabricação de determinado produto para atender uma data específica. Por exemplo, na Páscoa, os ovos são fabricados com antecedência e, no Natal, os panetones.

4.4 Estoque Isolador

É parecido com o de antecipação, difere somente pela natureza da previsibilidade da demanda. O termo antecipação se aplica a situações em que ocorrem variações sazonais significativas e previsíveis de demanda.

4.5 Estoque de Canal

São os estoques em trânsito, que existem porque os materiais/mercadorias não podem ser transportados instantaneamente do ponto em que são produzidos ao ponto em que são consumidos/utilizados.

4.6 Estoques Isoladores e de Ciclo

Têm sido utilizados, tradicionalmente, como uma solução legítima frente aos problemas de produção. Gianesi & Correa classificam estes problemas em três grandes grupos:

162 | GESTÃO DE ESTOQUES

4.6.1 Problemas de Qualidade

Quando ocorre a geração de refugo de maneira não-previsível, em um determinado estágio de produção, a utilização de estoques isoladores permite que a operação seguinte ocorra sem interrupções.

4.6.2 Problemas de Quebra de Máquina

Estoques isoladores garantem as operações posteriores em caso de quebra de máquina por manutenção inadequada ou operação em condições impróprias.

4.6.3 Problemas de preparação de máquina

Quando uma máquina é utilizada no processamento de mais de um tipo de componente ou item. Quanto mais demorada e custosa esta mudança, mais interessante se torna a produção de lotes maiores de um determinado tipo de peça, para viabilizar o rateio destes custos entre um número maior de peças.

4.7 Estoques *versus* Problemas

Os estoques camuflam os "problemas". Se os estoques isoladores e/ou de ciclo forem diminuídos ou eliminados, torna-se obrigatório aperfeiçoar o processo. Métodos, materiais, operadores e máquinas têm de ser aperfeiçoados para gerar produtos dentro das especificações. Os próprios produtos devem ser projetados com a preocupação de serem produzidos com facilidade. A manutenção precisa ser aperfeiçoada para que as máquinas não parem ou produzam fora do especificado. O tempo de troca e ajuste das ferramentas necessita ser diminuído.

☑ Teste

1. Quais das alternativas não faz parte das metas do Just in Time?

    a) Melhoria Contínua.

    b) Melhoria de performance.

    c) Redução de desperdícios.

    d) Controle da Qualidade.

Capítulo 10 – Just in Time – Inovação ou Renovação 163

2. A expressão Just in Time (Jit) pode ser traduzida como?

a) Tempo zero de preparação, quebra zero e superprodução.

b) Material esperado no processo, Lead Time zero e quebra zero.

c) Fornecimento em tempo justo, na quantidade justa e com qualidade assegurada.

d) Lote unitário, tempo zero de preparação e movimentação zero.

3. Alguns desperdícios (em transportes, superprodução, processamento, produtos defeituosos, excesso de estoques) podem ser minimizados utilizando corretamente qual desses sistemas?

a) Just in Time.

b) Outsourcing.

c) Lote Econômico de Compras.

d) Todas as alternativas estão corretas.

4. Qual é o objetivo do JIT?

a) Controlar a produção.

b) Equalizar estoques na quantidade e momento certo de consumi-los.

c) Acompanhar processos e estocagem.

d) Acabar com o relacionamento entre cliente e fornecedor.

5. Segundo o conceito JIT, não é desperdício:

a) Qualidade e planejamento.

b) Estoque e produção em excesso.

c) Movimentação de produto e estocagem.

d) Re-trabalho e controle de qualidade.

6. O sistema JIT busca:

   a) Eliminar desperdícios, adquirindo grandes quantidades de matéria-prima em estoques.

   b) Eliminar matéria-prima em estoques.

   c) Eliminar desperdícios, adquirindo quantidades certas de matéria-prima e produzindo quantidade certa de produtos.

   d) Eliminar desperdícios, produzindo quantidades de produtos reduzidas.

7. Quais são os estoques atacados sistematicamente pelo JIT?

   a) Estoques isoladores e os estoques de ciclo.

   b) Estoques de antecipação e os isoladores.

   c) Estoques que camuflam problemas e estoques de canais.

   d) Todas as alternativas estão corretas.

8. Qual é o objetivo do JIT?

   a) Melhoria contínua dos sistemas produtivos.

   b) Trabalhar os limites mínimos do estoques de segurança.

   c) Melhorar o nível de comunicação da alta gerência, para atuar fortemente na liderança.

   d) n.d.a.

Sugestões Para Revisão

1. Qual o objetivo fundamental de um sistema JIT?

2. Quais são alguns dos principais obstáculos que precisam ser superados ao se passar de um sistema tradicional para um sistema JIT?

3. Por que um bom relacionamento com o fornecedor tem tanta importância no sistema JIT?

4. Descreva, sucintamente, nos termos dos aspectos a seguir, como deve ser o relacionamento com os fornecedores no sistema JIT.

   a) Por que esse relacionamento tem tanta importância?

   b) De que modo o relacionamento difere do modelo mais hostil do passado?

   c) Por que os fornecedores poderiam relutar em fazer fornecimentos através do sistema JIT?

5. De que forma um sistema JIT tem nele embutido o aspecto kanban?
6. Quais os principais benefícios de um sistema JIT?
7. Quais os benefícios de pequenos lotes?

REDAÇÃO DE MEMORANDO

O gerente de planejamento e controle de produção, Carlos Alberto Drutta, deseja uma explicação sobre a implantação do sistema JIT na fábrica. Escreva um memorando a ele de uma página informando como está sincronizando através do Kaisen e do Kanban a implantação do JIT.

ESTUDO DE CASO

"A empresa L.A. Lamular S.A., sediada em Limeira, São Paulo, produz lâminas para utilização em vários segmentos, porém, seus principais clientes são as empresas do ramo de autopeças. Acredita-se que a Lamular é a melhor do seu setor. O seu principal cliente é a empresa Tectronic, que atende as montadoras de automóveis. Ultimamente, devido às transformações de mercado, a Tectronic tem sido pressionada a aumentar sua produção para atender uma nova linha de automóveis que está saindo em quatro versões e por intermédio da fusão de duas grandes montadoras, mas seu pátio, de 4.600 metros quadrados, está completamente cheio.

Pensando na possibilidade de quedas nas vendas se o produto não for bem aceito no mercado, pactuou com as montadoras entregas programadas. A proposta agradou as montadoras, pois, em outras linhas já utilizam o método com sucesso. Reuniu seus principais fornecedores e fez a proposta de parceria, que garantiria a fidelidade em troca de inúmeros benefícios que estão ligados à proposta.

A Lamular conhecia a superioridade de seus processos em relação a seus concorrentes, mas vislumbrou as mudanças para se firmar na concorrência. A empresa contrata você para gerenciar a mudança que deve ocorrer. Pense:

a) Quais são os primeiros passos para induzir a empresa à mudança?

b) Como faria isto?

c) Qual seria o primeiro departamento que levantaria informações?

d) Qual a proposta que apresentaria à alta administração da empresa?

e) Elabore perguntas, mesmo que já tenha as suas respostas para discutir com sua equipe após a análise individual.

166 | GESTÃO DE ESTOQUES

f) Elabore um documento com as deduções individuais.

g) No trabalho e em equipe, ouça seu companheiro, faça as perguntas que elaborou, faça um resumo das conclusões do grupo e elabore um memorando para a alta administração relatando as sugestões que encontraram.

Avaliação individual: 20 minutos

Objetivo: Você assume o papel e as responsabilidades do decisor, assim como as tarefas de resolver os problemas ligados a ele.

Desafio: Quanto eu consigo cumprir sozinho dentro do tempo disponível.

1o. Passo: Ler do primeiro ao último parágrafo.

2o. Passo: Responder as perguntas

3o. Passo: Definir o problema central, e sua importância para a empresa.

4o. Passo: Definir por que este problema surgiu, e qual o envolvimento do decisor nele.

5o. Passo: Definir a hora de agir e a urgência.

Avaliação em grupos de até 5 pessoas: tempo em aberto.

Objetivo: Oportunidade de esclarecer situações, desenvolver argumentos, comunicação oral, trabalho em equipe e relacionamento interpessoal.

Desafio: Colocar suas idéias no grupo de forma a ser entendido e ajudar na resolução do problema.

1o. Passo: Repassar a leitura com todos os componentes do grupo

2o. Passo: Definir o problema na visão do grupo

3o. Passo: Analisar os dados

4o. Passo: Enumerar as alternativas

5o. Passo: Analisar e avaliar as alternativas

6o. Passo: Escolher a melhor alternativa

7o. Passo: Fazer um plano de ação e implementação

8o. Passo: Escreva a solução do case como gerente do negócio, em forma de um relatório. Faça-o de forma organizada, racional, estratégica e consistente.

Lembrete: *Os cases não têm resposta certa ou errada. A qualidade da solução depende muito das suas habilidades de tomada de decisão.*

11

KAIZEN

Kaizen é uma palavra japonesa que significa: "kai" – mudar e "zen" – para melhor. Mas a melhor tradução para esta filosofia é "Melhoria Contínua".

1 Introdução

O conceito Kaizen, idealizado por Masaaki Imai, se tornou uma ferramenta de redução de custos através da melhoria contínua das rotinas empresariais, por meio da correção das causas das falhas verificadas no produto ou serviço. O conceito diz respeito, basicamente, a atitudes de "bom senso", que exigem baixos investimentos. O próprio autor do conceito o inseriu no contexto da Qualidade Total. Inúmeras fábricas implantaram o kaizen por ser um processo de rápida assimilação e de baixo custo, e o retorno tem sempre sucesso garantido. Abordamos o kaizen neste capítulo por ser um instrumento que tem auxiliado nos trabalhos de Logística.

2 Metodologia de Trabalho

A metodologia consiste na eleição de problemas cuja solução tragam uma melhor relação custo x benefício, através de uma equipe multifuncional. Normalmente, o projeto de melhoria é concluído em um prazo de uma semana. Através de vários "Kaizen" — também denominado, no ocidente, de "workshop" ou "Chantier" —, a empresa consegue resultados extraordinários. O Kaizen é a principal ferramenta do "lean manufacturing".

168 | GESTÃO DE ESTOQUES

Tabela 11.1 Função nos diversos níveis funcionais

Alta gerência	Média gerência	Supervisores	Usuários
Estar determinada a introduzir o Kaizen como estratégia da corporação	Distribuir e implantar as metas do Kaizen, orientadas pela alta gerência, através de desdobramento do plano de ação e de administração multifuncional	Usar Kaizen nas tarefas funcionais	Participar do Kaizen através do sistema de sugestões e das atividades em pequenos grupos
Oferecer apoio e direção para o Kaizen pela distribuição de recursos	Usar o Kaisen nas capacidades funcionais	Formular planos para o Kaizen e oferecer orientação aos colaboradores	Praticar a disciplina na área de trabalho
Estabelecer o plano de ação do Kaizen e as metas multifuncionais	Estabelecer, manter e melhorar os padrões	Melhorar a comunicação com os colaboradores e manter o moral elevado	Envolver-se no contínuo desenvolvimento próprio para tornar-se melhor solucionador de problemas
Realizar as metas do Kaizen através de desdobramento do plano de ação e verificações	Conscientizar os colaboradores sobre o Kaizen através de programas de incentivos de treinamento	Apoiar as atividades em pequenos grupos (como os círculos de qualidade) e o sistema de sugestões individuais	Ressaltar a habilidade e a experiência no desempenho do serviço, aprendendo várias funções
Criar sistemas, procedimentos e estruturas úteis para o kaizen	Ajudar os colaboradores a desenvolverem habilidades e ferramentas para a solução de problemas	Introduzir a disciplina na área de trabalho	
		Oferecer sugestões de Kaizen	

3 Resultados Esperados

Redução de custos pelo envolvimento de todo o pessoal na melhoria contínua das rotinas, transformando todo o quadro de funcionários em "solucionadores" de seus próprios problemas. Aumento do senso de responsabilidade do pessoal.

O Kaizen se aplica a melhorias incrementais nos processos de uma empresa ou organização e se confunde com a ferramenta principal de promoção e geração de melhorias, o tratamento das "anomalias" do trabalho. Por meio do Kaizen, mobiliza-se toda a equipe para o combate aos erros e aos desperdícios, em todos os aspectos e por toda a organização. No nosso caso específico, em se tratando da Logística, encontramos:

- ♦ Contrafluxo de materiais;

CAPÍTULO 11 – KAIZEN   169

♦ Dificuldade para encontrar os materiais estocados, por deficiência no endereçamento;

♦ Longa distância entre a área de armazenagem e a área de utilização;

♦ Má localização dos itens. Os mais usados devem ter fácil acesso.

Ao contrário do que se supõe normalmente nas empresas, os erros são muito mais de responsabilidade da chefia e gerência, que simples descuidos ou indolência do pessoal operacional. Notoriamente, verifica-se que as causas estão, na maioria absoluta dos casos, numa destas categorias:

♦ Falta de método de trabalho;

♦ Método inadequado de trabalho;

♦ Falta de treinamento no método.

O Programa Kaizen de Melhoria Contínua conta com a contribuição de todo o pessoal para a melhoria dos processos da organização.

4 Genba – Local Real

Genba é uma palavra japonesa que significa "Local Real". O seu significado é exatamente este local onde as coisas acontecem (produção, movimentação, armazenagem, distribuição, logística, etc.), em outras palavras, "chão de fábrica". O Genba de uma indústria é, portanto, seu "chão de fábrica". Dentro da filosofia kaizen, os problemas só podem ser resolvidos realmente se discutidos e analisados no Genba e não, em salas de reuniões com a alta gerência, longe da realidade dos problemas, onde pessoas que sofrem com eles não podem opinar.

Quaisquer que sejam os indicadores utilizados para mensurar a gestão, se forem abordados pela filosofia kaizen, devem contar com a intervenção do Genba.

5 Muda – Perda

MUDA é uma palavra de origem japonesa que significa PERDA.

Perda, dentro do Kaisen, é tudo aquilo que não agrega valor ao produto ou ao serviço. Uma atividade que agrega valor é aquela que transforma fisicamente um produto ou uma informação, ou seja, outros tipos de atividades, como movimentação, inspeção, não agregam valor ao produto. Talvez, algumas dessas atividades sejam necessárias, pois, se as retirássemos bruscamente, o cliente poderia ser prejudicado. Portanto, se não puderem ser eliminadas, pelo menos, devem ser reduzidas.

6 Vantagens

A implantação do kaizen dentro de uma organização exige somente boa vontade, com baixíssimo custo, e são inúmeras as vantagens que podem ser associadas ao tempo de experiência nessa gestão. Citaremos algumas delas que aparecem nas situações iniciais:

6.1 Benefícios aos Usuários

Promove um certo benefício para os usuários, que podem resolver problemas de toda a ordem, opinando sobre eles, melhorando seus ambientes de trabalho e, muitas vezes, diminuindo custos dos processos.

6.2 Implantação Imediata

Não necessita de pessoal altamente capacitado, mas de pessoal motivado — a motivação é oriunda de liderança e não, de altos gastos.

6.3 Treinamentos

Não há necessidade de treinamentos, troca de maquinários, etc. O maior gasto é com tempo.

6.4 Tecnologia

Não exige nova tecnologia. O kaizen não exige tecnologia arcaica ou avançada. A única exigência é ouvir os usuários, discutir e analisar as mudanças, para melhor gerir.

6.5 Integrante Principal – Usuário

É praticada, na maioria das vezes, pelos próprios usuários. É o corpo todo de uma organização trabalhando junto para melhorar o seu ambiente de trabalho, seja no aspecto pessoal, produtivo ou na forma de administrar.

6.6 Ferramentas

Normalmente, usa-se o "bom senso". Esta é, sem dúvida, a maior ferramenta empregada no conceito.

7 Desvantagem

Embora o conceito kaizen seja muito bem definido como melhoria contínua, as experiências que se tem com sua implantação mostram que elas se tornam provisórias, as medidas são assumidas como paliativas e, mesmo dando os resultados esperados, a continuidade é interrompida. O kaizen deveria ser implantado com a seriedade de um conceito sem volta de melhoria continuada.

IMPORTANTE: *Quando se começa um processo de Kaizen numa organização, é necessário que a liderança esteja preparada para mudanças. O pessoal começa a dar sugestões de melhoria que, algumas vezes, podem causar conflitos administrativos e, geralmente, nestes casos, podem ocorrer duas situações:*

1º. O processo de kaizen é destruído por uma má administração.

2º. A má administração é destruída pelo processo de Kaizen.

Estudaremos mais profundamente a filosofia Kaizen em Gestão da Qualidade Total

12

Supply Chain Management (SCM) – Gerenciamento da Cadeia de Suprimentos

Definição da Logística: "É o processo de planejamento, implementação e controle do fluxo eficiente e economicamente eficaz de matérias-primas, estoque em processo, produtos acabados, bem como serviços e informações associadas, cobrindo desde o ponto de origem até o ponto de consumo, com o objetivo de atender as necessidades e expectativas do cliente e/ou consumidor", segundo o CML - Conselho de Gestão da Logística (USA).

1 Introdução

A década de 80 despontou com grandes transformações nos conceitos de gerenciamento, principalmente no setor de operações, que têm se estendido até os dias atuais e, aos poucos, são adaptadas à necessidade de cada empresa. A partir dessa época, movimentos como qualidade total, conceito de produção enxuta, que estabeleceram técnicas e procedimentos inovadores (tais como: Just in Time, CEP, QFD, SMED, kanban, engenharia simultânea, seis sigma, e muitas outras) começaram a surgir como alternativas para que as empresas pudessem vislumbrar um futuro promissor. Todos os países industrializados de economia de mercado adotaram essas técnicas, e tais procedimentos contribuíram para um grande avanço da qualidade e produtividade. E nesse emaranhado de novos conceitos, surgiram dois outros que vêm dando força nova às organizações produtivas: a Logística Integrada e o Supply Chain Management (SCM) ou Gerenciamento da Cadeia de Suprimentos.

174 | GESTÃO DE ESTOQUES

A Logística Integrada teve um forte impulso a partir da década de 80 e, desde então, evoluiu muito, devido à tecnologia de informação e motivada pelas exigências crescentes de desempenho em serviços de distribuição, como conseqüência dos movimentos JIT e de produção enxuta.

Quando a concorrência era menor, os ciclos dos produtos eram mais longos e a incerteza era mais controlável. Tinha sentido, então, perseguir a excelência nos negócios através da gestão eficiente de atividades isoladas, como: Compras, Transportes, Armazenagem, Fabricação, Manuseio de Materiais e Distribuição. Estas funções eram desempenhadas por especialistas, cujo desempenho era medido por indicadores do tipo: custos de transportes mais baixos, menores estoques e compras ao menor preço.

Atualmente, os mercados estão cada vez mais globalizados e dinâmicos, e os clientes cada vez mais exigentes. Para satisfazê-los, há uma proliferação crescente das linhas e modelos de produtos, com ciclos de vida bem menores. A gestão de materiais, da produção e da distribuição passou a dar respostas mais eficazes aos objetivos de excelência que os negócios exigiam. Surgiu, então, o conceito de Logística Integrada. A partir daí, passou-se a considerar, como elementos ou componentes de um sistema, todas as atividades de movimentação e armazenagem que facilitam o fluxo de produtos, desde o ponto de aquisição dos materiais até o ponto de consumo final, assim como os fluxos de informações que colocam os produtos em movimento.

O Supply Chain Management (SCM) começou a se desenvolver no início da década de 90. Como todo o conceito, a sua implantação sofreu algumas dificuldades. Por ser mais complexo que os demais conceitos que vinham sendo empregados, foi considerado, por alguns profissionais, mais um modismo que propriamente um conceito gerencial ou uma extensão do conceito de logística integrada, ou seja, uma ampliação da atividade logística para além das fronteiras organizacionais, na direção do cliente e fornecedores na cadeia de suprimentos.

Com o passar dos anos e diante das experiências adquiridas pelas empresas que implantaram o conceito, ficou claro que o SCM é mais do que uma simples extensão de qualquer outro sistema ou conceito, pois inclui um conjunto de processos de negócios que ultrapassa em muito as atividades diretamente relacionadas à logística integrada. Além disso, existe uma necessidade de integração de processos na cadeia de suprimentos. O desenvolvimento de novos produtos é, talvez, o mais óbvio deles, pois vários aspectos do negócio deveriam ser incluídos nesta atividade, tais como: o marketing para estabelecer o conceito; pesquisa e desenvolvimento para a formulação do produto; fabricação e logística para executar as operações; e finanças para a estruturação do financiamento. Compras e desenvolvimento de fornecedores são outras atividades que excedem as funções tradicionais da logística, e que são críticas para a implantação do SCM.

A obtenção de extraordinários resultados pelas empresas que implantaram o SCM trouxe a certeza de que este não é apenas um modismo gerencial, mas uma idéia que vem despertando o interesse da alta gerência das maiores e mais modernas empresas de âmbito mundial. Pesquisas preliminares sobre os ganhos que podem ser obtidos pela utilização correta do conceito, indicam que as empresas têm obtido reduções substanciais nos custos operacionais da cadeia de suprimentos. Os movimentos setoriais, organizados com o intuito de tirar proveito do SCM — como o Efficient Consumer Response (ECR), nos setores de produtos de consumo e varejo alimentar, e o Quick Response (QR), nos setores de confecções e têxteis —, também têm demonstrado o potencial de redução de custos e melhorias dos serviços da cadeia.

2 Conceito

O conceito de gerenciamento da cadeia de suprimentos baseia-se no fato de que nenhuma empresa existe isoladamente no mercado. Uma complexa e interligada cadeia de fornecedores e clientes, por onde fluem matérias-primas, produtos intermediários, produtos acabados, informações e dinheiro, é responsável pela viabilidade do abastecimento de mercados consumidores.

O Supply Chain Management, ou Gerenciamento da Cadeia de Suprimentos, é a ciência que visa unir todas as fases do processo da cadeia de suprimentos, com o intuito de otimizar os métodos e etapas de produção: compras e suprimentos, inventário, administração, previsões, armazenagem, transporte e entrega dos produtos. Baseia-se na parceria de empresas de diversos setores de cada uma das etapas do Supply Chain, tais como: fornecedores, indústria, armazéns, varejistas, distribuidores, empresas de logística, etc. O processo se inicia com o pedido do cliente, depois vem a produção, o fornecimento de matérias-primas ou outros, o armazenamento e a distribuição dos produtos e suprimentos para o site do cliente. Este tipo de processo reduz o tempo, proporciona o compartilhamento de previsões de vendas, diminui os custos, agiliza as entregas e otimiza a produtividade. Tudo isto visando a satisfação do cliente.

Para se comprender melhor o conceito de gerenciamento da cadeia de suprimentos, ou SCM, é fundamental, primeiro, entender o conceito de canal de distribuição, já bastante consolidado e há muito utilizado por marketing. Instrumento fundamental para a eficiência do processo de comercialização e distribuição de bens e serviços, o conceito de canal de distribuição pode ser definido como o conjunto de unidades organizacionais, instituições e agentes, internos e externos, que executam as funções de apoio ao marketing de produtos e serviços de uma determinada empresa. As funções de suporte do marketing estão ilustradas na Fig.12.1.

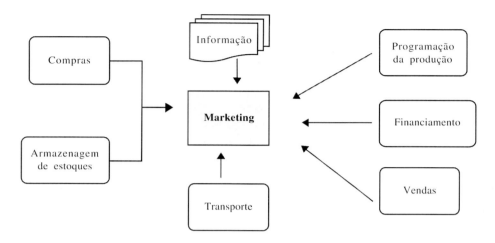

Figura 12.1 Integração do Marketing na cadeia global de suprimentos

Toda unidade organizacional, instituição ou agente que execute uma ou mais funções de suporte ao marketing é considerado um membro do canal de distribuição. Os diversos membros participantes de um canal de distribuição podem ser classificados em 2 grupos:

- **Membros primários:** São aqueles que participam diretamente, assumindo o risco pela posse do produto, e incluem: fabricantes, atacadistas, distribuidores e varejistas.

- **Membros secundários:** São aqueles que participam indiretamente, basicamente através da prestação de serviços aos membros primários, não assumindo o risco da posse do produto. Exemplos mais comuns são: as empresas de transporte, armazenagem, processamento de dados e prestadores de serviços logísticos integrados.

Ao longo dos anos, as estruturas de canais de distribuição vêm evoluindo e se tornando complexas. No período anterior à década de 50, eram bastante simples, pois o conceito de marketing era pouco desenvolvido e a idéia de segmentação de mercado utilizada em pequena escala. As relações entre membros principais do canal eram distantes e conflituosas. Existia uma forte tendência à integração vertical como forma de manter controle e coordenação no canal. O desenho da estrutura demonstrada na Fig.12.2 possibilita visualizar o sistema verticalizado.

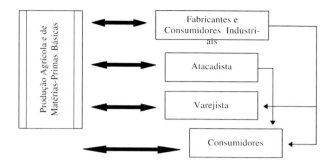

Figura 12.2 Estrutura simples de um Canal de Distribuição

Com a evolução do conceito de marketing, e, mais especificamente, das práticas de segmentação de mercado e do lançamento contínuo de novos produtos, juntamente com o surgimento de novos e variados formatos de varejo, os canais de distribuição vêm se tornando cada vez mais complexos. Por outro lado, o aumento da competição e a crescente instabilidade dos mercados levou a um aumento da tendência à especialização, por meio da desverticalização/terceirização. O que muitas empresas buscam, neste processo, é o foco na sua competência central, repassando para prestadores de serviços especializados a maioria das operações produtivas, formando um elo de informações, conforme mostrado na Fig.12.3. Uma das principais conseqüências deste movimento foi o crescimento da importância dos prestadores de serviços logísticos.

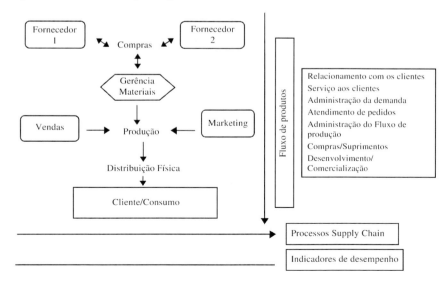

Figura 12.3 Interligação de Informações na Cadeia Global de Suprimentos

3 A Importância da Cadeia Global de Suprimentos

A importância de uma eficiente cadeia global de Suprimentos é destacada pelos seguintes fatores:

3.1 Crescimento do Outsourcing

As empresas tinham vantagens de localizações geográficas específicas, que possibilitavam algumas outras vantagens, tais como: disponibilidade de mão-de-obra, baixo salário, baixo custo das matérias-primas, baixo custo de transportes, e baixo custo de produção em plantas industriais distantes. Um bom exemplo disso é a empresa Cisco, que associa um baixo inventário no sistema com a política de fabricação terceirizada. Uma eficiente Cadeia de Suprimentos é necessária para assegurar entregas dentro do prazo e com controle dos custos efetivos de seus serviços, associados a uma efetiva gerência do fluxo de informações entre as bases de fornecedores e de clientes dispersos.

3.2 Competição Global

As competições não estão mais circunscritas às localizações geográficas das empresas. O mercado torna-se cada vez mais competitivo com a crescente migração de empresas estrangeiras e a modernização de empresas locais. Portanto, as empresas precisam operar globalmente, para tirar proveito das vantagens de custos e localização, visando entrar num maior número de mercados de países em desenvolvimento, reduzindo a dependência de mercados saturados e tornando-se competidores globais equivalentes. De acordo com Michel Porter, as vantagens competitivas podem ser alcançadas através das reduções de custos ou por meio de uma diferenciação estratégica de uma cadeia global de suprimentos, que ofereça vantagens de melhores custos, garantia dos prazos de entrega e agregação de valor no nível de serviços ao cliente.

3.3 Efeito da Estratégia Corporativa

Nos dias atuais, a estratégia empresarial é focada em: alianças estratégicas, parcerias, criação de canais de coordenação entre parceiros, co-adaptação entre as diversas unidades de negócios, e integração de sistemas através da tecnologia de informação, onde muitos destes negócios podem ser globalizados. Em tais casos, é pré-requisito de eficiência a presença de uma Cadeia de Suprimentos estruturada dentro de uma estratégia empresarial que gere um núcleo de competências da corporação global.

4 Estratégia Para uma Cadeia Global de Suprimentos

A fim de começar uma Cadeia de Suprimentos, inicialmente, uma empresa precisa definir uma estratégia clara e coerente. Esta estratégia deve englobar os seguintes fatores:

4.1 Desenvolvimento da Estrutura

Esta fase deve ser considerada de acordo com as várias atividades funcionais, que devem ser significativas na escala e nos objetivos empresariais, identificando-as e analisando-as separadamente com base em suas características:

- Tempo de entrega;
- Característica dos serviços;
- Intensidade de produção;
- Percentagem de terceirização.

4.2 Localização

A localização de plantas industriais, mercado de consumidores e dos fornecedores, respectivamente formam uma parte vital da estratégia de serviço:

- Just in time;
- Fabricação de resposta rápida;
- Estratégia de empurrar ou puxar (pull and push);

Outras características também formam a pedra angular da política da Empresa.

5 Desenvolvimento do Processo

O gerenciamento do processo faz referência ao gerenciamento da seqüência de operações através da Cadeia de Suprimentos. Isto inclui: planejamento e programação da produção, controle do inventário, transporte, onde todas as operações devem contribuir com os processos precedentes e/ou subseqüentes da cadeia. Otimizar o processo holisticamente é mais importante que otimizar individualmente cada elo da cadeia, pois isto pode conduzir à subotimização do processo.

180 | Gestão de Estoques

5.1 Desenvolvimento da Rede Organizacional

As empresas precisam identificar seu núcleo de competências e procurar terceirizar as atividades que não adicionam valor. Esta terceirização deve ser conduzida pela pesquisa de parceiros que são capazes de atender as necessidades operacionais dentro de condições favoráveis. Uma outra importante característica da rede organizacional é a prevalência da tecnologia de informações. Empresas são aconselhadas a investir pesadamente em tecnologia da informação que ajude a gerenciar os negócios ao longo da cadeia no controle dos seus serviços externos.

5.2 Parcerias e Alianças

Empresas globais, invariavelmente, têm um leque de parceiros e alianças para sua atuação global, o que dá ritmo aos seus vários ramos de negócios. Isto é importante para que estas associações tragam benefícios mútuos e tenham uma sinergia de trabalho e de objetivos.

6 Projeto da Cadeia Global de Suprimentos

Os fatores para o desenvolvimento do projeto, relacionados às atividades anteriores e posteriores da Cadeia Global de Suprimentos, são os seguintes:

6.1 Estratégia das Compras

É essencial que qualquer empresa tenha um plano de compras baseado em fornecedores competentes. Atualmente, as empresas estão procurando terceirizar a montagem e a produção, e tornar globais as compras de materiais, para acrescentar vantagens de custos e de localização. Portanto, dentro de uma cadeia de suprimentos, é essencial ter fornecedores competentes para entregar produtos e serviços com qualidade, em termos contratuais favoráveis e capazes de responder às tendências do mercado e às mudanças tecnológicas. São desejáveis: alto grau de compatibilidade de sistemas de informação, corporativismo e colaboração máxima, uma parceria com benefícios mútuos baseada na sinceridade e na correlação de metas e objetivos, pois, quaisquer fornecimentos inadequados de materiais e serviços onerariam os custos operacionais.

6.2 Localização das Plantas Industriais e de Centros de Distribuição

A localização correta traz facilidades, serve para minimizar custos de transporte e aumentar e melhorar o grau de atendimento. A regra básica na gerência da cadeia de suprimentos é que a localização seja próxima dos mercados fornecedores e/ou consumidores. A importância desta regra fica ressaltada quando a empresa atua num mercado global, tanto de fornecedores quanto de clientes. A localização deve ser encontrada através de diversos métodos. O de centro da gravidade é o método mais fácil, pois, identifica uma série de parâmetros necessários à escolha da melhor localização. Ferramentas de softwares, como as simulações baseadas em pesquisa operacional, ou pacotes de softwares desenvolvidos por terceiros, podem auxiliar a empresa a determinar a localização ótima das facilidades, com base em vários parâmetros, tais como: volume, demanda das parcerias, localização de fornecedores e clientes, e alternativas de transporte.

6.3 Logística

A logística eficiente necessita agregar benefícios para a empresa, em termos de redução de custos e execução de melhores serviços para os clientes, fatores estes que se transformam em vantagens competitivas. As empresas tendem a terceirizar a função de logística através de operadores logísticos ou empresas de entrega rápida que tenham uma rede global de atuação ou especialização regional. Os Couriers ou Operadores Logísticos são selecionados com base na pesquisa dos seguintes parâmetros:

- ◆ Experiência no mercado;
- ◆ Presença geográfica;
- ◆ Reputação;
- ◆ Rede de relacionamentos;
- ◆ Variedade de serviços oferecidos;
- ◆ Sistemas de informações excelentes;
- ◆ Habilidade para prover o cliente;
- ◆ Instalações e localizações dos armazéns;
- ◆ Capacidade de gerenciar o inventário;
- ◆ Miscelânea de serviços, tais como: transparência com os clientes, infra-estrutura adequada, uma variedade de métodos de transporte, pessoal qualificado e capacidade financeira.

Estas contratações devem ser feitas através de acordos formais estabelecendo medidas de desempenho e de outras funcionalidades, o que ajuda a evitar confusões decorrentes de ambigüidades a respeito das metas, expectativas e objetivos das parcerias de negócios.

182 | GESTÃO DE ESTOQUES

6.4 Serviços ao Cliente

A estratégia da empresa deve estipular níveis de serviços, como: períodos de entrega e outras características de serviços aos clientes, para diferenciar seus produtos e serviços dos seus concorrentes. Por exemplo, a empresa Grainger oferece ao consumidor um desconto no produto ou serviço, em casos de atrasos. Metas não-realistas são fatores bastante freqüentes de insucessos nas operações da cadeia de suprimentos, isto pode ser minimizado através de medidas e estimativas apropriadas, tais como: ajuste à capacidade de operação, estimular esforços de distribuição, ou não sobrecarregar os inventários. Qualquer avaliação da cadeia de suprimentos deve começar pelo cliente e retornar ao longo da cadeia para se determinar se as ações praticadas são capazes de atender as metas de serviços dos clientes estabelecidas pela alta gerência.

7 Implementando o Conceito de SCM: Barreiras e Alternativas de Solução

O Supply Chain Management (SCM) é uma abordagem que exige mudanças profundas em práticas arraigadas, tanto ao nível dos procedimentos internos, quanto em nível externo, no que diz respeito ao relacionamento entre os diversos participantes da cadeia.

Em nível interno, torna-se necessário quebrar as barreiras organizacionais resultantes da prática do gerenciamento por silos, que se caracteriza pela perseguição simultânea de diversos objetivos funcionais conflitantes, em detrimento de uma visão sistêmica onde o resultado do conjunto é mais importante que o resultado das partes. Quebrar esta cultura arraigada e convencer os gerentes de que deverão estar preparados para sacrificar seus objetivos funcionais individuais em benefício do conjunto, é uma tarefa desafiante. Alcançá-la implica abandonar o gerenciamento de funções individuais e buscar a integração das atividades através da estruturação de processos-chave na cadeia de suprimentos.

Dentre os processos-chave de negócios para o sucesso de implementação do SCM, os 7 mais citados são:

- ◆ Relacionamento com os clientes;
- ◆ Serviço aos clientes;
- ◆ Administração da demanda;
- ◆ Atendimento de pedidos;
- ◆ Administração do Fluxo de produção;
- ◆ Compras/Suprimento;
- ◆ Desenvolvimento de novos produtos.

Resumidamente, estes 7 processos-chave têm como objetivos principais:

1. Desenvolver equipes focadas nos clientes estratégicos, que busquem um entendimento comum sobre características de produtos e serviços, a fim de torná-los atrativos para aquela classe de clientes.

2. Fornecer um ponto de contato único para todos os clientes, atendendo de forma eficiente suas consultas e requisições;

3. Captar, compilar e continuamente atualizar dados de demanda, com o objetivo de equilibrar a oferta com a demanda;

4. Atender aos pedidos dos clientes sem erros e dentro do prazo de entrega combinado;

5. Desenvolver sistemas flexíveis de produção que sejam capazes de responder rapidamente às mudanças nas condições do mercado;

6. Gerenciar relações de parceria com fornecedores para garantir respostas rápidas e a contínua melhoria de desempenho;

7. Buscar, o mais cedo possível, o envolvimento dos fornecedores no desenvolvimento de novos produtos.

Montar equipe com pessoas compromissadas e persistentes, para gerenciamento de processos na cadeia de suprimentos, é um grande desafio gerencial. As equipes servem para quebrar as barreiras organizacionais e devem envolver todos aqueles que participam das atividades relacionadas à colocação e distribuição dos produtos no mercado. As empresas de maior sucesso estendem sua atuação para além de suas fronteiras organizacionais, envolvendo participantes externos que são parceiros na cadeia de suprimentos. Os membros dessas equipes avançadas coordenam, comunicam e cooperam de forma intensiva. A idéia é que haja um grupo permanente de membros-chave e um grupo de participantes esporádicos, que seriam convocados quando necessário. O fato é que as organizações têm tantas peculiaridades e diferem em tantos aspectos umas das outras, que não faz sentido pensar em uma solução única para todas as situações. Os conjuntos de funções-chave que, geralmente, estão representadas nas equipes são: logística, suprimento/compras, fabricação, administração de estoque, serviço ao cliente, e sistemas de informação. Outras funções que participam ocasionalmente são: marketing, vendas, promoções e pesquisa, e desenvolvimento.

Existe um conjunto de características que tendem a contribuir para o sucesso das equipes de SCM: o estabelecimento de objetivos e metas claras em áreas-chave (tempo de entrega, índices de disponibilidade, giro de estoques, entrega no prazo); a determinação do papel de cada membro da equipe na perseguição dos objetivos; o estabelecimento de uma estratégia de implementação; e a formalização de medidas quantitativas de desempenho para medir os resultados alcançados.

184 | GESTÃO DE ESTOQUES

Embora a montagem de equipes seja importante, a utilização de todo o potencial só irá ocorrer se a empresa conseguir se interligar aos participantes externos na cadeia de suprimento. Estes participantes incluem: fornecedores, distribuidores, prestadores de serviços e clientes. Dada a natureza colaborativa que deve possuir a cadeia de suprimento, torna-se crucial selecionar os parceiros corretos. O que se deseja são empresas que não apenas sejam excelentes em termos de seus produtos e serviços, mas que sejam sólidas e estáveis financeiramente. A relação de parceria na cadeia estendida deve ser vista como um arranjo de longo prazo.

Muito importante também é lembrar que a cadeia de suprimento estendida necessita um canal de informações que conecte todos os participantes. A maioria das grandes empresas possui os requisitos tecnológicos para fazer a extensão, como veremos mais adiante. O problema é utilizá-los de forma correta. Idealmente, a informação que se torna disponível quando o consumidor efetiva a compra, deveria ser imediatamente compartilhada com os demais participantes da cadeia, ou seja, transportadoras, fabricantes, fornecedores de componentes e de matéria-prima. Dar visibilidade às informações do ponto de venda, em tempo real, ajuda todos os participantes a gerenciar a verdadeira demanda de mercado de forma mais precisa, o que permite reduzir o estoque na cadeia de suprimento de forma substancial.

A implementação do conceito de SCM exige mudanças significativas, tanto nos procedimentos internos quanto nos externos, principalmente no que diz respeito ao relacionamento com clientes e fornecedores.

8 Manutenção e Monitoramento da Cadeia Global de Suprimentos

É necessário manter e monitorar a Cadeia de Suprimentos desde seu estágio inicial, a fim de fazer ajustamentos, melhorias e correções de quaisquer erros existentes.

8.1 Estabelecer Metas e Métricas de Desempenho

Estabelecer metas e métricas de desempenho ajuda a determinar a efetividade da cadeia de suprimentos, em conjunto com medidas de implantação e encorajamento de se habilitar uma estrutura contábil das atividades. Relatórios periódicos, que registram estes indicadores de desempenho (tais como: níveis de serviços aos clientes, número de pedidos processados e retornados) podem ajudar a gerência superior a ter uma visão do funcionamento dos sistemas e das suas dinâmicas associadas.

8.2 Controles Financeiros

Os resultados básicos em termos de redução de custos e acréscimo de produtividade conduzem um credenciamento para uma Cadeia de Suprimentos e podem determinar uma extensão da criação de valores.

9 Vantagens na Implantação da Cadeia de Suprimentos

Os principais benefícios do SCM são:

- ◆ Redução de custos de estoques;
- ◆ Transporte e armazenagem;
- ◆ Melhoria dos serviços em termos de entregas mais rápidas e produção personalizada;
- ◆ Crescimento da receita devido à maior disponibilidade e personalização.

10 Desvantagens da Criação de uma Cadeia de Suprimentos

As conseqüências da criação e implantação de uma cadeia de suprimentos ineficiente ainda se encontram distantes das pesquisas. Mencionaremos, a seguir, alguns riscos desta ocorrência:

10.1 Despesas Monetárias

É necessário um alto investimento de recursos monetários para projetar e implementar uma cadeia de suprimentos, tanto em termos dos investimentos diretos, quanto das oportunidades de aplicação do capital em outros negócios financeiros. Uma parcela igual e não maior é exigida para monitorar e operar a Cadeia de Suprimentos. Um projeto de uma Cadeia de Suprimentos ineficiente ou errado pode aumentar os custos, pela aplicação inadequada de recursos, a tomada de decisões erradas com base em informações incorretas, e perdas devido a aplicações financeiras incorretas.

10.2 Recursos Utilizados

Recursos como homens-hora alocados, pessoas realocadas e fundos empresariais, que poderiam ser utilizados de um modo mais eficiente, no entanto, foram empregados em empreendimento errado. São todos estes custos intangíveis equivocados em relação aos objetivos básicos da corporação.

186 | GESTÃO DE ESTOQUES

10.3 Interrupção das Atividades de Negócio

A implementação do ERP (Enterprise Resource Planning) como parte do desenvolvimento de uma cadeia de suprimentos pode interromper as atividades rotineiras de uma empresa. Para criar uma cadeia de suprimentos, é requisito essencial a cooperação das atividades internas e externas dos diversos processos de operação e produção da empresa. Determinadas pessoas podem ter a impressão de que isto é uma barreira para as suas tarefas e sentem-se decepcionadas com esta situação.

10.4 Interrupção das Atividades dos Canais e das Parcerias

Os participantes dos canais (tais como: comércio, distribuidores, transportadores, couriers e fornecedores) podem se sentir frustrados por qualquer empreendimento da empresa para promover alterações estruturais no canal dos parceiros e nas promoções. Antigas relações podem ser afetadas, e restabelecê-las envolve custos adicionais e um grande dispêndio de tempo. Qualquer movimento de interrupção pode afetar a reputação da empresa no mercado consumidor ou dentro dos próprios negócios.

10.5 Perdas em uma Fatia de Mercado

Uma ineficiente cadeia de suprimentos pode impedir o cumprimento das diretrizes da estratégia corporativa da empresa. Impossibilitando-a de alcançar as metas dos clientes e interrompendo os canais com os membros, o que pode ocasionar a perda e cancelamento de pedidos. Como conseqüência, existem perdas nas posições dos produtos nos mercados altamente competitivos devido a sua segmentação. A recuperação da posição anterior nestes mercados é difícil e envolve grandes esforços e investimentos. Como resultado deste quadro, os competidores serão beneficiados e bem-sucedidos no aumento da presença dos seus produtos, nos rendimentos e nos lucros.

11 O Apoio da Tecnologia de Informação na Implantação do SCM

A implantação de softwares especializados de gestão do Supply Chain proporciona o aumento da competitividade da cadeia logística.

Idealmente, a integração cliente-fornecedor pode ir até a integração total de sistemas. Dessa forma, seria possível ao cliente fazer uma solicitação qualquer ao fornecedor e conseguir saber, diretamente no seu sistema, a viabilidade do atendimento da sua solicitação. Seu sistema de informações se comunicaria com o sistema de informações de seu fornecedor,

CAPÍTULO 12 – SUPPLY CHAIN MANAGEMENT (SCM)... | 187

e este, eventualmente, poderia se comunicar com os sistemas de seus fornecedores, e, assim, sucessivamente.

Todas as conseqüências trazidas por essa alteração seriam analisadas automaticamente e os pontos de exceção seriam ressaltados para que fossem tomadas as providências adequadas.

Porém, estamos bem distantes desse ideal. A questão já seria bastante complexa se todos os elementos da cadeia logística utilizassem os mesmos sistemas informatizados. O que dizer quando cada empresa tem sistemas diferentes, alguns desenvolvidos internamente? Além disso, as cadeias logísticas não são isoladas. Diversos elos da cadeia podem pertencer a mais de uma cadeia simultaneamente.

Apesar disso, muito progresso tem sido obtido ultimamente na tecnologia de gestão do Supply Chain. Novos sistemas, chamados Advanced Planning Systems (APS) ou Sistemas de Planejamento Avançado, estão disponíveis no mercado há alguns anos. Não se trata de um produto específico, mas de uma nova categoria de softwares especializados em planejamento e programação. Utilizam algoritmos sofisticados para o cálculo da solução de programação e otimização da utilização dos recursos da cadeia logística.

Essa tecnologia é nova porque só recentemente o poder computacional exigido para esse tipo de aplicação está disponível a preços acessíveis.

Esses softwares complementam a funcionalidade dos softwares Enterprise Resource Planning (ERP) ou Planejamento de Recursos Empresariais. É uma função de nível estratégico, através da qual o sistema apóia a tomada do seguinte tipo de decisões:

◆ Localização de plantas e centros de distribuição;

◆ Tipos de transporte a serem utilizados entre os diversos nós da rede logística;

◆ Distribuição dos itens a serem produzidos em cada planta;

◆ Níveis de estoques adequados para o nível de serviço requerido em cada local.

Através de algoritmos avançados, permite a otimização da rede logística, visando a diminuição dos custos totais de produção, armazenagem e transportes, mantendo o nível de atendimento requerido.

SAP e People Soft, que são, respectivamente, o primeiro e o terceiro maiores fornecedores de ERP do mercado mundial, e presentes no mercado nacional, também têm funcionalidade de gestão do Supply Chain.

Apesar disso, são poucas, ainda, as implementações no Brasil, e a tecnologia ainda é pouco divulgada e utilizada. Atualmente, os primeiros usuários são empresas multinacionais que já utilizam esse tipo de tecnologia no exterior.

188 | GESTÃO DE ESTOQUES

Essa é uma área muito dinâmica. Os softwares têm enfoques e funcionalidades bastante distintos, o que torna o processo de seleção bastante complexo. Mais complexo do que o correspondente processo de seleção de um software ERP.

13

ENTERPRISE RESOURCE PLANNING (ERP) – PLANEJAMENTO DE RECURSOS DE EMPREENDIMENTO

1 Introdução

O ERP é um conceito de planejamento integrado, que trata de todos os recursos da empresa. O sistema atinge todo o fluxo compreendido entre a compra da matéria-prima, até a venda do produto acabado. O foco principal do ERP é a interligação entre as áreas da empresa, com o objetivo de fornecer uma visão mais ampla dos negócios e de todos os processos utilizados. O grande diferencial das empresas reside, atualmente, na arte de planejar e alocar recursos para empreendimentos dentro da própria organização.

Com a implantação do sistema ERP, as empresas alcançam um novo patamar de qualidade, a visão dos negócios se torna mais abrangente, com um domínio na cadeia logística e um grande salto de produtividade. As informações de relevância para objetivos estratégicos chegam a tempo para serem analisadas e modificadas. Antes do evento ERP, acontecia exatamente o oposto, as informações que eram de vital importância, quando associadas a informações de outras áreas da organização, acabavam por se perder no fluxo do trabalho e não geravam o objetivo principal de criar estratégias que as colocassem na frente de seus concorrentes. Inegavelmente, para as empresas conseguirem se diferenciar, necessitam voltar suas forças para objetivos estratégicos.

190 | Gestão de Estoques

Para o perfeito funcionamento do sistema ERP, existem três exigências necessárias, sempre visando à integridade das informações.

- Integração das Informações;
- O controle e consistência interna;
- Exigências de transações corretas.

2 Funcionamento do Sistema ERP

É um conjunto de modelos matemáticos, com o objetivo de se identificar e planejar todos os recursos da empresa (recursos materiais, dinheiro, pessoa, processos, e assim por diante). O sistema ERP tem uma grande participação no gerenciamento, a partir dos cálculos e simulações aplicados na empresa, de ponta a ponta, a partir de seu planejamento. Antes do ERP, as informações eram espalhadas por áreas distintas da organização, agrupá-las demandava tempo e dinheiro, e, mesmo assim, às vezes não se conseguia obter adequadamente o pretendido. As informações migravam de área, só chegando à área que deveria recebê-la com agilidade no final do processo. Essa situação diminuía a força da mensagem, que, às vezes, chegava tarde demais para se planejar uma estratégia eficaz.

Neste cenário, surgiu o conceito ERP, Planejamento de Recursos de Empreendimento, que visa englobar todas as atividades afins da organização através da criação de um software, para dar suporte à tomada de decisão na empresa. Em termos gerais, é a implantação de um banco de dados único, que armazena, filtra e converte os dados em informações valiosas para quem o acessa. Dessa forma, representa um suporte facilitador de distribuição de informações das diversas áreas da organização.

3 Preparando a Implantação do Sistema

Atenção e cautela no manuseio das informações devem ser as premissas básicas para os primeiros passos na implantação do ERP. Estes dependem muito da metodologia e do escopo do projeto, de uma forma bem didática, que podem ser agrupados em três grandes etapas: análise, desenvolvimento e implantação.

3.1 Primeira Etapa – Definir Objetivos e Soluções Pretendidas

Elaborar um projeto com escopo claramente definido, juntamente com seus objetivos. Se for necessário, elaborar um estudo de retorno sobre o investimento. Nesse momento, estabelece-se a visão do futuro da empresa e dos seus processos, confrontando-os com os recursos do software e possibilitando buscar caminhos para compatibilizá-los. Dentre as

Capítulo 13 – Enterprise Resource Planning (ERP)... | 191

atividades dessa etapa estão: formação da equipe, definição de responsabilidades, alocação de equipe de competência reconhecida para serem multiplicadores, constituição do projeto, e muitas outras decisões técnicas.

3.2 Segunda Etapa – Mensurar Custos e Benefícios da Implantação

Com a empresa já voltada e preparada para essas mudanças que começarão a ocorrer, nessa segunda etapa, a atenção pode se voltar para atividades mais técnicas: prototipação, parametrização, customização, etc.

3.3 Terceira Etapa – Estrutura e Suporte Técnico

Testar exaustivamente as soluções, capacitar os usuários e a empresa como um todo para ser receptiva às mudanças, preparar a partida do sistema e montar uma rede eficaz de comunicação.

Durante a implantação, deve-se tomar cuidado com o treinamento e a percepção da aceitação das mudanças que ocorrerão em todos os processos. A empresa deve sempre estar preparada para o sucesso da implantação do projeto, e perguntas que auxiliem a auto-avaliação e reflexão ajudam a manter a linha coesa do projeto:

◆ As equipes correspondem às amplitudes do projeto?

◆ A liderança está comprometida?

◆ O orçamento do projeto é adequado?

◆ O projeto está entre as prioridades da empresa?

A previsão de tempo entre planejar e implantar o projeto pode variar de dois meses a dois anos, dependendo do tamanho da mudança, do escopo do projeto e de outros fatores.

4 Avanços na Implantação do ERP

Com a implantação do conceito ERP, é possível conseguir vários benefícios, entre eles, a redução de redundância de atividades dentro da organização, pois, uma vez lançados os dados em uma de suas entradas, todo o sistema automaticamente se atualizará. É possível uma total reengenharia dos negócios, priorizando áreas que necessitam maior atenção, como: atendimento ao cliente, vendas, distribuição, ou qualquer outra área. Pois, através da integração dos dados, se torna mais fácil visualizar a localização do problema ou de ponto forte que não precisam ser trabalhados com urgência.

192 | Gestão de Estoques

Graças ao ERP, também é possível tomar decisões ao longo do processo, o que resulta em economia de tempo, domínio das operações e eliminação de tarefas supérfluas. O resultados do ERP são revertidos em: diminuição do lead time, melhor condução do tempo no atendimento ao cliente e nos processos internos, queda dos níveis de reservas e de inventário, agilidade na tramitação de documentos, etc.

5 Manutenção do Sistema ERP

Os benefícios de se implantar o conceito são inúmeros. Todavia, para se colher tais benefícios são necessários uma avaliação e um planejamento bem-elaborados, caso contrário, em vez de benefícios, haverá prejuízos. Em seguida, veremos alguns cuidados que devem estar sempre em pauta:

- ♦ A persistente customização (adaptabilidade do software às necessidades da empresa) e integração com novas aplicações. A empresa não é estática e sim, dinâmica, portanto, os processos devem ser continuamente melhorados. Além disso, novas aplicações continuam sendo desenvolvidas e devem ser plenamente integradas ao ERP.

- ♦ Manter o sistema operando nos níveis de serviços adequados exige uma contínua monitoração da infra-estrutura tecnológica, inclusive, com upgrades nas plataformas para se manterem ajustadas à crescente carga de demanda pelo maior uso do ERP na empresa.

- ♦ Treinamento e suporte aos usuários são contínuos. As pessoas entram e saem da empresa, ou trocam de funções. Além disso, cada vez mais usuários começarão a usar o ERP, à medida que ele for sendo disseminado por toda a organização. Todas essas pessoas devem ser treinadas.

- ♦ Os upgrades de versões do próprio ERP e a implantação de novos módulos.

Os módulos citados na figura abaixo estão presentes na maioria dos sistemas ERP. Além deles, alguns sistemas ERP possuem módulos adicionais, tais como: Gerenciamento de Qualidade, Gerenciamento de Projetos, Gerenciamento de Manutenção, entre outros.

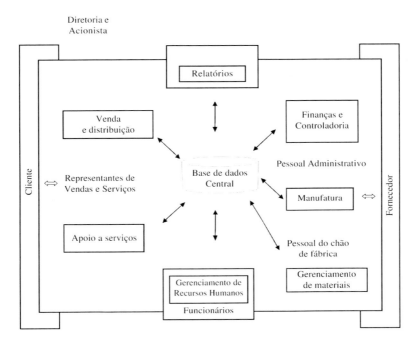

Figura 13.1 Estrutura típica de funcionamento de um sistema ERP (DAVENPORT, 1998).

5.1 Terceirização na Manutenção

Uma alternativa para minimizar os altos custos com a manutenção de sistemas ERP é a terceirização de suas operações. No entanto, é necessário que se saiba o quê e por que terceirizar. Para responder essa questão, devemos identificar onde estão os principais custos para se manter o ERP operando: na operação ou no contínuo redesenho (novas versões) e customização (adaptação à empresa). Feito isso, é preciso decidir se as operações ou os processos devem ser terceirizados.

5.2 Vantagens da Terceirização

- Maior simplicidade operacional;
- Orçamento dentro do controle;
- Redução de recursos humanos necessários na manutenção do ERP, e conseqüente redução de custos;
- A empresa pode se concentrar mais em seus negócios.

5.3 Desvantagens na Terceirização

- ♦ Fornecer informações estratégicas e confidenciais para o terceirizado;
- ♦ Terceiros dificilmente poderão fazer ajustes em determinados processos de negócios da empresa;
- ♦ Algumas operações somente serão realizadas com auxílio da gerência, pois, os terceiros detêm apenas conhecimento técnico e operacional.

Observadas as vantagens e desvantagens, a empresa deve decidir o que terceirizar. Por exemplo: uma empresa que atua num segmento relativamente estável e pouco competitivo, pode terceirizar a operação e gerenciamento dos processos. Já uma empresa que atua num ambiente altamente competitivo e dinâmico, onde as mudanças são constantes e as informações obrigatoriamente sigilosas, dificilmente poderá fazer o mesmo.

6 Escolhendo o Melhor Sistema ERP

6.1 Produto

O líder mundial de ERP é a SAP, que tem o melhor produto sob o aspecto funcional e tecnológico.

Nos Estados Unidos, a Oracle e a Peoplesoft têm uma boa participação. No Brasil, contamos com estes três participantes e alguns players locais. A Datasul é voltada para pequenas empresas. Existem, ainda, outras empresas brasileiras que oferecem soluções mais simples, como a Microsiga e a Logocenter.

6.2 Prestadores de Serviço

Há uma grande diversidade de prestadores de serviço, desde grupos internacionais, até profissionais autônomos e microempresas. Há empresas que propõem serviços genéricos e outras extremamente especializadas. É necessário pesquisar, conhecer os trabalhos realizados e se as necessidades da empresa foram atendidas com a conclusão desses trabalhos. O importante é não superdimensionar as necessidades da empresa, para não haver gastos excessivos com ferramentas que poderão nunca ser utilizadas dentro do programa, e nem comprar o serviço muito aquém do que realmente precisa.

⟆ Sugestões Para Revisão

1. Escolha uma empresa de sua região que tenha implantado o conceito ERP e elabore um questionário com perguntas sobre as vantagens e desvantagens dessa implantação. Com as respostas em mãos, redija um relatório sobre a influência do conceito ERP no cenário atual da empresa.

2. Escolha uma reportagem sobre ERP que achou interessante, faça um resumo do que entendeu e dê sua opinião sobre o assunto.

3. Dividir a classe em grupo para discutir os assuntos pesquisados na pergunta acima. Colocar as conclusões em forma de sinopse e apresentar resumidamente ao restante da classe.

14

Efficient Consumer Response (ECR) – Resposta Eficiente Para o Consumidor

Implicações na Cadeia Produtiva

1 Introdução

O que é o ECR?

É uma estratégia da cadeia produtiva, com a qual distribuidores e fornecedores fazem esforços conjuntos para oferecer mais valor aos consumidores de produtos mercearis. Tem por missão alavancar as forças do processo logístico para oferecer produtos de qualidade ao consumidor final, evoluindo em eficiência.

A cadeia produtiva mercearil é composta da indústria de transformação nas áreas de alimentos, higiene do lar e perfumaria, dos atacadistas e dos supermercados. Mercearil é uma palavra inventada, não existe no dicionário; é tradução livre da palavra inglesa "grocery", que significa "comércio ou loja de secos e molhados, ou, ainda, mercearia". Como os supermercados representam a evolução natural das antigas mercearias, nos Estados Unidos, convencionou-se chamar a cadeia produtiva na qual os supermercados se inserem de "grocery sector".

ECR é a sigla em inglês de EFFICIENT CONSUMER RESPONSE ou Resposta Eficiente ao Consumidor, e designa um movimento que surgiu nos Estados Unidos, na cadeia mercearil americana, em meados de 1992.

2 Um pouco de História

Os supermercados americanos, nos quais baseamos nosso modelo de varejo alimentício, foram sempre admirados pelo mundo empresarial devido à maneira com a qual conduziram seus negócios. Nos Estados Unidos, a cadeia mercearil sempre despontou na liderança dos movimentos que significavam novas tecnologias para atender melhor os clientes.

No início dos anos 70, foi essa cadeia que liderou a introdução do código de barras e, dez anos depois, no início dos anos 80, o uso do EDI ou Troca Eletrônica de Dados, tecnologia que permite a comunicação direta computador-a-computador entre parceiros de negócios.

Durante os anos 80, novos formatos de varejo começaram a ameaçar os supermercados através de um sistema agressivo baseado em preços baixos. Os formatos mais notáveis foram os Clubes de Compra e as lojas de variedades envolvidas com a venda de alimentos, com um novo tipo de loja chamado Supercenter. A ameaça, portanto, não vinha do próprio setor alimentício, mas da área conhecida, nos Estados Unidos, como "general merchandise".

Uma pesquisa feita, em 1991, pelo FMI, mostrou que as lojas de formato alternativo operavam realmente com preços significativamente mais baixos em função, principalmente, de custos operacionais mais baixos. Uma análise mais profunda do problema mostrou que enquanto, no passado, a cadeia mercearil tinha sido reconhecida como líder na eficiência logística, durante os anos 80, por disfunções estratégicas entre seus componentes, outros formatos de varejo tomaram-lhe essa liderança. Diferentemente do que ocorreu com os supermercados, que tiveram pouca competição externa, durante os anos 80, o setor de "general merchandise" sofreu forte concorrência internacional. No início daquela década, a produção norte-americana de calçados, brinquedos e eletroeletrônicos caiu para menos de 20% do consumo do país, enquanto 40% de tudo o que se vendia no setor têxtil era importado.

Em meados dos anos 80, o setor têxtil norte-americano era o mais protegido do país, através do sistema de quotas de importação, e essa indústria apresentou a mais alta taxa de produtividade na história dos país. Mas apesar disso, a importação de roupas continuou crescente. Um estudo feito em 1985 e 1986, pela Kurt Salmon Associates, mostrou que enquanto, individualmente, partes da cadeia têxtil estavam progredindo em eficiência, a cadeia como um todo era bastante ineficiente, com custos que se sobrepunham na medida em que as mercadorias iam passando pelos vários componentes dessa cadeia, de forma que a eficiência obtida em algumas etapas era inteiramente anulada por outras. Descobriu-se, por exemplo, que desde o momento em que se fabricava a matéria-prima até o produto chegar às mãos do consumidor final, eram necessárias 66 semanas, das quais 11 semanas nas diversas etapas de fabricação, 40 semanas nos processos de estocagem, movimentação e distribuição ao longo de toda a cadeia, e 15 semanas estocadas nas lojas. Esse sistema provocava perdas agregadas de US$ 25 bilhões em toda a cadeia, principalmente por liquidações no varejo ou na indústria, ou, ainda, perdas de vendas por falta de produtos.

Essas descobertas levaram ao desenvolvimento do sistema conhecido como "Quick Response (QR)" ou Resposta Rápida, cuja principal estratégia foi fazer com que os membros da cadeia produtiva passassem a trabalhar em conjunto, trocando informações que eram colhidas diretamente nos terminais de ponto de venda dos varejistas. Essas informações fluíam por toda a cadeia, mostrando o que os consumidores estavam efetivamente comprando, oferecendo a oportunidade de se fazer previsões de vendas mais acuradas e permitindo a reação imediata do setor industrial em repor as mercadorias faltantes ou de alta rotação. Operacionalmente, os componentes da cadeia se comunicavam computador-a-computador usando EDI. Foram feitos três testes-piloto. O primeiro na Dillard's Department Stores, o segundo, na J. C. Penney, e outro na Wal-Mart. Todos mostraram aumento de vendas entre 20% e 25% e aumento de 30% no giro dos estoques. O ciclo de reposição de mercadorias baixou de 66 para 15 semanas.

3 ECR e Suas Estratégias

Toda a cadeia produtiva se une com o objetivo de agregar valores aos produtos oferecidos ao consumidor final. O valor agregado é criado através da eliminação ou redução das ineficiências que existem em todas as etapas dessa cadeia. Para isso, é preciso que, na etapa final, o varejo esteja disposto a dividir informações, coletadas nos seus equipamentos de ponto de venda, com seus fornecedores, e estes com os componentes das etapas anteriores, de tal forma que toda a cadeia possa reagir com rapidez e eficiência à demanda do mercado.

O âmago do ECR consiste na diminuição do tempo e na redução de custos em todas as etapas da cadeia produtiva. São quatro os processos centrais, cada um deles voltado para a criação de valores através da satisfação das necessidades do consumidor por produtos, conveniência e preço.

3.1 Primeiro Processo

Facilitar o processo de compra do consumidor, com um vasto sortimento de produtos que atendam suas perspectivas.

Estratégia: Para facilitar esse primeiro processo, a estratégia utilizada é: o sortimento eficiente das lojas.

3.2 Segundo Processo

Manter um nível de estoque viável, de acordo com o sortimento definido.

Estratégia: Para facilitar o segundo processo, a estratégia utilizada é: reposição eficiente de mercadorias.

3.3 Terceiro Processo

Comunicar os benefícios e o valor dos produtos através de propaganda e incentivos de preços.

Estratégia: Para facilitar o terceiro processo a estratégia utilizada é: promoções eficientes.

3.4 Quarto Processo

Desenvolver e introduzir produtos para atender as necessidades do consumidor.

Estratégia: Para facilitar o quarto processo a estratégia utilizada é: introdução eficiente de novos produtos

4 As Estratégias e os Seus Desdobramentos

Cada uma dessas estratégias se desdobra nas chamadas "best practices" ou melhores práticas, que as tornam operacionais. Melhores práticas para:

4.1 Sortimento Eficiente das Lojas

- ◆ Reorganizar a empresa por categoria de produtos (recentemente, o Gerenciamento de Categorias passou a ser considerado a quinta Estratégia do ECR);
- ◆ Otimizar as categorias e a alocação dos espaços, baseados em dados precisos;
- ◆ Monitorar com freqüência a alocação dos espaços das categorias e dos itens.

4.2 Reposição Eficiente de Mercadorias

- ◆ Uso do EDI - Eletronic Data Interchange;
- ◆ Automação do recebimento de mercadorias;
- ◆ Dados acurados na saída dos PDVs;
- ◆ Inventários contínuos, na loja, por item;
- ◆ Pedidos assistidos por computador;

4.3. Promoções Eficientes

- ◆ As promoções da indústria para seus clientes devem oferecer alternativas tendo em vista um relacionamento contínuo entre as partes. Precisam ser simples em suas ofertas e devem permitir um fluxo rápido e acurado através dos vários elos da cadeia produtiva;

- As promoções diretas ao consumidor devem levar em conta os custos envolvidos em toda a cadeia, reduzindo-os pelo uso de tecnologia e a facilidade com que o consumidor tem acesso a elas.

4.4 Introdução Eficiente de Novos Produtos

- Os distribuidores e varejistas devem ser envolvidos no processo de seleção de produtos a serem testados.

- A preparação e implementação dos testes devem ser feitas através da seleção de pontos de vendas de acordo com o público-alvo do produto em teste. Os distribuidores e varejistas devem participar dessa seleção.

- Os testes devem ser acompanhados por intermédio das informações obtidas diretamente nos PDVs das lojas selecionadas, as quais fluem por meios eletrônicos para todos os envolvidos.

- Os membros da cadeia devem avaliar em conjunto os resultados dos testes e decidir: se o produto será abandonado, se será modificado, ou será introduzido no mercado definitivamente.

5 Entidades e Associações

Entidades Apoiadoras

ABRAS - Associação Brasileira de Supermercados - www.abrasnet.com.br

ABIA - Associação Brasileira das Indústrias da Alimentação - www.abia.org.br

APAS - Associação Paulista de Supermercados - www.apas.com.br

EAN Brasil - www.eanbrasil.org.br

ABAD - Associação Brasileira de Atacadistas e Distribuidores - www.abad.com.br

Associações ECR

ECR Europa - www.ecrnet.org

ECR Journal - www.ecr-journal.org

ECR Ásia - www.ecrasia.com

ECR Chile - www.ecrchile.cl

ECR Australasia - www.ecraustralasia.org.au

Global ECR Scorecard - www.globalscorecard.net

202 | GESTÃO DE ESTOQUES

VICS - Voluntary Inter-Industry Commerce Standards - www.vics.org

CPFR - Collaborative Planning, Forecasting and Replenishment - www.cpfr.org

GCI - Global Commerce Initiative - www.gci-net.org

RetailSystems.com - www.retailsystems.com

Retail Industry - www.retailindustry.about.com

Sugestões Para Revisão

1. Escolha um segmento no supermercado, e monte um formulário de pesquisa ao consumidor onde as respostas dêem subsídios para a diversificação das compras sem exageros de estoques e possibilitem a satisfação do cliente.

Exemplo: Segmento - Laticínios

Além das perguntas gerais, como "qual a distância em que mora do supermercado?", "quantas vezes por mês costuma fazer compras?", etc. (É importante analisar perguntas que podem trazer benefícios à pesquisa, sem encher o cliente de perguntas que possam irritá-lo, causando conseqüências negativas à pesquisa), procure informações para seu banco de dados que possam trazer ao estabelecimento comercial a diferença de mercado, no atendimento ao cliente, como:

1. Conhece pessoa alérgica a leite de vaca?   Sim (   )   Não (   )

2. Qual o acompanhamento preferido para o leite? _____

Objetivo: alocar os produtos associados com leite eqüidistantes, de forma que, para o cliente atender as suas necessidades, possa passar por outras prateleiras de produtos com outros segmentos, para que este produto o chame à venda.

Outro objetivo é atender o cliente na plenitude da venda. Por exemplo, se é alérgico a leite de vaca, ofereça também o leite de cabra. Faça, assim, a diferença.

2. De acordo com o conceito ECR, monte uma loja de conveniência seguindo os passos abaixo:

a) defina os produtos que irá vender;

b) desenhe o layout físico;

c) analise os produtos que ficarão próximos;

d) Como os estoques serão repostos.

3. Sendo você gerente de uma grande rede de supermercados e tendo participado da implantação do sistema ECR, notou que algumas falhas trouxeram erros de informação, como segue abaixo:

a) check-out não traz informações precisas dos produtos.

b) o sistema usado para reposição de estoque é indústria - loja, e tem havido atrasos.

4. Redija um memorando à alta gerência propondo soluções para resolver estes problemas.

15

ARRANJO FÍSICO OU LAYOUT

1 Introdução

O arranjo físico (layout ou plant layout), é um estudo sistemático que procura uma combinação ótima das instalações industriais que concorrem para a produção, dentro de um espaço disponível. O arranjo de departamentos, células ou máquinas dá a forma ou a aparência de uma operação produtiva. Seu objetivo é dispor os recursos de transformações de tal forma que o ciclo produtivo e administrativo fluam de modo simples, disponibilizando espaços e facilitando o fluxo de trabalho. Basicamente, o arranjo físico nada mais é do que a alocação das instalações dos maquinários e equipamento, e do pessoal de frente de linha. Atualmente, sabe-se que todo o corporativo deve estar arranjado de forma simples e de modo tal que todas as informações circulem rapidamente entre todas as áreas.

Um layout bem planejado pode reduzir custos, seja com liberação de áreas, com ganho de tempo, agilidade nas informações, minimizando perdas com o processo de transformação, etc. Mudanças relativamente pequenas na localização de uma máquina, em uma fábrica ou em bens de um supermercado, poderão afetar os custos e a eficácia geral da produção e das vendas. Pode ser considerado um arranjo físico uma instalação real, um projeto ou apenas um determinado trabalho. Existem três tipos básicos de layout: posicional, funcional e linear.

1.1 Layout Posicional

Posição fixa ou localização fixa de material. Este arranjo é muito utilizado em montagens complexas, e os materiais ou componentes principais ficam em um lugar fixo.

1.2 Layout Funcional

Por processo. Agrupam-se todas as operações de um mesmo tipo de processo.

1.3 Layout Linear

Linha de produção, ou por produto. Os equipamentos são dispostos de acordo com a seqüência de operações.

2 Escolhendo o Tipo de Layout

Para cada necessidade ou objetivo a ser alcançado, existe um tipo de layout que pode atender ao esperado.

2.1 Layout Posicional

O layout posicional é utilizado quando:

- As operações de conformação do material utilizam apenas ferramentas manuais ou máquinas simples;
- Estiverem sendo produzidas poucas unidades de cada tipo;
- O custo de movimentação for alto.

2.2 Layout Funcional

O layout funcional é utilizado quando:

- As máquinas forem de difícil movimentação;
- For grande a variedade de produtos;
- Houver grandes variações nos tempos requeridos para diferentes operações;
- A demanda for pequena ou intermitente.

2.3 Layout Linear

O layout linear é utilizado quando:

- ◆ O giro de peças for em grandes quantidades;
- ◆ O produto for mais ou menos padronizado;
- ◆ A demanda for estável;
- ◆ Puder ser mantida a continuidade do fluxo de material – operações balanceadas.

3 Fatores que Influenciam os Arranjos Físicos

Existem alguns fatores que influenciam na elaboração de um arranjo físico: Fator Material, Fator Maquinaria, Fator Homem, Fator Movimento, Fator Espera, Fator Serviço, Fator Construção e Fator Mudança.

- ◆ **Fator Material:** inclui os projetos, variedades, quantidades, as operações necessárias e sua seqüência.
- ◆ **Fator Maquinaria:** inclui o equipamento produtivo, ferramentas e sua utilização.
- ◆ **Fator Homem:** inclui supervisão e apoio, além do trabalho direto.
- ◆ **Fator Movimento:** inclui transporte inter e intradepartamental, e o transporte às várias operações, armazenagens e inspeções.
- ◆ **Fator Espera:** inclui estoques temporários e permanentes, e atrasos.
- ◆ **Fator Serviço:** inclui manutenção, inspeção, programação e expedição.
- ◆ **Fator Construção:** inclui as características externas e internas do edifício e a distribuição do equipamento.
- ◆ **Fator Mudança:** inclui versatilidade, flexibilidade e expansibilidade.

Para se iniciar um planejamento de arranjo físico, deve ser definido o que será produzido, a partir desse ponto. A partida é a escolha do processo básico. Em termo mais amplo, é a característica do binômio volume - variedade que dita o tipo de processo que devemos escolher. Existem casos em que mais de um processo pode ser possível. A importância relativa dos objetivos de desempenho da operação pode influenciar na decisão. Depois que o tipo de processo foi selecionado, o tipo básico de arranjo físico deve ser definido. Embora essa escolha governe a maneira geral segundo a qual os recursos vão ser arranjados uns em relação aos outros, ela não define precisamente a posição exata de cada elemento da operação.

4 Metodologia para Elaboração do Layout

Etapa I

♦ Definir o que será produzido, ramo de vendas, ou serviço que será prestado.

♦ Determinar a quantidade ou volume, o tamanho do lote a ser vendido ou a quantidade dos serviços prestados.

♦ Definir o que será produzido e o que será comprado, ou a linha de produtos que serão vendidos ou a diversificação dos serviços prestados.

♦ Determinar as operações exigidas ou rotatividade de pessoas, ou, ainda, o fluxo de trabalho.

♦ Determinar a sucessão de operações.

♦ Obtenha o tempo padrão de cada operação.

Etapa II

♦ Determine o coeficiente de fabricação (volume de produção/ área produtiva).

♦ Determine o número de máquinas requerido.

♦ Obtenha o balanceamento entre as Linhas de Produção.

♦ Estude as exigências de fluxo.

♦ Determine a relação de todas as operações existentes.

♦ Planeje cada posto de operação em função do fluxo necessário.

Etapa III

♦ Identifique necessidades de pessoal de apoio (operacional – almoxarifado, expedição, etc. – manutenção, outros).

♦ Identifique necessidades de escritório (administração, PCP, engenharia, etc.).

♦ Desenvolva exigências espaciais totais para os indiretos.

♦ Identifique e selecione os equipamentos de manuseio e transporte de material.

♦ Obtenha a área alocada.

♦ Defina o tipo de estrutura (prédio) ideal para necessidade da companhia.

Etapa IV

- Construa a planta mestra.
- Reúna lideres técnicos para os ajustes necessários.
- Construa a relação de recursos financeiros necessários.
- Apresente e vincule o resultado em função das premissas do solicitante.
- Obtenha aprovação da hierarquia máxima.
- Implemente o projeto.
- Faça a partida da produção.
- Colha dados para checar o sistema.

5 Considerações Gerais

Um planejamento de arranjo físico geralmente tende a capacitar uma determinada área de trabalho com uma correta distribuição de espaço, portanto, obviamente deve seguir alguns princípios básicos:

- **Aparência e conforto**: o aproveitamento de espaço deve ser feito de modo a produzir melhor aparência, com a finalidade de poder proporcionar, aos funcionários, o melhor bem-estar possível, independente da posição que ocupem na estrutura.
- **Economia nas operações**: assegurar a economia de tempo e melhorar a agilidade das operações.
- **Facilitar o fluxo de pessoas e de materiais:** proporcionar a distribuição mais racional entre móveis, máquinas e equipamentos de modo geral, objetivando minimizar os gargalos e as distâncias entre os postos de trabalho.

Basta analisar o mapa que se tem da empresa em estado original e pensar qual seria a melhor maneira de atender as perspectivas com as novas idéias, utilizando e dispondo da área disponível, facilitando o fluxo das operações e das pessoas. É importante refletir de que modo as instalações elétricas e hidráulicas podem ser traçadas para gerar economia e minimizar equipamentos e instalações. Na confecção de um projeto de layout, a idéia é permitir um controle qualitativo e quantitativo da produção, reduzindo ao mínimo os produtos em processo, de modo a facilitar a inspeção intermediária e final na linha, entre as fases operativas, propiciando conforto e segurança aos funcionários e facilitando o gerenciamento das atividades. Se o projeto exige modificações, que elas tragam flexibilidade sem necessitar longas paradas de máquinas, produtos, mão-de-obra e sem recorrer a custos de sistemas de desvios e transportes. Após estas análises, o projeto tende a satisfazer as necessidades da empresa.

⤷ Sugestão Para Revisão

1. Faça uma reflexão sobre o sistema de estoque de uma empresa qualquer; se não tiver acesso a um sistema de estocagem convencional, informe-se de empresas que trabalham com o sistema em sua região. Elabore, com os dados colhidos, o arranjo físico desse sistema (o que, na sua opinião, seria o ideal para seu gerenciamento). Utilize as informações do Anexo I.

2. Construa um layout da biblioteca de sua escola, com espaço físico, separação de títulos, sala de leitura, etc.

16

AUDITORIA DE FORNECEDORES

1 Introdução

Antigamente, a visão do Departamento de Compras de qualquer empresa era ter um vasto leque de fornecedores de um mesmo produto para obter poder de negociação e se assegurar quanto ao abastecimento dos estoques. Essa visão foi logo abolida nas empresas que passaram a conhecer e implementar em suas bases os conceitos inovadores de qualidade, parceria e produtividade. Muitas mudanças ocorreram em todos os segmentos dessas organizações, e o Departamento de Suprimentos foi fortemente bombardeado com a queda dos paradigmas que enraizavam a sua estrutura.

Com o evento Just in Time, criou-se a necessidade de se conhecer melhor os fornecedores, que originavam a qualidade exigida dentro dos processos produtivos. Os contatos anteriores se transformaram em parcerias extensivas, com divisão de segredos, ora guardados em sigilo absoluto. Começou a haver trocas de informações que mudariam todo o cenário e o significado do ato de negociar. A exigência, então, passou a ser pela qualidade. Embora os preços mantivessem um significado vital para a negociação, a qualidade passou a ser uma exigência fundamental. Muitos dos fornecedores precisavam realizar alguns ajustes para que o ganho com produtividade cobrisse os gastos empregados na qualidade. Para se assegurar que a origem da matéria-prima manteria os padrões de qualidade, tornaram-se necessários a seleção e avaliação dos fornecedores.

2 Seleção e Avaliação de Fornecedores

Neste capítulo, tratamos a seleção e a avaliação de fornecedores tendo em vista a logística empresarial.

A logística empresarial associa estudo e administração dos fluxos de bens e serviços, e da informação que os põe em movimento. Também cuida do planejamento, organização e controle das atividades de movimentação e armazenagem, que visam facilitar o fluxo de produtos, de modo que os consumidores tenham bens e serviços quando e onde quiserem, e na condição física que desejarem.

A importância da logística reside no fato de que a produção e o consumo de bens e serviços nem sempre ocorrem no mesmo local. Há, então, um hiato de tempo e espaço que precisa ser vencido de forma eficaz e eficiente, e ao menor custo possível.

Esta movimentação pode ser compreendida a partir da Fig.16.1, que ilustra o conceito de cadeia de suprimento: Matérias-primas fluem para uma empresa fabricante, são processadas pela produção e, finalmente, produtos acabados são distribuídos para os clientes finais por meio de um sistema de distribuição física. Assim, geralmente, os produtos ou serviços fluem de um fornecedor para o consumidor, enquanto demanda e projetos geralmente fluem de um cliente para o fornecedor.

A cadeia de suprimentos inclui todas as atividades e processos necessários para fornecer um produto ou serviço a um consumidor final. Um cliente pode ser um fornecedor de outro cliente e poderá também contar com diversos intermediários (distribuidores), como atacadistas, depósitos e varejistas, de modo que a cadeia total possua muitas relações do tipo fornecedor-cliente.

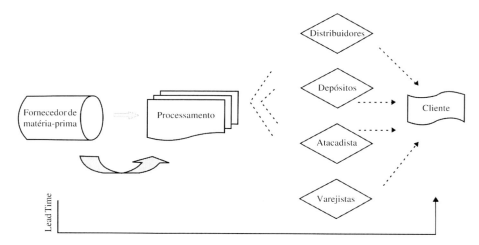

Figura 16.1 Conceito da Cadeia de Suprimentos

CAPÍTULO 16 – AUDITORIA DE FORNECEDORES | 213

Assim, toda a cadeia forma um grande elo com um só objetivo: atender ao cliente de forma a satisfazê-lo em suas necessidades de tempo, preço e qualidade. Cada elo da cadeia de suprimentos deve preocupar-se em prover o melhor serviço ao seu cliente, com os mais baixos custos de produção, o menor investimento em estoques e os menores custos de distribuição.

O problema é que estes objetivos podem ser conflitantes, tornando-se difícil balancear as necessidades para minimizar o total dos custos envolvidos e maximizar o serviço ao cliente consistentemente com os objetivos da organização. Um modo eficiente de resolver esses objetivos conflitantes é promover uma coordenação estreita das funções de fornecimento, produção e distribuição. Os fornecedores são parte importante deste esforço. Desta forma, é razoável supor que uma boa seleção de fornecedores possa contribuir decisivamente para o sucesso da operação dentro da cadeia de suprimentos.

2.1 Objetivos do Departamento de Suprimentos

Esses objetivos são: qualidade, quantidade, prazo de entrega e preço. Depois de acionada a necessidade da compra, é preciso decidir quem é o melhor fornecedor para atender esta necessidade. Existem alguns parâmetros a seguir, para avaliar de quem comprar:

- Tecnologia suficiente para fabricar o produto com a qualidade exigida.
- Capacidade produtiva para atender a quantidade.
- Ser competitivo no mercado, tendo uma administração consciente na geração de lucros com preços competitivos.
- Contar com um programa de desenvolvimento e melhorias, que ajudem a reduzir o custo dos processos.
- A produção deve apresentar um bom programa de controle de qualidade, ou assegurar a qualidade.
- Pessoal de produção competente e capaz.
- Sistemas de planejamento e controle de produção, capazes de garantir agilidade na entrega.

Estes são pontos de importância na avaliação de um fornecedor que ganhará a sua confiança e a fidelidade das compras. Mas outros pontos precisam ser avaliados para uma completa troca nessa parceria:

- Confiança;
- Reputação;
- Situação Financeira sólida, que permita garantir vida longa ao negócio.

214 | Gestão de Estoques

IMPORTANTE: *É desejável que o fornecedor tenha um bom serviço de atendimento pós-venda. Um atendimento bem organizado e estoque adequado de peças sobressalentes. Esteja próximo do comprador, ou pelo menos mantenha um estoque local. Uma localização próxima auxilia na redução dos tempos de entrega, o que significa que os produtos em falta podem ser entregues rapidamente.*

2.2 Avaliação dos Fornecedores

Para consolidar a parceria, o fornecedor precisa oferecer preços competitivos, não necessariamente o menor preço. Esse aspecto considera a capacidade do fornecedor para fornecer as mercadorias necessárias, na quantidade e na qualidade exigidas, no tempo desejado, e também quaisquer outros serviços necessários.

2.2.1 Avaliação

Várias são as formas utilizadas pelas empresas para avaliarem os seus fornecedores. De um modo geral, devem enfatizar os seguintes aspectos:

2.2.1.1 Custo

Custos compatíveis com o mercado, partindo do princípio de que eles devem ser reduzidos, com o ganho de produtividade. Para se avaliar este item, é preciso dispor de meios para analisar os processos produtivos e, a partir daí, compor custos e compará-los com os propostos pelo fornecedor.

2.2.1.2 Qualidade

Sem qualidade não há negócio. Lembre-se de que, para produzir com qualidade, é preciso exigir qualidade no que se compra. Mesmo que o fornecedor não tenha um padrão de qualidade desejável, é fundamental que reconheça suas deficiências e esteja disposto a implantar programa de melhoria contínua, visando dispor de um sistema de qualidade nos moldes da ISO 9000 ou QS 9000 ou similar vigente, aprovado pela International Organization for Standardization (ISO). O cliente-comprador deverá dispor de meios para avaliar a qualidade e as melhorias que estão sendo obtidas.

2.2.1.3 Pontualidade

A pontualidade faz parte da cultura de uma empresa, portanto, deverá ser julgada como exigência na avaliação. A não-pontualidade quebrará a cadeia cliente-fornecedor, com efeitos devastadores nas imagens de ambos, já que o cliente-comprador não irá, por sua vez,

CAPÍTULO 16 – AUDITORIA DE FORNECEDORES | 215

cumprir os prazos.

2.2.1.4 INOVAÇÃO

Este item é bastante polêmico. Ao mesmo tempo em que o fornecedor inovador cria um vínculo de confiança nos projetos futuros do cliente, pode gerar dúvidas em todo o processo se a inovação não for amplamente discutida no caso de mudança de processos e materiais utilizados na confecção de produtos destinados aos clientes.

2.2.1.5 FLEXIBILIDADE

É a capacidade que tanto o cliente quanto o fornecedor devem ter para rapidamente adaptarem-se às alterações e solicitações do mercado. No relacionamento cliente-fornecedor, este último deve ter agilidade para as adaptações tão rápidas quanto às do seu cliente.

2.2.1.6 PRODUTIVIDADE

É a relação output sobre input, ou valor dos produtos/serviços sobre o custo dos insumos. Tanto o cliente quanto o fornecedor devem estar preparados para implantar programas de melhoria da produtividade, de forma contínua, visando, por exemplo: reduções de custos, melhoria na qualidade dos processos e produtos, e redução dos prazos de entrega.

2.2.1.7 INSTALAÇÕES

As instalações produtivas do fornecedor devem ser avaliadas nos seguintes aspectos:

- condições mínimas de fabricar produtos de qualidade;
- layout;
- movimentação interna de materiais;
- condições de armazenagem de matérias-primas e produtos acabados;
- limpeza (housekeeping);
- gestão visual.

2.2.1.8 CAPACITAÇÃO GERENCIAL E FINANCEIRA

Verificar se o fornecedor dispõe de estrutura organizacional definida, com a cadeia decisória estruturada, possibilitando a identificação dos responsáveis pelas decisões. Checar, também, se a capacidade financeira da empresa é saudável, se dispõe de capital de giro para atender os pedidos que eventualmente lhes seriam colocados.

A relação entre comprador e fornecedor deve ser de máxima transparência, pois será pautada na dependência mútua. O fornecedor pode confiar em negócios futuros, e o comprador terá garantia de fornecimento de produtos de qualidade, apoio técnico e ambiente de produto.

A comunicação entre comprador e fornecedor deve ser aberta e plena, de modo que ambas as partes entendam os problemas uma da outra, e possam trabalhar juntas na solução dos mesmos, para que ambas se beneficiem com isso. Assim, a seleção do fornecedor e a relação estabelecida com ele são de fundamental importância.

Na avaliação de fornecedores potenciais, alguns fatores são quantitativos, e é possível atribuir um valor monetário a eles. O preço é o exemplo mais óbvio. Outros fatores são qualitativos e sua determinação exige alguma ponderação. Geralmente, são determinados de forma descritiva - a competência técnica do fornecedor pode ser um exemplo.

Na abordagem tradicional, as empresas consideravam o fornecedor quase como um adversário. Todo cuidado deveria ser tomado, pois era generalizada a idéia de que o fornecedor estaria sempre mal-intencionado, procurando auferir o máximo lucro às custas de eventuais descuidos do cliente. A fim de se garantir, a empresa – cliente, normalmente, fazia várias cotações, envolvendo fornecedores concorrentes e tomava o máximo cuidado na hora de receber a mercadoria, tanto para um produto tangível como para os serviços. As relações eram de curto prazo, havendo o mínimo de contato possível entre as partes.

Hoje em dia, podemos dizer que cliente e fornecedor procuram desenvolver um clima de confiança mútua, onde ambos saem ganhando, é o que podemos chamar de parcerias.

Quando a relação de parceria atinge um elevado grau de confiança mútua, participação e fornecimento com qualidade assegurada, dá-se o nome de comakership.

As relações de comakership vêm de um longo relacionamento. Isto requer um certo tempo de amadurecimento, de conhecimento prévio da capacidade do fornecedor e confiabilidade do cliente. Nesse processo, o cliente irá procurar atuar nos aspectos que possam trazer-lhe vantagens competitivas; assim, fará uma avaliação dos fornecedores e, se for o caso, do seu desenvolvimento, para, finalmente, chegar à fase de negociação de uma parceria.

Sugestão Para Revisão

1. Utilizando o Formulário de Auditoria do Anexo II, avalie uma empresa fornecedora de matéria-prima ou serviços. Em seguida, redija um relatório com suas conclusões, aprovando ou não o fornecedor, para prestar serviços a sua empresa.

I

ARMAZENAGEM

Na era do ganho de produtividade, tudo se pensa e se cria para atender e satisfazer por completo as necessidades dos clientes. Nesse sentido, passou a ter um significado muito especial a armazenagem na logística.

O conceito de ocupação física sofreu algumas alterações quando as empresas se conscientizaram de que o seu maior bem era seu estoque. Os espaços, antes relegados a locais pouco adequados, foram repensados, e descobriu-se que mau aproveitamento do espaço era um comportamento antieconômico. O cuidado em guardar mercadorias não era suficiente, era preciso maximizar espaços e racionalizar a altura ocupada, para obter ganhos ora impensáveis.

A armazenagem tornou-se uma função agregada ao sistema de logística. Ela ocorre em todos os tempos do processo produtivo, desde a entrada de matéria-prima, ao movimento dos subconjuntos e à armazenagem de produtos acabados. Precisa ser manuseada de forma racional para obtenção de ganhos fundamentais ao sistema logístico. A armazenagem de produtos acabados é, talvez, a mais complexa em termos logísticos, por exigir grande velocidade na operação e flexibilidade para atender as exigências e flutuações do mercado.

SISTEMA DE ARMAZENAGEM

O sistema de armazenagem é a perfeita disposição das partes de um todo, coordenada entre si, e que deve funcionar como estrutura organizada. Para caracterizarmos um "Sistema de

218 | GESTÃO DE ESTOQUES

Armazenagem", é necessária uma perfeita integração entre estrutura metálica, equipamento de movimentação, prédio/armazém, produtos a serem estocados, etc. Tudo isso para que se satisfaçam as necessidades de cada organização.

A importância da "Armazenagem" na Logística reside no fato de que ela leva soluções para os problemas de estocagem de materiais, que possibilitam uma melhor integração entre:

> Suprimento ☐⇒ Produção ☐⇒ Distribuição

Seguem alguns fatores importantes para se planejar essa integração:

1º.) Fator Estratégico: estudos de localização.

2º.) Fator Técnico: estudos de gerenciamento.

3º.) Fator Operacional: estudos de equipamentos de movimentação, armazenagem e layout.

Alguns fatores básicos determinam a necessidade de armazenagem:

♦ Necessidade de compensação de diferentes capacidades das fases de produção.

♦ Equilíbrio sazonal.

♦ Garantia da continuidade da produção.

♦ Custos e especulação.

♦ Redução dos custos de mão-de-obra.

♦ Redução das perdas de materiais por avarias.

♦ Melhoria na organização e controle da armazenagem.

♦ Melhoria nas condições de segurança de operação do depósito.

♦ Aumento da velocidade na movimentação.

♦ Descongestionamento das áreas de movimentação.

Em termos da montagem do layout do espaço físico, existem algumas regras a serem seguidas.

1. Cuidados básicos quanto ao espaço físico:

• Tirar máximo proveito do espaço físico: se possível empregar o empilhamento.

• Limpeza, organização, iluminação, ventilação e temperatura são fatores importantíssimos, que devem ser considerados antes de se determinar quais produtos serão armazenados no local.

Anexo I – Armazenagem

- Não é necessário empregar nenhuma técnica especial, basta ter bom senso para não colocar "combustível perto do fogo".

- Ler as instruções do fabricante, para evitar que ocorram alterações indesejáveis nos produtos, garantindo assim a qualidade ou vida útil dos mesmos.

- Quanto ao tipo ou grupo de produtos: Antes de armazenar seus produtos, você deve conhecer o fluxo dos mesmos, ou seja, aqueles itens pesados, com maior movimentação, devem ficar o mais próximo possível do local onde serão expedidos. Não há razão para que seja mantido estoque deste produto em local de difícil acesso, ou distante da expedição, e que seja necessário empregar força física ou transporte mecanizado para sua movimentação. É claro que existem situações que não permitem uma armazenagem prática, seja por necessidade ou posição do setor destinado a armazenagem na estrutura da organização. Estocar produtos leves e que têm giro diário um pouco mais longe do local da expedição, ainda é mais cômodo que transportar produtos mais pesados que têm giro semelhante.

- Quanto à identificação do local: Você vai ao banco com freqüência? Já viu aquelas faixas amarelas no piso? Aquelas faixas são extremamente importantes na definição dos espaços para armazenagem.

Por que é importante demarcar áreas?

- Serve para orientar as pessoas sobre os locais que são ou serão destinados para armazenagem;

- Orientar as pessoas e veículos sobre os locais de circulação segura - caso seu depósito utilize demarcação;

- Identificar facilmente, e por qualquer pessoa, as áreas utilizadas para armazenamento de produtos que exijam cuidados especiais;

- Avaliar a necessidade de redimensionamento das áreas quando houver necessidade de expandir ou reduzir os espaços utilizados, aproveitando-os para outros fins ou até mesmo para ampliar a armazenagem de outros produtos.

Quanto ao Endereçamento

Sabe como funcionam as numerações das residências no Brasil? Já parou para observar que há um padrão? Pois é, existe sim. Tem dúvidas? Consulte, dê uma volta por aí, ou veja o guia de endereços, se não estiver a fim de caminhar um pouco. É mais ou menos assim:

As ruas e numerações começam do centro para os bairros, e a numeração de um lado é par e do outro é ímpar, ambos em ordem crescente. Isto quer dizer que o nº 1 estará no começo

220 GESTÃO DE ESTOQUES

da rua, no lado ímpar, e, a seguir, todos os seus sucessores ímpares, enquanto o nº 2 será encontrado no lado par, seguido de seus sucessores pares.

MAS COMO CRIAR ENDEREÇOS PADRONIZADOS?

- Por meio de etiquetas coloridas, atribuindo cores aos grupos de produtos. Se não for possível usar etiqueta, identifique o endereço no chão.

  - Se criar endereços para os locais onde serão armazenados os produtos, faça, também, um catálogo, manuscrito ou informatizado. Padronize e nunca se esqueça de atualizar o catálogo ou os endereços, se fizer alguma alteração.

- Nos corredores, imagine ruas com números pares à direita e ímpares, à esquerda. Numere suas prateleiras, paletes, estantes, etc.

II

FORMULÁRIO PARA AUDITORIA DE FORNECEDORES

Este formulário ajudará o Gestor de Estoques a ter uma visão global da situação da empresa, quanto a seus controles, com o intuito de direcioná-la a um serviço de qualidade dentro da Logística Integrada.

ÁREA DE COMPRAS

1. Avaliação de Fornecedores	Observações / Comentários
1.1 Existe alguma metodologia de avaliação de fornecedor?	

2. Compras Planejadas	Observações / Comentários
2.1 Existe agendamento de visitas de vendedores?	
2.2 Existe uma preocupação com dias diferenciados de atendimento aos fornecedores, segundo uma classificação ABC?	
2.3 No sistema de cálculo dos dias de cobertura de estoque, são considerados os dias úteis ou não?	
2.4 Qual o volume de compras realizadas na região em relação ao total da empresa?	
2.5 A empresa compra seus produtos de acordo com uma análise do giro dos estoques?	

3. Relação com as demais áreas	Observações / Comentários
3.1 Existe uma troca de informações quanto a: produtos em promoções, lançamento de novos produtos, estoques elevados, produtos que entrarão em falta?	

4. Previsão de vendas X Planejamento de Necessidades	Observações / Comentários
4.1 Existe um sistema de previsão de vendas x planejamento de necessidades na empresa?	
4.2 Qual a metodologia empregada nessa previsão?	

Anexo II – Formulário para Auditoria de Fornecedores

4. Previsão de vendas X Planejamento de Necessidades	Observações / Comentários
4.3 Esta previsão está integrada ao sistema da empresa?	
4.4 A previsão de vendas é embasada em informações provenientes do mercado?	
4.5 A previsão de vendas é utilizada para alimentar a seqüência: vendedor ⇨administração de vendas ⇨logística ⇨produção / compras?Tecer comentários.	
4.6 Como é feito o acompanhamento do previsto x realizado?	

Área de Faturamento e Processamento de Pedido

1. Formação de carga / Roteirização	Observações / Comentários
1.1 Existe uma sistemática de formação de cargas?	
1.2 Como é realizada a formação de cargas? Descreva.	
1.3 Os clientes estão agrupados em zonas de entregas?	

224 GESTÃO DE ESTOQUES

1. Formação de carga / Roteirização	Observações / Comentários
1.4 As zonas de entregas são utilizadas como parâmetro para formação de cargas?	
1.5 De que forma?	
1.6 Quais outros critérios são utilizados na formação de cargas? ❏ Peso ❏ Volume ❏ Valor de Entrega ❏ Outros -	
1.7 Levantar o faturamento por zona de entrega.	
1.8 A formação de carga contempla a seqüência de entregas?	

1. Formação de carga / Roteirização	Observações / Comentários
1.9 A seqüência de entregas é programada de forma otimizada (roteirizada)?	
1.10 Como?	

ANEXO II – FORMULÁRIO PARA AUDITORIA DE FORNECEDORES 225

1. Formação de carga / Roteirização	Observações / Comentários
1.11 Existe um procedimento de atualização dos roteiros de entrega?	
1.12 Quem é o responsável por passar essas informações para que a atualização possa ser feita?	

2. Faturamento *versus* Estoque	Observações / Comentários
2.1 O faturamento é feito com base em: ❑ Estoque disponível ❑ Antecipação de estoque (Prev. de produção ou chegada de mercadorias). 2.2 Quais os resultados observados? ❑ Reemissão de notas fiscais ❑ Cortes de produtos ❑ Cortes de pedidos Levantar dados estatísticos. 2.3 Qual a freqüência de problemas de faturamento decorrentes de furos de estoque, se houver?	

3. Ciclo do pedido	Observações / Comentários
3.1 A empresa realiza controle de tempos sobre: ❑ Captação do pedido ❑ Digitação do pedido / entrada no sistema ❑ Liberação do pedido para faturamento ❑ Faturamento do pedido ❑ Separação e embarque do pedido ❑ Entrega do pedido ao cliente **Coletar dados.**	

226 | GESTÃO DE ESTOQUES

4. Freqüência de entrada de pedido	Observações / Comentários
4.1 Existe um sincronismo entre o envio / captação de pedido e horários de faturamento?	

ÁREA DE TRANSPORTES

1. Área de Transportes	Observação / Comentário
1.1 Existe uma área efetiva de transportes que contemple as seguintes atividades: ❑ Contato com transportadoras ❑ Controle de custos e tabela de fretes ❑ Expedição de notas ❑ Manutenção da frota ❑ Treinamento da equipe ❑ Controle efetivo das entregas (C.I.F e F.O.B) ❑ Desenvolvimento de transportadoras Se não existir uma área que agregue tais responsabilidades, verifique onde estão alocadas estas atividades e como são realizadas. 1.2 São realizados levantamento e controle sobre medidas de desempenho? ❑ Consumo de combustível ❑ No. de entregas por dia Km rodados ❑ No. de viagens por semana ❑ Outras estatísticas. **Coletar dados.**	

ANEXO II – FORMULÁRIO PARA AUDITORIA DE FORNECEDORES | 227

2. Coordenação Logística	Observações / Comentários
2.1 Qual o tipo de coordenação logística existente entre a empresa e as transportadoras? ❏ EDI ❏ Formação de carga por zonas de entrega da transportadora ❏ Confirmação de entrega ❏ Programação de retirada	

3. Motoristas e Ajudantes	Observações / Comentários
3.1 Existem procedimentos definidos de conduta de motorista perante o cliente nas seguintes situações? - recebimento de cheques. - diálogo com o cliente. - preenchimento de relatórios. - devolução de mercadorias.	

4. Recursos/ Controles	Observações / Comentários
4.1 A empresa utiliza: ❏ Controles de viagem ❏ Acertos de viagem ❏ Sistema de computador de bordo ❏ Roteirizadores ❏ Rastreadores por satélite **Coletar dados.**	

228 | GESTÃO DE ESTOQUES

5. Roteiro/ Zonas de entrega	Observações / Comentários
5.1 A área de transportes e os motoristas da empresa participam da atualização e otimização das zonas e roteiros de entrega, fornecendo informações sobre: acessos difíceis, alteração de mão e contramão, estradas ruins, novas estradas e rodovia vicinais, alteração dos horários de recebimento pelos clientes?	

6. Recursos de apoio à entrega	Observações / Comentários
6.1 Verificar a existência, condições e utilização de: ❏ Iluminação do baú:_____ ❏ Carrinho de mão:_____ ❏ Uniformes adequados:_____ ❏ Guia de estradas e ruas:_____	

ÁREA DE VENDAS – TELEMARKETING

1. Área de Telemarketing	Observações / Comentários
1.1 A empresa trabalha com telemarketing (televendas)? 1.2 Se afirmativo, quais destas atividades são desempenhadas? ❏ Atendimento ativo ❏ Atendimento passivo ❏ Atendimento a clientes, dúvidas e reclamações ❏ Pesquisa ❏ Informações aos vendedores	

Anexo II – Formulário para Auditoria de Fornecedores | 229

2. Premiação / Equipe	Observações / Comentários
2.1 A equipe de telemarketing trabalha com: ❏ comissão sobre a venda ❏ salário fixo 2.2 Existe algum tipo de conflito com a equipe de vendas? _____ _____	

3. Logística	Observações / Comentários
3.1 Que tipo de relação / troca de informações existe entre o telemarketing e a área de logística? _____ _____ _____	

Área de Vendas e Administração de Vendas

1. Estrutura	Observações / Comentários
1.1 Existe uma área efetiva de administração de vendas? _____ _____ 1.2 Como está organizada a estrutura do Departamento de Vendas: A) Organograma (cargos e n°. de funcionários). B) Número de vendedores:	

2. Área de Administração de Vendas	Observações / Comentários
2.1 Existe uma área efetiva de administração de vendas responsável pelas atividades de: ❏ Controlar a eficiência da equipe de vendas e os objetivos traçados. Levantar as seguintes informações: A) n° de clientes cadastrados: _____ B) n° de clientes ativos: _____ C) n° de visitas diárias: _____ D) n° de visitas positivas: _____ E) faturamento médio por pedido: _____ F) média de itens por pedido: _____	

230 | GESTÃO DE ESTOQUES

2. Área de Administração de Vendas	Observações / Comentários
2.2 Como é feito o acompanhamento do mix de produtos (giro)?	
2.3 Como é feito o controle sobre os objetivos / cotas?	
2.4 Dar suporte à equipe de vendas com informações sobre: estoque, crédito do cliente, rastreabilidade de pedidos.	
2.5 Verificar se a área de administração de vendas recebe, das demais áreas da empresa, informações atualizadas sobre clientes e vendedores.	
2.6 Planejar e / ou controlar a política de remuneração da equipe de vendas.	
2.7 Desenvolver controles estatísticos e pesquisas para acompanhamento das tendências de mercado. **Coletar dados e modelos de relatórios.** Anexar	

3. Dados Estatísticos	Observações / Comentários
3.1 Verificar se a área controla estatisticamente as seguintes informações: ❑ índice de cortes de pedido / mês; ❑ índice de cortes de produtos / mês; ❑ incidência de erros nos dados dos pedidos; ❑ controle dos motivos de devolução pertinentes ao Depto. de Vendas. Verificar qual a metodologia de cálculo desses controles. Se não são feitos, coletar dados para análises estatísticas.	

ANEXO II – FORMULÁRIO PARA AUDITORIA DE FORNECEDORES

4. Classificação ABC	Observações / Comentários
4.1 O Depto. de Vendas faz análises regulares de: ❏ ABC de Vendas ❏ ABC de Clientes ❏ ABC de Zonas de Vendas ❏ ABC de Vendas por Vendedores ❏ ABC de Mix (giro)	

5. Cadastro de Cliente	Observações / Comentários
5.1 A empresa possui um cadastro de clientes? ❏ Sim ❏ Não	
5.2 Se afirmativo, verifique se ele contempla algumas informações importantes, tais como: ❏ N° de check-outs ❏ Hor. Atend. (público) ❏ Ramo de atividade ❏ Hor. Atend. (recebimento) ❏ Potencial de venda ❏ Zona de Vendas Hor. atend. (Vendedores) ❏ Zona de Entrega	m a -
Tirar cópia do cadastro.	
5.3 O cadastro de clientes está sempre atualizado? ❏ Sim ❏ Não	
5.4 Se afirmativo, qual o procedimento para sua atualização e quem é responsável?	

ÁREA VENDAS – ATENDIMENTO AO CLIENTE

1. Relacionamento com o cliente	Observações / Comentários
1.1 Comentar sobre o grau de relacionamento entre vendedor / cliente (postura, aparência, empatia, confiança mútua).	

232 | GESTÃO DE ESTOQUES

2. Plano de Assistência de Vendas	Observações / Comentários
2.1 Verificar se o vendedor possui um plano de assistência que abrange: ❑ Roteiro de visitas ❑ Freqüência de visitas ❑ Relatório de visitas ❑ Ficha de clientes ❑ Coletar amostras / dados.	

3. Material de Apoio	Observações / Comentários
3.1 De que tipo de material de apoio e promocional o vendedor dispõe? ❑ Catálogo ❑ Lista de preços ❑ Material demonstrativo ❑ Brindes ❑ Outros Esse material é utilizado de forma adequada? **Comente.**	

4. Lista de Produtos e Preços	Observações / Comentários
4.1 A lista de preços é atualizada periodicamente por: ❑ preços; ❑ disponibilidade de produtos em estoque. 4.2 A lista de preços é de fácil compreensão? 4.3 A lista de preços é classificada por grupos de produtos? 4.4 Quais comentários os vendedores e clientes fazem a respeito da lista de preços?	

Anexo II – Formulário para Auditoria de Fornecedores | 233

5. Captação de Pedidos	Observações / Comentários
5.1. Quais os métodos utilizados para captação dos pedidos e os problemas inerentes a cada um?	

Área M & A - Recebimento

1. Normas e Procedimentos	Observações / Comentários
1.1 Existem normas e procedimentos formalizados?	
Se a resposta for sim, tirar cópias	
1.2 Existe alguma forma de treinamento para novos funcionários? Como é feito este treinamento?	
1.3 Como são identificadas as prioridades de recebimento?	
1.4 Existe um horário determinado para o recebimento de mercadorias? Qual é este horário?	
1.5 Existe um horário determinado para o recebimento de mercadorias? Qual é este horário? Como são atualizadas?	
1.6 Existe paletização de produtos no ato do recebimento?	
1.7 Existem procedimentos definidos de paletização?	

234 | GESTÃO DE ESTOQUES

1. Normas e Procedimentos	Observações / Comentários
1.8 Descreva como é feito o processo de conferência dos produtos.	

2. Programação de Recebimento	Observações / Comentários
2.1 Existem horários programados de recebimento?	
2.2 Com quais tipos de fornecedores?	

3. Disponibilização para estoque	Observações / Comentários
3.1 Em que momento é dada a entrada de produtos no sistema?	
3.2 Qual o tempo decorrido entre a entrada em estoque e a disponibilização dos produtos?	
3.3 Existem equipamentos de movimentação disponíveis constantemente para o recebimento?	
3.4 Esses equipamentos são exclusivos do recebimento?	

Anexo II – Formulário para Auditoria de Fornecedores

4. Irregularidades / Divergências	Observações / Comentários
4.1 Qual o tratamento dado no caso de mercadorias em desacordo com a nota fiscal e não-existência do pedido de compra?	
4.2 Qual o tratamento dado no caso de não-cumprimento dos horários estabelecidos de entrega?	
4.3 Qual o tratamento dado no caso de não-cumprimento das datas preestabelecidas de entrega?	
4.4 Qual o tratamento dado no caso de ocorrência de devoluções e avarias?	
4.5 Verificar os principais motivos de ocorrências de devoluções e avarias.	

5. Fornecedores	Observações / Comentários
5.1 Existe uma cobrança da empresa para que os fornecedores entreguem segundo: A) uma norma de paletização pré-definida?	
B) em embalagens adequadas?	
C) separação de produtos distintos em embalagens específicas e adequadas?	

236 | GESTÃO DE ESTOQUES

6. Áreas de Recebimento	Observações / Comentários
6.1 Existem boxes para recebimento? _____ A) Quantos?_____ B) O tamanho desses boxes é adequado?_____ 6.2 Caso não existam boxes, há uma demarcação de área e proibição da circulação de outras pessoas? _____ _____ 6.3 Essa área é suficiente? _____ 6.4 Quantas cargas são atendidas por dia/semana nessa área de recebimento? Cargas / dia: _____ Cargas / Semana: _____ 6.5 Essa área é suficiente? _____	

7. Devoluções	Observações / Comentários
7.1 Existe uma área ou box específico para recebimento de devoluções? _____ 7.2 Existe um controle sobre motivos de devolução?Como é feito esse controle? _____ _____ _____ _____ 7.3 Como é feita a avaliação dos produtos devolvidos para retorno ou não para estoque? _____ _____ _____ 7.4 Como é classificado e destinado o material devolvido? _____ _____ _____	

ANEXO II – FORMULÁRIO PARA AUDITORIA DE FORNECEDORES | 237

8. Cadastro de Produto	Observações / Comentários
8.1 Verificar se o cadastro de produtos contempla: A) Normas de paletização:_____ B) Peso e Volume dos produtos:_____ C) Classificações e subclassificações:_____ D) Endereçamento:_____ 8.2 Verificar se existe um procedimento de atualização do cadastro de produtos.	

9. Tempos de Recebimento	Observações / Comentários
9.1 Verificar os tempos de recebimento e conferência através da "ficha de tempos" em anexo. 9.2 A empresa faz algum tipo de controle de seus tempos de recebimento?	

10. Nota Fiscal *versus* Pedido de Compra	Observações / Comentários
10.1 A nota fiscal é confrontada com o pedido de compra para análise de divergências? 10.2 A verificação é via sistema ou manual? 10.3 Que medida é adotada em casos de divergências? 10.4 Caso não exista este confronto, descreva o processo?	

238 | GESTÃO DE ESTOQUES

ÁREA CARREGAMENTO

1. Plataforma	Observações / Comentários
1.1 Existem boxes para carregamento? _____ Quantos? _____ 1.1.1 O box possui dimensões adequadas?	
1.1.2 Existe corredor no interior do box para trânsito de paletes?	
1.1.3 Quantos paletes cabem dentro do box?	
1.1.4 Existem boxes exclusivos para carregamento?	
1.2 As mercadorias são dispostas no palete ou no chão?	
1.2.1 Existem áreas delimitadas para trânsito de pessoas e equipamentos?	
1.2.2 As mercadorias estão agrupadas por pedidos ou produtos?	

2. Procedimentos	Observações / Comentários
2.1 Existem procedimentos de carregamento formalizados?	
Caso exista, tirar cópia. 2.2. Existe algum tipo de treinamento para novos funcionários?	
2.3 Como é realizado este treinamento?	
2.4 Como são identificadas as prioridades de carregamento?	

Anexo II – Formulário para Auditoria de Fornecedores

3. Interior do Veículo	Observações / Comentários
3.1 O carregamento é paletizado?	
3.2 Os paletes / caixas são carregados de acordo com a ordem de entrega?	
3.3 Verificar se ocorre sub ou superutilização da capacidade de carga do veículo.	

4. Tempos de Carregamento	Observações / Comentários
4.1 Verificar os tempos de carregamento e liberação do veículo, através da "ficha de tempos".	
4.2 A empresa faz controle de seus tempos de carregamento?	

Área de Controle de Estoques

1. Entradas e Saídas	Observações / Comentários
1.1 Quais as formas de entrada em estoques existentes?	
1.2 Quais as formas de saídas de estoques existentes?	
1.3 As entradas e saídas no sistema são feitas no momento em que isso ocorre fisicamente?	

240 | GESTÃO DE ESTOQUES

2. Perdas / Avarias / Devoluções	Observações / Comentários
2.1 Existe um apontamento dessas ocorrências?	
2.2 Existe um controle sobre essas informações, tratamento estatístico dos dados?	
2.3 Levantar dados históricos e atuais.	
2.4 Essas informações são quantificadas?	
2.5 Existe uma atualização do estoque para essas ocorrências?	
2.6 Existe um relatório dos motivos dessas ocorrências?	
Caso exista, tirar cópias.	

3. Contagem de Estoque / Inventário	Observações / Comentários
3.1 Existe uma contagem periódica dos estoques?_____	
3.2 Qual a freqüência?_____	
3.3 Qual a metodologia utilizada?	
3.4 Quanto tempo leva essa contagem?	
3.5 Quem faz a análise dos dados?	
3.6 Como são tratados os casos de divergências?	

ANEXO II – FORMULÁRIO PARA AUDITORIA DE FORNECEDORES | 241

3. Contagem de Estoque / Inventário	Observações / Comentários
3.7 É possível se fazer o rastreamento de divergências?	

4. Balanceamento dos Estoques	Observações / Comentários
4.1 Verificar se a empresa identifica casos de produtos com altos volumes de estoque e vice-versa.	
4.2 Qual a cobertura média dos estoques (em dias)?	
4.3 Levantar informações sobre estoque médio, média de saída, lead time de fornecimento para todos os produtos da empresa.	

ÁREA LAYOUT

1. Dados Técnicos	Observações / Comentários
1.1 Levantar as seguintes informações: A) Altura do pé direito: _____ B) Condições do piso: ❏ Boa ❏ Satisfatória ❏ Ruim C) Condições de iluminação: ❏ Boa ❏ Satisfatória ❏ Ruim D) Corredores: ❏ Permitem o fluxo adequado de pessoas / equipamentos / mercadorias? ❏ Se existirem estruturas porta-paletes, qual a largura dos corredores?	

242 | GESTÃO DE ESTOQUES

1. Dados Técnicos	Observações / Comentários
❏ Qual o tipo de equipamento de movimentação que utiliza esses corredores? 1.2 Quais as formas existentes de armazenagem de produtos? ❏ Blocado ❏ Porta-paletes ❏ Empilhamento ❏ Estanteria ❏ Mezaninos	

2. EndereçamentoObservações / Comentários	Observações / Comentários
2.1 Qual a forma de identificação dos locais de armazenagem de produtos? ❏ Memorização ❏ Endereçamento manual ❏ Endereçamento automático	

REFERÊNCIAS

REFERÊNCIAS BIBLIOGRÁFICAS

CORREA, Henrique L. & GIANESI, Irineu G.N. Just In Time, MRP II e OPT - Um enfoque Estratégico. São Paulo, Atlas, 1996.

DAVENPOR, T. H. Putting the enterprise into the enterprise system. Harvard Business Review, (July-August),1998. Pg.121-131.

GOODFELLOW, R. MRP II - Planejamento dos Recursos da Manufatura. São Paulo, Iman, 1996.

MARTINS, Petrônio G. & LAUGENI, Fernando P. Administração da produção. São Paulo, Saraiva, 1998. p.293.

MATT, Cooper; Estabelecendo Buffers e Níveis de kanban em um Sistema de "Puxada" de alto volume. 1995, Volume 5, N 12.

OHNO, Taiichi. O Sistema Toyota de Produção. Porto Alegre, Bookman, 1999.

SIMCSIK, T. OMIS - Organização, Métodos, Informação e Sistemas. São Paulo, Makron, 1992.

244 | Gestão de Estoques

SLACK, Nigel, CHAMBERS, Stuart & HARLAND, Christine. Administração da Produção. São Paulo, Atlas, 1997. p.474.

STEVENSON William J. Administração das Operações de Produção. Rio de Janeiro, LTC, 2001. p.430 E 452.

VOLLMANN, T.E., BERRY, W. & WHYBARK, D. C. Manufacturing planning and control systems. Irwin, Ed. Illinois, 1992.

BIBLIOGRAFIA

CAVANHA FILHO, Armando Oscar. Logística: novos modelos. Rio de Janeiro, Qualitymark, 2001.

CHING, Hong Yuh. Gestão de Estoques na Cadeia de Logística Integrada: Supply Chain. São Paulo, Atlas, 2001.

CHRISTOHER, Martin. Logística e Gerenciamento da Cadeia de Suprimentos: estratégias para redução de custos e melhorias de serviços. São Paulo, Pioneira, 1997. p. 240.

DAVIS, Mark M., AQUILANO, Nicholas J. & CHASE, Richard B. Fundamentos da Administração da Produção. Porto Alegre, Bookmann, 2001.

FLEURY, P.F., WANKE, P. & FIGUEIREDO, K. Logística Empresarial - A Perspectiva Brasileira. São Paulo, Atlas, 2000.

LORENZETTI, D.H. A criação e os primeiros anos da Toyota. FEA/USP. Apostila, 1990.

_____. Tópicos sobre operações, qualidade, produtividade e inovação. São Paulo, 2001.

LORENZETTI, D.H. Gestão da Qualidade Total, INPG/UCB, Apostila, 2003

MARTINS, Petrônio Garcia; ALT, Paulo Renato Campos. Administração de Materiais e

Recursos Patrimoniais. São Paulo, Saraiva, 2000.

MOURA, Reinaldo A. Kanban: a simplicidade do controle da produção. São Paulo, Iman, 1996.

POZO, Hamilton. Administração de Recursos Materiais e Patrimoniais: uma abordagem logística. São Paulo, Atlas, 2001.

RUSSOMANO, V.H. Planejamento e Controle da Produção. São Paulo, Pioneira, 2000.

SÁ, Antonio Lopes. Introdução à análise de balanços. São Paulo, Ediouro, 1981.

SHINGO, Shigeo. Sistemas de produção com estoque zero: o sistema shingo para melhorias contínuas. Porto Alegre, Bookman, 1996.

SLACK, Nigel, CHAMBERS, Stuart, HARLAND, Christine, HARRISON, Alan, JOHNSTON Robert. Administração da produção. São Paulo, Atlas, 1997.

STEVENSON, W.J. Administração das Operações de Produção. Rio de Janeiro, LTC, 2001.

Publicações periódicas

Gazeta Mercantil: ALMEIDA, Juliana. A cadeia produtiva está incompleta, 16/02/98, p. C-1.

Revista Log & Mam: Logística, Movimentação e Armazenagem de Materiais. HONDA Hélcio, PEREIRA G. Luís Carlos. Como está seu Planejamento de Produção. Série Supply Chain Management, 4a parte. Publicação do IMAM, maio/2002, pg. 8 -21.

Revista Tecnologística: Logística, Movimentação, Armazenagem, Embalagem, Transporte e Informática Aplicada. LIMA, Maurício Pimenta. Os custos de armazenagem na logística moderna. Artenova Editora e Comunicações Ltda, Jan/2000, pg.16.

_____. FLEURY, P. F. Supply chain management: conceitos, oportunidades e desafios da implementação. São Paulo, no. 39, ano IV, p. 24 a 32, fev/99.

_____. BOWERSOX, Donald. O renascimento da logística. São Paulo, no. 37, ano IV, p. 6 a 12, dez/98.

Sites visitados na internet:

Guia de Logística: [www.guiadelogistica.com.br].

Comunidade Virtual de Logística: [www.cvlog.net].

Site para pesquisa: [www.favlog.kit.net].

Centro de Estudo de Logística: [www.cel.coppead.ufrj.br].

Site ECR do Brasil: [http://www.ecrbrasil.com.br].

Site da Fundação de Desenvolvimento Gerencial: [http://www.fdg.org.br].

TABELAS

TABELA A - ÁREAS SOB A CURVA NORMAL, DE 0 A z

z	0,00	0,01	0,02	0,03	0,04	0,05	0,06	0,07	0,08	0,09
0,0	0,0000	0,0040	0,0080	0,0120	0,0160	0,0199	0,0239	0,0279	0,0319	0,0359
0,1	0,0398	0,0438	0,0478	0,0517	0,0557	0,0596	0,0636	0,0675	0,0714	0,0753
0,2	0,0793	0,0832	0,0871	0,0910	0,0948	0,0987	0,1026	0,1064	0,1103	0,1141
0,3	0,1179	0,1217	0,1255	0,1293	0,1331	0,1368	0,1406	0,1443	0,1480	0,1517
0,4	0,1554	0,1591	0,1628	0,1664	0,1700	0,1736	0,1772	0,1808	0,1844	0,1879
0,5	0,1915	0,1950	0,1985	0,2019	0,2054	0,2088	0,2123	0,2157	0,2190	0,2224
0,6	0,2257	0,2291	0,2324	0,2357	0,2389	0,2422	0,2454	0,2486	0,2517	0,2549
0,7	0,2580	0,2611	0,2642	0,2673	0,2703	0,2734	0,2764	0,2794	0,2823	0,2852
0,8	0,2881	0,2910	0,2939	0,2967	0,2995	0,3023	0,3051	0,3078	0,3106	0,3133
0,9	0,3159	0,3186	0,3212	0,3238	0,3264	0,3289	0,3315	0,3340	0,3365	0,3389
1,0	0,3413	0,3438	0,3461	0,3485	0,3508	0,3531	0,3554	0,3577	0,3599	0,3621
1,1	0,3643	0,3665	0,3686	0,3708	0,3729	0,3749	0,3770	0,3790	0,3810	0,3830
1,2	0,3849	0,3869	0,3888	0,3907	0,3925	0,3944	0,3962	0,3980	0,3997	0,4015
1,3	0,4032	0,4049	0,4066	0,4082	0,4099	0,4115	0,4131	0,4147	0,4162	0,4177

248 GESTÃO DE ESTOQUES

TABELA A - ÁREAS SOB A CURVA NORMAL, DE 0 A Z (CONTINUAÇÃO)

z	0,00	0,01	0,02	0,03	0,04	0,05	0,06	0,07	0,08	0,09
1,4	0,4192	0,4207	0,4222	0,4236	0,4251	0,4265	0,4279	0,4292	0,4306	0,4319
1,5	0,4332	0,4345	0,4357	0,4370	0,4382	0,4394	0,4406	0,4418	0,4429	0,4441
1,6	0,4452	0,4463	0,4474	0,4484	0,4495	0,4505	0,4515	0,4525	0,4535	0,4545
1,7	0,4554	0,4564	0,4573	0,4582	0,4591	0,4599	0,4608	0,4616	0,4625	0,4633
1,8	0,4641	0,4649	0,4656	0,4664	0,4671	0,4678	0,4686	0,4693	0,4699	0,4706
1,9	0,4713	0,4719	0,4726	0,4732	0,4738	0,4744	0,4750	0,4756	0,4761	0,4767
2,0	0,4772	0,4778	0,4783	0,4788	0,4793	0,4798	0,4803	0,4808	0,4812	0,4817
2,1	0,4821	0,4826	0,4830	0,4834	0,4838	0,4842	0,4846	0,4850	0,4854	0,4857
2,2	0,4861	0,4864	0,4868	0,4871	0,4875	0,4878	0,4881	0,4884	0,4887	0,4890
2,3	0,4893	0,4896	0,4898	0,4901	0,4904	0,4906	0,4909	0,4911	0,4913	0,4916
2,4	0,4918	0,4920	0,4922	0,4925	0,4927	0,4929	0,4931	0,4932	0,4934	0,4936
2,5	0,4938	0,4940	0,4941	0,4943	0,4945	0,4946	0,4948	0,4949	0,4951	0,4952
2,6	0,4953	0,4955	0,4956	0,4957	0,4959	0,4960	0,4961	0,4962	0,4963	0,4964
2,7	0,4965	0,4966	0,4967	0,4968	0,4969	0,4970	0,4971	0,4972	0,4973	0,4974
2,8	0,4974	0,4975	0,4976	0,4977	0,4977	0,4978	0,4979	0,4979	0,4980	0,4981
2,9	0,4981	0,4982	0,4982	0,4983	0,4984	0,4984	0,4985	0,4985	0,4986	0,4986
3,0	0,4987	0,4987	0,4987	0,4988	0,4988	0,4989	0,4989	0,4989	0,4990	0,4990

TABELA B (1) - ÁREAS SOB CURVA NORMAL PADRONIZADA, DE - ∞ A − Z

0,09	0,08	0,07	0,06	0,05	0,04	0,03	0,02	0,01	0	z
0,0002	0,0003	0,0003	0,0003	0,0003	0,0003	0,0003	0,0003	0,0003	0,0003	-3,4
0,0003	0,0004	0,0004	0,0004	0,0004	0,0004	0,0004	0,0005	0,0005	0,0005	-3,3
0,0005	0,0005	0,0005	0,0006	0,0006	0,0006	0,0006	0,0006	0,0007	0,0007	-3,2
0,0007	0,0007	0,0008	0,0008	0,0008	0,0008	0,0009	0,0009	0,0009	0,0010	-3,1
0,0010	0,0010	0,0011	0,0011	0,0011	0,0012	0,0012	0,0013	0,0013	0,0013	-3,0
0,0014	0,0014	0,0015	0,0015	0,0016	0,0016	0,0017	0,0018	0,0018	0,0019	-2,9
0,0019	0,0020	0,0021	0,0021	0,0022	0,0023	0,0023	0,0024	0,0025	0,0026	-2,8
0,0026	0,0027	0,0028	0,0029	0,0030	0,0031	0,0032	0,0033	0,0034	0,0035	-2,7
0,0036	0,0037	0,0038	0,0039	0,0040	0,0041	0,0043	0,0044	0,0045	0,0047	-2,6
0,0048	0,0049	0,0051	0,0052	0,0054	0,0055	0,0057	0,0059	0,0060	0,0062	-2,5

TABELA B (1) - ÁREAS SOB CURVA NORMAL PADRONIZADA, DE - ∞ A – Z (CONT.)

0,09	0,08	0,07	0,06	0,05	0,04	0,03	0,02	0,01	0	z
0,0064	0,0066	0,0068	0,0069	0,0071	0,0073	0,0075	0,0078	0,0080	0,0082	-2,4
0,0084	0,0087	0,0089	0,0091	0,0094	0,0096	0,0099	0,0102	0,0104	0,0107	-2,3
0,0110	0,0113	0,0116	0,0119	0,0122	0,0125	0,0129	0,0132	0,0136	0,0139	-2,2
0,0143	0,0146	0,0150	0,0154	0,0158	0,0162	0,0166	0,0170	0,0174	0,0179	-2,1
0,0183	0,0188	0,0192	0,0197	0,0202	0,0207	0,0212	0,0217	0,0222	0,0228	-2,0
0,0233	0,0239	0,0244	0,025	0,0256	0,0262	0,0268	0,0274	0,0281	0,0287	-1,9
0,0294	0,0301	0,0307	0,0314	0,0322	0,0329	0,0336	0,0344	0,0351	0,0359	-1,8
0,0367	0,0375	0,0384	0,0392	0,0401	0,0409	0,0418	0,0427	0,0436	0,0446	-1,7
0,0455	0,0465	0,0475	0,0485	0,0495	0,0505	0,0516	0,0526	0,0537	0,0548	-1,6
0,0559	0,0571	0,0582	0,0594	0,0606	0,0618	0,0630	0,0643	0,0655	0,0668	-1,5
0,0681	0,0694	0,0708	0,0721	0,0735	0,0749	0,0764	0,0778	0,0793	0,0808	-1,4
0,0823	0,0838	0,0853	0,0869	0,0885	0,0901	0,0918	0,0934	0,0951	0,0968	-1,3
0,0985	0,1003	0,1020	0,1038	0,1056	0,1075	0,1093	0,1112	0,1131	0,1151	-1,2
0,1170	0,1190	0,1210	0,1230	0,1251	0,1271	0,1292	0,1314	0,1335	0,1357	-1,1
0,1379	0,1401	0,1423	0,1446	0,1469	0,1492	0,1515	0,1539	0,1562	0,1587	-1,0
0,1611	0,1635	0,1660	0,1685	0,1711	0,1736	0,1762	0,1788	0,1814	0,1841	-0,9
0,1867	0,1894	0,1922	0,1949	0,1977	0,2005	0,2033	0,2061	0,2090	0,2119	-0,8
0,2148	0,2177	0,2206	0,2236	0,2266	0,2296	0,2327	0,2358	0,2389	0,2420	-0,7
0,2451	0,2483	0,2514	0,2546	0,2578	0,2611	0,2643	0,2676	0,2709	0,2743	-0,6
0,2776	0,2810	0,2843	0,2877	0,2912	0,2946	0,2981	0,3015	0,3050	0,3085	-0,5
0,3121	0,3156	0,3192	0,3228	0,3264	0,3300	0,3336	0,3372	0,3409	0,3446	-0,4
0,3483	0,3520	0,3557	0,3594	0,3632	0,3669	0,3707	0,3745	0,3783	0,3821	-0,3
0,3859	0,3897	0,3936	0,3974	0,4013	0,4052	0,4090	0,4129	0,4168	0,4207	-0,2
0,4247	0,4286	0,4325	0,4364	0,4404	0,4443	0,4483	0,4522	0,4562	0,4602	-0,1
0,4641	0,4681	0,4721	0,4761	0,4801	0,4840	0,4880	0,4920	0,4960	0,5000	0,0

TABELA B (2) - ÁREAS SOB A CURVA NORMA PADRONIZADA, DE - ∞ A + Z

z	0,00	0,01	0,02	0,03	0,04	0,05	0,06	0,07	0,08	0,09
0,0	0,5000	0,5040	0,5080	0,5120	0,5160	0,5199	0,5239	0,5279	0,5319	0,5359
0,1	0,5398	0,5438	0,5478	0,5517	0,5557	0,5596	0,5636	0,5675	0,5714	0,5753

Tabela B (2) - Áreas sob a curva norma padronizada, de - ¥ a + z (cont.)

z	0,00	0,01	0,02	0,03	0,04	0,05	0,06	0,07	0,08	0,09
0,2	0,5793	0,5832	0,5871	0,5910	0,5948	0,5987	0,6026	0,6064	0,6103	0,6141
0,3	0,6179	0,6217	0,6255	0,6293	0,6331	0,6368	0,6406	0,6443	0,6480	0,6517
0,4	0,6554	0,6591	0,6628	0,6664	0,6700	0,6736	0,6772	0,6808	0,6844	0,6879
0,5	0,6915	0,6950	0,6985	0,7019	0,7054	0,7088	0,7123	0,7157	0,7190	0,7724
0,6	0,7257	0,7291	0,7324	0,7357	0,7389	0,7422	0,7454	0,7486	0,7517	0,7549
0,7	0,7580	0,7611	0,7642	0,7673	0,7703	0,7734	0,7764	0,7794	0,7823	0,7852
0,8	0,7881	0,7910	0,7939	0,7967	0,7995	0,8023	0,8051	0,8078	0,8106	0,8133
0,9	0,8159	0,8186	0,8212	0,8238	0,8264	0,8289	0,8315	0,8340	0,8365	0,8389
1,0	0,8413	0,8438	0,8461	0,8485	0,8508	0,8531	0,8554	0,8577	0,8599	0,8621
1,1	0,8643	0,8665	0,8686	0,8708	0,8729	0,8749	0,8770	0,8790	0,8810	0,8830
1,2	0,8849	0,8869	0,8888	0,8907	0,8925	0,8944	0,8962	0,8980	0,8997	0,9015
1,3	0,9032	0,9049	0,9066	0,9082	0,9099	0,9115	0,9131	0,9147	0,9162	0,9177
1,4	0,9192	0,9207	0,9222	0,9236	0,9251	0,9265	0,9279	0,9292	0,9306	0,9319
1,5	0,9332	0,9345	0,9357	0,9370	0,9382	0,9394	0,9406	0,9418	0,9429	0,9441
1,6	0,9452	0,9463	0,9474	0,9484	0,9495	0,9505	0,9515	0,9525	0,9535	0,9545
1,7	0,9554	0,9564	0,9573	0,9582	0,9591	0,9599	0,9608	0,9616	0,9625	0,9633
1,8	0,9641	0,9649	0,9656	0,9664	0,9671	0,9678	0,9686	0,9693	0,9699	0,9706
1,9	0,9713	0,9719	0,9726	0,9732	0,9738	0,9744	0,9750	0,9756	0,9761	0,9767
2,0	0,9772	0,9778	0,9783	0,9788	0,9793	0,9798	0,9803	0,9808	0,9812	0,9817
2,1	0,9821	0,9826	0,9830	0,9834	0,9838	0,9842	0,9846	0,9850	0,9854	0,9857
2,2	0,9861	0,9864	0,9868	0,9871	0,9875	0,9878	0,9881	0,9884	0,9887	0,9890
2,3	0,9893	0,9896	0,9898	0,9901	0,9904	0,9906	0,9909	0,9911	0,9913	0,9916
2,4	0,9918	0,9920	0,9922	0,9925	0,9927	0,9929	0,9931	0,9932	0,9934	0,9936
2,5	0,9938	0,9940	0,9941	0,9943	0,9945	0,9946	0,9948	0,9949	0,9951	0,9952
2,6	0,9953	0,9955	0,9956	0,9957	0,9959	0,9960	0,9961	0,9962	0,9963	0,9964
2,7	0,9965	0,9966	0,9967	0,9968	0,9969	0,9970	0,9971	0,9972	0,9973	0,9974
2,8	0,9974	0,9975	0,9976	0,9977	0,9977	0,9978	0,9979	0,9979	0,9980	0,9981
2,9	0,9981	0,9982	0,9982	0,9983	0,9984	0,9984	0,9985	0,9985	0,9986	0,9986
3,0	0,9987	0,9987	0,9987	0,9988	0,9988	0,9989	0,9989	0,9989	0,9990	0,9990
3,1	0,9990	0,9991	0,9991	0,9991	0,9991	0,9992	0,9992	0,9992	0,9993	0,9993

TABELA B (2) - ÁREAS SOB A CURVA NORMA PADRONIZADA, DE - ¥ A + Z (CONT.)

z	0,00	0,01	0,02	0,03	0,04	0,05	0,06	0,07	0,08	0,09
3,2	0,9993	0,9993	0,9994	0,9994	0,9994	0,9994	0,9994	0,9995	0,9995	0,9995
3,3	0,9995	0,9995	0,9995	0,9996	0,9996	0,9996	0,9996	0,9996	0,9996	0,9997
3,4	0,9997	0,9997	0,9997	0,9997	0,9997	0,9997	0,9997	0,9997	0,9997	0,9998

TABELA B (2) - ÁREAS SOB A CURVA NORMAL PADRONIZADA, DE - ∞ A + Z (CONT.)

z	0,00	0,01	0,02	0,03	0,04	0,05	0,06	0,07	0,08	0,09
3,2	0,9993	0,9993	0,9994	0,9994	0,9994	0,9994	0,9994	0,9995	0,9995	0,9995
3,3	0,9995	0,9995	0,9995	0,9996	0,9996	0,9996	0,9996	0,9996	0,9996	0,9997
3,4	0,9997	0,9997	0,9997	0,9997	0,9997	0,9997	0,9997	0,9997	0,9997	0,9998

GLOSSÁRIO DE LOGÍSTICA

O objetivo deste glossário é facilitar o entendimento de palavras, termos, nomes, siglas e expressões utilizados nas diversas áreas relacionadas à Logística, e alguns termos que freqüentemente são utilizados no vocabulário corporativo.

A

Abastecimento - Allowance: Dedução do peso ou valor de produtos.

Abastecimento Direto - Direct Supply: É um canal de distribuição com a ausência de intermediários entre o produtor e o consumidor, no qual o produtor assume as responsabilidades que normalmente são funções de um intermediário.

Abastecimento Integrado - Integrated Supply: É uma aliança ou um compromisso a longo prazo entre duas ou mais organizações, com o propósito de atingir negócios específicos através da maximização de eficiência de cada recurso das empresas participantes. O relacionamento é baseado na confiança, dedicação a objetivos comuns, e um entendimento das expectativas individuais de cada um.

ABC - Activity Based Costing ou Custeio Baseado em Atividades: Método contábil que permite que a empresa adquira um melhor entendimento sobre como e onde realiza seus lucros.

ABC Classification ou Classificação ABC: É um método aplicado na gestão do estoque, que classifica os itens armazenados em três grupos (A, B e C), de acordo

254 | GESTÃO DE ESTOQUES

com o valor agregado, podendo classificar, também, de acordo com a facilidade de compra. O objetivo é avaliar o custo do estoque e, com isso, poder racionalizar, ao máximo, o fluxo dos produtos, tanto para a produção quanto para a distribuição. Utiliza o gráfico de Pareto para classificação dos produtos em três categorias, usando critérios de demanda e valor. Os itens do grupo A representam pouca quantidade e grande valor; os itens do grupo B possuem quantidade e valores intermediários, e os itens classificados em C têm muita quantidade, mas pouco valor.

Aberto para Compra - Open-To-Buy: Técnica de controle usada na gestão de estoques em que as autorizações de compra são efetuadas sem existir compromisso com fornecedores específicos. Geralmente, estas autorizações são revistas pela direção, usando-se medidas como valor monetário e tempo.

Ação Corretiva: Procedimento adotado caso a meta padrão não tenha sido atingida. Envolve as seguintes etapas: relato de anomalia, remoção do sintoma, análise da anomalia e revisão diária. Mudança que se introduz em um processo, objetivando restabelecer ou alcançar um estado de conformidade com a padronização existente ou com o plano de metas que se pretende atingir. Etapa A do ciclo PDCA onde, após serem detectados desvios, se atuará no sentido de fazer a correção para que o problema nunca volte a ocorrer (ver ciclo PDCA).

Ação Preventiva de Bloqueio: Ação tomada para que o mesmo problema não se repita devido à mesma causa.

Acessibilidade - Accessibility: Capacidade de um transportador prestar serviço entre uma origem e um destino.

ACF: Attainable Cubic Feet ou Espaço Cúbico Permitido.

Acolchoamento - Shielding: Resultado da aplicação de elementos protetores contra choques e vibrações.

Acondicionamento - Conditioning: Recipiente ou invólucro destinado a proteger e acomodar materiais e equipamentos.

Acordo de Co-Fabricante - Co-Maker Agreement: Acordo feito entre o fornecedor/ cofabricante e o cliente, o qual, além do objeto e termo do acordo, traz anotações sobre: longo prazo, tempo de entrega, confiabilidade de entrega, desempenho da qualidade e quantidade, procedimento para efetuar redução no preço, cooperação no desenvolvimento de novos produtos, entre outros.

Activity Based Costing: O método ABC (Activity Based Costing) é uma técnica de contabilidade analítica originada no final dos anos 80. Permite determinar quais os custos indiretos a se imputar a um produto ou serviço consoante o tipo de atividade a que se referem. Os sistemas tradicionais de contabilidade analítica repartem proporcionalmente

GLOSSÁRIO DE LOGÍSTICA | 255

os custos indiretos segundo critérios como o número de horas de trabalho manual, o número de horas por máquina ou a área ocupada por cada centro de custo. Segundo o método ABC, os critérios de repartição destes custos diferem conforme o tipo de atividade.

Acumulação - Accumulating: Atividade de combinar estoques homogêneos de produtos ou materiais em grandes quantidades.

Acúmulo de Perdas de Rendimento - Cascading Yield Loss: Condição em que ocorre perda de rendimento em múltiplas operações ou tarefas.

Acuracidade: Grau de ausência de erro ou grau de conformidade com o padrão.

Acuracidade de Registros - Record Accuracy: Conformidade dos dados de registro com os dados físicos. Por exemplo: em um sistema de controle de estoque, a lista de materiais, a lista de funcionários, etc.

Acuracidade do inventário (como indicador de eficácia): É a quantidade de itens com saldo correto, dividida pela quantidade de itens verificados, vezes 100%.

Adequação ao uso: Um aspecto da definição da Qualidade, significando também ausência de defeitos.

Administração de Valores - Function Management: A administração por funções agrupa cargos pelas habilidades necessárias ao desenvolvimento das atividades e pelo desejo de controlar e minimizar riscos.

Administração por Processos - Process Management: A administração por processos agrupa cargos em torno de um fluxo de atividades que visa atender às necessidades dos clientes.

ADR: Articles Dangereux de Route - Transporte de Artigos Perigosos: Acordo europeu relacionado ao transporte internacional de produtos perigosos em rodovias.

AD Valorem: Taxa de seguro cobrado sobre certas tarifas de frete, ou alfandegário proporcional ao valor total dos produtos da operação (Nota Fiscal).

Aeroporto HUB - HUB Airport: Um HUB é um lugar que funciona como intermediário. Portanto, aeroporto HUB serve para vôos com conexão ou redespacho.

AFC - Espaço Cúbico Permitido - Attainable Cubic Feet: O espaço permitido por orientações, regulamentações e restrições de segurança com equipamento disponível. ACF = Área de Estocagem x Altura de Empilhamento.

Aferição: Procedimento metrológico pelo qual se verifica e registra a relação entre o valor observado e o correspondente valor fornecido por um padrão apropriado de mesma natureza, rastreado por padrões reconhecidos por órgão oficial.

AFRMM: Adicional ao Frete para Renovação da Marinha Mercante.

256 | GESTÃO DE ESTOQUES

Aftermarket: Pós-venda.

Agente de Expedição - Ship Agent: Representante que facilita a chegada do navio, liberação, carga ou descarga, e pagamento de tarifas em um ponto específico.

Agente de Pedidos - Order Clerk: Pessoa encarregada de ler e assegurar a acuracidade dos pedidos.

Agente de Transportes - Forwarder: Parte que providencia o transporte de produtos, incluindo serviços afins e/ou formalidades envolvidas em nome de um expedidor ou consignatário.

Agente/Intermediário - Agent/Broker: Pessoa responsável pela negociação de contratos para compra e venda de produtos mediante uma comissão. Eles se encontram em quase todos os setores logísticos, desde a prestação de serviços de transporte tanto a nível nacional quanto internacional, até a locação de equipamentos.

Agilizar - Expedite: Apressar ou acompanhar ordens de produção ou aquisição necessárias em um período menor do que o lead time normal. Adotar ação extraordinária por causa de um aumento na prioridade relativa.

Agregação - Aggregation: Combinar partes para formar conjuntos com base em determinado critério. O objetivo é possibilitar que estes conjuntos sejam considerados um todo em relação a pontos específicos de consideração ou funções de planejamento. Os conjuntos podem ser combinados para formar novos conjuntos.

Agrupamento - Grouping: Relacionamento de operações e realização conjunta das mesmas, seqüencialmente, aproveitando a mesma preparação.

AGVS: Automated Guided Vehicle System ou Sistema de Veículo Guiado Automaticamente.

Aileron: Dispositivo existente no bordo de fuga das asas dos aviões, próximo às pontas das mesmas, que funciona somente em vôo, para fazer as curvas, quando girado o manche para os lados.

Air Comuter - Comutador Aéreo: Tipo de companhia aérea que, geralmente, serve cidades com mercados menos desenvolvidos, com pequenas aeronaves.

AIS: Automated Information System ou Sistema Automatizado de Informações.

Ajuste de Inventário - Reconciling Inventory: Comparar o estoque físico com o registro de estoque perpétuo e efetuar as correções necessárias.

ALCA: Área de Livre Comércio das Américas.

Algoritmo Wagner-Whitin - Wagner-Whitin Algorithm: Técnica matematicamente complexa de dimensionamento de lote, que avalia todas as formas possíveis de se efetuar um pedido para cobrir as exigências em cada período do horizonte de planejamento com o intuito de chegar a uma estratégia ótima de pedido de todo o programa de necessidades.

Glossário de Logística | 257

Aliança Estratégica: É uma associação entre várias empresas, as quais juntam recursos, competência e meios para desenvolver uma atividade específica ou criar sinergias de grupo. Para conquistar um novo mercado (geográfico ou setorial), adquirir novas competências ou ganhar dimensão crítica, as empresas têm, em regra, três opções: a fusão ou a aquisição; a internacionalização; e a celebração de alianças estratégicas com um ou vários parceiros. As alianças tanto podem efetuar-se entre empresas que atuam em ramos de atividade diferentes como entre concorrentes. Distinguem-se das joint-ventures, em que os parceiros partilham a propriedade de uma nova empresa.

Alocação - Allocation: Divisão e/ou distribuição de produtos, atividades, capacidade, custos e/ou recursos para unidades organizacionais como clientes, fornecedores, fábrica ou departamentos.

Alternate Feedstock: Estoque de Abastecimento Alternativo.

Altura Inferior Global - Overall Lowered Height: A máxima dimensão vertical entre o solo e o ponto mais alto do mastro da empilhadeira, com os garfos abaixados sem carregamento.

Altura Livre de Estocagem - Working Warehouse: É a distância medida a partir do chão até 30 cm ou mais acima da obstrução mais baixa. A altura livre de trabalho é usualmente controlada para evitar que haja contato com a obstrução em uma área de estocagem e para manter um vão livre requerido pelas normas de segurança contra incêndio. É o mesmo que espaço livre.

Altura Mínima Livre - Minimum Underclearance: Dimensão vertical do ponto mais baixo do veículo vazio ou carregado, até o nível de apoio do veículo.

Amostra (Estatística): Parte ou porção representativa de um conjunto ou população, que vai ser medida, testada ou analisada.

Amostra por Conglomerado (Estatística): Amostra na qual cada unidade de amostragem é um grupo ou conglomerado de elementos.

Amostragem: (Estatística) - Processo de escolha da amostra. Consiste na escolha criteriosa dos elementos a serem submetidos ao estudo. É usada, juntamente com a análise multivariada, na pesquisa de mercado.

Amplitude (Estatística): Medida de variabilidade num grupo de dados. É calculada subtra-indo-se o menor valor do grupo do maior valor do mesmo grupo.

Análise Competitiva: É através da análise competitiva que a organização define a base de sua vantagem competitiva, de forma a garantir um posicionamento estratégico único e sustentável. A essência da análise competitiva é lidar com a competição. Entretanto, a competição não se manifesta apenas através dos demais concorrentes. Os fornecedores e compradores, novos entrantes e produtos substitutos são todos competidores que podem ser mais ou menos ativos, dependendo do mercado.

258 | Gestão de Estoques

Análise Crítica: Avaliação profunda e global de um projeto, produto, serviço, processo ou informação em relação a requisitos, objetivando a identificação de problemas e a proposição de soluções.

Análise Crítica de Contrato: Atividades sistemáticas executadas pelo fornecedor, antes da assinatura do contrato, para garantir que os requisitos para a qualidade estão adequadamente definidos, sem ambigüidade, e documentados, e que os mesmos possam ser atendidos pelo fornecedor. [NBR ISO 8402].

Análise Crítica de Requisitos: Processo ou reunião durante o qual os requisitos para um sistema, item de hardware ou item de software são apresentados aos desenvolvedores, gerentes, usuários, clientes, ou outros interessados, para comentários e aprovação. Aqui também estão incluídas análises críticas de sistema e análise crítica de software.

Análise Crítica do Projeto: Exame formal, documentado, abrangente e sistemático de um projeto, para avaliar seus requisitos e sua capacidade de atingi-los, identificar problemas, propor soluções e acompanhamento de sua evolução.

Análise Crítica do Sistema de Qualidade: Avaliação formal, pela alta administração, da situação e adequação do sistema da qualidade em relação à política da qualidade e aos novos objetivos da organização, decorrentes da alteração das circunstâncias.

Análise Crítica pela Administração: Avaliação formal, pela Alta Administração, do estado e da adequação do Sistema de Qualidade, em relação à política da Qualidade e seus objetivos. Notas: 1 - A análise crítica feita pela administração pode incluir uma análise crítica da Política de Qualidade. 2 - Os resultados da auditoria da Qualidade constituem um dos possíveis elementos para a análise crítica feita pela Administração. 3 - O termo "Alta Administração" refere-se à direção da organização cujo sistema da Qualidade está sendo analisado criticamente.

Análise de Anomalia: Busca sumária e rápida da causa imediata de uma anomalia. Deve ser feita na área de trabalho usando o Diagrama de Causa e Efeito, com a participação de supervisores, líderes e operadores.

Análise de Fator com Peso - Weighted Factor Analysis: Tomada de decisão baseada na combinação de diversos fatores, tanto qualitativos quanto quantitativos. Primeiramente, faz-se a identificação dos fatores, para, em seguida, se estabelecerem os pesos e classificar as opções.

Análise de Input/Output - Inpu/Output Analysis: Análise das relações mútuas entre as variáveis decisivas para os processos de produção e distribuição, em um centro de produção, distribuição, unidade industrial, setor e/ou empresa toda, quanto à entrada e saída de produtos necessários para o processo.

Análise de Pareto: Método que ajuda a classificar e priorizar os problemas em duas classes: os poucos problemas vitais e os muitos triviais. Consta de cinco etapas: identificação do

GLOSSÁRIO DE LOGÍSTICA | 259

problema, estratificação, levantamento de dados, elaboração do Gráfico de Pareto e priorização. Na análise de Pareto, são utilizadas três das Sete Ferramentas do Controle da Qualidade: Estratificação, Folha de Verificação e Gráfico de Pareto.

Análise de Pontos por Função: Técnica de avaliação de um sistema, conhecida como FPA - Function Point Analysis, baseada na medição do valor das funções executadas pelos programas, ao invés de utilizar como base o volume ou a complexidade do código dos programas. A técnica está baseada na visão externa do usuário, portanto, independe da linguagem utilizada, permitindo calcular o esforço de programação e auxiliando o usuário final a melhorar o exame e avaliação de projetos.

Análise de Processo: Método para identificar o relacionamento entre as principais causas e seus efeitos. Pode ser utilizada para: identificar a causa fundamental de um problema; determinar padrões de valores ótimos para as causas, de modo a obter os melhores efeitos; para reduzir a dispersão, etc. Consiste em partir de um resultado e procurar a causa fundamental entre várias que compõem o processo.

Análise de Regressão: Ferramenta estatística que processa as informações contidas nos dados, de forma a gerar um modelo que represente o relacionamento existente entre as diversas variáveis de um processo, permitindo a determinação quantitativa das causas mais influentes no problema ou para o alcance de uma meta.

Análise de Requisitos: Conjunto de atividades que permite identificar as necessidades do usuário, de modo a obter uma definição clara das características (requisitos) de um sistema. Essas características descrevem o sistema em termos de: funcionalidades, desempenho esperado, restrições de projeto, níveis de qualidade esperados, e interface com outros elementos do sistema. Processo que estuda as necessidades do usuário para se chegar a uma definição dos requisitos de sistema, hardware ou software.

Análise de Suporte Logístico - Logistics Support Analysis: Processo interativo analítico, que faz parte do processo de engenharia de sistemas, elaborado para identificar e avaliar o suporte logístico para um sistema: 1) gerando considerações de suporte para influenciar o projeto. 2) definir as necessidades de suporte relacionadas à otimização do projeto e umas às outras. 3) aquisição do suporte necessário. 4) fornecimento do suporte neces-sário durante a fase de operação.

Análise de Valor: É uma metodologia de gestão, criada nos anos 50 pelo americano Lawrence Miles. Consiste em decompor um produto ou serviço nas suas funções principais e, em seguida, delinear as soluções organizacionais mais apropriadas para reduzir os custos de produção. Implica uma análise detalhada do valor criado pela empresa, por meio da distribuição dos custos totais de um produto ou serviço, em suas diferentes etapas: concepção, fabricação, venda, distribuição e serviço aos clientes. Este conceito deu origem às noções de cadeia de valor, de valor acrescentado do produto ou serviço, e de shareholder value (valor para o acionista), cuja autoria pertence a Alfred Rappaport.

260 | GESTÃO DE ESTOQUES

Análise de Variância: Técnica estatística que permite, no gerenciamento de processos, comparar vários grupos de interesse, mantendo um controle dos erros que podem ser cometidos no estabelecimento das conclusões.

Análise de Vendabilidade: Avaliação da vendabilidade de produtos, com base em um estudo do comportamento, da percepção e das opiniões do cliente, considerando ainda as diferenças entre produtos concorrentes.

Análise do Ciclo de Vida - Life Cycle Analysis: Técnica quantitativa de previsão, que se baseia na aplicação de padrões antigos dos dados de demanda de produtos similares para a nova família de produtos, cobrindo as fases de lançamento, crescimento, maturidade, saturação e declive.

Análise do Fenômeno: O mesmo que análise do problema, realizada sobre os fins, consiste em investigar as características específicas do problema com uma visão ampla e sob vários pontos de vista. Ela permite a localização do foco do problema. É feita após o estabelecimento da meta e da identificação do problema, na fase P (planejar) do PDCA responsável pela identificação e definição dos problemas a serem resolvidos e pelo estabelecimento dos objetivos de aperfeiçoamento.

Análise do Fluxo de Materiais - Material Flow Analysis: Utilização dos dados coletados para se fazer o cálculo do fluxo de materiais entre cada unidade de processamento.

Análise do Valor: Esforço organizado dirigido à análise das funções de sistemas, produtos, especificações, padrões, práticas e procedimentos, com a finalidade de satisfazer as funções requeridas a um custo total menor. O mesmo que Engenharia do Valor e Gerenciamento do Valor.

Análise dos Geradores de Custo - Cost Driver Analysis: Exame, quantificação e discussão dos efeitos dos geradores de custos. A administração emprega, com freqüência, os resultados da análise dos geradores de custos em programas de melhoria contínua, para auxiliar na redução do tempo de processamento, aprimorar a qualidade e reduzir custos.

Análise Estatística: Utilizada como subsídio gerencial para analisar a freqüência e intensidade de qualquer item durante determinado período estabelecido.

Análise Estratégica: Processo do tipo racional e antecipativo, no qual um único ator, interno (dirigente) ou externo (empresa de consultoria), procede a uma reflexão estratégica formalizada.

Análise Estrutural de Indústrias: Michael Porter propõe um modelo de análise de indústrias baseado na identificação de cinco forças. Eis uma breve descrição das questões a serem respondidas em cada uma delas: (a) Ameaça de novas entradas - Existem barreiras à entrada de novos competidores? (b) Rivalidade entre os concorrentes - Há guerras de preços, de publicidade ou de produtos? (c) Existência de produtos substitutos - Há uma ameaça de substituição por produtos ou serviços que satisfaçam as mesmas necessidades? (d) Poder de negociação dos clientes - Qual o seu poder para influenciar as variações de preço dos produtos ou serviços? (e) Poder de negociação dos fornecedores - Qual o seu poder de negociação para elevar os preços ou reduzir o nível de qualidade oferecido?

Análise Multivariada: Ferramenta estatística que processa as informações de modo a simplificar a estrutura dos dados e a sintetizar as informações quando o número de variáveis envolvidas é muito grande, facilitando o entendimento do relacionamento existente entre as variáveis do processo. É utilizada na Pesquisa de Mercado.

Análise Retroativa: Análise do fluxo de um produto através de um conjunto de operações de produção, a fim de verificar com que freqüência o produto volta para retrabalho e sucata.

Análise Swot: Criada por Kenneth Andrews e Roland Christensen, dois professores da Harvard Business School, e posteriormente aplicada por numerosos acadêmicos. A SWOT Analysis estuda a competitividade de uma organização segundo quatro variáveis: strengths (forças), weaknesses (fraquezas), opportunities (oportunidades) e threats (ameaças). Por meio desta metodologia, poderá se fazer a inventariação das forças e fraquezas da empresa; das oportunidades e ameaças do meio envolvente; e do grau de adequação entre elas. Quando os pontos fortes de uma organização estão de acordo com os fatores críticos de sucesso, para satisfazer as oportunidades de mercado, a empresa será, por certo, competitiva a longo prazo.

Ancoradouro - Berth: Local em um porto onde uma embarcação pode ser atracada; freqüentemente, indicado por um código ou nome.

Andon: Sistema de controle visual, usado no piso de fábrica para ajudar a gerência e os operários a visualizarem a produção.

ANSI X12: Um conjunto de normas promulgadas pelo American National Standards Institute, para uso na formatação e manuseio de documentos relacionados a compra, transmitidos via EDI.

Antecipação de Expedição - Forwarding: Ação de cuidar do envio de remessas e consolidar informações relacionadas a estas remessas e seu transporte. Em caso de transporte internacional, informar qual o órgão nacional para controle de exportações e importações.

Antes da Programação - Ahead Of Schedule: Situação na qual, em determinado ponto, já se concluiu mais do que o estipulado, ou em que uma atividade foi concluída antes do planejamento.

Antropometria - Anthropometry: O estudo das dimensões, pesos e resistência dos segmentos do corpo humano.

APD - Documentação Adicional de Produto - Additional Product Documentation: Toda a documentação formal relacionada aos produtos ou parte dele, com exceção de normas e documentos técnicos de produtos. Por exemplo: relatórios da qualidade, cálculos de preço.

262 | GESTÃO DE ESTOQUES

APG's - Atividades de Pequenos Grupos: São equipes de 4 a 10 operários do "piso de fábrica" (célula, setor ou seção), que se reúnem periodicamente com o propósito de diagnosticar os problemas de manufatura. Estes grupos passam, então, a dedicar-se à resolução dos problemas, geralmente, criando soluções e implantando-as.

APS - Advanced Planning Schedulling - Planejamento da Demanda do Suprimento: Programação (execução avançada e otimização).

AR - Acknowledgement of Receipt - Confirmação de Recebimento: Notificação relacionada a algo recebido.

Área de expedição: É a área demarcada, nos armazéns, próxima às saídas (rampas/plataformas de carregamento), onde os materiais são estocados, pré-separados e conferidos, a fim de agilizar a operação de carregamento.

Área de quebra - Break-Out: É a área demarcada, nos armazéns, geralmente próxima da entrada, onde as embalagens, produtos e materiais recebidos são desembalados, separados, classificados e até reembalados de acordo com o sistema ou interesse de armazenamento do armazém/empresa.

Armazém ou Warehouse: Lugar coberto, onde os materiais/produtos são recebidos, classificados, estocados e expedidos.

Armazém/Depósito - Depot/Warehouse: Um armazém destinado à consolidação e distribuição de frete por ferrovia. Qualquer armazém localizado próximo ao terminal de transporte.

Armazém Alfandegado - Bonded Warehouse: Um tipo de armazenagem pela qual as companhias colocam os produtos no armazém sem a necessidade de pagar taxas ou tarifas aduaneiras. Local reservado para armazenagem e custódia de mercadorias importadas que estão sujeitas às taxas alfandegárias. Até que elas sejam quitadas, os produtos devem ficar retidos ou ser enviados para o país de origem.

Armazém Controlado - Caged Storage: Uma área, dentro da fábrica ou do armazém, que possui itens passíveis de furto. Deve-se tomar medidas de segurança, como, por exemplo, divisórias ou outros tipos de enclausuradores.

Armazém de Dados - Data Warehouse: Dados coletados eletronicamente, especificamente para a análise dos negócios. Primeiramente, envolve a avaliação das informações da variável que queremos analisar.

Armazém Geral ou Público - Public Warehouse: Armazém operado por terceiro, que presta serviços a clientes do mercado.

Armazém Intermediário - Intermediately Positioned Warehouse: Armazém localizado entre fábricas e clientes, para prestar melhor atendimento ao cliente e reduzir o custo de distribuição.

Armazém Privado - Private Warehouse: Armazém operado por uma empresa para seus próprios produtos.

Armazenagem - Warehousing: É a denominação genérica e ampla que inclui todas as atividades em um local destinado à guarda temporária e à distribuição de materiais (depósitos, almoxarifados, centros de distribuição, etc.).

Arranjo Físico - Layout: É a arte e a ciência de se converter os elementos complexos e inter-relacionados da organização da manufatura e instalações físicas em uma estrutura capaz de atingir os objetivos da empresa.

Arrendador - Lessor: Parte que concede a propriedade de um bem sob acordo de leasing.

Artigo Composto - Parent Item: Produto constante em uma lista de peças, que é composto por todos os itens constantes nos subcomponentes.

Árvore de Produtos - Product Tree: Estrutura que mostra os níveis relevantes de agregação de determinada categoria de tipos de produtos.

Asa - Wing: Parte do convés que se projeta além dos dormentes (vigias mestre), projetada para elevação por meio de guindaste.

AS - Advanced Shipment Notification - Aviso Antecipado de Embarque: aviso feito aos clientes informando quando seus produtos irão chegar.

ASP - Application Service Provider - Provedor de Serviços e Aplicações: Empresa que oferece a infra-estrutura, os programas e até o gerenciamento de operações B2B para organizações que não querem fazer investimento próprio nessa área - e, para isso, pagam uma taxa mensal ao ASP.

ASQ - American Society for Quality: Entidade norte-americana que congrega profissionais interessados na engenharia da qualidade e na gestão da qualidade. Oferece diversas certificações profissionais, entre as quais a de engenheiro da qualidade (Certified Quality Engineer - CQE), engenheiro de confiabilidade (Certified Reliability Engineer - CRE), auditor da qualidade (Certified Quality Auditor - CQA), administrador da qualidade (Certified Quality Manager - CQM), e engenheiro da qualidade em software (Certified Software Quality Engineer - CSQE). No Brasil, os exames para certificação são aplicados pela Associação Brasileira de Controle da Qualidade - ABCQ.

Assemble to order: Fabricação sob encomenda.

ATA - International Air Transport Association - Associação Internacional de Transporte Aéreo: Organização internacional de companhias aéreas, fundada em 1945, com o objetivo de promover o tráfego aéreo comercial. Este tráfego é feito através da cooperação entre partes envolvidas e o cumprimento de certas regras, procedimentos e pagamento de tarifas relacionadas a carga e passageiros.

264 | Gestão de Estoques

Atacadista - Wholesaler: Intermediário entre fabricantes e varejistas em várias atividades como: promoção, armazenagem e programação de transporte, e distribuição física.

Atendimento de Pedidos (como indicador de eficácia): É a quantidade de pedidos atendidos prontamente, dividida pelo total de pedidos recebidos, vezes 100%.

Atividade: É uma reunião de recursos humanos e de materiais tecnológicos e financeiros com a finalidade de se produzir bens ou serviços.

Atividades de Apoio - Support Activities: Atividades internas do negócio, que capacitam as suas atividades estratégicas, e podem ser permanentes ou não, diretamente relacionadas a metas específicas.

Atividade de Valor Agregado - Value-Added Activity: Uma atividade que contribui para adicionar valor ao cliente ou satisfazer uma necessidade organizacional. O valor agregado reflete uma crença de que a atividade não pode ser eliminada sem uma redução de quantidades, da capacidade de reação ou da qualidade dos resultados desejados pelos clientes ou pela organização.

Atividade Que Não Agrega Valor - Non-Value-Added Activity: Uma atividade que é considerada não-contribuidora para o processo de adicionar valor ao cliente ou para as necessidades organizacionais. A designação "que não adiciona valor" reflete uma crença de que a atividade pode ser reestruturada, reduzida ou eliminada, sem a correspondente redução das quantidades, da capacidade de reação, da qualidade dos resultados desejados pelos clientes ou pela organização.

ATP - Available-To-Promise - Disponível para Promessa: A parte não comprometida do estoque e da produção planejada de uma empresa, mantida em um programa mestre para cobrir pedidos futuros dos clientes. A quantidade ATP (Available-To-Promise) em um primeiro período é um balanço do estoque não comprometido, e se calcula normalmente para cada período em que haja um recebimento programado no MPS (Master Production System - Plano Mestre de Produção). No primeiro período, o ATP é igual ao inventário físico menos os pedidos dos clientes em débito e já vencidos. Em qualquer período que contenha recepções programadas, o ATP é igual ao MPS menos os pedidos dos clientes deste mesmo período e dos períodos seguintes antes da próxima recepção programada.

Auto Id: Identificação Automática.

Automação: Transferência da inteligência humana para equipamentos automatizados, de modo a permitir que as máquinas detectem a produção de uma única peça defeituosa e suspendam imediatamente seu funcionamento enquanto se solicita ajuda. Esse conceito, também conhecido como jidoka, teve como pioneiro Sakichi Toyoda, no início do século XX, que inventou as máquinas de fiação automáticas que paravam instantaneamente quando uma linha se rompia. Isso permitia que um operador supervisionasse muitas máquinas sem risco de produzir grandes quantidades de tecido defeituoso.

GLOSSÁRIO DE LOGÍSTICA | 265

Autoridade Portuária - Port Authority: Entidade de direito público responsável pela administração, gestão e exploração do porto e que, além disso, exerce o controle dos serviços portuários. Tem personalidade jurídica e patrimônio próprio e dispõe de plenos poderes para agir no sentido de cumprir os seus objetivos, segundo o princípio geral de autonomia de gestão.

Avaliação de fornecedor: Avaliação através da qual examina-se a capacidade de um fornecedor de preencher os requisitos exigidos pelas especificações de itens e/ou serviços, antes da adjudicação de um contrato ou de ordem de compra.

Avaliação de Processos: Atividade integrante do Gerenciamento da Rotina do Trabalho do Dia-a-Dia, conduzida para verificar se cada processo da empresa é capaz de alcançar o nível de qualidade estabelecido no projeto. É uma forma eficiente de verificação do cumprimento dos padrões e de identificação de problemas.

Avião Misto (Em Transporte Aéreo) **- Combi:** Uma aeronave que transporta passageiros e carga.

AWB: Air Waybill ou Conhecimento de Transporte Aéreo.

B

Backlog: Pedido pendente.

Back Order: Pedido em atraso.

Back Scheduling: Programação Retrocendente.

Back to Back: Consolidação de uma única expedição em um MAWB (Master Air Waybill - Conhecimento Principal de Transporte Aéreo) abrangendo um HAWB (House Air Waybill - Guia de Transporte Aéreo emitida por um expedidor).

Baixa por Explosão - Backflushing: Baixa no estoque do grupo de peças e componentes utilizados na montagem ou fabricação de determinado equipamento ou produto, explodindo a lista de materiais de acordo com a contagem das montagens realizadas.

Balanceamento de Linha - Line Balancing: 1. Técnica para determinar o mix de produtos que pode ser inserido em uma linha de montagem, proporcionando um fluxo de materiais consistente para trabalhar em um ritmo planejado. **2.** Um processo de linha de montagem pode ser dividido em tarefas elementares, cada uma com um tempo seqüencial em relação às outras tarefas. O balanceamento de linha é a designação destas tarefas para estações de trabalho, visando minimizar o número de estações de trabalho e o tempo ocioso nestas estações.

Balanced Scorecard: Um sistema de gerenciamento baseado em indicadores e estratégias, originado por Roberto Kaplan e David Norton, que fornece um método de alinhamento das

266 | Gestão de Estoques

atividades do negócio para uma estratégia e monitoramento do desempenho das metas estratégicas no tempo.

Balsa: Embarcação utilizada em rios e canais para o transporte de veículos e pessoas.

Bank Plan (em transporte): Também conhecido como plano de pagamento do frete. Procedimento de coleta e cobrança pelo qual uma instituição bancária age como intermediário para facilitar a coleta e cobrança.

Bar Code: Código de barras.

Barge ou Barcaça: Embarcação de baixo calado, utilizada em rios e canais, com ou sem propulsão, com a finalidade de transportar produtos.

Batch Pick: Separação em Lote.

Batch Processing: Processamento por Lotes.

Benchmark: Termo que indica "o(s) melhor(es) resultado(s) do mundo" dentre as organizações concorrentes, em determinados itens de controle. Observa-se atualmente a tendência de se ir além da análise dos concorrentes e procurar apresentar um desempenho ainda melhor como referencial.

Benchmarking - Marcos Referenciais: Processo sistemático usado para estabelecer metas de melhorias no processo, nas funções, nos produtos, etc., comparando uma empresa com outras. As medidas de benchmark derivam, em geral, de outras empresas que apresentam o desempenho "Melhor da classe", não sendo necessariamente concorrentes. A empresa necessita adaptar o modelo, de acordo com o seu dia-a-dia (próprias características).

Best Practices (melhores práticas): É uma prática, técnica, modelo ou conjunto de regras destinadas a facilitar a implementação do ECR.

Bilhete Embarque - Packing Slip: Documento que informa detalhadamente os itens contidos em determinada embalagem, caixa, palete ou contêiner, para expedição ao cliente. Os detalhes incluem: descrição de itens, código do cliente, quantidade expedida e SKU de itens expedidos.

Bill of lading: Manifesto marítimo.

Biomecânica - Biomechanics: O estudo das forças mecânicas que estão envolvidas nos movimentos do corpo humano, incluindo a interação entre os indivíduos e seu meio ambiente físico.

Bi-trem ou Reboque: É o conjunto monolítico formado pela carroceria e o conjunto de dois eixos mais, pelo menos, quatro rodas. É engatado na carroceria do caminhão, para o transporte, formando um conjunto de duas carrocerias puxadas por um só caminhão. É muito utilizado no transporte de cana-de-açúcar.

BL - Bill of Lading: Conhecimento de Embarque.

Blocagem ou Block Stacking: Empilhamento simples sem uso de porta-paletes, no qual os paletes são empilhados diretamente no chão.

Block Scheduling: Programação por Blocos.

Block Stacking: Empilhamento dos paletes diretamente no chão.

Bluetooth: Comunicação sem fio entre aparelhos.

Board: Conselho diretor

BOL - Bill Of Labour - Lista de Trabalho: Lista da capacidade necessária e recursos necessários para fabricação de uma unidade de determinado item ou família de itens. Freqüentemente usada para prever o impacto de um item na programação geral e utilização de recursos-chaves. O planejamento aproximado da capacidade usa estes dados para calcular as necessidades aproximadas de capacidade do programa mestre de produção e/ou plano de produção.

BOM - Bill of Material - Lista de Materiais: Lista de todas as peças, submontagens e matérias-primas que constituem uma montagem específica, identificando a quantidade necessária de cada item. Nota: A lista pode ou não ser estruturada para mostrar os níveis de montagem pertencentes a cada item da lista.

Bombordo: Lado esquerdo do navio.

Bonded Warehousing: Armazém Alfandegado.

BPF: Boas Práticas de Fabricação.

Brainstorm: Literalmente, significa "tempestade celebral", reunião para trocar idéias. Ver Brainstorming.

Brainstorming: Procedimento utilizado para auxiliar um grupo a criar o máximo de idéias no menor tempo possível. O "brainstorming" pode ser utilizado das seguintes formas: Brainstorming Não-estruturado, Brainstorming Estruturado e Brainstorming Estruturado e Programado. No Brainstorming Não-estruturado, os participantes do grupo dão suas idéias à medida que elas surgem em suas mentes. Este procedimento tem a vantagem de criar uma atmosfera mais espontânea entre os integrantes do grupo. Por outro lado, podem favorecer o risco de dominação por parte dos participantes mais extrovertidos. No Brainstorming Estruturado, todas as pessoas devem dar uma idéia a cada rodada ou "passar" até que chegue a próxima vez. Este procedimento estabelece uma atmosfera de certa pressão sobre o grupo, podendo gerar eventuais dificuldades durante os trabalhos. No Brainstorming Estruturado e Programado, marca-se a reunião com conhecimento prévio dos temas a serem analisados e solicita-se que cada participante leve, por escrito, suas sugestões.

Brand Management: O conceito de brand management (gestão de marcas) significa o desenvolvimento sistemático do valor de uma marca. Longe vão os tempos em que era

268 | Gestão de Estoques

apenas uma função de ligação entre o departamento de produção e as agências de publicidade. A partir dos anos 80, as empresas começaram a considerar a imagem de marca como um ativo estratégico das empresas (algumas lhe atribuem um valor nas suas demonstrações financeiras). O objetivo da gestão de marcas é criar uma identidade largamente reconhecida pelo mercado-alvo a se atingir. A atribuição de um nome ou uma marca a um produto designa-se branding.

Break-Bulk: Termo usado em transporte marítimo que significa o transporte de carga geral ou fracionada.

Break-Even: É um modo simples e eficaz de medir a rentabilidade (ou prejuízo) de uma empresa ou de uma operação financeira. Permite, igualmente, fazer simulações alterando as variáveis de cálculo. O objetivo desta análise é a determinação do break-even point (ponto morto das vendas), no qual o valor das receitas da empresa (lucro de vendas) é igual aos seus custos totais (somatório dos custos fixos e variáveis). Logo, este será o ponto de equilíbrio em que a empresa nem perde nem ganha dinheiro. Acima do break-even point, a empresa terá lucros, e abaixo dele terá prejuízos. Outro conceito relevante é o da margem de contribuição (ponto em que as receitas igualam os custos variáveis).

Break-Even Point: É o nível de produção ou nível de volume de vendas a partir do qual o empreendimento ou negócio se torna rentável. Qualquer valor abaixo do Ponto de Equilíbrio significa prejuízo.

Breakthrough: Avanço em determinada área.

Broad Band: Banda Larga.

Brokerage Houses: Empresas especializadas em intermediar afretamento marítimo.

Budget: Orçamento.

Bulk Cargo: Carga a granel, ou seja, sem embalagem.

Bulk Carrier: Navio graneleiro, ou seja, próprio para o transporte de cargas a granel.

Bulk Container: Contêiner graneleiro, ou seja, próprio para o transporte de cargas a granel.

Bulk Storage: Estocagem a granel.

Business Intelligence: Conjunto de softwares que ajudam em decisões estratégicas.

Buying in: Compra.

B2B ou BTB: Business-to-Business ou comércio eletrônico entre empresas.

B2Bi: Business-to-Business integration, que permite integração ponto a ponto entre duas empresas.

B2C ou BTC: Business-to-Consumer ou comércio eletrônico de empresas para o consumidor.

C

Cabotagem: Navegação doméstica (pela costa do País).

Cábrea: Equipamento usado em portos para levantar grandes cargas pesadas ou materiais em obras. Consta de 3 pontaletes unidos no topo, onde recebem uma roldana pela qual passa o cabo.

CAD - Cash Against Documents - Pagamento em Dinheiro Contra Entrega de Documentos: Termos de pagamento: se o comprador efetua o pagamento dos produtos contra transferência de documentação, autorizando-o a receber os produtos do transportador.

Cadeia de Abastecimento - Supply Chain: O completo processo de abastecimento, desde a busca por matérias-primas para beneficiamento até a compra do consumidor final.

Cadeia de Abastecimento Eletrônico - E-Supply Chain: Um conceito segundo o qual todos os participantes de uma cadeia de abastecimento estão conectados em rede para simultaneamente responder as necessidades dos clientes finais.

Cadeia de Valor - Value Chain: Designa a série de atividades relacionadas e desenvolvidas pela empresa para satisfazer as necessidades dos clientes, desde as relações com os fornecedores e os ciclos de produção e venda até a fase da distribuição para o consumidor final. Cada elo dessa cadeia de atividades está ligado ao seguinte. Esta é uma metodologia usada pela consultora McKinsey, sistematizada e popularizada por Michael Porter, e que permite decompor as atividades (divididas em primárias e de suporte) que formam a cadeia de valor. Segundo Porter, existem dois tipos possíveis de vantagem competitiva (liderança de custos ou diferenciação) em cada etapa da cadeia de valor.

Cais - Quay/Wharf: Parte de um porto destinada à atracação ou ancoradouro de embarcações, na qual se efetua o embarque e desembarque de passageiros e carga. Área de doca paralela, que permite a carga e descarga de um navio ou embarcação de um dos lados.

Caixa de Acumulação - Accumulation Bin: Local usado para acumular todos os componentes que fazem parte de uma montagem antes de ser enviada a uma empresa.

Caixa Principal - Master Carton: Caixa grande utilizada como caixa de expedição para pacotes menores. Usada, principalmente, como proteção. Permite simplificar a movimentação dos materiais através da redução do número de peças manuseadas.

Calado: Expressão do transporte marítimo, que significa a profundidade em que cada navio está submerso na água. Tecnicamente é a distância da lâmina d'água até a quilha do navio.

Cálculo de Necessidades: É o método de programação da produção, baseado na demanda derivada, ou seja, todas as peças, componentes, materiais e suprimentos que compõem o produto ou serviço final.

270 GESTÃO DE ESTOQUES

Cálculo das Necessidades de Estoques - Stochastic Requirements Calculation: Determinação dos materiais e componentes necessários em um período específico de tempo, com base na extrapolação de dados históricos, obedecendo algum padrão de níveis de estoques.

Cálculos Estatísticos do Estoque Segurança - Statistical Safety Stock Calculations: Determinação matemática de quantidades de estoque de segurança, que considera previsão de falhas, tamanho de lote, níveis desejados de atendimento ao cliente e o índice de lead time frente ao período de previsão. O estoque de segurança freqüentemente é o produto do fator de segurança adequado e o desvio padrão ou desvio absoluto da distribuição das falhas de previsão da demanda.

Câmara de Compensação - Clearinghouse: Organização constituída para processar e coletar tarifas para um grupo de transportadores.

Caminhões na prateleira: Expressão utilizada no transporte rodoviário, que significa quando há ociosidade na utilização de caminhões, os quais ficam parados à disposição de uma eventual utilização.

Caminho Crítico - Critical Path: Numa rede de atividades, é o caminho de duração mais longo, isto é, a seqüência de atividades que determina o tempo de execução de todo o projeto, desde seu início até a sua conclusão, sem folgas.

Canais de Armazém Único - Single Warehouse Channels: Uso de um único armazém que atende as necessidades do varejo dentro de determinada área. O canal de armazém único geralmente é chamado de canal de disparo porque os produtos saem diretamente da fábrica para o atacadista, que então atende as necessidades dos varejistas.

Canal de Distribuição: Canais escolhidos por um fabricante para levar o seu produto ao consumidor final.

Canal Escalonado - Echelon Channel: Método utilizado na movimentação de produtos das instalações de um fabricante por uma série de instalações intermediárias até chegar ao varejista. Neste método escalonado, cada nó escalonado atende as necessidades do nó seguinte. Uma expedição de uma fábrica pode consistir de um lote de determinado produto que seria movido para armazéns multi-regionais. Nos armazéns multirregionais, uma operação de fracionamento de carga misturaria as combinações destes produtos com outros para um novo armazém regional.

Canal Logístico - Logistics Channel: Rede de intermediários envolvidos na transferência, armazenagem, movimentação e comunicações - funções que contribuem para o fluxo eficiente de produtos.

Canal Pipeline: Canal no qual o fluxo de material, pessoas e informações flui desde a fonte de abastecimento até o ponto de uso, ou do ponto de falha até o ponto de reparo.

Canal Pós-Produção - Post-Production Channel: Segmento do canal logístico que tem por objetivo incluir apenas as atividades encontradas depois que um produto sai da produção.

Canal Pré-Produção - Pre-Production Channel: Segmento do canal logístico que inclui somente as atividades encontradas antes de a matéria-prima e componentes entrarem na produção.

Canibalização: Utilização de partes e peças de reposição de qualquer máquina ou equipamento do estoque, nas épocas de escassez, para fazer funcionar outra do mesmo tipo.

CAO - Computer Assisted Ordering: É um sistema operado pelo distribuidor, que gera automaticamente pedidos de reposição quando as vendas causam redução a um nível predeterminado de estoque.

Capacidade: Conjunto de habilidades de uma pessoa ou organização para executar determinadas atividades e obter resultados que atendam aos requisitos especificados. As habilidades são adquiridas com a aplicação de conhecimentos que têm origem nas diversas fontes de informações, como livros, cursos, palestras, e também, no treinamento no trabalho.

Capacidade Calculada - Calculated Capacity: 1) Capacidade verificada de um sistema. Tradicionalmente, a capacidade se calcula a partir de dados como: as horas planejadas, eficiência e utilização. Sin.: capacidade nominal. 2) No contexto da teoria das restrições, capacidade calculada = horas disponíveis x disponibilidade x ativação, de onde a ativação é a função da produção programada e da disponibilidade relacionada ao tempo de operação. Sin.: capacidade permanente.

Capacidade Contínua de Reposição - Continuous Replenishment Capabilities: Porcentagem dos clientes que estão sendo reabastecidos dentro de um acordo de reabastecimento contínuo. A porcentagem da unidade de estoque mínimo coberto por este acordo.

Capacidade de Efetivação de Pedido - Order Fill Capacity: Capacidade de prover as quantidades desejadas em uma base consistente.

Capacidade Demonstrada - Demonstrated Capacity: Capacidade provável, calculada a partir de dados reais de comportamento da produção, normalmente expressa como um número médio de produtos multiplicado pelas horas padrão por produto.

Capacidade de Segurança - Safety Capacity: Planejamento ou reserva de potencial humano e/ou equipamentos acima das necessidades conhecidas, para apoiar a demanda inesperada.

Capacidade do Processo - Process Capability: Habilidade de produzir um produto dentro das especificações do cliente. Esta é uma boa forma de identificar a possibilidade de produzir um produto com um determinado nível de qualidade. Capacidade física básica de um equipamento de produção e dos procedimentos associados, para manter as

272 | GESTÃO DE ESTOQUES

dimensões e outras características dos produtos dentro de limites aceitáveis. Não é o mesmo que a tolerância ou especificação das unidades produzidas.

Capacidade Flexível - Flexible Capacity: Capacidade para operar equipamentos de fabricação em taxas distintas de produção, variando o lote de produção e o tempo de operação, ou acionando ou desligando os equipamentos voluntariamente.

Capacidade Máxima Demonstrada - Maximum Demonstrated Capacity: É o resultado mais elevado produzido no passado quando se efetuou todo o esforço para "otimizar" o recurso; por exemplo: horas-extras, pessoal adicional, turnos extras ou uso de equipamentos. A capacidade máxima demonstrada é o máximo que se espera produzir em um período de tempo, mas representa um índice que não pode ser mantido por um longo período de tempo.

Capacidade Nominal - Nominal Capacity: Capacidade demonstrada por um sistema. Tradicionalmente, esta capacidade é calculada a partir de dados como, por exemplo: as horas planejadas, a eficiência e a utilização. A capacidade nominal é igual às horas disponíveis x eficiência x utilização.

Capacidade Produtiva - Productive Capacity: Capacidades adicionais de geração de saída de um recurso, quando é operado a 100% de utilização.

Capacidade Protetiva - Protective Capacity: Determinada quantia de capacidade extra acima da capacidade da restrição do sistema, usada como proteção contra as flutuações estatísticas (quebras, recebimentos de materiais com atraso, problema de qualidade, etc.). A capacidade de proteção oferece o desempenho frente a prazo e resultado.

Capacidade Requerida - Capacity Required: Capacidade de um sistema ou recurso necessário para poder se produzir uma quantidade baseada em um período de tempo determinado.

Capacitação/Habilidade: É a habilidade de processo para se produzir produtos/serviços de acordo com as especificações técnicas. Refere-se à variância inerente do processo que está em estado de controle estatístico.

Capatazia: É o serviço utilizado geralmente em portos e estações/terminais ferroviários, onde profissionais autônomos, ligados a sindicatos ou de empresas particulares, executam o trabalho de carregamento/ descarregamento, movimentação e armazenagem de cargas.

Característica do Produto: Propriedade que um produto ou serviço possui, cujo objetivo é o de atender a certas necessidades dos clientes.

Característica da Qualidade: Itens que devem ser medidos no produto para se verificar se a qualidade exigida está sendo cumprida.

Caracterização: Qualquer propriedade distinta de um item, processo, produto ou serviço, que possa ser diferenciada quantitativamente ou qualitativamente.

Caracterização Estatística de Processos: Consiste em coletar, processar e dispor as informações referentes a um processo que está sendo conduzido para manter um determinado nível de qualidade (meta padrão), com a precisão e a confiança desejadas. Trata-se de uma Avaliação de Processos mais completa, extraindo toda a informação disponível nos dados por meio de ferramentas estatísticas de nível intermediário de complexidade.

Carga - Cargo: Produtos transportados ou a serem transportados.

Carga Conteinerizada - Containerized Load: Carga geral acondicionada em contêineres intermodais.

Carga Direta - Direct Load: Expedição retirada ou entregue diretamente ao cliente sem manuseio de terminal de operações.

Carga Distribuída Uniformemente - Uniformly Distributed Load: Uma carga unitária disposta uniformemente sobre um palete ou unitizador. O peso pela área não varia significamente de um ponto a outro.

Carga Fora das Dimensões - Out Of Gauce Cargo: Carga cujas dimensões excedem as dimensões de um contêiner de 20 ou 40 pés, por exemplo, largura, comprimento ou altura.

Carga Fracionada - Part Load: Carga geral solta.

Carga Geral (Em Transporte Aéreo) **- General Cargo:** Qualquer remessa que não contenha carga valiosa e cobrada por transporte no valor de carga geral.

Carga Granel - Bulk Cargo: Carga homogênea, não-embalada, disposta em determinado espaço de uma embarcação. Por exemplo: líquido ou grãos.

Carga Paletizada - Pallet Load: Carga geral acondicionada em paletes.

Carga Planejada - Planned Load: Horas padrão de trabalho necessário pelas ordens de produção (planejadas), recomendadas pelo MRP.

Carga Unitizada - Unit Load: É a carga constituída de materiais embalados ou não, arranjados e acondicionados de modo a possibilitar a movimentação e estocagem, por meios mecanizados, como uma única unidade. Constituem uma base para um sistema integrado de acondicionamento, movimentação, armazenagem e transporte de materiais.

Cargueiro a Granel - Bulk Carrier: Convés único de embarcação, projetado para transportar cargas secas homogêneas, não-embaladas, como: grãos, minério de ferro ou carvão.

Carnê Ata - Ata Carnet: Documento alfandegário internacional, para uso dos expositores que precisam cruzar fronteiras transportando produtos valiosos temporariamente. O carnê permite que os expositores levem os produtos temporariamente ao exterior (ex. amostras, equipamentos de medição, etc.), para evitar todos os impostos e informalidades na fronteira.

274 | Gestão de Estoques

Carregamento Consolidado - Milk Run: Encaminhamento de um veículo de fornecimento ou entrega para diversas entregas ou carregamentos em locais diferentes. Ou seja, rota regular para entrega ou coleta de cargas mistas de vários fornecedores. Por exemplo: em vez de cada um dos cinco fornecedores enviar, por semana, um caminhão carregado para atender às necessidades do cliente, diariamente, um caminhão visita cada um dos fornecedores antes de efetuar entrega na fábrica do cliente. Ainda assim, são recebidos cinco caminhões carregados, por semana, mas cada caminhão atende as necessidades de todos os fornecedores.

Carregamento de Contrato Dedicado - Dedicated Contract Carriage: Um serviço contratual terceirizado que fornece veículos e motoristas para um cliente único, o qual fará uso exclusivo deste serviço, usualmente executado em uma situação de rota fixa.

Carregamento Finito - Finite Loading: Designação, a um centro de trabalho, de mais trabalho do que o esperado em determinado período de tempo. O termo específico geralmente refere-se a uma técnica de computador que envolve o cálculo de revisões das prioridades de fábrica para nivelar a carga de operações por operação.

Carregamento Infinito - Infinite Load: Cálculo da capacidade necessária dos centros de trabalho em períodos de tempo necessário, sem respeitar a capacidade disponível para realizar o trabalho.

Carregamento Nivelado da Fábrica - Level Plant Loading: É considerada uma das melhores práticas para se atingir a efetiva cadeia de abastecimento. Conjunto de técnicas utilizado para reduzir a variabilidade na produção em cada unidade de negócio e na cadeia de abastecimento.

Carreta baú: Carreta fechada.

Carreta Intermodal - Piggback Trailer On Flatcar: Forma de conteinerização especializada em que se coordena o transporte ferroviário e rodoviário.

Carreta isotérmica: Carreta fechada, com isolamento térmico em suas paredes, que conserva a temperatura da carga.

Carrier Haulage: Serviço de transporte oferecido pelo transportador sob os termos e condições dos documentos relevantes de transporte e tarifas.

Carta de Crédito - Letter Of Credit: Emitida por um banco e obtida pelo importador. Autoriza um determinado banco a pagar ao exportador uma quantia específica em dinheiro, uma vez que esse banco receba documentação que assegure que as condições estabelecidas na carta de crédito sejam cumpridas, i.e., os termos de venda, data de despacho, etc.

Cascading Yield Loss - Acúmulo de Perdas de Rendimento: É quando ocorre perda de rendimento em muitas operações e/ou tarefas.

Categoria: É um grupo de produtos que os consumidores entendem como inter-relacionados, e/ou substitutos, no atendimento de certa necessidade.

Categoria de Conveniência: São categorias gerenciadas para reforçar a imagem do varejista, como loja de full service (serviço completo), pelo fornecimento do valor adequado ao consumidor-alvo, no atendimento de suas necessidades de reposição não-planejadas.

Categoria de destino: São categorias que determinam o varejista como loja claramente preferida pelo fornecimento de um valor consistente e superior ao consumidor-alvo.

Categoria de rotina: São categorias que determinam o varejista como loja claramente preferida pelo fornecimento de um valor consistente e competitivo no atendimento das necessidades de rotina/estocagem do consumidor.

Categoria sazonal/Temporária: São categorias gerenciadas para reforçar a imagem do varejista como loja preferida pelo fornecimento de um valor competitivo e oportuno ao consumidor-alvo.

CCS - Cash Collection Shipment - Pagamento Contra Expedição: Expedição para a qual não se estende crédito. Nesta situação, os custos de frete devem ser pagos antes de a expedição ser liberada do transportador ao consignatário.

Células: Layout de diferentes tipos de equipamentos que executam operações diferentes em uma seqüência rígida, em geral em forma de U, a fim de permitir o fluxo contínuo e o emprego flexível do esforço humano por meio do trabalho polivalente. Comparar com ilhas de processo.

Centro de Agrupamento - Groupage Centre: Local onde se efetua o agrupamento, reagrupamento e/ou desagrupamento de cargas.

Centro de Competência - Core Competency: Uma função primária/básica da empresa considerada essencial passa o sucesso da mesma.

Centro de Consolidação - Consolidation Center: Um armazém em que a maioria dos fretes entra em lotes de caminhão com carga completa e sai em pequenas quantidades.

CD - Centro de Distribuição - Distribution Center: É um armazém com plataformas de recebimento e expedição, no qual os produtos são recebidos e armazenados (em alguns casos, os produtos não são armazenados), e posteriormente expedidos para os pontos de venda ou outros centros de distribuição. Esses armazéns têm por missão: a) realizar a gestão dos estoques de produtos na distribuição física, b) atividades que englobam manuseio, c) armazenagem e administração de produtos e informações e, d) em alguns casos, colocação de embalagem e rótulos, processamento de pedidos e emissão de nota fiscal.

CEO: Chief Executive Operation ou Officer.

CEP: Controle Estatístico do Processo.

CFR: Cost and Freight ou Custo e Frete.

276 | GESTÃO DE ESTOQUES

Chassi Combinado - Combination Chassis: Chassi que pode transportar um contêiner de quarenta ou trinta pés ou uma combinação de contêineres menores.

Chaku-Chaku: Método de realização do fluxo contínuo, no qual o operador procede de máquina em máquina, pegando uma peça da operação anterior e carregando-a na próxima máquina, para em seguida pegar a peça que acaba de retirar da máquina e carregá-la na máquina sequinte, etc. Expressão em japonês que significa, literalmente: "carga-carga".

Check out: É o local, no espaço de venda, em que se localiza a caixa registradora/unidade de leitura ótica e se efetiva a venda.

Ciclagem Logística de Marketing - Marketing Logistics Synch: Administração do ciclo mercadológico promocional, de fabricação, de abastecimento, de aviamento de pedidos e de distribuição física para atender ao cliente e evitar perdas para a empresa.

Ciclo de Fabricação - Manufacturing Cicle: Tempo transcorrido entre o lançamento de uma ordem de fabricação para a fábrica e o envio ao cliente final ou o recebimento nos armazéns de produtos acabados.

Ciclo de Vida do Produto - Product Life Cycle: O ciclo de vida de um produto no mercado pode ser dividido em quatro fases: (1) Introdução - O produto foi lançado no mercado e o crescimento das vendas é lento; (2) Crescimento - Há uma explosão da procura, uma melhoria dos lucros e o produto tende a massificar-se. Chegam novos competidores; (3) Maturidade - O ritmo de crescimento das vendas dá sinais de abrandamento. É uma fase em que as empresas tendem a entrar em guerras de preço e publicidade; (4) Declínio - A procura entra em derrapagem, os lucros sofrem uma rápida erosão em direção ao ponto zero. Grande parte dos competidores começa a abandonar o mercado.

Ciclo PDCA: Método de controle de processo (caminho para atingir as metas estabelecidas), composto de quatro fases básicas: P (Plan) Planejamento, D (Do) Execução, C (Check) Verificação, e A (Act) Ação Corretiva. Em sua forma mais simples e reduzida, temos as fases: P - definição das metas e determinação dos métodos para alcançar as metas; D - educação, treinamento e execução do trabalho; C - verificação dos efeitos (resultados) do trabalho executado; A - atuação no processo em função dos resultados. Na utilização do método PDCA, poderá ser preciso empregar várias Técnicas Estatísticas. Conforme o tipo de metas, temos: CICLO SDCA PARA MANTER ou CICLO PDCA PARA MELHO-RAR. Também chamado Ciclo de Shewhart ou Ciclo de Deming.

Ciclo PDCA para Melhorar: É utilizado para atingir "metas para melhorar", ou seja, produtos melhores, a um custo menor e entrega/atendimento mais eficiente. Isto se consegue modificando a maneira de trabalhar, ou seja, modificando os Procedimentos Operacionais Padrão (POP). As fases são: P - identificação do problema a partir da meta de melhoria; reconhecimento das características do problema; descoberta das causas principais do

GLOSSÁRIO DE LOGÍSTICA | 277

problema e estabelecimento de um Plano de Ação com contramedidas para bloquear estas causas; D - execução do Plano de Ação, isto é, treinamento e execução das tarefas do plano e coleta de dados a serem usados na fase C; C - verificação da efetividade da ação de bloqueio adotada; A - eliminação definitiva das causas principais do problema, através de padronização que adote como padrão as ações que deram certo; revisão das atividades realizadas e planejamento para o trabalho futuro. O Ciclo PDCA é conduzido pelas funções gerenciais.

Ciclo SDCA para manter: Designação do Ciclo PDCA quando utilizado para atingir metas padrão ou para manter os resultados num certo nível desejado. As fases são: S (de "standard" ou padrão) - estabelecimento de Metas Padrão e de Procedimentos Operacionais Padrão (POP); D - treinamento e supervisão do trabalho, avaliação para saber se todos os POP estão sendo cumpridos na execução das tarefas; C - verificação da efetividade dos POP, avaliando se a meta foi ou não alcançada; A - caso a meta não tenha sido atingida adotar ação corretiva removendo os sintomas, agindo nas causas. Dentro do SDCA, devem existir os seguintes sistemas: - Sistema de Padronização (S); - Sistema de Treinamento no Trabalho (D); - Sistema de Supervisão e Auditoria (D); - Sistema de Monitoramento de Todas as Metas Padrão (C); - Sistema de Tratamento de Anomalias (A). O Ciclo SDCA é conduzido pelas funções operacionais da organização.

CIF - Custo, Seguro, Frete - Cost, Insurance and Freight: Termo idêntico a Custo e Frete, mas, além disto, o vendedor deve fornecer um seguro contra o risco de perdas e danos das mercadorias no decorrer do transporte. O vendedor firma o contrato com a seguradora e paga o prêmio do seguro. Posto no destino.

CIM - Computer Integrated Manufacturing ou Manufatura Integrada com Computadores: Fábricas coordenadas e controladas por um sistema informatizado integrado.

Cinco Porquês: Prática, introduzida por Taiichi Ohno, de perguntar "por que" cinco vezes quando ocorre um problema, a fim de identificar sua causa básica, para que se possam desenvolver e implementar contramedidas eficazes.

Cinco Ss: Cinco palavras japonesas iniciadas por S, utilizadas para criar um local de trabalho adequado ao controle visual e à produção enxuta. *Seiri* significa seleção, classificação: trata-se de separar as ferramentas, peças e instruções desnecessárias daquelas que são necessárias, dando um destino para as que deixaram de ser úteis para aquele ambiente. *Seiton* significa arrumar e identificar peças e ferramentas, tendo como objetivo a facilidade de uso. *Seiso* significa limpeza, zelo: trata-se de eliminar a sujeira, inspecionando para descoberta e eliminação das fontes de problemas. A limpeza deve ser encarada como uma oportunidade de inspeção e de reconhecimento do ambiente. *Seiketsu* significa asseio, higiene: fazer o asseio é conservar a higiene, tendo o cuidado para que os estágios de seleção, ordem e limpeza, já alcançada, não retrocedam. Isto é executado através de padronização de hábitos, normas e procedimentos. *Shitsuke* significa autodisciplina, autocontrole: ser disciplinado é cumprir rigorosamente as normas e tudo o que for estabelecido pelo grupo. A disciplina é um sinal de respeito ao próximo.

CIP - Carriage and Insurance Paid to - Transporte e Seguro Pago Até: Significa que o vendedor transfere os bens ao transportador designado, porém, o vendedor deve pagar, adicionalmente, as despesas de transporte necessárias para levar os bens até o local de destino designado. Isto significa que o comprador deve assumir os riscos e outras despesas surgidas após a entrega dos bens. Porém, no CIP, o vendedor deve, também, providenciar o seguro dos bens contra riscos de perda ou danos durante o transporte.

Classe Mundial - World Class: Ser o melhor no seu ramo de negócio, obtendo fatores de competitividade suficientes para atingir metas de lucro e ser considerado o melhor na satisfação dos clientes.

Classificação - Assorting: Atividade de separar itens nas categorias que os clientes e usuários finais necessitam. Essa atividade geralmente é realizada em instalações de distribuição orientadas ao mercado.

Classificação ABC - ABC Classification - Activity Based Costing: Classificação estatística de materiais, considerando suas importâncias, baseada nas quantidades e nos seus valores. Utilização da Curva de Pareto para classificar produtos em três categorias, usando algum tipo de critério como demanda e valor. Classificação de um grupo de produtos em três categorias usando determinado critério como, por exemplo: demanda, valor de consumo, valor do produto ou valor de turnover por período. Designam-se as categorias A, B e C: A - um pequeno grupo de produtos que representa uma grande parte do valor de consumo total e/ou valor de produção ou valor de turnover por período. Esta categoria requer atenção especial. B - um grupo intermediário que requer menor atenção que a categoria A. C - um grande grupo de produtos que representa somente uma pequena parte do valor total de consumo e/ou valor de produção ou turnover. Relativamente, esta categoria é a que requer mínima atenção.

Classificação do Frete Uniforme - Uniform Freight Classification: Um sistema de classificação de produtos similares, dentro de categorias de taxas específicas. As categorias das taxas são baseadas nos atributos de movimentação de um produto, tais como: volume, necessidades especiais de movimentação, valores, etc.

Classificação GUS - GUS Classification: Classificação dos produtos em três categorias, em benefício do fluxo de produtos e controle de estoques, com base em uma área de aplicação de produtos. G = Geral; produtos que podem ser necessários em vários centros de operações ou grupos principais de produtos e cuja administração é centralizada. U = Única; produtos que são usados somente em um centro de operações ou grupo principal de artigos, mas em vários produtos. S = Específico; produtos usados exclusivamente em um produto de nível mais elevado e cuja aquisição pode ser efetuada por pedido individual.

Cliente: Toda pessoa ou organização que é afetada pelo processo, ou seja, que adquire ou utiliza um produto ou serviço. Um dos métodos básicos para a identificação de clientes consiste em seguir o produto para verificar quem é afetado por ele. Qualquer pessoa ou organização pode ser um cliente.

Cliente Externo: Cliente que não pertence à organização que fabrica o produto ou presta o serviço. Pessoa ou organização que recebe ou compra e utiliza um produto ou serviço e que não faz parte da equipe daquela organização.

Cliente Interno: Pessoa ou unidade de trabalho (Setor, Departamento, etc.) que recebe o produto ou serviço do fornecedor, dentro da própria organização.

CLP ou PLC - Controlador Lógico Programável - Programable Logic Controler: Dispositivo eletrônico programado para testar o estado dos dados de input no processo e determinar linhas de setup de acordo com o estado de input, fornecendo assim instruções de controle ou alternativas para outros testes. Os controladores programáveis fornecem às operações chão de fábrica capacidade de monitorar e controlar rapidamente centenas de parâmetros, como temperatura, pressão, entre outros.

Cluster: Concentrações geográficas de empresas interligadas entre si, que atuam em um mesmo setor com fornecedores especializados, provedores de serviços e instituições associadas.

CMM - Capability Maturity Model: Modelo para avaliação da maturidade dos processos de software de uma organização e para identificação das práticas-chave que são requeridas para aumentar a maturidade desses processos. O CMM prevê cinco níveis de maturidade: inicial, repetível, definido, gerenciado e otimizando. O modelo foi proposto por Watts S. Humphrey, a partir das propostas de Philip B. Crosby, e vem sendo aperfeiçoado pelo Software Engineering Institute - SEI, da Carnegie Mellon University.

Coach: Facilitador; instrutor; entidade (pessoa, equipe, departamento, empresa, etc.) que atue como agregador das capacidades de cada elemento da cadeia (equipe, departamento, empresa, etc.).

Cobertura Abrangente de Distribuição - Widespread Distribution Coverage: Capacidade de atingir, de forma abrangente e eficaz, uma determinada região de distribuição.

Cobertura Média ou CM: É a indicação de quantas vezes o estoque se renovou durante o período (n). CM = 12/Cr, ou seja, os 12 meses do ano divididos pelo coeficiente de rotação.

Cobertura Seletiva de Distribuição - Selective Distribution Coverage: Capacidade de atingir, de forma eficaz, clientes exclusivos ou selecionados.

Cobrança Antecipada - Advance Charge: Cobrança efetuada por um transportador a um agente ou outro transportador, que o entregador depois receberá do consignatário. Tais cobranças geralmente são para pagamento de tarifas e despesas extras para expedição efetuada por um agente ou outro transportador.

280 | GESTÃO DE ESTOQUES

Co-Carregamento - Co-Loading: Carregamento durante o trajeto, de carga de outro expedidor, que tem o mesmo destino que a carga que já está sendo transportada.

COD - Cash On Delivery - Pagamento Contra Entrega (Em Transporte Aéreo)**:** Termos de pagamento: se o transportador recebe pagamento do consignatário e remete a quantia ao expedidor.

Code Stitching: Tecnologia que permite decifrar e reconstruir os códigos de barras danificados ou truncados.

Código de barras - Bar Coding: Meio de captura automática de dados, em formato legível, por equipamento óptico, com barras paralelas escuras e claras, dos números e informações que identificam produto, local, processo, em suas diferentes embalagens e meios de manuseio.

Coeficiente de Rotação: É a relação entre as retiradas de um estoque e o seu próprio estoque médio: Cr = saídas/estoque médio.

Co-Fabricação - Co-Makership: Relacionamento, a longo prazo, entre, por exemplo, um fornecedor ou transportador e um cliente, com base em confiança mútua na realização de determinada atividade produtiva.

Co-Fabricante - Co-Maker: Fornecedor com o qual há ótima cooperação com base em mútua confiança organizacional na produção de determinado produto.

Coleta Por Conta do Cliente - Customer Pick-Up: O cliente se responsabiliza em retirar a mercadoria, ou contratando uma transportadora, ou pelos seus próprios meios.

Coletor de rádio freqüência: É um equipamento de leitura ótica, com funções similares a um scanner, que não necessita, porém, de uma base fixa de operação, pois funciona por meio de rádio freqüência e é portátil.

Coletor Scanner: Equipamento ótico utilizado para a leitura de códigos de barras.

COM - Critical Path Method - Método do Caminho Crítico: Técnica de planejamento em rede, usada para planejar e controlar as atividades necessárias para execução de um projeto. Mostrando cada uma destas atividades e o tempo associado, é possível determinar "o caminho crítico", identificando os elementos que restringem o tempo total de projeto.

Combinação Por Pedidos - Order Pooling: Método de agrupamento de um ou mais pedidos, adquiridos de um ou mais fornecedores, dentro de uma simples entrega para um centro de distribuição ou loja.

Comboio: Conjunto de veículos que seguem juntos para um mesmo destino. Utilizado principalmente por motivo de segurança; carros de munições e mantimentos que acompanham forças militares; composição ferroviária (em Portugal).

Comissão de Agência (Em Expedição) - Agency Fee: Valor pago pelo proprietário ou operador do navio para um agente portuário.

GLOSSÁRIO DE LOGÍSTICA | 281

Comitê Draft: Comitê de Planejamento.

Compensação - Trade-Off: Na sua forma básica, o resultado incorre em uma determinada área, com o intuito de obter uma grande vantagem em relação às outras (em termos de aumento de rendimento e lucro). Por exemplo: se uma empresa distribuidora reduz o número de armazéns, normalmente ocorre um aumento no custo de transporte, já que existe a necessidade de manter o mesmo nível de serviço, contudo, os custos operacionais de manutenção dos estoques diminuirão.

Compensação Econômica - Economic Trade-Off: Cálculos que apoiam a tomada de decisão no que se refere a atividades organizacionais. Nota: considera-se apenas a relação direta entre a decisão e o fluxo de caixa.

Compra - Purchasing: Termo usado na indústria e administração para denotar a função e responsabilidade de adquirir materiais e serviços.

Compra Centralizada - Centralized Purchasing: Na compra centralizada, um indivíduo ou departamento é posicionado dentro da organização, o qual recebe autoridade para efetuar a maioria das compras. Existem diversas vantagens em se organizar este tipo de função de compra, inclusive: a facilidade de padronização dos produtos; maior capacidade de alavancamento devido uma maior quantidade de compras; maior controle sobre as compras; maior eficiência administrativa com os fornecedores, e desenvolvimento de especializações nas atividades de compra. Pode-se implementar a centralização em uma organização com instalação única ou com diversas instalações.

Compra especulativa: Ocorre quando, mesmo não havendo necessidade da aquisição, esta poderá ser feita, com base em fatores como: contratos, previsões de aumento de preços, incertezas da disponibilidade do material em um futuro próximo, e políticas estratégicas.

Compra Futura - Forward Buying: É a prática de comprar produtos em quantidade superior à demanda atual, porém, não em quantidade suficiente para atender a uma demanda a longo prazo, com o objetivo de conferir ganhos de economia de escala, negociação e outros.

Compra Sem Papéis - Paperless Purchasing: Operação de compra que utiliza sistemas EDI para troca de informações entre fornecedor e comprador, evitando assim a necessidade de documentação impressa.

Computador de Bordo - On-Bord Computer: Um computador em um veículo que é utilizado para fazer o cálculo do uso de combustível, eficiência do motorista e outros dados relacionados ao transporte.

Conceito 3-UM: Origina-se de três palavras de origem japonesa, a saber: Muda (desperdício); Muri (insuficiência) e Mura (inconsistência). Desperdício (Muda) é qualquer coisa que não o ajuda a atingir seu objetivo de atender às necessidades do cliente. Alguns

282 | GESTÃO DE ESTOQUES

exemplos: fazer um relatório que ninguém lê; dar um treinamento sobre algo que não se vai utilizar, etc. Insuficiência (Muri) é o oposto do desperdício, ou seja, procurar atingir uma meta com recursos inadequados. Por exemplo: levantar 100 toneladas com um guindaste de 5 toneladas; fabricar produtos de primeira com matéria-prima defeituosa, etc. Inconsistência (Mura) significa falta de capacidade, de uniformidade e estabilidade. Refere-se a uma situação que esconde o desperdício e a insuficiência. As variações mostram o Mura. Do ponto de vista gerencial, é fundamental medir e eliminar todo tipo de desperdício, inconsistência e insuficiência.

Conceito do Produto: É a descrição detalhada do produto na linguagem dos clientes, tendo como base os benefícios estratégicos definidos. Deve-se basear em informações coletadas junto aos clientes.

Conceito TQC: O conceito do TQC é regido pelos princípios básicos seguintes:

1- Orientação pelo cliente ou Controle da Qualidade ofensiva.

2- Qualidade em primeiro lugar: garantir a sobrevivência da organização pela maior produtividade conseguida como domínio da qualidade.

3- Ação Orientada para os "poucos problemas vitais" (ver Análise de Pareto).

4- Falar, raciocinar e agir orientando-se por fatos e dados concretos. Fique atento para: "Dados corretos são difíceis de serem obtidos. Se alguém lhe mostra seus dados, considere-os suspeitos. Se alguém lhe mostra seus instrumentos de medida, considere-os supeitos". Ishikawa, K.

5- Gerenciar a organização ao longo do processo e não, por resultados.

6- Reduzir a dispersão atuando sobre suas causas.

7- O processo seguinte é seu cliente (interno ou externo): não passar para frente produtos defeituosos.

8- Procurar prevenir a ocorrência de problemas atuando cada vez mais a montante.

9- Prevenir com ação preventiva de bloqueio, para que o mesmo problema não se repita.

10- Respeitar os empregados como seres humanos independentes.

11- Definir e garantir a execução da Visão e da Estratégia da Alta Direção da Organização.

Condomínio Industrial - Industrial Condominnium: Expressão empregada na indústria de montagem (automobilística, eletrônica, etc.) para designar a instalação de unidades avançadas das empresas fornecedoras no mesmo terreno da empresa montadora.

Conexão - Link: Método de transporte usado para conectar os pontos (fábricas/armazéns) de um sistema logístico.

Confiabilidade: Capacidade de um produto ou serviço desempenhar, sem falhas, uma função requerida, sob determinadas condições, por um dado período de tempo. Termo

Glossário de logística | 283

também utilizado como característica de confiabilidade, significando uma probabilidade ou taxa de sucesso. A probabilidade de que o produto irá executar ou cumprir, sem falhas, sua função planejada sob condições especificadas e por um período de tempo também especificado. Para aumentar a confiabilidade, são de grande utilidade os métodos: FMEA - Análise do Modo de Falha e seus Efeitos, e FTA - Análise da Árvore de Falhas.

Confiabilidade do Processo - Process Reliability: A probabilidade que um processo irá desempenhar em uma determinada função, em um tempo determinado, sem que ocorram falhas. Este parâmetro pode auxiliar no planejamento da saída total de um processo.

Configuração (de Produto) **- Configuration:** Características físicas e funcionais de um produto, inclusive, sua estrutura. Este termo também se aplica aos dados necessários para definir, fabricar, testar, instalar e prestar assistência técnica a um produto.

Configurador - Configurator: Instalação para traduzir as necessidades de cliente (funções desejadas de aplicação) nos módulos de produção e software, a partir do qual o produto acabado tem de ser fabricado (principalmente usado em sistemas).

Configuração Consolidada - Consolidated Confirmation: Confirmação de que os produtos foram inclusos na consolidação destinada a partir em determinado embarque.

Confirmação de Despacho - Confirmation Of Despatch: Comunicação que indica que a carga foi transportada para uma unidade, embarcação ou aeronave, e que o trânsito para destino já foi iniciado.

Confirmação de Entrega - Delivery Confirmation: É a confirmação dos produtos recebidos. Também se refere a uma prova de entrega.

Confirmação de Recebimento - Acknowledgement Of Receipt: Notificação relacionada ao recebimento de algo, como produtos, mensagens e documentos.

Conhecimento de Carga - Consignment Note: Documento, preparado pelo expedidor, que envolve um contrato de transporte. Contém detalhes sobre a remessa a ser transportada e assinada pelo transportador como prova de recebimento.

Conhecimento de Carga por Ferrovia - Rail Consignment Note: Documento que evidencia o contrato de transporte de produtos por ferrovia.

Conhecimento de Carga por Transporte Rodoviário - Road Consignment Note: Documento que evidencia o contato de transporte de produtos por rodovia.

Conhecimento de Embarque - Bill Of Lading: Documento que evidência o contrato de transporte e prova o direito sobre as mercadorias. Também constitui o documento que é, ou pode ser, necessário para atender a uma reivindicação de seguro.

Conhecimento de Embarque Completo - Through Bill Of Lading: Conhecimento de embarque que abrange os produtos desde seu ponto de origem até o destino final, mesmo que forem usados por diversos transportadores.

284 | Gestão de Estoques

Conhecimento de Embarque Consolidado - Consolidated Bill Of Lading: Conhecimento de embarque usado quando os produtos são agrupados em uma grande embalagem ou em um contêiner fechado.

Conhecimento de Embarque para Via de Navegação Interna - Inland Waterways Bill Of Lading: Documento de transporte feito em nome de determinada pessoa, portador, assinado pelo transportador e enviado ao remetente após recebimento dos produtos.

Conhecimento de Transporte - Transportation Waybill: Documento emitido pela transportadora, baseado nos dados da Nota Fiscal, que informa o valor do frete e acompanha a carga. O destinatário assina o recebimento em uma das vias.

Conhecimento de Transporte Aéreo Direto - Direct Airway Bill - DAWB: Conhecimento principal de transporte aéreo emitido por uma companhia aérea para uma expedição direta, em oposição à consolidação ou expedição "back to back".

Conhecimento de Transporte Aéreo Neutro - Neutral Air Waybill - NAWB: Conhecimento de transporte aéreo padrão sem identificação do expedidor.

Conhecimento de Transporte Aéreo - Air Waybill - AWB: Documento emitido pelo transportador, ou em nome dele, confirmando recebimento dos produtos e evidenciando contrato entre aquele que expediu e o transportador, para carregamento de produtos via aérea.

Consecução do Programa - Schedule Attainment: Produção atual dividida através do planejamento da produção, medindo a habilidade em produzir apenas um produto necessário para poder satisfazer as exigências de demanda de um cliente, a fim de satisfazê-lo.

Consignação: Prática utilizada no comércio, onde o comerciante coloca à disposição, no ponto de venda para pronta entrega, produtos de fabricantes / terceiros, sem que faça a aquisição dos mesmos. Só irá adquirir, se vender. Com isto, não precisa desembolsar antecipadamente na aquisição dos mesmos.

Consignatário - Ship Broker: Empresa intermediária que, em nome e por conta do armador ou da empresa de navegação proprietária do navio, atua como depositária das mercadorias enquanto estas se encontram no terminal portuário, assumindo a sua recepção e entrega e cobrando os respectivos fretes. Além disso, presta serviços ao próprio navio e à sua tripulação, e efetua as operações de gestão relacionadas com a presença do navio no porto. Parte que recebe a carga, conforme mencionado no conhecimento de transporte.

Consolidação - Consolidating: Agrupamento de várias remessas pequenas numa unidade maior, para facilitar o manuseio e reduzir taxas. Combinação de expedições pequenas para obter taxas de frete reduzidas para um volume maior.

Consolidação de cargas: Consiste em criar grandes carregamentos a partir de vários outros pequenos. Resulta em economia de escala no custo dos fretes. É preciso um bom

GLOSSÁRIO DE LOGÍSTICA | 285

gerenciamento para utilizar este método, pois é necessário analisar quais cargas podem esperar um pouco mais e serem consolidadas. Se mal executado, compromete a qualidade do serviço de transportes, pois gerará atrasos.

Consolidação de Exportação: Um agrupamento de empresas com o objetivo de juntar sinergias e aumentar a sua competitividade, reduzindo os riscos e os custos de internacionalização.

Consolidação de Frete - Freight Consolidation: Agrupamento de expedições para obter custos reduzidos ou utilização aperfeiçoada da função de transporte. A consolidação pode ocorrer através do agrupamento da área de mercado, agrupando de acordo com as entregas de programação ou usando serviços de terceiros como armazéns públicos e agentes de transportes de frete.

Consolidação em Trânsito - Merge-In-Transit: Uma técnica para combinar pedidos de componentes de várias fontes enquanto estes componentes estão em trânsito dos fornecedores para os clientes.

Consolidar - Consolidate: Agrupar e acomodar várias expedições em um único contêiner.

Consórcio Modular - Modular Partnership: Alianças de duas ou mais empresas que fabricam e montam os componentes num produto final, sem o emprego de mão-de-obra pela empresa contratante. Expressão cunhada na indústria automobilística.

Contagem Cíclica - Cycle Counting: Técnica para auditoria da acuracidade de estoque, na qual se efetua uma contagem cíclica ao invés de uma vez por ano. Por exemplo, efetua-se contagem cíclica regularmente (e, em geral, com maior frequência para itens de valor elevado e fácil movimentação, e com menor freqüência para itens de baixo valor e difícil movimentação).

Contêiner ou Container: Equipamento de metal, no formato de uma grande caixa, que serve para o transporte de diversos materiais, fazendo assim uma unitização de cargas, que, acondicionados no seu interior, não sofrem danos durante o percurso e nem em caso de transbordo para outros modais. São reutilizáveis e possuem quatro tamanhos principais de 30, 25, 20 e 10 toneladas.

Contêiner Consolidado - Consolidated Container: Contêiner contendo várias expedições de diferentes expedidores para entrega a um ou mais destinatários.

Contêiner de Carga a Granel - Bulk Container: Contêiner de expedição projetado para transporte de cargas secas, que são carregadas por abertura no teto do contêiner e descarregadas por alçapões em um dos lados do contêiner.

Contêiner ISO - ISO Container: Contêiner totalmente fechado e à prova de intempéries, com paredes rígidas e, pelo menos, uma das paredes equipadas com porta, adequado para transporte de carga da maior variedade possível. A forma mais simples deste tipo de contêiner recebe o código 00. Este contêiner atende a todos os padrões relevantes da ISO

286 | GESTÃO DE ESTOQUES

no momento da fabricação. Equipamento de transporte com dimensões padronizadas, utilizado para unitizar carga geral e granéis sólidos e líquidos.

Conteinerização - Conteinerization: Método de expedição em que os produtos são colocados em contêineres, e, a partir de então, os produtos não tornam a ser movimentados isoladamente, até serem descarregados no destino.

Contenedor Desmontável - Demountable Cargo Container: Um contenedor à prova de intempéries, reutilizável para transporte ou estocagem de materiais, como uma unidade que pode ser segura para transporte de produtos.

Contenedor Metálico Portátil Empilhável - Portable Metal Stacking Rack: Consiste numa estrutura formada por um conjunto de tubos unidos em um perímetro de carregamento quadrado ou retangular.

Contenedores Intermediários Para Granéis - Intermediate Bulk Container - IBC: Contenedores apoiados ou construídos em berços empilháveis, que geralmente são destinados ao acondicionamento de produtos químicos e/ou perigosos. São movidos e estocados por meios mecânicos.

Contenedores Padrão - Standard Containers: Contenedores especificamente dimensionados usados para estocagem e movimentação. Estes contenedores protegem os produtos de serem danificados e simplificam a tarefa de controle.

Continuous Improvement (melhoria contínua): Componente essencial no Just-in-Time e na Qualidade Total, que reflete uma determinação inabalável para eliminar as causas dos problemas. É o oposto da mentalidade de "apagar incêndios".

Contract logistic: Logística contratada. Operação delegada ao operador logístico.

Controle da Vida de Prateleira - Shelf Life Control: Técnica de uso do sistema FIFO que visa minimizar a obsolescência de estoque.

Controle de Chão de Fábrica - Shop Floor Control: Função de encaminhar, programar e enviar trabalho a ser realizado no chão de fábrica, determinando prioridade para cada ordem de trabalho; mantendo registros de todo o material em processo e transmitindo informações sobre a condição das ordens de trabalho em comparação com o plano de gestão da produção.

Controle de Entrada/Saída - Input/Output Control: Técnica para controle da capacidade, onde o resultado real de um centro de trabalho é comparado com o resultado desenvolvido no planejamento das necessidades de capacidade. Os recursos também são monitorados para ver se correspondem aos planos, para que os centros de trabalho não estejam programados para gerar resultados quando não há material disponível.

Controle Descentralizado de Estoque - Decentralized Inventory Control: A decisão de estoque é tomada na instalação de armazenagem pelo responsável dos itens ali armazenados.

Controle Estatístico de Estoque - Statistical Inventory Control: Uso de métodos estatísticos para modelar a demanda e lead times experimentados por um item ou grupo de itens em estoque. É possível modelar a demanda durante o lead time e entre as análises, e podem-se definir: os pontos de reposição de pedido, estoques de segurança e níveis máximos de estoque para atingirem os níveis desejados de serviço ao cliente, investimentos em estoque, eficiência na distribuição e manufatura e retorno de investimentos.

Controle Visual: Colocação, em um lugar de total visibilidade, de ferramentas, peças, atividades de produção e indicadores do desempenho do sistema de produção, para que todos os envolvidos possam entender de imediato as condições do sistema. Usado como sinônimo de transparência.

Convenção Internacional para Transporte de Mercadorias por Ferrovias - Convention Internationale Concernant Le Transport Des Merchandises Per Chemin De: Acordo internacional empregado por 19 empresas ferroviárias européias, que determina condições para transporte internacional de produtos por ferrovia e as responsabilidades de transportador.

Convés: Área da primeira coberta do navio.

Core Business: Relativo ao próprio negócio ou especialidade no negócio que faz.

Corporate Purpose: Objetivo da Empresa.

Corredor Aisle: O espaço utilizado para permitir o tráfego de pessoal, material, e/ou equipamentos.

Cost Drivers: Fatores Direcionadores de Custos.

Cota: Quantidade especificada e limitada para produção, aquisição, importação ou exportação. Os fatores para limitação são os mais variados.

Cota-Allotment (em Transporte): Compartilhamento da capacidade de um meio de transporte designado a uma parte específica, por exemplo, um transportador ou agente, com o propósito de reservar carga para uma viagem específica.

Cotação/Oferta - Quotation: Declaração de preço, termos de venda e descrição dos produtos ou serviços oferecidos por uma empresa para um comprador potencial.

Country-manager: Diretor-geral para o país.

CPC: Commerce Planning Colaboration.

CPFR - Collaborative Planning, Forecasting and Replenishment - Planejamento Colaborativo de Previsão e Reabastecimento: Processo pelo qual múltiplas empresas coletivamente gerenciam previsão de vendas, produção e reposição.

288 | GESTÃO DE ESTOQUES

CPT - Cariage Paid To - Transporte Pago Até: Termo pelo qual o comprador efetua o pagamento do frete de carregamento para o destino. O risco de perda ou dano dos produtos, bem como quaisquer custos adicionais devido a eventos que ocorram após os produtos terem sido entregues ao transportador, é transferido do vendedor para o comprador quando os produtos tenham sido entregues a um transportador. "Transportador", aqui, significa qualquer pessoa que, em um contrato de transporte, assuma realizar ou providenciar a realização do transporte, seja via terrestre, férrea, marítima, aérea ou outra, ou, então, numa combinação dessas vias. Se forem utilizados transportadores subseqüentes, o risco passa quando os produtos tiverem sido entregues ao primeiro transportador. Este termo exige que o vendedor libere os produtos para exportação.

CRM - Gerenciamento do Relacionamento com o Cliente - Customer Relationship Management: É a arte de integrar todos os aspectos da tecnologia da informação em benefício de um completo relacionamento com o cliente, desde atividades de marketing e vendas até contas a receber. Esse modelo de negócios centrado no cliente também é identificado pelos nomes: marketing de relacionamento, marketing em tempo real, intimidade com o cliente, e uma variedade de outros. Mas a idéia é a mesma: estabelecer relacionamento com os clientes de forma individual e, depois, usar as informações coletadas para tratar clientes diferentes de maneira diferente. O intercâmbio entre um cliente e a empresa torna-se mutuamente benéfico, uma vez que os clientes oferecem informações em retribuição aos serviços personalizados que atendem às suas necessidades individuais.

CRO - Chief Risk Officer: Profissional que, elém de gerenciar o risco nas operações, também é responsável por analisar as estratégias do negócio, a concorrência e a legislação.

Cross Docking: São sistemas de distribuição nos quais os produtos recebidos no depósito ou no centro de distribuição não são armazenados, mas sim, preparados para serem enviados aos pontos de venda de destino. Esse procedimento é viabilizado por meio da identificação dos produtos mediante a entrega dos caminhões, de forma que os produtos ou paletes de produtos sejam imediatamente deslocados para a doca de embarque para, então, seguirem os seus destinos finais.

CRP - Continuous Replenishment Process - Programa de Reabastecimento Contínuo: Função que estabelece, mede e ajusta os limites ou níveis de capacidade. O termo "planejamento das necessidades da capacidade", neste contexto, é o processo que determina em detalhe quanto de mão-de-obra e recursos de máquinas serão necessárias para executar as tarefas da produção. As ordens abertas e planejadas do sistema MRP são as entradas do CRP, que as traduzem em horas de trabalho por centro de trabalho e por período de tempo. Sistema que calcula as necessidades de capacidade, com base no tempo e por tipo, para executar o programa de produção.

CSO - Chief Security Officer: Profissional que tem a missão de identificar capacidades internas e externas de recursos, para desenvolver projetos de tecnologia.

CTD - Documento de Transporte Combinado - Combined Transport Document: Documento negociável ou não, que evidencia um contrato de desempenho e/ou aquisição de desempenho de transporte combinado de produtos.

CTI: Computer Telephony Integrated ou Sistema Integrado de Telefonia e Computação.

CTO - Chief Tecnology Officer: Comanda a infra-estrutura da área de tecnologia.

Cubado - Cubed Out: Espaço referente à porcentagem de volume cúbico do veículo que é utilizado no transporte. Se um veículo em particular está 100% (cubed out), não existe espaço adicional para que ocorra mais carregamento.

Cubagem - Cubage: Volume cúbico disponível para estocar ou transportar. Calcula-se o metro cúbico multiplicando-se o comprimento pela largura e pela altura.

Cultura: Conjunto de padrões de comportamento, costumes, instituições e valores espirituais e materiais que regem um grupo social, uma sociedade, um povo.

Cultura Organizacional: As empresas, tal como os países, têm uma cultura única. Por isso, é crucial que as empresas divulguem de forma explícita quais são os valores que consideram importantes. Quando o fazem por escrito, o documento chama-se declaração de missão. Para James Collins e Jeremy Porras, autores do livro *Built to Last*, a razão por que algumas empresas têm sucesso a longo prazo, enquanto outras acabam por desaparecer, está na cultura organizacional. Nesta era de incerteza, tudo deve ser posto em causa, à exceção dos valores. Esses têm de ser imutáveis.

Curva ABC: Demonstração gráfica, com eixos de valores e quantidades, que considera os materiais divididos em três grandes grupos, de acordo com seus valores de preço/custo e quantidades. Os materiais classe "A" representam a minoria da quantidade total e a maioria do valor total; os classe "C" representam a maioria da quantidade total e a minoria do valor total, e os materiais "B" representam valores e quantidades intermediários.

Custeio ABC: Metodologia de custeio de produtos e serviços de uma empresa, com base nos recursos e atividades consumidos para produzi-los. Para isso, o ABC procura identificar quais são as atividades que tais produtos/serviços demandam para serem produzidos e quais são os recursos necessários para suportar tais atividades. Essa metodologia permite reduzir sensivelmente as distorções provocadas pelo rateio arbitrário dos custos indiretos, além de prover os gestores com informações mais confiáveis sobre os reais custos dos produtos e serviços.

Custeio baseado na Atividade: Sistema de Contabilidade gerencial que atribui custos a produtos com base no volume de recursos utilizado (incluindo espaço no chão-de-fábrica, horas de utilização de máquina e esforço humano), a fim de projetar, pedir ou fabricar um produto. Comparar com *custeio padrão.*

290 | GESTÃO DE ESTOQUES

Custeio Padrão: Sistema de contabilidade gerencial que aloca custos a produtos com base no número de horas-máquina e horas-homem disponíveis em um departamento de produção, durante um determinado período de tempo. Os sistemas de custeio padrão estimulam os gerentes a fabricarem produtos desnecessários ou o mix de produtos errado a fim de minimizar o custo por produto, maximizando a utilização de máquinas e mão-de-obra. *Comparar com custeio baseado na atividade.*

Custo Alvo - Target Costing: Custo de desenvolvimento e produção que o produto não pode exceder caso se deseje que o cliente fique satisfeito com o valor do produto enquanto o fabricante obtém um retorno aceitável de seu investimento. Planejamento estratégico do lucro e um sistema de gerenciamento dos custos, que incorpora um estrito foco nas necessidades e valores dos clientes, e traduz estes requisitos na entrega de produtos e serviços. Também é empregado como um critério para projeto no desenvolvimento de produtos.

Custo de Falta ou Stockout Cost: É o custo considerado pela falta de um item, por falta de estoque, quando se recebe um pedido. Este custo pode ser variado, devido: a se perder um pedido total ou parcial, ao custo de se repor de forma urgente, ou ao custo de se alterar toda a programação de produção para fabricá-lo.

Custo de Inventário - Inventory Cost: O custo de estocar produtos, usualmente expresso como uma porcentagem do valor do inventário que inclui os custos de capital, de armazenagem, taxas, segurança e depreciação dos equipamentos.

Custo de Obsolescência - Obsolescence Cost: É o custo de se manter, em estoques, itens obsoletos ou sucateados. Geralmente, os itens obsoletos são componentes de equipamentos ou máquinas fora de linha de fabricação.

Custo de Oportunidade - Opportunity Cost: É a taxa de retorno do capital investido que uma empresa ou pessoa espera ter, referente a um investimento diferente dos habituais ou normais que utiliza.

Custo de Reposição - Replacement Cost: Método para determinar o valor de estoques com base no custo da compra seguinte.

Custo e Frete - Cost And Freight - C&F: Termo que indica que o vendedor deve assumir todos os custos necessários para transportar a mercadoria ao local de destino designado, mas o risco de perdas e danos das mercadorias, bem como qualquer aumento das despesas é transferido do vendedor ao comprador.

Custo Interno de Falha - Internal Failure Cost: O custo de coisas que dão erradas antes que o produto alcance o cliente final. Exemplos: sujeira, falhas de usinagem, rejeitos em função da qualidade, peças expedidas erradas, e trabalho não-realizado.

Custo do Capital em Estoque (materiais em processo): É o valor médio do estoque em processo, multiplicado pelo custo do capital, dividido pela receita operacional líquida, vezes 100%.

Custo do Capital em Estoque (matérias-primas): É o valor médio do estoque de matérias-primas, multiplicado pelo custo do capital, dividido pela receita operacional líquida, vezes 100%.

Custo do Capital em Estoque (produtos acabados): É o valor médio do estoque de produtos acabados, multiplicado pelo custo do capital, dividido pela receita operacional líquida, vezes 100%.

Custo do Pedido - Order Cost: É o custo considerado basicamente pela soma das seguintes operações: fazer a solicitação a Compras, acompanhar seu atendimento, fazer o recebimento, inspecionar quando da chegada, movimentá-lo internamente, e fazer seu pagamento.

Custo Logístico: É o somatório do custo do transporte, do custo de armazenagem e do custo de manutenção de estoque.

Custo Marginal - Marginal Cost: O custo adicional de se produzir uma unidade adicional.

Custo Total da Distribuição - Total Cost Of Distribution: A soma dos custos de aquisição, transporte e armazenagem no movimento dos produtos acabados através dos canais de distribuição até o cliente final.

Customização em Massa - Mass Customization: Capacidade de produzir em massa produtos customizados a um custo baixo e volume elevado.

CWE - Cleared Without Examination: Liberado pela alfândega sem ser inspecionado.

CWQC - Company Wide Quality Control: Controle de Qualidade por Toda a Empresa.

D

DAF - Entregue na Fronteira - Delivered at Frontier: Significa que o vendedor entrega ou transfere os bens quando os mesmo forem disponibilizados para o comprador na chegada do meio de transporte combinado, já desembarcados, no ponto e locais indicados na fronteira (do país de exportação) e antes da fronteira alfandegária do país limítrofe, ficando a cargo do comprador o desembaraço para importação. O termo fronteira deve ser usado para qualquer fronteira, incluindo nesse conceito o país exportador. Assim sendo, será de vital importância que a fronteira em questão seja definida de forma precisa, indicando-se sempre o ponto e local.

Data de Vencimento da Cotação - Quotation Expiration Date: Data em que a cotação de preço perde a validade.

Data Limite de Expedição - Ship-Age Limit: Data após a qual um produto não pode ser expedido para o cliente.

Data Mining: Mineração de dados.

292 | GESTÃO DE ESTOQUES

Data Warehouse: Armazenamento de dados.

DDP - Entregue com Taxas Pagas - Delivered Duty Paid ou Door to Door: Entregue com Taxas Pagas. Significa que o vendedor transfere os bens ao comprador, já desembaraçados, no país importador, porém, sem serem descarregados de qualquer meio de transporte no local de destino mencionado. O vendedor tem de assumir os custos e riscos até a chegada dos bens no local de destino mencionado, incluindo, quando for aplicável, qualquer tributo (cuja definição abrange a responsabilidade e o risco pela realização das formalidades aduaneiras e o pagamento dessas formalidades, tributos aduaneiros, taxas e qualquer outra despesa) necessário para importação no país destino. DDP representa a máxima obrigação para o vendedor.

DDU - Entregue sem Taxas Pagas - Delivered Duty Umpaid: Significa que o vendedor transfere os bens ao comprador, sem estarem desembaraçados para importação, no país importador e sem serem descarregados de qualquer meio de transporte utilizado até o local de destino mencionado. O vendedor deve assumir os custos e riscos até a chegada dos bens no local de destino designado. Os tributos devem ser assumidos pelo comprador, assim como qualquer despesa e risco causados por falha dele no instante de liberar os bens comprados.

Declaração de Carga - Cargo Declaration: Termo genérico, às vezes chamado de declaração de frete, aplicado aos documentos conforme as especificações exigidas pela alfândega relacionadas à carga (frete) transportada comercialmente.

Declaração de Expedição - Shipping Note: Documento fornecido pelo expedidor, ou seu agente, para o transportador ou outra autoridade de recebimento, dando informações sobre remessas de exportação oferecidas para transporte, e os recibos e declarações de responsabilidades necessárias.

Dedução em Estoque de Nível Único - Single-Level Backflush: Uma forma de dedução em estoque que reduz o estoque somente das peças usadas no nível seguinte de uma montagem ou submontagens.

Dedução no Ponto de Contagem - Count Point Backflush: Técnica de dedução que usa mais de um nível da lista de materiais, retornando aos pontos anteriores onde a produção passou por contagem.

Demanda: Em busca ou em procura de um produto ou serviço no mercado.

Demanda Anormal - Abnormal Demand: Mudança imprevista no nível de pedidos de clientes.

Demanda de Armazém - Warehouse Demand: Necessidade de reabastecimento de um item no estoque em determinado armazém.

Demanda Dependente - Dependent Demand: Demanda diretamente relacionada ou derivada da estrutura de uma lista de materiais de outros artigos, ou produtos finais. Estas demandas podem, então, ser calculadas e não necessitam, ou dependem, de previsões. Em um dado produto, tanto pode ocorrer demanda dependente, quanto demanda independente. Por exemplo: um componente pode ser, simultaneamente, peça referente a uma montagem ou uma peça de reposição.

Demanda Independente - Independent Demand: A necessidade de um item não está relacionada com outros itens. Por exemplo, peças de um produto em lançamento, isto é, peças que não são baseadas em produtos instalados.

Demanda Interfábricas - Interplant Demand: Necessidade de uma fábrica por um produto ou peça que é produzida por outra fábrica ou divisão na mesma empresa. Apesar de não ser um pedido de cliente, geralmente é tratado pelo programa mestre de produção.

Demanda Irregular - Lumpy Demand: Entrada irregular de pedidos que causa picos e quedas na demanda da fábrica.

Demand Chain Management: Gerenciamento da Cadeia de Demanda.

Demurrage ou Sobreestadia: Multa determinada em contrato, a ser paga pelo contratante de um navio, quando este demora mais do que o acordado nos portos de embarque ou de descarga.

Denominação de Mercadorias - Proper Shipping Name: Nome usado para descrever produtos específicos em todos os documentos e notificações de expedição e, se aplicável, nos produtos.

Densidade da Embalagem - Packaging Density: O número de caixas por volume ocupado. Uma caixa pode envolver um ou vários produtos.

Dependência de Entrega - Delivery Dependability: Capacidade de cumprir datas e quantidades de entrega previstas de forma consistente.

Depreciação de Estoque - Inventory Writeoff: Dedução do valor do estoque na declaração financeira porque o inventário não é mais vendável ou devido a perdas. Apropriado quando o valor do estoque físico é inferior ao valor no livro fiscal.

DEQ - Delivered Ex Quay: Ou entrega no cais. O vendedor entrega a mercadoria no cais do porto de destino. Significa que o vendedor transfere os bens ao comprador quando os mesmo forem disponibilizados para esse último, sem ter acontecido o desembaraço de importação, no cais do porto de destino designado.

DES - Delivered Ex Ship: Ou Entrega no Navio.

Descarga - Unloading: No transporte de importação, é a operação de transferência da mercadoria, desde o momento em que está suspensa da grua, paralelamente ao costado do navio, até ser depositada num determinado ponto do terminal.

Desconsolidação - Desconsolidating: Inverso de Consolidação.

294 | GESTÃO DE ESTOQUES

Desconto - Rebate: Desconto legítimo para uma organização que efetua compra em consideração pela quantidade estipulada ou valor em espécie, dentro de um tempo específico.

Desdobramento da Função Qualidade - QFD: Procedimento decisório visual para equipes de projeto com habilidades múltiplas, que desenvolve uma compreensão comum da voz do cliente e um consenso sobre as especificações finais de engenharia do produto com o compromisso da equipe inteira. O QFD integra as perspectivas dos membros da equipe de diferentes disciplinas, garante que seus esforços focalizem a resolução de trade-offs importantes de forma consistente em relação a alvos de desempenhos mensuráveis para o produto, e desdobra essas decisões por meio de níveis sucessivos de detalhes. O uso de **QFD** elimina dispendiosos retrofluxos e retrabalhos próximos ao lançamento dos projetos.

Desenvolvimento de Fornecedor: Refere-se a todas as atividades projetadas para melhorar o desempenho do sistema da qualidade fundamental do fornecedor.

Desmontagem - Knock-Down: Quando os artigos são desmontados com o propósito de se reduzir o espaço cúbico da expedição. Chamamos o processo de desmontagem.

Despachante Aduaneiro - Broker: Intermediário entre o expedidor e o transportador. O despachante aduaneiro viabiliza o transporte para os expedidores e representa transportadores.

Despacho - Dispatch: Atividade de carregamento que envolve controle, abastecimento de combustível, motoristas, equipamentos e espaços em terminais.

Despesas de Embarque do Armador e Desembarque do Importador - Linear In Free Out: Condição de transporte que informa que as despesas de embarque correm por conta do armador e as de desembarque por conta do importador.

Desvio Autorizado - Authorized Deviation: Permissão para um fornecedor ou fábrica produzir um item que não apresenta conformidade com os desenhos e especificações aplicáveis.

Desvio Padrão: Unidade Estatística da medida da dispersão ou da variabilidade em torno da média aritmética de um conjunto de dados. Pontos situados a mais de 3 desvios da média são, usualmente, considerados pontos distantes.

Detalhamento do Projeto do Produto: Consiste na definição dos componentes, mecanismos, produtos intermediários, matéria-prima e processos que serão necessários para produzi-lo.

DFM: Design for Manufacturing ou Projeto para Manufatura.

Diagnóstico de Desempenho Operacional - DDO: É uma metodologia contínua e sistemática para avaliação de produtos (bens e serviços) e processos de uma organização. É uma técnica profundamente detalhada que permite ganhos de aproximadamente 10% do faturamento líquido.

Diagrama de Afinidades: Ferramenta exploratória que pode mostrar como um grupo de pessoas entende um problema ou fato desconhecido. Ela procura organizar dados verbais (idéias, opiniões, comentários), sobre importantes problemas não solucionados, por meio de suas afinidades mútuas. É um processo exploratório, onde se procura, usando a criatividade, desenvolver visões novas de situações antigas. Representação gráfica de grupos de dados afins, que são conjuntos de dados verbais com alguma relação natural entre si que os distingue dos demais. Este diagrama é muito usado para reunir grupos de dados dispersos ou organizar grupos confusos de dados. Identifica a natureza de um problema e permite aclarar um problema confuso através da organização de idéias. É uma das sete Ferramentas do Planejamento da Qualidade.

Diagrama de árvore: Ferramenta muito eficaz para se definir os meios que permitem alcançar um objetivo preestabelecido. Esse diagrama possibilita desdobrar repetidamente o objetivo até chegar a ações executáveis. É uma das Sete Ferramentas do Planejamento da Qualidade.

Diagrama de Árvore Estratégica: Diagrama composto de um diagrama de árvore e de um quadro de informações complementares. Tem por finalidade estabelecer um plano estratégico 5W1H (ver Método 5W1H) para se alcançar um objetivo. O diagrama de árvore contém o "WHY" e o "WHAT", e os 3W1H restantes estão no quadro de informações complementares.

Diagrama de Causa e Efeito: Mostra a relação entre um conjunto de causas (processo) que provoca um ou mais efeitos. É uma forma organizada de correlacionar o efeito e suas causas, agrupando-as em "famílias de causas", tais como: Matéria-Prima, Máquina, Mão-de-Obra, Medida, Método e Meio Ambiente. O Diagrama de Causa e Efeito proporciona ao gerente melhor entendimento de que ele tem autoridade sobre as causas e responsabilidade sobre os efeitos (resultados) de um processo. É também conhecido como Diagrama de Ishikawa ou de Espinha de Peixe. É uma das Sete Ferramentas da Qualidade.

Diagrama de Dispersão: Gráfico utilizado para a visualização do tipo de relacionamento existente entre duas variáveis. Estas variáveis podem ser: duas causas de um processo, uma causa e um efeito do processo, ou dois efeitos do processo. É uma das Sete Ferramentas do Controle da Qualidade.

Diagrama de Fluxo: Representação gráfica das variações ou fluxo de materiais.

Diagrama Pert - Pert Diagram: Forma de visualizar as atividades como um fluxograma, em que as tarefas são representadas por linhas e as ligações (nós) correspondem a momentos definidos.

Diferenciação - Differentiation: Capacidade de oferecer serviços logísticos diferentes dos oferecidos por outros operadores.

Dimensionamento Dinâmico de Lote - Dynamic Lot Sizing: Qualquer técnica de dimensionamento de lote que cria uma quantidade de pedidos, sujeita a recômputo contínuo.

Direcionadores de custo: É um fator mensurável que determina a ocorrência de uma atividade, como, por exemplo, o tempo para desempenhar uma atividade, o número de pallets movimentados, etc. É possível identificarmos direcionadores de recursos e de atividades. Os direcionadores de recursos são aqueles que demonstram a relação de consumo dos recursos por uma determinada atividade, servindo para custeá-la. Enquanto isso, os direcionadores de atividades identificam a maneira como os produtos "consomem" as atividades, ou seja, quanto de cada atividade cada produto (ou serviço) demanda para ser produzido, servindo para custear o produto.

Dispositivo de Carga - Unitizada - Unit Load Device: Qualquer tipo de contêiner ou palete em que uma remessa pode ser transportada.

Dispositivo de Elevação - Spreader: Dispositivo usado para reposição de contêineres e carga unitizada.

Distribuição - Distribution: 1. Processo de alocar e transportar produtos para vários locais 2. Parte da cadeia de abastecimento que é responsável pela movimentação de produtos entre cliente e fornecedor.

Distribuição Através de Fluxo - Flow-Through Distribution: Um processo no qual os produtos vindos de múltiplas localizações são levados para a planta central (às vezes chamadas de "cross-dock"). São realocados de acordo com o destino de entrega e transporte no mesmo dia. Isto elimina estocagem e a movimentação, reduz o nível de estoques e a velocidade de resposta aos pedidos. O projeto, a localização e o gerenciamento do fluxo através da distribuição, são partes da estratégia de reestruturação logística das empresas.

Distribuição Bimodal - Bimodal Distribution: É aquela que apresenta duas curvas, com duas modas diferentes. Isto ocorre quando estão presentes duas populações diferentes, tais como: diferentes setores, máquinas, operadores, etc.

Distribuição Compartilhada - Shared Distribution: Plano que permite que duas ou mais empresas compartilhem o armazém ou transporte para reduzir os custos totais ou para realizar economias de escala.

Distribuição de Erros de Previsão - Distribution Of Forecast Errors: Uma estimativa é feita para se obter quais são os erros que acompanham uma distribuição normal. Estes erros são traçados em conseqüência de freqüência e servem para se fazer um estudo de tendências e normalidades.

Distribuição Exponencial - Exponential Distribution: Distribuição contínua de probabilidades em que a probabilidade de ocorrências aumenta ou diminui constantemente. O caso de aumento constante (distribuição exponencial positiva) é usado para modelar fenômenos como o nível de atendimento ao cliente; o caso de diminuição constante (distribuição exponencial negativa) é usado para modelar fenômenos como o valor dado a qualquer período de tempo da demanda no ajuste exponencial.

Distribuição Física - Physical Distribution: Atividades relacionadas ao fluxo de produtos da conversão ao cliente final. Parte da logística empresarial que corresponde ao conjunto das operações associadas à transferência dos bens objeto de uma transação, desde o local de sua produção até o local designado no destino, e ao fluxo de informações associado. A distribuição física deve garantir que os bens cheguem ao destino em boas condições comerciais, oportunamente e a preços competitivos. Estas atividades incluem: o fretamento do transporte, armazenagem, movimentação de materiais, empacotamento de proteção, e controle de estoque.

Distribuição Normal - Normal Distribution: Distribuição estatística específica em que a maioria das observações enquadra-se próxima à média e um desvio da média pode ser maior ou menor. Expressa graficamente, a distribuição normal se apresenta como uma curva em forma de sino.

Distribuição Responsiva - Responsive Distribution: Processo pelo qual uma empresa coleta seus produtos usados, danificados ou ultrapassados e/ou embalagem de usuários finais, também conhecido como logística reversa.

Divisão Modal - Modal Split: O uso relativo que as companhias fazem dos modos de transporte; as estatísticas incluem quilometragem por toneladas, distância por passageiros, e rendimento dos equipamentos.

DMAIC: O DMAIC, que é o "modelo para melhorias" utilizado por um grande número de empresas que estão adotando o Programa Seis Sigmas nos Estados Unidos, é um ciclo constituído por cinco fases básicas: Define (Definir); Measure (Medir); Analyze (Analisar); Improve (Melhorar); Control (Controlar). Como outros "modelos para melhorias", o DMAIC é baseado no Ciclo PDCA. Portanto, o DMAIC, assim como o Ciclo PDCA, é um método de solução de problemas, ao qual é integrado, de forma lógica, um conjunto de ferramentas para coleta, processamento e disposição das informações necessárias para a execução de cada fase do método.

Docas ou Docks: É o local intermediário em que as mercadorias ficam entre a expedição e os transportes (vários modais), a fim de facilitar e agilizar a operação de carregamento e descarregamento de mercadorias.

DOE - Delineamento de Experimentos - Design Of Experiments: 1. Processo para estruturar estatisticamente estudos válidos em qualquer ciência. 2. Uma técnica de

298 | GESTÃO DE ESTOQUES

gerenciamento da qualidade usada para avaliar os efeitos de mudanças cuidadosamente controladas e planejadas. O objetivo é melhorar os processos de produção.

Dormente: Nome dado às travessas, geralmente de madeira, em que se assentam os carris da linha ferroviária.

Downsizing: Redução dos níveis hierárquicos em uma organização, com o objetivo de aproximar os níveis operacionais da alta direção. Nos anos 80, as grandes empresas cresceram de forma desordenada por meio da diversificação para novos negócios. Criaram estruturas gigantescas para competir, numa era em que a velocidade e a flexibilidade são os dois requisitos-chave. Por isso, nos anos 90 foram forçadas a reestruturar-se, um processo designado downsizing (um termo importado da informática). Aplicado à gestão, significa a redução radical do tamanho da empresa, geralmente por meio do delayering (redução dos níveis hierárquicos) ou da venda de negócios não-estratégicos. As empresas ganham flexibilidade e perdem burocracia e ficam mais próximas do mercado e dos clientes.

DPC - Direct Product Cost - Custo Direto do Produto: É uma ferramenta que atribui a produtos específicos todos os custos diretos (despacho, armazenamento, estoque, etc.), no esforço de determinar a Lucratividade Direta do Produto.

DPP - Direct Product Profitability - Lucratividade Direta do Produto: É um método contábil que verifica a contribuição de cada produto no lucro total do varejista, pelo refinamento das margens brutas em contribuições líquidas para custos e lucros por SKU.

DPS: Digital Picking System.

Dragagem: Serviço de escavação, nos canais de acesso e áreas de atracação dos portos, para manutenção ou aumento da profundidade.

Draw-back: Envolve a importação de componentes, sem pagamento de impostos (IPI, ICMS, Adicional ao Frete para Renovação da Marinha Mercante, e Imposto sobre Prestações de Serviços de Transporte Estadual), vinculada a um compromisso de exportação. Resumindo, é a restituição de imposto alfandegário ou aduaneiro que é pago na importação, que mais tarde será incorporado ao que é exportado.

Drayage: O transporte local do frete. O termo é usado para descrever transportes a distâncias mais longas, mas geralmente em um contexto intermodal. Por exemplo, o termo se aplicaria a um contêiner transportado de um terminal ferroviário ou navio para seu destino final, ou vice-versa.

DRP - Distribution Resource Planning ou Planejamento dos Recursos de Distribuição: 1. Função de determinar a necessidade de reabastecer o estoque em armazéns. Utiliza-se uma abordagem de ponto de pedido cronofásico, em que os pedidos planejados no armazém são "explodidos" pela lógica de MRP para tornarem-se necessidades brutas na fonte de suprimento. No caso de redes de distribuição de níveis múltiplos, este processo de explosão pode continuar nos vários níveis de armazéns regionais (armazém principal, armazém de fábrica, etc.) e tornar-se "input" ao programa mestre de produção. A demanda nas fontes de suprimentos é reconhecida como dependente e aplica-se a lógica padrão MRP. 2. Em geral, os cálculos para reabastecimento de estoque, que podem basear-se em outras abordagens de planejamento como quantidades de pedido por período ou "repor exatamente o que foi usado", em vez de limitar-se à abordagem de ponto de pedido cronofásico.

DRP II - Distribution Resource Planning - Planejamento dos Recursos de Distribuição: A extensão do planejamento das necessidades de distribuição no planejamento de recursos-chave contidos em um sistema de distribuição: espaço em armazém, mão-de-obra, dinheiro, caminhões, etc.

DSD (Direct Store Delivery/Entrega direta a loja): É um método de entrega dos produtos dos fabricantes diretamente nas lojas, sem passar pelo distribuidor/atacadista ou CD do varejo. O inventário de loja (modelo de estoque e reposição) pode ser gerenciado pelo fornecedor com níveis variáveis de supervisão do varejista, embora a entrada dos produtos seja feita tanto pelo fornecedor quanto pela loja.

DSE: Declaração Simplificada de Exportação.

Dumping: É quando há subsídios e produtos a um custo menor do que o custo real de fabricação.

DUN - Código de Unidade de Distribuição - Distribution Unit Number: Código de barras onde se acrescenta o dígito que trata da variante logística relacionada à distribuição física e/ou entrega de determinado produto.

E

EADI: Entreposto Aduaneiro do Interior ou Estação Aduaneira do Interior.

EAI: Enterprise Application Integration, que faz a integração de sistemas internos.

EAV: Engenharia e Análise do Valor.

EAN - European Article Numbering - Numeração Européia de Artigos: Código para identificar produtos em supermercado e similares. **Nota:** O código foi elaborado pela entidade internacional European Article Number Association, em Bruxelas, que representa a National EAN Associations nos países integrantes, administra o sistema de numeração de produtos locais, os códigos de barras e a linguagem de negócios EANCOM dentro de padrões aprovados internacionalmente.

EAN 128: É uma simbologia expressa em código de barras, utilizada para identificações primária e secundária de produtos. A identificação primária consiste em dois formatos: o Código Serial de Embalagem de Despacho (SSCC), para embalagens com produtos

300 | Gestão de Estoques

sortidos, e o Código de Embalagem de Embarque (UPC), para embalagens padronizadas, recomendadas para identificação de pallets.

EAN 13: É uma estrutura numérica e código de barras padronizados para a identificação de unidades de consumo.

EANCOM: É a versão simplificada do UN/EDIFACT, que abrange 42 mensagens voltadas para os processos de comercialização de mercadorias e serviços, incluindo serviços de transporte e transações financeiras.

Economia de Escala - Economy Of Scale: Fenômeno de redução do custo unitário em decorrência da produção em grande escala, que gera uma distribuição dos custos fixos sobre uma quantidade maior de unidades.

ECR - Efficient Consumer Response ou Resposta Eficiente ao Consumidor: É uma estratégia na qual o varejista, o distribuidor e o fornecedor trabalham muito próximos para eliminar custos excedentes da cadeia de suprimentos e melhor servir ao consumidor.

E-commerce: É a realização de toda a cadeia de valor dos processos de negócio num ambiente eletrônico, por meio da aplicação intensiva das tecnologias de comunicação e de informação, atendendo aos objetivos de negócio. Os processos podem ser realizados de forma completa ou parcial, incluindo as transações negócio-a-negócio, negócio-a-consumidor e consumidor-a-negócio. O comércio eletrônico se divide em dois grandes segmentos: B2B - Business to Business, e B2C - Business to Consumer.

EDI - Eletronic Data Interchange - Intercâmbio Eletrônico de Dados: O intercâmbio Eletrônico de Dados é a troca de documentos padronizados entre parceiros de uma cadeia de abastecimento ou entre unidades, fisicamente separadas, de uma mesma empresa. Associado ao uso do código de barras, às leitoras óticas e a sistemas de informação, constitui a base sobre a qual são implantadas as ferramentas que viabilizam o ECR.

EDIFACT: É a linguagem definida pela Organização das Nações Unidas para o Intercâmbio Eletrônico de Dados em Administração, Comércio e Transportes.

EDLP - Every Day Low Price - Preço Baixo todos os Dias: É a estratégia de precificação do varejista, a qual consiste em estabelecer compromissos de fornecimento de longo prazo com fornecedores, envolvendo grandes quantidades, com o objetivo de ofertar produtos a baixos preços ao consumidor.

Efeito de Amplificação - Amplification Effect: Efeito que se dá em toda a cadeia organizacional devido a flutuações na demanda, que surgem no final da cadeia (consumidor), sentido com maior intensidade no início da cadeia (fornecedores de matéria-prima). Este efeito é causado pelo fato de, em cada uma das cadeias intermediárias, a mudança ser intensificada como resultado de ajuste nos estoques em relação à alteração de informações sobre mudanças no final na cadeia, como uma grande influência no efeito de amplificação.

GLOSSÁRIO DE LOGÍSTICA

301

Efetividade de um Negócio com o Cliente - Customer Deal Effectiveness: Trata-se de uma rede incremental gerada através da divisão de um negócio com o cliente pelos custos totais do negócio, incluindo desenvolvimento do negócio, distribuição, e custo do capital associado com os estoques incrementais recebidos, somando-se a isso o desdobramento dos custos incorridos para que ocorra a execução do negócio.

Eficiência - Efficiency: Medida percentual do resultado real frente ao resultado esperado. A eficiência mede o resultado frente às expectativas, não, o resultado frente aos recursos, ou seja, eficiência é o índice de unidades produzidas frente à produção esperada em um determinado período.

EFT - Electronic Fund Transfer - Transferência Eletrônica de Fundos: É uma transação contemplada pela tecnologia EDI, que administra e transmite, entre duas empresas distintas, faturas, notas de crédito, notas de débito, etc. Também é conhecida como EDI financeiro.

ELQ - Economic Logistic Quantity - Quantidade Logística Econômica: É a quantidade que minimiza o custo logístico.

Embalagem ou Package: Envoltório apropriado, aplicado diretamente ao produto para sua proteção e preservação até o consumo/utilização final.

Embalagem de Apresentação - Window Package: Embalagem que envolve a embalagem de contenção, e com a qual o produto se apresenta ao usuário no ponto de venda.

Embalagem de Comercialização - Trade Package: Embalagem que contém um múltiplo da embalagem de apresentação, constitui a unidade para a extração de pedido, e, por sua vez, é um submúltiplo da embalagem de movimentação.

Embalagem de Contenção - Contacting Package: Embalagem em contato direto com o produto e, portanto, é preciso haver compatibilidade entre os materiais do produto e da embalagem.

Embalagem de Movimentação - Handling Package: Múltiplo da embalagem de comercialização para ser movimentada racionalmente por equipamentos mecânicos.

Embalagem de Quinto Nível - Fifth Pack: É a unidade conteinerizada ou as embalagens especiais para envio a longa distância.

Embalagem Externa - Overpack: Usada por um único expedidor para envolver uma ou mais embalagens e formar uma unidade para maior conveniência de manuseio e estocagem.

Embalagem Múltipla - Multipack: Embalagem de transporte contendo embalagens de comercialização mistas para entrega de pedido a um cliente.

Embalagem Primária - First Pack: É aquela que contém o produto (vidro, lata, plástico, etc.), sendo a medida de produção e de consumo. Também pode ser a unidade de venda no varejo.

302 | GESTÃO DE ESTOQUES

Embalagem Quartenária - Forth Pack: Envolve o contenedor, que facilita a movimentação e a estocagem.

Embalagem Secundária - Second Pack: É o acondicionamento (contenedor) que protege a embalagem primária. Por exemplo, uma bandeja de cartão com filme termo-encolhível.

Embalagem Terciária - Third Pack: É o caso das caixas de madeira, papelão, plástico ou outro material. A combinação da embalagem primária e secundária acaba sendo a medida de venda ao atacadista.

Embalagem Termoretrátil - Shrink Wrapping: Tratamento térmico que encolhe um envólucro de polipropileno ou filme semelhante, em torno de várias unidades, formando uma única unidade.

Embalagem Ultramarina - Overseas Pack: Contêiner projetado para suportar a movimentação inerente ao transporte, armazenagem e distribuição transoceânica.

Embarcação de Transporte Ocasional - Tramp: Embarcação sem programação fixa, mas que atende as necessidades de qualquer porto em que houver carga disponível.

Embarcador - Load Owner: Parte que embarca a carga, conforme mencionado no conhecimento de transporte.

Emissão Planejada - Planned Issue: Emissão de um item previsto pelo MRP através da criação de uma alocação ou necessidade bruta.

Empilhadeira - Fork Lift Truck: Equipamento destinado a empilhar e mover carga em armazéns, parques ferroviários, portos, etc.

Empilhadeira para Separação de Pedidos - Order Picking Lift Truck: Veículo industrial operado manualmente, equipado com uma plataforma de carga e uma plataforma de controle do operador móvel como um todo no mastro.

Empoderamento - Empowerment: Um processo de transferir autonomia e responsabilidade às pessoas na tomada de decisões e ações, para que aumentem seu domínio de competência na busca de melhores resultados.

Empresa Virtual - Virtual Enterprise: Um grupo de empresas organizadas para encontrar oportunidade de negócio, como se fosse uma única empresa, com um objetivo comum.

Ending Inventory: Inventário Final.

Endomarketing: Marketing interno realizado por meio de um conjunto de ações desenvolvidas para conscientizar, informar e motivar o indivíduo.

Entrega a Tempo - On-Time Delivery: Entrega de material ou produto 100% das vezes a tempo. A tempo significa que entregas adiantadas ou atrasadas não são aceitáveis.

Entrega Direta - Direct Delivery: Transporte de produtos diretamente do vendedor ao comprador. Freqüentemente usado se uma empresa terceira funciona como intermediária entre ambos.

Entrega Direta à Loja - Direct Store Delivery: Um método de entrega de mercadoria diretamente ao varejista através de uma saída nas instalações do armazém que se destina ao varejo.

Entrega Fracionada - Split Delivey: Método pelo qual uma grande quantidade é solicitada em uma ordem de compra para garantir um preço inferior, mas a entrega é dividida em lotes de quantidades menores e entregue em datas diferentes para controlar os níveis de estoque, economizar espaço em armazém, etc.

Entrega Parcial - Part Delivery: Entrega de uma parte da quantidade total de produtos que devem ser entregues a um cliente em uma data específica de entrega.

Envoltório - Wrapper: Material que envolve produtos na operação de embalagem ou acondicionamento.

EOM - Electric Overhead Monorail: Monotrole Aéreo Eletrificado.

EOQ - Economic Order Quantity: Lote Econômico.

EPI: Equipamento de Proteção Individual.

E-Procurement: Processo de cotação de preços de compra e venda on-line.

Equalização de Frete - Freight Equalization: Prática adotada por fornecedores mais distantes para absorverem as cobranças adicionais de frete e corresponder às cobranças de frete de um fornecedor geograficamente mais próximo do cliente. Isso é feito para eliminar a vantagem de cobranças de frete inferiores que são oferecidas por fornecedores mais próximos dos clientes.

Equilíbrio (Em Transporte) **- Balance:** Fluxo de tráfego de igual porte em duas direções. O ideal é que um veículo carregado, enviado do ponto de partida original ao destino, retornasse totalmente carregado.

Ergonomia - Ergonomics: Enfoque utilizado para o projeto do posto de trabalho que se centra nas interações que ocorrem entre operadores e o meio no qual eles atuam, como: contaminantes atmosféricos, calor, luz, ruídos sonoros, e todas as ferramentas e equipamentos do posto de trabalho.

ERP - Enterprise Resource Planning ou Planejamento dos Recursos do Negócio: Sistema de Gestão Empresarial de informações orientado a contabilidade para identificar e planejar os recursos necessários em toda a empresa: receber, produzir, expedir e contabilizar os pedidos de clientes. Um sistema ERP difere do MRPII em termos de necessidades técnicas como: interface gráfica, banco de dados relacional, uso de

304 | GESTÃO DE ESTOQUES

linguagem de programação de quarta geração e ferramentas de engenharia auxiliadas por computador, arquitetura cliente/servidor.

Escritório Satélite - Satelite Office: Estação de encaminhamento de frete que oferece serviços de importação e exportação para um cliente que opera através de um escritório móvel ou ponto de transferência de mercadorias.

Especificação de Simbologia Uniforme - Uniform Symbology Specification: Qualquer uma das especificações publicadas por fabricantes de identificação automática para codificação, impressão e verificação dos símbolos dos códigos de barras com intuito de fornecer padrões comuns para usuários em diferentes aplicações.

Estabilização de Cargas - Load Trimming: No trabalho de análise de carga, considera-se o aspecto relacionado à existência de planos de clivagem das embalagens, que exibirão o uso de dispositivos de estabilização de carga, para que os movimentos sejam executados com segurança.

Estação de Contêineres - Container Freight Station: Depósito em que a carga de exportação é recebida para acomodação em contêineres ou em que a carga é retirada de contêineres e entregue a comerciantes.

Estação de Trabalho: Célula de colaboradores com poderes para executar completamente uma operação que resulta num produto ou serviço. Para tanto, os integrantes da célula devem ser polivalentes, ou seja, capazes, individualmente, de realizar tarefas diferentes.

Estampado: Termo utilizado em Produção. São peças feitas geralmente de chapas, que sofrem a pressão (impacto) de uma prensa, ficando definidas suas formas, de acordo com o molde da ferramenta utilizada.

Estibordo: Lado direito do navio.

Estiva - Stowage: Movimentação da mercadoria desde o momento em que está suspensa paralelamente ao costado do navio até que esteja definitivamente armazenada a bordo do mesmo, de forma que não possa sofrer deslocamentos, danos ou deteriorações, ocupando o menor espaço possível e colocada de maneira que a sua posterior manipulação seja simples de se efetuar.

Estivador: Empregado das Docas que trabalha na carga e decarga dos navios.

Estocagem - Storage: É uma das atividades do fluxo de materiais no armazém e o local destinado à locação estática dos materiais. Dentro de um armazém, podem existir vários locais de estocagem. O estoque é uma parte da armazenagem.

Estocagem a Granel - Bulk Storage: Estocagem em grande escala de matérias-primas, componentes intermediários e produtos acabados. Cada contenedor, normalmente, contém uma mescla de lotes e materiais que podem ser reaprovisionados, consumidos ou empacotados simultaneamente.

Estocagem em Local Aleatório - Random-Location Storage: Técnica de estocagem em que as peças são colocadas em qualquer espaço que estiver vazio quando chegam ao local de estocagem. Apesar de este método randômico necessitar do uso de um arquivo localizador, para identificar a localização dos itens, geralmente, exige menor espaço de estocagem do que um método para estocagem em local fixo.

Estocagem em Local Fixo - Fixed Location Storage: Designação de um local relativamente permanente para estocagem de cada item em um armazém ou instalação com esta finalidade. Enquanto este sistema requer mais espaço para armazenar peças do que o sistema de estocagem em local aleatório, as localidades fixas tornam-se familiares e, neste caso, não é preciso um localizador.

Estoque Agregado - Aggregated Stock: Estoque de qualquer grupo de itens ou produtos que envolvem várias SKUs.

Estoque de Abastecimento Alternativo - Alternate Feedstock: Abastecimento alternativo (backup) de determinado item, para funcionar como substituto ou ser usado com equipamento alternativo.

Estoque de Antecipação - Antecipation Inventory: Estoque formado para nivelar as flutuações previsíveis na demanda, entrega ou produção de um item específico.

Estoque de Material em Processo - Work In Process Stock: Itens de terceiros ou itens internos que estão sendo processados, mas que ainda não constituem um produto acabado. O termo "estoque" diferencia o material em progresso do estoque de material em processo. O último identifica o fato de que os materiais permanecem ociosos, como estoque, não sendo agregado nenhum valor.

Estoque de Movimentação Lenta - Slow Moving Stock: Estoques de materiais ou produtos que apresentam padrão de vendas lento e irregular.

Estoque de Proteção - Hedge Inventory: Tipo de estoque mantido para funcionar como pulmão contra algum evento que pode não ocorrer. O planejamento de estoque de proteção envolve especulação relacionada a greves, aumento de preços, questões governamentais não solucionadas e eventos que podem afetar drasticamente as iniciativas estratégicas da empresa. Os riscos e conseqüências costumam ser elevados e, geralmente, é preciso aprovação da alta direção.

Estoque de Segurança - Safety Stock: Quantidade mantida em estoque para suprir as ocasiões em que a demanda é maior do que a esperada; e/ou quando a oferta para repor estoque ou de matéria-prima para fabricá-la é menor do que a esperada, e/ou quando o tempo de ressuprimento é maior que o esperado; e/ou quando houver erros de controle de estoque que levam o sistema de controle a indicar mais material do que a existência efetiva.

Estoque de Transporte - Transportation Inventory: Estoque em trânsito entre as localidades.

306 | GESTÃO DE ESTOQUES

Estoque em Consignação - Consignment Stock: Estoque de produtos com um cliente externo que ainda é propriedade do fornecedor. O pagamento por estes produtos só é feito quando eles são utilizados pelo cliente.

Estoque em Piso-de-Fábrica - Floor Stocks: Estoques de peças baratas de produção que são mantidas na fábrica e que os funcionários da produção podem usar sem efetuar requisição.

Estoque em Processo: Prática de produção em massa através da qual se produzem grandes lotes de uma peça e, em seguida, envia-se o lote para uma fila de espera, antes da próxima operação no processo de produção. Comparar com *fluxo contínuo*.

Estoque em Trânsito - Intransit Store: Refere-se ao tempo no qual as mercadorias permanecem nos veículos de transporte durante sua entrega.

Estoque Final - All-Time Inventory: Estoque formado em vista de o produto não ser mais produzido. Se necessário, pode ser incorporado ao estoque bloqueado, para evitar entregas incidentais e/ou consumo para o qual não estaria reservado.

Estoque Flutuante - Fluctuation Inventory: Um estoque que é utilizado para dar cobertura ao atendimento das exigências inesperadas e manter os níveis adequados para atender a produção.

Estoque Focado - Spot Inventory: Método de contagem de estoque no qual somente um grupo específico de itens é contado.

Estoque Inativo - Inactive Inventory: Refere-se a itens que estão obsoletos ou que não tiveram saída nos últimos tempos. Este tempo pode variar, conforme determinação do próprio administrador do estoque.

Estoque Intermediário - Intermediate Stock: Estoque que serve para compensar as disparidades na velocidade de operações sucessivas no processo de produção e as diferenças na seqüência com que os produtos são manuseados em cada operação. O estoque intermediário é formado entre várias fases de produção em uma empresa. Pode ter a função do estoque de segurança.

Estoque Máximo: Refere-se a quantidade determinada previamente para que ocorra o acionamento da parada de novos pedidos, por motivos de espaço ou financeiro.

Estoque Médio: Refere-se a quantidade determinada previamente, que considera a metade do lote normal mais o estoque de segurança.

Estoque Mínimo: Refere-se a quantidade determinada previamente para que ocorra o acionamento da solicitação do pedido de compra. Às vezes, é confundido com "Estoque de Segurança". Também denominado "Ponto de Ressuprimento".

Estoque no Canal - Pipeline Stock: Estoque para cobrir o canal de transporte e o sistema de distribuição, incluindo o fluxo entre pontos de armazenagem intermediária. O tempo de fluxo na distribuição tem o efeito principal na quantidade de estoque necessário na rede. Os fatores de tempo incluem: transmissão, processamento, envio, transporte, recepção, estocagem, etc.

Estoques Consignados - Consigned Stocks: Estoques, geralmente de produtos acabados, que estão em posse dos clientes, distribuidores, agentes, etc., cuja propriedade continua sendo do fabricante por acordo entre eles.

Estoque Projetado Disponível - Project On Hand: Em MRP, saldo de estoque projetado. É a soma de estoque disponível menos a necessidade, mais os recebimentos programados (saldo disponível projetado menos pedidos planejados).

Estoque Pulmão - Buffer Inventory: Quantidade de materiais que aguarda processamento. Pode referir-se a matéria-prima, produtos semi-acabados ou uma pendência propositalmente mantida antes do centro de trabalho.

Estoque Regulador: É normalmente utilizado em empresas com várias unidades/filiais, onde uma das unidades tem um estoque maior para suprir possíveis faltas em outras unidades.

Estoque Reserva - Reserve Stock: O mesmo que Estoque de Segurança.

Estoque Sazonal - Seasonal Inventory: Refere-se a quantidade determinada previamente para se antecipar a uma demanda maior prevista no futuro, fazendo com que a produção ou consumo não sejam prejudicados e tenham uma regularidade.

Estrados - Skids: Peças usadas sob estruturas, caixas ou embalagens, para elevá-las do solo e permitir fácil acesso para empilhadeiras ou outros equipamentos de movimentação.

Estrado para Carga Aérea - Flight Load Skids: Estrado de alumínio medindo 230 cm x 270 cm, combinado com uma rede ou capa de material plástico para carregamento rápido de aeronaves.

Estratégia: Ação de longo e médio prazo necessária para se atingir a visão. Caminho a ser seguido pela empresa para garantir a sua sobrevivência a longo prazo.

Estratégia de Capacidade - Capacity Strategy: Uma das ações estratégicas que uma empresa deve adotar como parte de sua estratégia de fabricação. Existem três estratégias de capacidade que são comumente conhecidas: antecipada, postergada e de acompanhamento. A estratégia de capacidade antecipada se transmite na antecipação do aumento da demanda. A estratégia postergada se refere à capacidade sobre a qual a empresa está operando, ou sobre a capacidade total. Estas duas estratégias podem ser combinadas e são chamadas de estratégia de gestão. A estratégia de acompanhamento se transmite em eliminar a capacidade para as pequenas quantidades, um intento de responder a uma demanda mutante do mercado. Esta estratégia também é conhecida como "estratégia de equilíbrio".

308 | GESTÃO DE ESTOQUES

Estratégia de Diversificação - Diversification Strategy: Expansão do escopo da linha de produto para explorar novos mercados. Um objetivo central de estratégia de diversificação é distribuir o risco da empresa em várias linhas de produtos no caso de haver uma grande mudança no mercado de um dos produtos.

Estratégia de Manufatura - Manufacturing Strategy: Padrão coletivo de decisões que agem após formulação e desdobramento de recursos de manufatura. Para ser mais eficaz, a estratégia de manufatura deve apoiar a direção estratégica geral da empresa e fornecer vantagem competitiva.

Estratificação: Processo de classificar os dados em subgrupos baseados em características ou categorias. Estratificar é dividir as informações (dados) em grupos (ou estratos), constituindo-se numa ferramenta para a busca das causas ou origens de um problema. Os dados devem ser agrupados por tempo, local, tipo, sintoma, e outros fatores. A estratificação é fundamental para a construção do Gráfico de Pareto, sendo uma das Sete Ferramentas do Controle da Qualidade.

Estrutura Básica de Fluxo de Produtos - Basic Structure Of Goods Flow: Forma típica em que os produtos e mercadorias são movimentados por unidades diferentes de uma organização, de fornecedor para cliente. Pode ser representada graficamente para melhor visualização e análise das "linhas de ruptura" no fluxo de produtos, pontos de estoque, recursos compartilhados com outras combinações de mercado/produto, e penetração dos pedidos dos clientes.

Estrutura da Rede de Distribuição - Distribution Network Structure: Os canais planejados de distribuição de estoque de uma ou mais fontes para centros de distribuição ou armazéns. Um ou mais níveis podem compor a rede.

Estrutura de Rota de Canais - Channel Route Structure: Uma rota fixa com várias paradas em que os equipamentos se movimentam.

Estrutura do Tipo Cantilever - Cantilever Rack: O membro inferior de uma estrutura em contato com o solo que está geralmente fixado a uma coluna. Pode também ser fixado ao solo e usado como um braço de apoio de carga. Nas prateleiras livres, a base usualmente se estende além do comprimento do braço.

Estrutura Organizacional: Responsabilidades, vinculações hierárquicas e relacionamentos, configurados segundo um modelo, através do qual uma organização executa suas funções.

Estrutura Porta-Paletes - Rack: Sistema estruturado de estocagem (de nível único ou múltiplo), usado para suportar empilhamento de itens ou cargas paletizadas.

Estrutura Porta-Paletes Dinâmica - Flow Rack: Estruturas metálicas dotadas de roletes ou rodízios que permitem que um produto seja movido de uma parte para outra da estrutura. Usada na separação de pedidos de pequena quantidade, estas estruturas podem agilizar o processo.

GLOSSÁRIO DE LOGÍSTICA | 309

Estrutura Porta-Paletes - Drive-In Rack: Estrutura de estocagem com vigas laterais para permitir um empilhamento elevado em fileiras profundas, contribuindo, assim, para um maior aproveitamento do espaço. Diferentemente dos porta-paletes drive-through, oferece acesso somente por um corredor.

Estrutura Porta-Paletes Dupla Profundidade - Double Deep Racking: Estrutura porta-paletes que comporta dois paletes em profundidade, permitindo, dessa forma, a redução do número de corredores. Entretanto, requer o uso de empilhadeiras pantográficas. Além disso, selecionar e separar acabam sendo um processo bem mais demorado do que no caso de palete de única profundidade.

Estrutura Porta-Paletes Push Back - Push Back Rack: Um sistema de estocagem que permite uma utilização profunda de cada nível do porta-palete. Os paletes são colocados e retidos do mesmo lado da estrutura. Dispositivos permitem que os paletes recuem ao se colocar um outro na frente destes. Ao removermos um palete, o palete de traz vem para a frente da estrutura.

Estufar/Ovar - Stowage: Colocação e proteção de carga em contêineres ou em um meio de transporte.

ETA: Expressão do transporte marítimo, que significa dia da atracação (chegada).

ETS: Expressão do transporte marítimo, que significa dia da saída (zarpar).

EVA - Economic Value Added - Valor Econômico Agregado: Uma técnica desenvolvida por G. Benner Stewart, onde o desempenho da base do capital corporativo — incluindo depreciação dos investimentos, os investimentos de capital tradicional, a fábrica e os equipamentos —, é medido em relação ao que os acionistas poderiam ser remunerados. É o indicador de desempenho das empresas que consiste na subtração do Lucro Líquido (após a dedução do Imposto de Renda) do Investimento Total.

Evidência Objetiva: Informações cuja veracidade pode ser comprovada, com base em fatos obtidos através de observação, medição, ensaio ou outros meios.

EWS - Early Warning System - Sistema de Advertência Antecipada: Um sistema que aciona um mecanismo de sinalização útil para tomada de decisões.

Excedente ou Deficiência - Surplus or Shortage: Quantidade de produtos que representam a diferença entre a quantidade necessária e a quantidade acordada. Se esta diferença for positiva, é um surplus (excedente), e se for negativa, é um shortage (deficiência).

Excelência: Este conceito nasceu em 1982, com a publicação de In Search of Excellence, de Peters e Waterman. Para os autores, as empresas excelentes têm oito características distintivas: inclinação para a ação; proximidade do cliente; autonomia individual; apostar nas pessoas; criação de valores; manter-se no que se domina; simplicidade formal; e existência simultânea de rigidez e flexibilidade. Mais importante do que a seleção das empresas excelentes (a maioria deixou de o ser alguns anos depois) e dos seus oito atributos (parte deles deixaram de ser respeitados por essas mesmas empresas), a obra foi o símbolo da nova forma de encarar a gestão.

Excesso de Peso (Transporte Aéreo) - Over Pivot Weight: Peso excedente do peso global aceitável.

Expedição - Shipping: Função que oferece instalações para a expedição de peças, produtos e componentes. Inclui: embalagem, identificação, pesagem e carregamento de veículo para transporte.

Expedição de Pedido - Order Shipment: Atividade que se dá do momento em que o pedido é colocado no veículo até o pedido ser recebido, verificado e descarregado no destino do comprador.

Expedição de Transferência - Handover Shipment: Expedição entregue por um agente de transportes de frete, mas que foi transferida a outro agente de transportes, conforme estipulado pelo consignatário, para liberação em alfândega e entrega, conforme incoterms.

Expedidor de Frete - Freight Forwarder: Pessoa ou empresa que prepara, consolida e desenvolve grandes carregamentos e operações de distribuição, assume as responsabilidades de transporte desde a origem até o destino, negociando as melhores taxas.

Expedidor de Frete Internacional - International Freight Forwarder: Expedidor de frete que manuseia os papéis e os consolida para os exportadores, podendo ou não fazer a consolidação da carga.

Explosão - Explosion: Análise de uma lista de materiais no total de cada um dos componentes necessários para fabricação de determinada quantidade mais elevada de montagem ou submontagem.

Extensão Para Encosto de Carga - Load Backrest Extension: Estrutura removível que se estende verticalmente na estrutura de transporte, para dar suporte e estabilidade a cargas excepcionalmente elevadas.

Extranet: Uma extensão de uma Intranet usando tecnologias de grupo para compartilhar dados, informações e conhecimento através de uma cadeia de abastecimento, incluindo fornecedores e clientes.

F

FA - Frete Livre de Extravio - Free Astray: Termo de expedição que se aplica quando o consignatário assume responsabilidade pela entrega da expedição ao ponto de consumo.

Fábrica Externa - External Factory: Situação em que os fornecedores são vistos como uma extensão da capacidade de manufatura da empresa. As mesmas práticas e preocupações comumente aplicadas ao sistema de manufatura da empresa devem ser aplicadas à fábrica externa.

Fábrica Focalizada - Focused Factory: Fábrica designada para fabricar uma série de produtos semelhantes que usam a mesma série de processos.

Fabricação Sob Encomenda - Job Shop Manufacturing: Prática de fabricação que produz um lote de itens não repetitivos, produtos sob encomenda. O termo é aplicado erroneamente à produção de lote de itens repetitivos em centros de trabalho funcionais, denominados apropriadamente de produção intermitente.

Faceamento - Facing: O termo é usualmente usado para descrever uma característica do sistema de separação de pendidos.

Falta de Estoque - Stock-Out: Situação em que um tipo de produto não consta em estoque.

Família - Family: Grupo de itens cuja semelhança de projeto permite planejamento agregado, cujo desempenho de vendas é monitorado conjuntamente.

Família de Produtos: Grupo de produtos relacionados que podem ser produzidos de forma intercambiável em uma célula de produção. O termo muitas vezes é análogo a "plataformas".

Fardo - Bale/Parcel: Volume prensado segundo uma forma padrão, mantida por cintas de segurança.

FAS - Free Alongside Ship - Livre no Costado do Navio: Significa que o vendedor entrega ou transfere os bens no costado do navio, no porto previamente determinado. O comprador assume a responsabilidade, custos e riscos de perdas ou danos dos bens a partir deste instante (exclusivamente para transporte marítimo).

FAS - Final Assembly Schedule - Programação da Montagem Final: Uma programação dos componentes acabados, para completar os produtos para os clientes num ambiente de fabricação e montagem sob encomenda.

Fator Crítico de Sucesso - Critical Sucess Factor: Uma condição mensurável que deve ser satisfeita a fim de que o processo atenda aos requerimentos dos clientes. A condição pode ser física ou comportamental.

Fator de Ocupação de Carga - Load Factor: Quociente da carga real de uma produção (grupo de recursos de produção) ou departamento (ex.: armazém/estoque), e a capacidade disponível durante um período específico. Indica até que ponto a capacidade é usada durante um período específico.

Fator de Redução - Shrinkage Factor: Fator percentual no registro mestre de um item, que compensa a perda esperada durante o ciclo de manufatura, seja aumentando as necessidades brutas ou reduzindo a quantidade de conclusão esperada de pedidos planejados ou em aberto.

Fator de Sensibilidade de Lote - Batch Sensitivity Factor: Multiplicador usado em regras de arredondamento visando determinar o número de lotes necessários para se produzir uma dada quantidade de produto.

Faturamento - Billing: Atividade que envolve determinação da taxa adequada e dos custos totais para expedição e emissão de uma fatura de frete.

Fatura Pro Forma - Pro Forma Invoice: Documento preparado antes de uma venda para fornecer evidências sobre o valor da fatura. Fatura enviada a um importador antes da confirmação e expedição do pedido.

Fazer-Ou-Comprar - Make-Or-Buy: Processo que leva a uma decisão de produzir um item internamente ou adquiri-lo de um fornecedor ou fonte externa.

FCA - Free Carrier - Transportador livre: O vendedor está isento de responsabilidades, no momento que entrega a mercadoria para o agente indicado pelo comprador ou para o transportador. Este termo foi designado para ir de encontro às necessidades dos transportes modernos, particularmente o transporte intermodal, transporte por contêiner ou "roll-on roll-off", por reboques e barcos. Baseia-se no mesmo princípio do FOB, mas aqui o vendedor cumpre as suas obrigações quando entrega a mercadoria ao transportador no local designado. Se nenhum ponto exato for designado na altura do contrato de venda, ambas as partes devem se referir ao local onde o transportador deverá tomar a mercadoria à sua responsabilidade. O risco de perda ou dano da mercadoria é transferido do vendedor para o comprador, naquele momento, e não na altura do embarque.

FCL - Full Container Load - Contêiner Completo: Operacionalmente, um contêiner completo é considerado um contêiner ao qual não se pode acrescentar carga durante o tempo em que está sendo transportado.

FCR - Forwarder Certificate Of Receipt - Certificado de Recebimento do Agente de Transportes-: Documento pelo qual o agente de transportes certifica que tomou posse dos produtos com instruções irrevogáveis para entregá-los ao destinatário determinado.

FCS - Finite Capacity Schedule: Programação de Capacidade Finita.

FCT - Forwarder Certificate Of Transport - Certificado de Transporte do Agente de Transportes: Documento pelo qual o agente de transportes certifica que encaminhou os produtos ao destino. Chamamos atenção para a diferença entre ser responsável por custos e ser responsável pela mercadoria. Comprador e vendedor, em conjunto, podem optar por versões de Incoterms anteriores.

Feedback: Comunicação ou informação de dados sobre o desempenho relativo à qualidade, dirigida a fontes que podem tomar as medidas apropriadas. É uma entrada, provinda de um cliente ou consumidor, relacionada com o produto ou serviço.

Feeder: Serviço marítimo de alimentação do porto hub ou de distribuição das cargas nele concentradas. O termo feeder também pode se referir a um porto secundário (alimentador ou distribuidor) em determinada rota. Cabe salientar que um porto pode ser hub para determinadas rotas de navegação e feeder para outras.

Feeder Ship: Navios de abastecimento.

FEFO - First to Expire First-Out - Primeiro a Expirar, Primeiro a Sair: Sistema de controle de estoques em que o material que vence primeiro deve ser utilizado primeiro. Serve para gerenciar a arrumação e expedição das mercadorias do estoque de acordo com o prazo de validade.

Ferramenta do Tamanho Certo: Dispositivo de projeto, planejamento ou produção capaz de se encaixar diretamente no fluxo de produtos dentro de uma família de produtos, de modo que a produção não exija mais transporte e esperas desnecessários.

FEU - Forty Foot Equivalent Unit - Equivalente a Quarenta Pés: Unidade de medida equivalente a um contêiner de expedição de quarenta pés.

Fidelização de Clientes: Engloba as técnicas destinadas a conservar e atrair os melhores clientes, de modo a aumentar a sua fidelização à empresa. Vários estudos já demonstraram que recrutar novos clientes é três a cinco vezes mais caro do que conservar os existentes e encorajá-los a consumir mais. Aumentar a fidelidade exige detectar as principais causas de insatisfação dos consumidores, nomeadamente as razões que os levaram a recusar um produto ou serviço ou a preferir o de um rival. Em seguida, as empresas devem corrigir esses pontos e melhorar a qualidade oferecida aos clientes em todas as áreas. A meta final é criar uma organização totalmente orientada para o cliente (customer-driven company).

FIFO - First-In-First-Out - Primeiro a Entrar, Primeiro a Sair (PEPS): Sistema de controle de estoques em que o material que entra primeiro deve ser utilizado primeiro.

Fila - Queue: Linha de espera. Na manufatura, as tarefas em um dado centro de trabalho que estão esperando para serem processadas.

Filme Termoretrátil - Shrink Film: Folha plástica biorientada que, com a ação de uma fonte de calor, tem a propriedade de contrair-se, possibilitando a unitização e unificação de cargas.

Filme Esticável - Stretch Film: Folha plástica que, com ação de uma força, tem a propriedade de esticar-se (sem romper) e através de movimento rotacional promove a unitização de cargas.

FILO - First-In Last-Out - Primeiro a Entrar - Último a Sair: Sistema de controle de estoques em que o material que entra primeiro deve ser utilizado por último.

FILO - Free in Liner Out - Taxa do Exportador e Desembarque do Armador: Condição de transporte que significa que as despesas de embarque são do exportador e as de desembarque, do armador.

314 | Gestão de Estoques

Filosofia da Organização: Constituída pelas crenças, valores, doutrina, princípios básicos e idéias da organização. A filosofia da organização deve ser repassada a todas as pessoas que dela participam e constituir-se em seu ideal.

Fine tuning: sintonia fina, calibragem.

FIO - Free in and Out - Isento no Embarque e no Desembarque de Taxas: Condição de transporte que significa que as despesas de embarque são do exportador e as de desembarque, do importador, nada cabendo ao armador.

FISH - First-In Still Here - Primeiro a Entrar - Ainda Aqui: Resultado de uma má previsão e gerenciamento. Qualquer peça FISH deve ser removida do estoque, mantendo-se o estoque de segurança que é essencial e devido lead time.

Fita Magnética - Magnetic Strip: Um tipo de identificação que usa uma fita de material magnético preso a um contenedor ou à mercadoria propriamente dita. A fita possui informações codificadas que podem ser lidas por um scanner magnético.

Flape: Dispositivo hiper-sustentador existente no bordo de fuga das asas dos aviões, próximo ao corpo da aeronave, que serve para aumentar a curvatura média do aerofólio, por meio de deslocamento do bordo de fuga para baixo. É utilizado nos pousos e decolagens, através de acionamento por alavanca. Existem 3 posições de inclinação.

Flutuação - Float: Tempo disponível para uma atividade ou seqüência ininterrupta de atividades além da duração regular.

Flutuação Livre - Free Float: Flutuação de uma atividade, obtida através da dedução da duração da atividade, da diferença entre o tempo mais recente possível de início da atividade seguinte e o tempo mais recente possível de início da própria atividade.

Fluxo: Realização progressiva de tarefas, ao longo da cadeia de valor, para que um produto passe da concepção ao lançamento, do pedido à entrega e da matéria-prima às mãos do cliente sem interrupções, refugos ou retrofluxos.

Fluxo Contínuo: Situação na qual os produtos passam — um produto completo de cada vez — por várias operações no projeto, recebimento de pedidos e produção, sem interrupções, retrofluxos ou refugo. Comparar com *estoque em processo.*

Fluxo Contínuo de Distribuição - Continuous Flow Distribution: Transferir os produtos de forma a responder às exigências dos clientes enquanto se minimizam os custos totais de distribuição.

Fluxo Contínuo de Produção - Continuous Flow Production: Produção sem lotes, na qual os produtos fluem de uma forma contínua ao invés de quantidades discretas, repetitivas ou não.

Fluxo de Reposição - Flow Replenishment: Um modelo para reabastecimento de produto a um local de varejo. O estoque do varejista, que é mantido pelo fabricante e pelos vendedores aos clientes, e registrado pelas transações dos pontos de venda. O estoque é automaticamente reabastecido pelo fabricante por meio de um acordo de método de reabastecimento.

Fluxo em Demanda - Demand Flow: Uma técnica para acelerar a montagem de produtos finais. Fluxo em Demanda usa o conceito de um supermercado que pode ser montado para responder as necessidades reais dos clientes.

FMEA - Failure Modes and Effects Analysis - Análise dos Modos de Falhas e Efeitos: Método de análise de produtos e processos que permite uma avaliação sistemática e padronizada de possíveis falhas, estabelecendo suas conseqüências e orientando a adoção de medidas corretivas (preventivas). Fornece pistas para a execução de melhorias nos sistemas, mediante a descoberta de pontos problemáticos. O ponto problemático é enfocado a partir da causa, raciocinando-se na direção do efeito (falha-problema). Seus objetivos são: - identificar as falhas críticas em cada componente, suas causas e conseqüências; - hierarquizar as falhas e analisar a confiabilidade do sistema.

FOB - Free On Board/Posto a Bordo: Preço sem Frete Incluso. Existem algumas variações de FOB: FOB Fábrica, quando o material precisa ser retirado, e FOB Cidade, quando o fornecedor coloca o material em uma transportadora escolhida pelo cliente.

Folha Rígida - Slip Sheet: São diversas folhas de papel, impregnadas com resinas, que formam uma placa rígida destinada a substituir o palete tradicional. Esta operação requer um acessório (push-pull) especial instalado na empilhadeira.

Fontes Múltiplas - Multisourcing: Aquisição de um produto ou serviço de mais de um fornecedor independente.

Follow-up: Acompanhamento de ação solicitada.

Food Town: Local que reúne vários fornecedores de um mesmo cliente em comum.

Fool - Proofing: Incorporação de mecanismos de defesa à tecnologia de um processo, que reduz as probabilidades de erros humanos por inadvertência.

Forecasting: Previsões de Demanda.

Fórmula de Wilson do Tamanho de Lote - Wilson Lot-Size Formula: Fórmula para cálculo da quantidade ótima do pedido.

Formulação Estratégica: É o processo mediante o qual a organização estabelece sua identidade organizacional, analisa seu ambiente externo e interno, atual e futuro, e elabora estratégias orientadas para o mercado. O processo de Formulação Estratégica é focado na busca do melhor caminho a ser seguido para garantir a sobrevivência e crescimento sustentável da organização a longo prazo. O processo proporciona condições favoráveis para o desenvolvimento do pensamento estratégico, permitindo que os envolvidos internalizem os conceitos, metodologias e ferramentas, e possam utilizá-los

316 | GESTÃO DE ESTOQUES

nas suas organizações. A Formulação Estratégica tem interface direta com o GPD e Gerenciamento de Projetos.

Fornecedor: Qualquer pessoa ou organização que forneça recursos (entradas) a um processo.

Fornecedor Terceirizado - Third-Party Provider: Uma empresa que fornece produtos e serviços, tais como transporte e logística para outras empresas.

Fração Defeituosa: Proporção de itens defeituosos (não-conformes), ou seja, relação entre o número de itens defeituosos e o número total de itens produzidos.

Franchising: Um método popular para uma empresa alargar a sua base de clientes sem necessitar investir capital e para um candidato a empresário criar um negócio sem constituir uma empresa de raiz. Há dois parceiros envolvidos: o franchisador, que desenvolveu o negócio e lhe deu o nome; e o franchisado, que compra o direito de operar sob esse nome. Um negócio torna-se franchising quando o franchisado paga direitos de entrada e royalties (geralmente uma percentagem fixa do volume de negócios) pela utilização da marca, produto ou serviço. Em contrapartida, recebe apoio do franchisador e o direito a distribuir o produto ou serviço numa área determinada.

Fracionamento de Carga - Break-Bulk: Separação de uma carga muito grande consolidada para permitir o uso de transportadores menores. Divisão de cargas de itens homogêneos em quantidades menores mais adequadas ao uso.

Fretador - Charterer: Pessoa que assinou um contrato de fretamento com o proprietário da embarcação ou aeronave e o aluga ou obtém leasing completo ou de parte da capacidade.

Fretamento Global - Lumpsum Chart: Gráfico pelo qual o proprietário da embarcação concorda em colocar toda a capacidade da embarcação ou parte dela à disposição do fretador, pelo que é pago um valor de fretamento global.

Frete de Porta a Porta - Door To Door Freight: Cobrança pelos elementos físicos da movimentação de carga desde as instalações do fornecedor às instalações de entrega pelos destinatários.

Fullfilment: Atender no tempo e no prazo.

Fundação de Desenvolvimento Gerencial - FDG: É uma instituição de direito privado, sem fins lucrativos, auto-sustentável, destinada ao desenvolvimento e difusão de métodos e técnicas de gerenciamento voltados à obtenção de resultados nas organizações humanas. A FDG possui uma equipe de cerca de 250 consultores, além de staff administrativo com 70 pessoas e escritórios regionais localizados em São Paulo, Porto Alegre, Curitiba, Rio de Janeiro e Salvador, tendo como instituidores nove grupos empresariais e sete pessoas físicas. Hoje, a FDG trabalha de forma sistemática e organizada, transferindo conhecimento gerencial para cerca de 700 empresas, tais como: Brasmotor, Acesita,

Ultragaz, Votorantim, Brahma, Belgo-Mineira, Gerdau, Sadia, Telemar, Mercedes Benz, Volkswagen, além de vários órgãos governamentais.

Furto - Pilferage: Subtração fraudulenta de produtos de uma carga em embarcação, armazém, etc.

G

Gargalo - Bottleneck: Instalação, função, departamento ou recurso que impede a produção, pois sua capacidade é inferior ou idêntica à demanda. Ocorrem, então, grandes filas na frente deste centro de trabalho. Um recurso é considerado um gargalo quando a exigência sobre ele é maior ou igual a sua demanda máxima.

Gargalo de Engenharia: Problema que não se consegue resolver com a extensão da tecnologia própria da empresa para melhoria da qualidade.

Gateway: 1. Ponto de troca de mercadorias (em transporte). Ponto em que a carga passa para outro transportador ou modo de transporte. 2. Acesso, entrada.

GED: Gerenciamento Eletrônico de Documentos.

Gerência com Livros Abertos: Situação na qual todas as informações financeiras relevantes às tarefas de projeto, planejamento e produção são compartilhadas entre todos os funcionários da empresa, e entre fornecedores e distribuidores, acima e abaixo, na cadeia de valor.

Gerenciamento da Rotina do Trabalho do dia-a-dia - Kanri: Ações e verificações diárias conduzidas para que cada pessoa possa assumir as responsabilidades no cumprimento das obrigações conferidas a cada indivíduo e a cada organização. Conjunto de atividades voltadas para alcançar os objetivos atribuídos a cada processo. Estas atividades são: definição de função, macrofluxograma, determinação dos itens de controle, montagem (de forma participativa) dos fluxogramas das tarefas para ajudar a padronização; definição dos métodos para se atingir as metas; definição clara dos problemas e de como resolvê-los com participação de todas as pessoas e, finalmente, educação e treinamento do pessoal. Pode também ser definido como a prática do controle da qualidade baseada na padronização. Visa: estabelecer padrões para a satisfação das necessidades das pessoas, manter padrões e melhorar estes padrões. Significa, também, obedecer normas, evitar alterações ou mudanças. Se este gerenciamento estiver bem montado, o produto ou serviço apresentará sempre o mesmo padrão de qualidade. O mesmo que Gerenciamento Interfuncional.

Gerenciamento de Categorias - Category Management: A administração de categorias de produtos como unidades estratégicas, unidades de negócio.

Gerenciamento de Conhecimento - Knowledge Management: Refere-se aos esforços para a gestão do conhecimento dentro da organização. Tais esforços são freqüentemente centrados na Tecnologia da Informação. Deve haver uma disseminação do conhecimento como uma novidade, mas o conceito tem um valor na cadeia de abastecimento através de múltiplos empreendimentos.

Gerenciamento de Demanda - Demand Management: Função de controle e gestão de toda a demanda dos produtos para assegurar que o planejamento mestre seja cumprido. Compreende as atividades de previsão, entrada de pedidos, compromisso de entrega, necessidade dos armazéns, pedidos entre plantas e necessidades de reposição.

Gerenciamento de Espaço (Space Management): É uma ferramenta para auxiliar o varejista a remanejar as mercadorias da loja. Determina quais categorias de produtos estão superestocadas, quais são mais lucrativas e, ainda, quais deverão ser acrescentadas. Auxilia na identificação do sortimento adequado para cada categoria, bem como na elaboração do planograma.

Gerenciamento do Tráfego - Traffic Management: A seleção dos modos de transportes e os específicos carregamentos dentro destes modos.

Gerenciamento por Categorias - Category Management: É o processo conjunto do varejista/fornecedor, que consiste em gerenciar as categorias de produtos como unidades estratégicas de negócios, para produzir resultados comerciais melhorados, concentrando esforços para entregar maior valor ao consumidor.

Gestão da Capacidade - Capacity Management: É a função de estabelecer, medir, monitorar e ajustar os limites ou níveis de capacidade, com o objetivo de executar os programas de fabricação e decidir sobre os planos de produção, MPS, MRP e lista de prioridades. A gestão da capacidade é executada em quatro níveis: planejamento de recursos, planejamento preliminar da capacidade, planejamento das necessidades de capacidade, além do controle das entradas e saídas.

Gestão de Estoque Agregado - Aggregate Inventory Management: Estabelecer os níveis globais de estoque desejados e implementar controles para assegurar que as decisões individuais de reabastecimento atinjam esta meta.

Gestão de Inventário - Inventory Management: Processo que assegura a disponibilidade de produtos através da atividade de administração do inventário: planejamento, posicionamento do estoque, e monitoração da idade dos produtos.

Gestão do Pulmão - Buffer Management: Uma técnica utilizada para gerenciar a proteção necessária e o processo de materiais dentro de uma fábrica.

Giro de Estoque: Demanda anual dividida pelo estoque médio mensal.

Giro de Estoque em uma Cadeia de Abastecimento Total - Total Supply Chain Inventory Turns: Total de unidades vendidas por ano, dividida pela média das unidades dos produtos acabados nas mãos dos fabricantes e distribuidores, dentro de uma cadeia de fornecimentos, incluindo as prateleiras das lojas.

Giro de inventário: Receita operacional líquida dividida pelo saldo médio do inventário (vezes). O número de vezes que o inventário movimenta durante o ano. Uma forma de calcular os giros de estoque é dividir a demanda anual de uma peça (ou peças) pelo volume da peça atualmente em um armazém, no chão de fábrica ou em outro estoque. Por exemplo, um custo médio de vendas de $10 milhões dividido entre um inventário médio de $2 milhões, significa que temos uma rotação de inventário de 5 vezes ao ano.

Global Source - Fornecimento Global: Situação em que as empresas adquirem recursos de fornecedores que praticam os preços mais competitivos, em nível mundial.

Globalização: As tecnologias de informação deram origem a uma verdadeira aldeia global. Para os gestores, o termo significa a integração mundial das atividades de uma organização. É uma etapa mais avançada da internacionalização, em que os processos são organizados em escala global, como se o mundo fosse um único país. A globalização diz respeito a todas as funções da empresa, mas muitas vezes, é apenas limitada ao marketing. Nesta área, Theodore Levitt foi o primeiro guru a alertar para a homogeneidade global das preferências dos consumidores.

GMP - Boas Práticas de Manufatura - Good Manufacturing Practices: Conjunto de normas e regras estabelecidas, geralmente, pelas indústrias alimentícias e farmacêuticas, que visam regulamentar o ambiente (fabril) de trabalho.

GM ROI - Gross Margin/Return on Inventory: É o indicador de desempenho que mede o retorno da margem bruta sobre o investimento em estoque.

GPS - Global Positioning System ou Sistema de Posicionamento Global: Foi desenvolvido pelas forças armadas norte-americanas e é composto por um conjunto de 24 satélites que percorrem a órbita da Terra a cada 12 horas. Esse sistema permite que, através de dispositivos eletrônicos chamados GPS Receivers (Receptores GPS), possam ser convertidos os sinais de satélites em posicionamentos, permitindo assim a localização geográfica de qualquer objeto no globo terrestre, com uma precisão em torno de 10 metros.

Gráfico de Barras - Gantt Chart: É um gráfico com todas as atividades seqüenciais de uma operação / projeto / produção, em que, para cada operação, existe uma barra com o tamanho de sua duração. Foi desenvolvido por H. L. Gantt, em 1917.

Gráfico de Pareto - Pareto Chart: Ferramenta simples para classificação de causas como mais ou menos significativas. O princípio de Pareto integra as sete ferramentas da qualidade e sugere que a maioria dos efeitos deriva de um número relativamente pequeno de causas. Veja também Princípio de Pareto.

Gráfico Espaguete: Mapa do caminho seguido por um produto específico ao percorrer a cadeia de valor em uma organização de produção em massa. É chamado assim porque a rota de produto, em geral, lembra um prato de espaguete.

320 | GESTÃO DE ESTOQUES

Grau de Penetração dos Pedidos de Clientes - Depth Of Penetration Of The Customer Order: Indicação do nível de penetração do pedido do cliente na cadeia organizacional. Geralmente, termina em um ponto de armazenagem.

H

Habilidade: É a capacidade de se utilizar o conhecimento para agregar valor aos produtos que atendem às necessidades das pessoas. O conhecimento é transferido ao produto através da habilidade, numa combinação das atividades gerenciais e técnicas.

Heijunka: Criação de um "cronograma nivelado" por meio do seqüenciamento dos pedidos em um padrão repetitivo e eliminação das variações cotidianas nos pedidos totais, de modo a corresponder à demanda a longo prazo. Por exemplo: se o cliente, durante uma semana, pedir 200 unidades do Produto A, 200 do Produto B e 400 do Produto C, em lotes de 200, 200 e 400, respectivamente, o cronograma nivelado seqüenciaria seu processamento na progressão A, C, B, C, A, C, B, C, A, C... Da mesma forma, se pedidos dos clientes, totalizando 1.000 produtos por semana, chegassem em lotes de 200 produtos no dia um, 400 no dia dois, zero no dia três, 100 no dia quatro e 100 no dia cinco, o cronograma nivelado produziria 100 por dia e na seqüência A, C, A, B.... Algum tipo de cronograma nivelado é inevitável em todos os produtos, de massa ou enxuto, a não ser que a empresa e todos os produtos de massa tenham capacidade infinita e tempo de troca de máquina zero. No entanto, com o tempo, os adeptos da produção enxuta tendem a criar excesso de capacidade, à medida que liberam recursos, e a trabalhar constantemente na redução do tempo de troca de máquina, para que a discrepância de curto prazo entre o cronograma heijunka e a demanda real seja uniformemente diminuída, com a ajuda das vendas niveladas.

Hinterland: É o potencial gerador de cargas do porto ou sua área de influência terrestre. O Hinterland depende, basicamente, do potencial de desenvolvimento da região em que o porto está localizado, e dos custos de transporte terrestre e feeder.

Histograma - Histogram: Gráfico de barras verticais contíguas que representam a distribuição da freqüência na qual os grupos ou classes de itens são relacionados no eixo x e os diferentes itens de cada classe no eixo y. Um histograma permite que as pessoas identifiquem padrões dificilmente perceptíveis em uma tabela numérica.

Horário Flexível - Flextime: Acordo no qual os funcionários podem eleger o número de horas de trabalho, desde que trabalhem um número estabelecido de horas definido pelo empregador.

Horizontal Organization: Uma organização horizontal (horizontal organization) ou achatada (flat organization) é a que minimiza o número de níveis hierárquicos, de modo a estar mais perto dos clientes, e onde os trabalhadores estão também mais próximos dos níveis de decisão. É um conceito que propõe acabar com a pirâmide hierárquica das organizações tradicionais. A sua vantagem principal é tornar os circuitos de decisão mais curtos, logo, mais rápidos. Os empregados, sentindo-se menos vigiados, revelam maior empenho e criatividade. Este tipo de organização favorece a criação de estruturas matriciais, mais leves e flexíveis, em que existe uma maior descentralização das responsabilidades.

Horizonte de Planejamento - Planning Horizon: Período de tempo ao qual um plano específico relaciona-se, expresso em unidades de tempo, conforme acordo mútuo. Em um sistema MRP, o horizonte de planejamento é determinado pelo período de tempo que vai da data presente até uma data futura em que os planos de materiais são gerados. Deve abranger, pelo menos, o lead time cumulativo de compra e fabricação e, geralmente, é um período relativamente extenso.

Hoshin Kanri: Ferramenta para tomada de decisões estratégicas para a equipe de executivos de uma empresa, que localiza recursos nas iniciativas críticas necessárias para concretizar os objetivos de negócios da empresa. Usando diagramas matriciais semelhantes aos empregados no *desdobramento da função qualidade*, selecionam-se três a cinco objetivos-chave e desselecionam-se todos os outros. Os objetivos selecionados são traduzidos em projetos específicos e desdobrados até o nível de implementação na empresa. *Hoshin kanri* unifica e alinha os recursos e estabelece alvos claramente mensuráveis, em relação aos quais os objetivos-chaves são medidos regularmente. Chamado também de *desdobramento da política.*

Housekeeping: Técnica para iniciar e manter os processos de Qualidade e Produtividade Total em uma empresa.

HTML: Hypertext Markup Language.

HUB - (Em transporte): Ponto central para coletar, separar e distribuir para uma determinada área ou região específica. Os pontos que interligam os hubs são chamados de troncos.

I

IBC - Intermediate Bulk Container: Contenedor Intermediário para Granel.

ICO - Inventory Chain Optimization: Otimização da Cadeia dos Estoques.

Identificador de Aplicação - Application Identifier: Um prefixo numérico para um código UCC/EAN - 18, que define um dado codificado. Eles são geralmente usados como códigos secundários para fornecer a informação que não foi incluída na numeração UPC padrão, tais como: data do produto, peso do lote e número da remessa. Isto também pode identificar o código serial UCC do contenedor de transporte.

Ilhas de Processo: Prática de agrupar máquinas ou atividades segundo o tipo de operação realizado; por exemplo, máquinas de moagem ou entrada de pedidos. Comparar com células.

322 | GESTÃO DE ESTOQUES

ILN - International Location Number - Número de Localização Internacional: Identificação de um endereço logístico e identificação dos produtos através do EAN.

Inbound: Dos fornecedores para as fábricas.

Incoterms: sigla que identifica os 13 termos que padronizam a linguagem usada no mercado de exportação e importação.

Índice de Criticidade - Critical Ratio: Regra de expedição que calcula uma relação e prioridade dividindo o tempo até o prazo pelo tempo esperado para conclusão do trabalho. Relações abaixo de 1 representam atraso, acima de 1 representam adiantamento, e em 1, conforme o programado.

Índice de flexibilidade: Representa a relação entre a média do lote de produção e a média do lote de entrega.

Índice de Produção - Production Rate: Ritmo de produção normalmente expresso em unidades, hora ou outra medida; por unidade de tempo, pode ser: por hora, turno, dia, semana, etc.

Índices de Referência - Benchmark: Conjunto de índices utilizados para estabelecer metas de melhorias nos processos, produtos, etc. Os índices de referências geralmente provêm de outras empresas, as quais possuem formas reconhecidas pelos seus êxitos e que poderiam ser classificadas como sendo as melhores de sua categoria.

Índice de Tempo de Espera - Queue Ratio: Fila originalmente programada entre o início da operação considerada e o prazo programado, dividido pelas horas restantes do tempo de atraso para uma tarefa.

Índice de Valor Agregado - Value-Added Ratio: É o tempo utilizado diretamente nas atividades de: desenvolvimento, produção, converter e liberar os produtos para os clientes. O objetivo é agregar valor o tempo todo dentro de uma cadeia de abastecimento. Medido através da divisão do tempo de valor agregado de todo o sistema pelo lead time do fornecimento atual total. O alvo que se deve atingir é uma taxa de valor agregado igual a 1.

Informações - Information: Conhecimentos úteis obtidos através dos dados relativos a um objeto, situação ou problema.

Informações de Pré-Expedição - Pre-Shipping Information: Informação de um fornecedor para seu cliente em relação, por exemplo, a data de expedição, método de expedição e número de fatura de produtos, etc., antes de realmente serem expedidos.

Informe de Atraso Previsto - Antecipated Delay Report: Informe, normalmente emitido por manufatura e por compras à função de planejamento de materiais, com referência a ordens de compra ou tarefas que não serão concluídas a tempo, por que não e quando serão concluídas. Este é um ingrediente essencial do sistema. Normalmente, o informe é manuscrito.

Glossário de logística | 323

Informe de Danos, Faltas ou Excedentes - Over, Short and Damage: Discrepância entre o frete entregue e o frete apresentado pelo conhecimento de embarque. Item não incluso na lista é considerado "over" (excedente). Item que falta é considerado "short" (faltante), e item "damaged" (danificado). Os agentes de frete arquivam regularmente registros de OS&D que documentam tais discrepâncias.

Informe de Expedição - Shipment Notice: Informação de um fornecedor para seu cliente em relação, por exemplo, a data de expedição, método de expedição, número da fatura, etc.

INPUT: É o trabalho que chega em um centro de trabalho ou unidade produtiva, ou é a informação recebida sobre um produto ou serviço que possibilita a execução de uma atividade.

Inspeção de Lotes - Skip-Lot Inspection: Inspeção de lotes salteados, recebidos de fornecedores, na totalidade dos itens constantes na folha de especificação de Qualidade.

Inspeção de Recebimento - Incoming Inspection: Inspeção de produtos recebidos quanto à quantidade, conforme o pedido que acompanha os produtos e qualidade, de acordo com especificações.

Inspeção de Montagem - Sampling Inspection: Inspeção que se executa sobre uma fração (amostra) representativa da população, inferindo-se, com bases estatísticas, as características da qualidade de toda a população.

Instalação de Rolamento - Driveway Installation: Rampa localizada na plataforma externa da doca, usada para elevar e abaixar uma carroceria (ou reboque) de modo que sua base fique no nível do piso da doca.

Integração Reversa - Backward Integration: Processo de comprar ou devolver elementos do ciclo de produção e canal de distribuição a fornecedores de matéria-prima.

Intercâmbio Eletrônico de Dados Para Administração, Comércio e Transporte - Eletronic Data Interchange For Administration, Commerce And Transport - EDIFACT: Regras de sintaxe em nível de aplicação ISO para estruturação de dados de usuário e dados de serviços associados na troca de mensagens em um ambiente aberto.

Intermodal: Sistema integral de transporte de mercadorias agrupadas em unidades de carga, que utiliza mais de um meio de transporte (marítimo, ferroviário, rodoviário ou aéreo) entre o ponto de origem e o ponto de destino.

Intermodalidade - Intermodality: Sistema pelo qual as mercadorias são transportadas por dois ou mais modos, por diferentes operadores, que são responsáveis, cada qual, pelo seu trecho de transporte.

Intranet: Uma implementação interna e privada da Internet que usa tecnologias de grupo para compartilhar dados, informação e conhecimento dentro de uma organização.

324 | GESTÃO DE ESTOQUES

Introdução Eficiente de Produto(s): É a estratégia que envolve os processos de desenvolvimento e lançamento de produtos destinados a satisfazer as necessidades latentes do consumidor, ou a atendê-las parcialmente.

Inventário - Inventory: Estoques ou itens que dão suporte à produção (matéria-prima e itens de material em processo), atividades de apoio (manutenção e reparo) e atendimento ao cliente, utilizado para gerenciar uma empresa TOC. É definido, por Eli Goldratt, como: "Todo o capital que o sistema investe na aquisição de coisas que o sistema pretende vender".

Inventário Administrado Pelo Fornecedor - Vendor Managed Inventory - VMI: Sistema de parceria em que o fornecedor, por iniciativa própria, repõe de forma contínua os estoques do cliente, com base em informações de estoque, obtidas via Internet ou por outros meios. Estratégia que permite que o fornecedor veja a disponibilidade de seu produto no cliente, eletronicamente.

Inventário Ativo - Active Inventory: Estoque que abrange matéria-prima, material em processo, produtos acabados, que serão usados ou medidos durante um período específico.

Inventário de Habilidades - Skills Inventories: Arquivo organizado de informações sobre as habilidades de cada funcionário, capacidades, conhecimento e experiência, geralmente mantido pelo departamento pessoal.

Inventário de Parede a Parede - Wall-To-Wall Inventory: Contagem total de inventário físico que inclui tudo o que está contido no armazém ou fábrica.

Inventário Excedente - Excess Inventory: Qualquer estoque no sistema que exceda a quantia mínima necessária para atingir o resultado desejado ou que exceda a quantia mínima necessária para atingir o desempenho desejado no prazo.

Inventário Final - Ending Inventory: Declaração das quantidades disponíveis ou valor monetário de um SKU no final de um período, geralmente determinado por um estoque físico.

Inventário Físico - Physical Inventory: A quantidade de produtos em estoque que é separadamente identificável em um local específico (armazém, estoque ou outro local de estocagem); expresso em termos quantitativos e/ou financeiros.

Inventário Médio - Average Inventory: Calcula-se como sendo a metade do tamanho do lote mais o estoque de segurança, quando se espera que a demanda e o tamanho do lote sejam relativamente uniforme no tempo. Historicamente, a média pode ser calculada como sendo a média de diferentes observações do inventário tomadas durante vários períodos históricos de tempo. Exemplo: Pode-se falar na média dos inventários ao finalizar cada período. Quando a demanda e o tamanho dos lotes não são uniformes, pode-se representar graficamente o nível de estoque frente ao tempo para se falar na média.

Inventário Perpétuo - Perpetual Inventory: É um sistema de gestão dos estoques que mantém um nível esperado de estoque por item dentro da loja. Esse sistema deve refletir todas as movimentações físicas (entradas e saídas de produtos).

ISO: International Organization for Standardization (Organização Internacional de Normalização) O ISO/TC 176 (Technical Committee) é um Comitê Técnico, organizado dentro da ISO, que se encarrega do Sistema de Qualidade.

ISO 14000: Designação do conjunto de normas internacionais sobre gestão e auditoria ambiental. As normas equivalentes da ABNT - Associação Brasileira de Normas Técnicas são as NBR ISO 14000 (ver). A série 14000 sobre Sistema de Gestão Ambiental (SGA) da ISO fornece às organizações uma metodologia para iniciar, aperfeiçoar ou manter um SGA de forma eficaz. Tal metodologia é essencial para habilitar uma organização a antecipar e atender às expectativas crescentes em relação ao seu desempenho ambiental e para garantir o contínuo atendimento a requisitos nacionais e internacionais.

ISO 9000: Designação do conjunto de cinco normas internacionais sobre Gerência da Qualidade e Garantia da Qualidade. As normas equivalentes da ABN - Associação Brasileira de Normas Técnicas são as NBR ISO 9000. (ver)

ISO 9241: Ergonomic requirements for office work with visual display terminals (VDTs). Norma que define requisitos ergonômicos para o trabalho de escritório com computadores (VDT - Visual Display Terminals), objetivando promover a saúde e a segurança de usuários de computadores e garantir que eles possam operar esses equipamentos com eficiência e conforto.

ISO/IEC 12119: Information technology - Software packages - Quality requeriments and testing. Norma que estabelece os requisitos da qualidade e testes em pacotes de software. Seu escopo refere-se a pacotes de software, na forma oferecida no mercado, e não, aos processos de desenvolvimento e fornecimento de software. A norma brasileira correspondente é a NBR ISO/IEC 12119.

ISO/IEC 12207: Information technology - Software life cycle process.

ISO/IEC 14598: Information technology - Software product evaluation. Família de normas que tratam do processo de avaliação de um produto de software e complementam o modelo apresentado na norma ISO/IEC 9126, hoje na forma de drafts.

ISO/IEC 15504: Information technology - Software process assessment. Futura norma internacional para avaliação de processos de software, em desenvolvimento pelo projeto SPICE (Software Process Improvement and Capability Determination), o que a torna conhecida também como Modelo SPICE. Atualmente está publicada como um relatório técnico (ISO/IEC TR 15504) da ISO/IEC. Define um modelo de referência com processos e níveis de capacidade, orientações sobre como utilizá-lo para melhoria contínua ou determinação da capacidade, e um modelo exemplo compatível.

326 | Gestão de Estoques

ISO/IEC 9126: Information technology - Software quality caracteristics and metrics. Norma que define as características da qualidade de software, para fins de sua avaliação. Será complementada com outras normas que definirão guias para avaliação do software, hoje na forma de drafts. A norma brasileira correspondente é a NBR 13596.

Itens de Movimentação Lenta - Slow-Moving Items: Itens em estoque que apresentam baixa rotatividade, ou seja, itens em estoque com um índice relativamente baixo de uso se comparado à quantia normal de estoque mantido.

ITU - Intermodal Transport Unit - Unidade de Transporte Intermodal: Contêineres, recipientes intercambiáveis e semi-reboques para transporte intermodal.

J

Jidoka: Automação em japonês - controle autônomo e/ou automático com "toque humano" de todas e quaisquer anormalidades que ocorrem no "piso de fábrica".

Joint venture: Associação de empresas, não-definitiva, para explorar determinado negócio, sem que nenhuma delas perca sua personalidade jurídica.

Just in Time ou JIT: É a prática de logística referente à reposição de estoques. As quantidades e ocasiões de reposição devem ser planejadas de forma a garantir o giro de estoque baseado nas informações de demanda e baixas de estoque pré-analisadas. Os elementos principais do Just-in-Time são: ter somente o estoque necessário, quando necessário; melhorar a qualidade, tendendo a zero defeitos; otimizar lead times reduzindo tempos de setup, filas e tamanhos de lote; revisar incrementalmente as operações e realizar tudo isso a um custo mínimo.

Just on Time: (ver Just in time): Sistema que elimina o armazenamento prévio. No Just-on-time, temos o abastecimento unitário (lote unitário) no exato momento de sua necessidade.

K

Kaikaku: Melhoria radical de uma atividade a fim de eliminar muda, por exemplo, reorganizando as operações de processamento para um produto de modo que, em vez de viajar de e para "ilhas de processo", o produto proceda pelas operações em um fluxo contínuo e em um curto espaço de tempo. Chamado também de kaizen revolucionário, kaizen do fluxo e kaizen do sistema.

Kaizen: Processo de melhorias contínuas, com bom senso e baixos investimentos. Palavra japonesa que se refere à prática do melhoramento (melhoria) contínuo através de pequenas mudanças, em processos existentes, utilizando-se de métodos, técnicas, e da criatividade das pessoas no seu próprio setor de trabalho, em quaisquer níveis hierárquicos, sem maiores investimentos. O melhoramento contínuo compreende a conjugação dos Ciclos PDCA para Manter e para Melhorar. Palavra muito usada, inclusive com o sentido de melhoria de qualidade de vida. Tornou-se famosa por causa do livro de Imai, M. - *Kaizen: The Key of Japan's Competitive Success.*

Kanban: Técnica japonesa com cartões, que proporciona uma redução de estoque, otimização do fluxo de produção, redução das perdas e aumento da flexibilidade. É uma palavra japonesa para registro visível ou cartão. O princípio desse sistema é baseado no fato de que materiais são movidos em recipientes (contêineres), com seus movimentos controlados por Kanbans (cartões) que são postos nos recipientes de forma visível. Em geral, os Kanbans são cartões de plástico que contêm uma descrição do material contido no recipiente, a quantidade, a origem e o destino dos movimentos, e qualquer outra informação relevante. Trata-se de um sistema de "puxar" no qual os centros de trabalho sinalizam com um cartão.

Keiretsu: Agrupamento de empresas japonesas através das associações históricas e patrimoniais, nas quais cada empresa mantém sua independência operacional, mas estabelece relações permanentes com outras empresas do seu grupo. Alguns keiretsu, como a Sumimoto e a Mitsui, são horizontais, envolvendo empresas de diferentes setores. Outros, como o Grupo Toyota, são verticais, envolvendo empresas responsáveis por etapas anteriores e posteriores à empresa "integradora do sistema" que, normalmente, é quem realiza a montagem final.

KLT - Klein Lagerung und Transport: Acondicionamento e Transporte de Pequenos Componentes.

L

LAC - Logistic Activities Centres - ZAL - Zona de Atividades Logísticas: Zona da área portuária onde são efetuadas operações de intercâmbio de meios de transporte e outras atividades logísticas, comerciais de gestão. São pontos de ligação de redes de diferentes meios de transporte e de convergência de serviços logísticos, como: a gestão da informação, o armazenamento, a preparação de pedidos, o agrupamento, a embalagem, a etiquetagem, etc. Além disso, é nesta zona que se realizam operações comerciais, não-físicas, de gestão e organização do transporte.

Lacre (Em Transporte) **- Seal:** Dispositivo usado para contêineres, caminhões, para provar que eles mantiveram-se fechados durante o transporte.

Lastro: expressão do transporte marítimo, que significa água que é posta nos porões para dar peso e equilíbrio ao navio, quando está sem carga; no transporte ferroviário, significa camada de substâncias permeáveis como areia, saibro ou pedra britada, posta no leito das estradas de ferro e sobre a qual repousam os dormentes.

328 | GESTÃO DE ESTOQUES

Layday ou Laytime: estadia do navio no porto, que significa período previsto para acontecer a operação (atracar, carregar e zarpar).

Layout de Blocos - Block Plan: No planejamento de instalações, um plano de desenvolvimento que começa com blocos designados para cada função ou área, entre as unidades de processamento.

Layout Funcional - Functional Layout: Configurações de instalações nas quais as operações de natureza similares são agrupadas. Estrutura organizacional baseada na especialidade departamental (ex: serras, tornos, tratamentos térmicos e prensas).

LCL - Carga Inferior A Uma Carreta - Less Than Carload: Uma pequena expedição que não ocupa toda a carreta ou uma expedição que não tem o peso suficiente para qualificar-se para obter um desconto por quantidade.

LDI - Intercâmbio de Dados Logísticos - Logistics Data Interchange: Um sistema informatizado que transmite informações logísticas eletronicamente.

Lead Time: Tempo de ressuprimento. Tempo entre o pedir e o receber. Tempo computado entre o início da primeira atividade até a conclusão da última, em uma série de atividades.

Lead Time de Aquisição - Procurement Lead Time: O tempo necessário para projetar um produto, modificar ou determinar equipamento, efetuar pesquisa de mercado e obter todos os materiais necessários. O lead time começa quando um pedido é aceito para fabricação de um novo produto e termina quando a produção é iniciada.

Lead Time de Carregamento - Loading Lead Time: Período de tempo entre o momento em que a instrução de entrega pode ser executada e a data da fatura ou data real de expedição dos produtos. Nota: considera-se que a data de expedição coincida com a data da fatura.

Lead Time de Expedição - Shipping Lead Time: O número de dias úteis necessários para os produtos percorrerem do ponto de recebimento ao ponto de expedição, mais tempo de aceitação, expresso em dias, no ponto de recebimento.

Lead Time de Fabricação - Manufacturing Lead Time: Tempo total necessário para fabricar um item, excluindo o tempo de preparo ou compra dos níveis mais baixo. Estão incluídos, aqui, os tempos de: fabricação, preparação das máquinas, execução, movimentos, inspeção e retirada.

Lead Time Total - Total Lead Time: É o tempo para que um serviço seja totalmente executado, desde sua solicitação até sua entrega.

Lean Manufacturing: Produção Enxuta.

Lean Prodution: Engloba o conjunto de técnicas desenvolvidas nos anos 70 por fabricantes japoneses, como a Toyota e a Matsushita, para reduzir os custos de produção e aumentar a competitividade. Foi popularizado por meio do estudo sobre a indústria automóvel do

MIT, designado 'The Machine that Change the World´, que investigou as causas associadas à superioridade dos nipônicos nos domínios da produtividade, flexibilidade, rapidez e qualidade. O conceito de lean prodution é baseado em quatro princípios: trabalho de equipe; comunicação; uso eficiente de recursos e eliminação de desperdícios; e melhoria contínua (a que os japoneses chamam kaizen).

Learning Organization: Conceito criado por Chris Argyris, professor em Harvard. Learning organizations (organização em constante aprendizagem) designa as empresas que aprendem à medida que os seus trabalhadores vão ganhando novos conhecimentos. O conceito é baseado na idéia de Argyris, chamada double-loop learning (quando os erros são corrigidos por meio da alteração das normas empresariais que o causaram). Em 1990, Peter Senge, professor do MIT, popularizou o conceito por meio do best-seller *The Fifht Discipline - The Art and Pratice of a Learning Organization.*

Leilão Reverso - Reverse Auction: Sistema de leilão em que o comprador anuncia o que pretende comprar e convida os fornecedores a apresentarem suas propostas para aquele tipo de produto. Vence quem tiver melhores condições de preço e prazo, colocadas sob sigilo.

Leilão Reverso on-line: Consiste em marcar, com os fornecedores, um horário em determinado endereço na Internet, para que os eles façam lances para fornecerem produtos previamente informados pelo requisitante. Quem tiver as melhores condições comerciais, ganhará o pedido.

Leitura Omnidirecional: Tecnologia que possibilita a leitura do código de barras em qualquer posição, mesmo os de difícil leitura.

Liberação - Dispatching: Alocação detalhada e subseqüente controle dos recursos de produção para pedidos de produção individuais necessários à conclusão dos pedidos de acordo com o programa de produção.

Líder Logístico - Lead Logistics: Empresa capaz de prover ou assumir total responsabilidade por todas as funções da cadeia logística de um cliente.

Liderança: Existem características básicas para que um indivíduo possa tornar-se um líder, tais como: visão, integridade (conhecimentos, autoconfiança e maturidade) e vontade de assumir riscos. Os líderes são, em regra, pessoas muito persistentes, com grande carisma e motivadas pelo seu instinto. Segundo Warren Bennis, um bom gestor faz as coisas bem, enquanto um bom líder faz as coisas certas. Enquanto para o britânico John Adair as capacidades de liderança podem ser adquiridas por meio do treino, para o norte-americano John Kotter, elas são inatas, embora todas as pessoas devam ser encorajadas a ser líderes.

LIFO - Último a Entrar, Primeiro a Sair - Last In First Out: Sistema de controle de materiais em que se utiliza, primeiramente, o item mais novo em estoque.

330 GESTÃO DE ESTOQUES

Limite de Controle: Linha em carta de controle calculada estatisticamente, usada como base para fixar limite e julgar o significado da variação de um resultado ou item de controle. Variação além da linha é evidência de que causas especiais estão afetando o processo. Os limites de controle nos permitem avaliar se o processo está ou não sob controle estatístico.

Limites de Sinalização - Signalling Limits: Níveis predeterminados relacionados a uma variável específica que funciona como um sinal se o valor da variável relevante exceder ou se não atingir estes níveis. O planejamento pode ser ajustado com base neste sinal.

Linha de Montagem - Flow Shop: Forma de organização da manufatura na qual partes diferentes de equipamentos estão localizadas contiguamente umas às outras, com base no que fazem para produzir.

Lista de Despacho - Dispatch List: Lista das ordens de manufatura em seqüência de prioridades. A lista de despacho geralmente é comunicada ao chão de fábrica via pedido por escrito ou painel, e contém informações detalhadas sobre prioridades, localização, ordem de manufatura por operação. As listas de despacho geralmente são geradas diariamente e dispostas por centro de trabalho.

Lista de Embalagem - Packing List: A lista de embalagem mostra as mercadorias embaladas e suas peculiaridades. Geralmente, uma cópia é enviada ao consignatário para auxiliar na verificação da expedição recebida.

Lista de Expedição - Shipping List: Relação do conteúdo de uma embalagem ou contenedor

Lista de Materiais de Múltiplos Níveis - Multilevel Bill Of Material: Lista de materiais que mostra todos os componentes direta ou indiretamente usados em uma montagem junto com a quantidade necessária de cada componente.

Lista de Materiais Fictícia - Phantom Bill Of Material: Técnica de codificação e estruturação das listas de materiais, utilizada principalmente para submontagens transitórias (não-armazenados). Para o artigo transitório, fixa-se um prazo, assim como a sua respectiva quantidade segundo a técnica "lote por lote", possibilitando que o MRP processe as reais necessidades através do artigo fictício, faça seus componentes, retendo sua capacidade de terminar as necessidades líquidas frente a existências ocasionais do artigo. Esta técnica também facilita o uso de lista de materiais comuns para a engenharia e fabricação.

Lista de Materiais Modular - Modular Bill Of Material: Lista de planejamento organizada por opções ou módulos de produtos. Geralmente, é usada em empresas em que o produto apresenta muitos opcionais, como, por exemplo, os fabricantes automobilísticos.

Lista de Materiais Regeneradora - Breeder Bill Of Material: Lista de materiais que reconhece e planeja a disponibilidade e uso de subprodutos no processo de manufatura. A lista regeneradora permite o MRP completo e custeio de produtos e subprodutos.

Lista de Pedidos a Prazo Fixo - Call-Off List: Relação dos pedidos a prazo fixo.

GLOSSÁRIO DE LOGÍSTICA | 331

Lista de Separação - Picking List: Documento que lista os materiais a serem separados para as ordens de manufatura e expedição.

LLP - Leading Logistics Provider: Principal Fornecedor de Serviços Logísticos.

Localização logística: É a forma de identificar geograficamente armazéns, depósitos, filiais, veículos, clientes, etc. As formas mais comuns são por coordenadas de latitude-longitude, códigos postais (CEP no Brasil) e coordenadas lineares simples ou malha, que nada mais são do que se colocar um papel vegetal quadriculado sobreposto a um mapa, com numeração das linhas horizontais e verticais.

Logística - Logistics: É o processo de planejar, implementar e controlar eficientemente o custo correto, o fluxo e armazenagem de matérias-primas e estoque durante a produção, e produtos acabados, além das informações relativas a estas atividades, desde o ponto de origem até o ponto de consumo, visando atender aos requisitos do cliente (definição do Council of Logistics Management).

Logística Contratada - Contract Logistics: É a contratação de terceiros, a fim de que eles planejem, implementem e controlem a eficiência, o custo do fluxo e a armazenagem: da matéria-prima, estoque em processo, produtos acabados, além das informações relacionadas desde o ponto de origem até o ponto final, ou de qualquer outra parte que venha a informação.

Logística de Distribuição - Distribution Logistics: Administração do centro de distribuição, localização de unidades de movimentação nos seus endereços, abastecimento da área de separação de pedidos, controle da expedição, transporte de cargas entre fábricas e centros de distribuição, e coordenação dos roteiros de transporte.

Logística de Manufatura - Manufacturing Logistics: Atividade que administra a movimentação para abastecer os postos de conformação e montagem, segundo ordens e cronogramas estabelecidos pela programação da produção. Desova das peças conformadas, como semi-acabados e componentes, e armazenagem nos almoxarifados de semi-acabados. Deslocamento dos produtos acabados no final das linhas de montagem, para os armazéns de produtos acabados.

Logística de Suprimentos - Inbound Logistics: Parte da logística empresarial que corresponde ao conjunto de operações associadas ao fluxo de materiais e informações, desde a fonte de matérias-primas até a entrada da fábrica.

Logística de Terceira Parte - Third-Party Logistics: Empresa que administra todas ou parte das operações logísticas de outra empresa.

Logística do Abastecimento - Provision Logistics: Atividade que administra o transporte de materiais dos fornecedores para a empresa, descarregamento no recebimento, e armazenagem das matérias-primas e componentes. Estruturação da modulação de

332 | GESTÃO DE ESTOQUES

abastecimento, embalamento de materiais, administração do retorno das embalagens, e decisões sobre acordos no sistema de abastecimento da empresa.

Logística Empresarial: Todas as atividades de movimentação e armazenagem, que facilitam o fluxo de produtos desde o ponto de aquisição da matéria-prima até o ponto de consumo final, assim como dos fluxos de informação que colocam os produtos em movimento, com o propósito de providenciar níveis de serviço adequados aos clientes a um custo razoável. (definição de Ronald H. Ballou no seu livro "Logística Empresarial").

Logística Integrada - Integrated Logistics: É um amplo sistema de visão gerencial da cadeia de abastecimento, desde o fornecimento de matérias-primas e insumos até a distribuição do produto acabado ao cliente final (consumidor). Pode ainda ser considerado o retorno dos resíduos oriundos do produto, tais como embalagens e o produto propriamente dito para reciclagem.

Logística nos Negócios - Business Logistics: O processo de planejamento, implementação e controle da eficiência, fluxo efetivo, e armazenagem de produtos acabados, serviços e informações, desde o ponto origem até o ponto de consumo, com o propósito de atender as necessidades dos clientes. Note que estas definições incluem suprimentos.

Logística Reversa ou Inversa: No mercado é considerada como o caminho que a embalagem toma após a entrega dos materiais, no sentido da reciclagem das mesmas. Muitos profissionais também utilizam esta expressão para considerar o caminho inverso feito para a entrega, voltando para a origem, só que, agora, somente com as embalagens.

Lote: Quantidade definida de itens de um só tipo e de mesmas características, proveniente de uma única origem.

Lote de Caminhão - Truckload Lot: Expedição de um caminhão qualificado em um índice de frete menor porque atinge um peso e/ou volume mínimo.

Lote de Transferência - Transfer Batch: Quantidade de um item movido entre centros de trabalho seqüenciais durante a produção. A quantidade de unidades que são movimentadas de uma só vez de um recurso para o próximo.

Lote Econômico ou Lote de Mínimo Custo - Economic Order Quantity - EOQ: Considerando que, para se avaliar o gasto total de compra de determinado produto ou grupo de produtos, é necessário verificar os custos de aquisição, transporte, e manutenção de estoque, e que, quanto maior a quantidade adquirida, menor o preço do produto e do transporte e maior o custo de manutenção do estoque, este método consiste em verificar, através de arranjos de simulação, qual o lote de compra que tem o menor custo total.

Lote Fracionado - Split Lot: Quantidade de ordem de manufatura fracionada em duas ou mais quantidades menores, geralmente depois do pedido ter sido liberado. As quantidades de um lote fracionado podem ser administradas paralelamente, ou uma parte da quantidade original pode ser enviada com antecedência para uma operação subseqüente

GLOSSÁRIO DE LOGÍSTICA | 333

enquanto é concluído o trabalho na quantidade restante. O objetivo de se dividir um lote é reduzir o lead time de parte do pedido.

LTL - Less Than Truckload - Carga Inferior a Um Caminhão: Uma pequena expedição que não ocupa todo o caminhão ou uma expedição que não tem o peso suficiente para qualificar-se para obter um desconto por quantidade.

Lucratividade Direta do Produto - Direct Product Profitability: Um método contábil utilizado para determinar a contribuição de cada unidade de manutenção de estoque (SKU) para o lucro global, através do refinamento das margens brutas, dentro de uma rede de contribuições. Os custos diretos relacionados a estes SKUs são incorporados.

Lucro Operacional Através da Administração de Tempo e Estoque - Operational Profit Through Time and Inventory Management - OPTIM: Método de representação gráfica para visualização do lead time, estrutura de custo e estoque em vários pontos da cadeia de suprimentos.

M

Make to order: Fabricação conforme pedido.

Make to stock: Fabricação contra previsão de demanda.

Manifesto de Carga - Cargo Manifest: Lista contendo todos os itens de carga expedidos em determinado vôo, embarcação ou veículo.

Manifesto de Expedição - Shipping Manifest: Documento que lista as peças contidas na expedição. Um manifesto geralmente engloba toda a carga independente do fato de a carga ser entregue em um único ou vários destinos. Os manifestos geralmente listam a contagem de peças, peso, nome e endereço do destinatário.

Manufatura Ágil - Agile Manufacturing: Um passo além da manufatura enxuta. É baseada nos princípios de entrega de valor ao cliente, sendo comprometida com a mudança, a valorização do ser humano e a formação de parcerias virtuais.

Manufatura Celular - Cellular Manufacturing: Processo de fabricação de famílias de peças dentro de uma única célula de máquinas, operadas apenas dentro de uma linha ou célula.

Manufatura Discreta - Discrete Manufacturing: Produção de artigos diferenciados como, por exemplo, automóveis e computadores.

Manufatura Enxuta - Lean Manufacturing: Baseada no Sistema Toyota de Produção, significa uma série de processos flexíveis que permitem a fabricação de determinado produto a um custo mais baixo. Uma abordagem de produção que considera o abasteci-mento das operações subseqüentes na exata quantidade da necessidade para atender a demanda dos consumidores. Completando, o fluxo de produção é enxuto, sem extra,

334 | Gestão de Estoques

sem estoques, no momento certo. É oposto ao sistema tradicional de manufatura, que forma estoques.

Manufatura Repetitiva - Repetitive Manufacturing: Produção de unidades discretas, planejadas e executadas conforme um programa, geralmente em volume e velocidades relativamente elevados. O material tende a mover-se em fluxo contínuo durante a produção, mas podem-se produzir itens diferentes, seqüencialmente, naquele mesmo fluxo.

Manutenção - Maintenance: Combinação de todas as ações técnicas, econômicas e administrativas, visando manter ou alterar a condição de um item para que possa desempenhar a função necessária.

Manutenção Corretiva: Termo utilizado em Produção, que significa o conjunto de medidas operacionais técnicas de vistoria, visando reparar efetivos problemas dos componentes das máquinas e equipamentos, que comprometam a performance e desempenho dos mesmos, para que possam executar sua função normal.

Manutenção Preditiva: Termo utilizado em Produção, que significa o conjunto de medidas operacionais técnicas de vistoria para indicar as condições reais de funcionamento das máquinas com base em dados que informam o seu desgaste ou processo de degradação. Trata-se da manutenção que prediz o tempo de vida útil dos componentes das máquinas e equipamentos e as condições para que esse tempo de vida seja melhor aproveitado.

Manutenção Preventiva: Termo utilizado em Produção, que significa o conjunto de medidas operacionais técnicas de vistoria, visando evitar possíveis problemas dos componentes das máquinas e equipamentos, que comprometam a performance e desempenho dos mesmos, para que possam executar sua função normal.

Margem de Contribuição - É igual ao valor das Vendas menos o valor dos Custos Variáveis e das Despesas Variáveis.

Manutenção Produtiva Total - TPM - Total Productive Maintenance: Série de métodos, cujo pioneiro foi Nippondenso (membro do Grupo Toyota), destinados a garantir que cada máquina, em um processo de produção, seja sempre capaz de realizar as tarefas necessárias para que a produção jamais seja interrompida.

Manutenção, Reparo e Operação - Maintenance, Repair and Operation - MRO: Uma categoria de atividades que ocorrem após a venda do produto. MRO freqüentemente demanda um projeto especial da cadeia de abastecimento e pode ser um importante fator de sucesso de um produto que tem um ciclo de vida longa.

Mão-de-Obra: Designa usualmente o trabalho manual dos operadores. Num enfoque mais abrangente, refere-se à totalidade dos recursos humanos de qualquer organização, em todos os níveis hierárquicos.

Mapeamento de Fluxo de Valor: Identificação de todas as atividades específicas que ocorrem ao longo do fluxo de valor referentes a um produto ou família de produtos.

Marca de Calado - Plimsoll Mark: Uma marca, soldada de ambos os lados da embarcação, que dá o limite até o qual pode ser carregada, dependendo da gravidade específica da água em que a embarcação se situa.

Marco Referencial - Milestone: Marco de objetivos (finais ou intermediários) em um cronograma para controle de projetos.

Margem de Contribuição - Contribution Margin: Quantia igual à diferença entre a receita das vendas e os custos variáveis.

Marketing de Relacionamento: É um conjunto de estratégias que visam o entendimento e a gestão do relacionamento entre uma empresa e seus clientes, atuais e potenciais, com o objetivo de aumentar a percepção de valor da marca e a rentabilidade da empresa ao longo do tempo.

Market-In: Orientação pelas necessidades dos clientes. Corresponde ao Controle da Qualidade Ofensivo.

Marketing-Mix: Representa o conjunto de variáveis controláveis pela empresa para influenciar as respostas dos consumidores. Nos anos 60, Jerome McCarthy divulgou o conceito, dividindo-o em ´4 pês´: produto (product), preço (price), promoção (promotion) e ponto de venda (point of sale). A variável promoção: inclui publicidade, promoção de vendas, publicity (comunicação noticiosa), relações públicas, sponsoring (patrocínio), marketing direto (direct-mail e telemarketing). A variável ponto de venda requer a análise de fatores como: estrutura de canais de distribuição, tipo de distribuição, merchandising (ações de marketing no ponto de venda), logística de distribuição e de stocks, e gestão da força de vendas.

Marketplaces: Possibilitam que múltiplas empresas se comuniquem simultaneamente. Sites em que compradores e fornecedores se comunicam, trocam informações, fazem transações, efetivam concorrências e leilões, coordenam informações estratégicas (como estoque) e administram pedidos. Business-to-Business (B2B) - Realização de negócios entre as empresas pela Internet. Business-to-Costumer (B2C) - Realização de negócios pela Internet entre a empresa e o consumidor final.

Market Share: Parcela do mercado abocanhada ou participação no mercado.

Markup: É um sobrepreço que se acrescenta ao preço final do produto (digamos, após custo de produção, distribuição e margem de lucro prevista).

Material em Progresso - Work in Progress: Material em vários estágios de conclusão em toda a fábrica, incluindo a matéria-prima que foi liberada para o processamento inicial e o material totalmente processado que aguarda inspeção.

336 | Gestão de Estoques

Material Inativo - Salvage Material: Material não utilizado que possui certo valor no mercado e pode ser vendido.

Material Rejeitado - Rejected Material: Material que não cumpre as exigências de qualidade, mas que ainda não foi enviado para retrabalho, refugo ou devolvido para um fornecedor.

Matriz BCG: De autoria da consultora Boston Consulting Group, é um instrumento analítico de apoio à tomada de decisões estratégicas, como é o caso das relativas ao portfólio (carteira) de negócios ou produtos. O modelo BCG é um dos pioneiros e sem dúvida o mais popular devido à sua simplicidade. Para aplicá-lo, será necessário construir uma matriz, cujo eixo horizontal representa a variável quota de mercado relativa (alta à esquerda e baixa à direita), e no eixo vertical está a taxa de crescimento do mercado (elevada em cima e reduzida em baixo). A matriz dá origem a quatro quadrantes: interrogações (question-marks); estrelas (stars); vacas-leiteiras (cash-cows); e cães (dogs).

Matriz da Qualidade: É a sistematização das qualidades verdadeiras (exigidas pelo cliente), considerando principalmente as funções, e expressa a relação existente entre essas funções e as características da qualidade, que são características substitutivas. Matriz que tem a finalidade de executar o projeto da qualidade, sistematizando as qualidades verdadeiras exigidas pelos clientes, por meio de expressões lingüísticas, mostrando a correlação entre essas expressões e as características da qualidade, e convertendo as qualidades exigidas pelos clientes em características substitutivas.

Média Móvel - Moving Average: Média aritmética de um certo número (n) de observações mais recentes. À medida que se realizam novas observações, abandona-se a observação mais antiga. O valor de n (número de períodos utilizados para se fazer a medida) reflete a capacidade de resposta frente à estabilidade, da mesma forma que a definição constante de análise é feita em análise exponencial.

Medição-Chave - Key Measurement: Uma medição que monitora um processo para garantir a qualidade do seu resultado.

Medidas de desempenho: São instrumentos utilizados para avaliar a performance de qualquer atividade logística. Podem ser relatórios, auditorias, etc. Não se pode melhorar aquilo que não mensuramos.

Melhores Práticas - Best Practices: Também conhecidas como Benchmarking competitivo, a metodologia que determina o estado de desempenho ou aplicação.

Melhoria: Mudança organizada; movimento para se obter níveis de desempenho nunca antes alcançados, criar novos produtos, novos processos e mercados, reduzir custos, aumentar a produção, a qualidade e o lucro. Melhorar é solucionar problemas.

Memory Card: Cartão destinado a armazenar informações como se fosse a memória do equipamento.

GLOSSÁRIO DE LOGÍSTICA | 337

Mensagem de Ação - Action Message: Mensagem derivada do ritmo do planejamento das necessidades de material (MRP).

MEP: Material em Processo.

Mercado-Alvo - Target Market: Segmento do mercado identificado por uma empresa como contendo um grupo de clientes com necessidades similares, aos quais as empresas desejam atender.

Mercadoria Pronta para Expedição - Floor Ready Merchandise: Produto que já está pronto, pelo fabricante, para ser enviado ao local de expedição. Desta forma, é possível ignorar todos ou alguns dos processos tradicionais do varejo, além de criar novas alianças entre varejistas e fabricantes.

MÊS - Manufacturing Execution Systems - Sistemas Integrados de Controle da Produção: Sistemas integrados de controle da produção, que permitem programar ordens de produção, coordenar atividades de suporte, gerenciar as execuções do chão-de-fábrica, e comunicar o status e os problemas com as ordens de produção.

Meta: Resultado a ser atingido no futuro. A meta é constituída de três partes: objetivo a ser atingido, valor e prazo. Exemplo: Reduzir o desperdício de papel em 34% até final do primeiro semestre. Neste caso: objetivo: reduzir o desperdício; valor: 34%; prazo: até o final do primeiro semestre. As metas vêm do mercado (clientes internos ou externos) e atingi-las é a essência do trabalho dos gerentes.

Método: Seqüência lógica de procedimentos ou operações para se realizar determinada tarefa ou atingir determinado objetivo.

Método 5W1H: Tipo de Check-list utilizado para garantir que a operação seja conduzida sem nenhuma dúvida por parte da chefias e subordinados. Os 5W correspondem às seguintes palavras do inglês: What (o que); Who (quem); Where (onde), When (quando) e, finalmente, Why (por que). O 1H corresponde a How (como). Portanto, este método é utilizado para conduzir a operação. Atualmente, procura-se incluir um novo H (How much/ Quanto custa), transformando o método em 5W2H.

Método dos "Por Quê?": Abordagem desenvolvida pela Toyota, na qual: uma pessoa começa com um grande problema e pergunta, pelo menos, cinco vezes "por quê?". O resultado final é a causa fundamental do problema.

Método de Transporte - Transportation Method: Modelo linear de programação relacionado à minimização de custos relativos às necessidades de abastecimento em várias localidades, de diversas fontes, e com custos diferentes relacionados a várias combinações de fonte e localização.

Método do Caminho Crítico - Critical Path Method - CPM: Técnica de planejamento em rede usada para planejar e controlar as atividades necessárias à execução de um projeto. Mostrando cada uma destas atividades e o tempo associado, é possível

338 | GESTÃO DE ESTOQUES

determinar "o caminho crítico", identificando os elementos que restringem o tempo total de projeto.

Método dos Mínimos Quadrados - Least Square Method: Método de ajuste de curvas, que seleciona a linha de menor ajuste aos pontos pelo cálculo da mínima soma dos quadrados dos desvios dos pontos à linha.

Milk Run - Carregamento Consolidado: Encaminhamento de um veículo de fornecimento ou entrega para diversas entregas ou carregamentos em locais diferentes. Portanto, significa a rota regular para entrega ou coleta de cargas mistas de vários fornecedores. Por exemplo: em vez de cada um dos vários cinco fornecedores enviar, por semana, um caminhão carregado para atender às necessidades do cliente, um caminhão visita cada um dos fornecedores diariamente antes de efetuar entrega na fábrica do cliente. Ainda, assim, recebem-se cinco caminhões carregados por semana, mas cada caminhão atende as necessidades de todos os fornecedores.

Missão: Compromisso e dever da empresa para com a sociedade. Razão da existência da empresa.

Missão Japão: Missão Executiva da FDG ao Japão, que apresenta os resultados obtidos com a metodologia dos Programas de Gerenciamento e Desenvolvimento de Recursos Humanos: Gerenciamento da Rotina do Trabalho Diário, Padronização, Garantia da Qualidade, ISO 9000, Gerenciamento pelas Diretrizes e do Plano de Ação, QFD, Educação e Treinamento, Círculos de Controle da Qualidade. A Missão oferece a oportunidade de se realizarem discussões sobre temas específicos com especialistas, bem como promover discussões entre os participantes da Missão sobre as situações particulares da implantação da estratégia em suas empresas.

ML: Milha Terrestre.

Modais: são os tipos/meios de transporte existentes:.ferroviário (feito por ferrovias), rodoviário (feito por rodovias), hidroviário (feito pela água), dutoviário (feito pelos dutos) e aeroviário (feito de forma aérea).

Modelagem de Distribuição - Distribution Modelling: Uso de técnicas quantitativas e abordagem de sistemas para análise e otimização da operação e distribuição física. Significa o uso de uma ferramenta computadorizada para determinar e comparar os custos totais dos diversos projetos logísticos de uma empresa.

Modelo de Estoques com Ciclo Fixo de Reposição de Pedido - Fixed Reorder Cycle Inventory Model: Forma de modelo independente de gerenciamento da demanda em que um pedido é efetuado a cada n unidades de tempo. A quantidade de pedido é variável e substitui essencialmente os itens consumidos durante o período de tempo atual. Consideremos M o estoque máximo desejado a qualquer momento, e x , a quantidade disponível no momento em que o pedido é efetuado. Depois, no modelo mais simples, a quantidade de pedido será M - x. A quantidade M deve ser suficientemente grande para cobrir a demanda máxima esperada durante o lead time mais um intervalo de revisão. O modelo de quantidade de pedido torna-se mais complicado sempre que o lead time de reabastecimento excede o intervalo de revisão, porque pedidos pendentes têm de ser levados em consideração. Tais sistemas de repetição e pedidos às vezes são chamados de: sistemas de pedidos a intervalos fixos, sistemas de nível de pedido, ou sistemas de revisão periódica.

Modelo de Estoque com Quantidade Fixa de Reposição - Fixed Reorder Quantity Inventory Model: Forma de modelo independente de gerenciamento de itens da demanda, em que um pedido de uma quantidade específica, Q, é efetuado sempre que o estoque disponível mais pedido atinge um nível predeterminado de repetição de pedido, R. A quantidade fixa de pedido pode ser determinada pelo lote econômico, por uma quantidade fixa de pedido (como uma caixa ou carga de empilhadeira) ou por outro modelo, gerando um resultado fixo. O ponto de repetição de pedido, R, pode ser determinístico ou probabilístico e em qualquer um dos casos é suficientemente grande para cobrir a demanda máxima esperada durante o lead time de reabastecimento. Os modelos de quantidade fixa de pedido assumem a existência de uma espécie de registro de estoque perpétuo, capaz de determinar quando se atinge o ponto de repetição de pedido. Estes sistemas de reposição de pedido também são conhecidos como sistemas de quantidade fixa de pedido ou sistemas de tamanho de lote.

Modelo de Reabastecimento Ótimo - Optimal Replenishment Model: Processo matemático de determinação de qual quantidade pedir e quando, utilizando um ponto de pedido fixo ou intervalo de pedido fixo.

Modelo de Referência das Operações na Cadeia de Abastecimento - Supply Chain Operations Reference Model - SCOR: Um modelo de atividades desenvolvido pelo Supply Chain Council para padronizar a descrição dos processos na cadeia de abastecimento.

Modelos Para Dimensionamento de Lote de Itens Múltiplos - Multiple-Item Lot-Sizing Models: Processos ou sistemas usados para determinar a quantidade total de ordens de reabastecimento para um grupo de itens relacionados.

Monitor Andon: Dispositivo de controle visual em uma área de produção, em geral, um monitor com iluminação superior, que apresenta as condições atuais do sistema de produção e alerta os membros da equipe quanto aos problemas que surgem.

Monitoramento de Frota - Fleet Monitoring: Função de seguir a localização e condição dos vários veículos na frota.

Monotrole Aéreo Eletrificado - Eletric Overhead Monorail - EOM: Um trilho ou monovia aérea com eletrificação, onde os troles suspensos são endereçados automaticamente a estações de trabalho designadas.

340 | GESTÃO DE ESTOQUES

Montagem - Assembly: Etapa em que peças ou componentes formam um produto adequado ao processo em questão.

Montagem Imediatamente Superior - Next Higher Assembly: Produto montado no nível superior seguinte na estrutura de produto.

Montagem sob Encomenda - Assemble to Order: Tipo de manufatura que converte matéria-prima e componentes de nível inferior a um nível predeterminado de manufatura e montagem, ou configura-os conforme pedido do cliente. Produto fabricado contra pedido para que os componentes-chaves (matéria-prima, semi-acabados, subconjuntos, fabricados, comprados, etc.) que se usam no processo final de montagem sejam planejados e armazenados com antecipação ao pedido do cliente.

Monumento: Qualquer tecnologia de projeto, planejamento ou produção, com exigências de escala, que necessite que projeto, pedidos e produtos sejam levados até a fila de espera de uma máquina para serem processados. Comparar com ferramenta do tamanho certo.

Motivação: Conjunto de fatores psicológicos (conscientes ou inconscientes) de ordem fisiológica, intelectual ou afetiva, os quais agem entre si e determinam a conduta de um indivíduo, despertando sua vontade e interesse para uma tarefa ou ação conjunta. A motivação surge de dentro das pessoas, não há como ser imposta. Despertar o interesse das pessoas para a Qualidade é fundamental, uma vez que não se implanta qualidade por exortação, decretos ou quaisquer mecanismos coercivos.

Movimentação e Armazenagem de Materiais - MAM - Material Handling and Warehousing: É a arte e a ciência da embalagem, controle e fluxo de materiais dentro de um complexo empresarial (indústria, terminal, depósito, etc.).

MPS - Master Production Schedule - Programação Mestre da Produção: Programa de manufatura, realista e detalhado, no qual se considera toda a demanda possível imposta às instalações de produção.

MPT ou TPM: Manutenção Produtiva Total.

MRP - Material Requirements Planning - Planejamento das Necessidades de Materiais: Sistema computadorizado que determina a quantidade e as necessidades de materiais utilizados em uma operação de produção. Os sistemas MRP utilizam um cronograma mestre de produção, uma lista de materiais que apresenta todos os itens necessários para cada produto a ser fabricado, e informações sobre os estoques atuais desses itens, a fim de programar a produção e entrega dos itens necessários. O *Planejamento dos Recursos de Manufatura* (chamado, muitas vezes, de *MRPII)* expande o conceito de MRP, incluindo: as ferramentas de planejamento da capacidade, uma interface financeira destinada a traduzir operações em termos financeiros, e uma ferramenta de simulação para avaliar planos de produção alternativos.

Glossário de Logística   341

MRPII - Manufacturing Resources Planning - Planejamento dos Recursos da Manufatura. Método formal e total de planejamento e programação eficiente de pessoas, instalações, materiais e ferramentas de uma empresa de manufatura.

MRPIII: É o MRPII em conjunto com o Kanban.

MSP - Método de Solução de Problemas: Mais conhecido como MASP - Método de Análise e Solução de Problemas, consiste na utilização do PDCA para a solução dos problemas. É um método gerencial utilizado tanto na manutenção como na melhoria dos padrões. Este método constitui uma peça fundamental para o controle da qualidade e deve ser dominado por todas as pessoas da empresa. "O domínio deste método é o que há de mais importante no TQC" (Campos, V. F.). O método de solução de problemas apresenta duas grandes vantagens: possibilita a solução dos problemas de maneira científica e efetiva, e permite que cada pessoa da organização se capacite para resolver os problemas específicos de sua responsabilidade. Na aplicação do MSP, são utilizadas as "Sete Ferramentas da Qualidade". O Método de Solução de Problemas é constituído de oito processos: 1 - Identificação do problema (definição clara do mesmo); 2 - Observação (investigação das características do problema); 3 - Análise (descoberta das causas fundamentais); 4 - Planejamento da Ação (planejar a ação de bloqueio das causas do problema); 5 - Ação (executar o plano de ação para bloquear as causas fundamentais); 6 - Verificação (verificar se o bloqueio foi efetivo); 7 - Padronização (prevenir contra o reaparecimento do problema); 8 - Conclusão (recapitulação de todo o processo e planejamento das ações futuras).

MTM - Method Time Measurement ou Redutor do Tempo de Execução do Trabalho: Nível de Serviço Logístico - Refere-se especificamente à cadeia de atividades que atendem às vendas. Geralmente, esta se inician na recepção do pedido e terminan na entrega do produto ao cliente e, em alguns casos, continua com serviços ou manutenção do equipamento ou outros tipos de apoio técnico (definição de Warren Blanding).

Muda: Qualquer atividade que consome recursos mas não cria valor.

Mudança MRP em Rede - Net Change MRP: Abordagem pela qual o plano das necessidades de materiais é continuamente retido no computador. Sempre que há necessidade de mudança nas necessidades, estoque ou lista de materiais, uma explosão parcial de informação via rede é transmitida somente às partes afetadas pela mudança.

Multimodalidade - Multimodality: Sistema pelo qual as mercadorias são transportadas, por diversos modos de transporte, sob a responsabilidade de um único operador (legal e contratual).

Multiplicador: Aquele que sistematicamente instrui ou repassa a todos os colaboradores os conhecimentos aprendidos.

Múltiplos Níveis Onde-Usado - Multilevel Where-Used. Registro de todos os componentes que lista todos os itens similares: onde aquele determinado componente é usado

342 | GESTÃO DE ESTOQUES

diretamente, o nível seguinte mais elevado em que itens similares são usados, e assim por diante, até o nível mais elevado (nível 0).

N

Não-Conformidade: Descumprimento de requisitos especificados.

Navio de Abastecimento - Feeder Ship: Navio usado para servir portos alimentadores de um porto hub servido por navios-base.

Navio de Carregamento Vertical - Lift-On Lift-Off Vessel - LOLO: Embarcação da qual as operações de carga e descarga são realizadas por guindastes.

Necessidade Bruta - Gross Requirement: Necessidades totais de materiais para o processo de produção, que consistem das necessidades nominais e das necessidades adicionais.

Necessidade dos Clientes: Expectativas e desejos dos clientes em relação a um produto ou serviço.

Necessidade Final - All Time Requirement: Significa a necessidade total de determinado produto esperado no futuro. **Nota:** Usado para produtos na última fase do ciclo de vida, usando a produção está (quase) encerrada.

Necessidades Fixas Por Período - Fixed-Period Requirements: Técnica de dimensionamento de lote que determina a quantidade de pedido conforme a demanda por uma série de períodos.

Necessidade Líquida - Net Requirements: Necessidade bruta menos estoques disponíveis e recebimentos programados. A necessidade líquida ainda deve ser corrigida conforme tamanho de lote e lead time.

Necessidades Relacionadas - Pegged Requirement: Instruções dadas por um vendedor para um banco determinando que o comprador pode coletar os documentos necessários para obter a entrega dos produtos mediante pagamento da fatura.

Negócio: É um conjunto de pessoas que se unem para processar energia, materiais e informações (conhecimento) provenientes da sociedade, e, assim, gerar produtos para satisfazer às necessidades de sobrevivência das pessoas desta mesma sociedade.

Networking: Um termo importado da informática relativo à ligação entre terminais de computador para que o acesso aos dados possa ser partilhado por diversos utilizadores. O melhor exemplo de networking em escala global é o da Internet, que permite a ligação em rede e on line (em tempo real) entre um ou vários indivíduos localizados em qualquer ponto do mundo. É uma expressão que pode igualmente designar a forma como as grandes companhias de serviços (auditoras, consultoras, agências de publicidade, ou firmas de advogados) podem se internacionalizar sem recorrer à abertura de novas delegações regionais.

Nível de Agregação - Aggregation Level: Nível até o qual ocorre ou deve ocorrer agregação.

Nível de Estoque Desejado - Target Inventory Level: Em um sistema de estoque mín-máx, o equivalente ao máximo. O estoque almejado é igual ao ponto de pedido mais uma quantidade variável de pedido. Geralmente, chamado de nível de estoque order-up-to (nível máximo) e usado em um sistema de revisão periódica.

Nível de Fabricação - Fabrication Level: Nível mais baixo de produção no sistema MRPII. Os únicos artigos a este nível são os componentes (em distinção aos conjuntos e subconjuntos). Estes componentes podem ser comprados em fontes externas, ou fabricados dentro da organização.

Nível de Planejamento - Planning Level: Nível ao qual o planejamento se refere na hierarquia de planejamento: estratégia (plano organizacional), política (plano mestre) e controle (programa mestre de produção). Os planos de um nível específico de planejamento têm alguns aspectos em comum: nível de agregação, horizonte (ex. 2 anos), período de planejamento.

Nível de Serviço ao Cliente - Customer Service Level: Medida de desempenho da entrega, geralmente em forma de porcentagem. Em uma empresa que produz contra previsão, este percentual geralmente representa o número de itens constantes no pedido do cliente durante determinado período, que pode ser atendido pelo estoque. Em uma empresa que fabrica mediante pedido, geralmente trata-se de uma comparação feita entre o número de itens expedidos em determinado período de tempo e o número de itens que deveriam ter sido expedidos naquele mesmo período.

Nível Máximo - Order-Up-To Level: Em um sistema de estoque mín-máx, o equivalente ao máximo. O estoque-alvo é igual ao ponto de pedido mais uma quantidade variável de pedido.

Nível Único Onde-Usado - Single-Level Where-Used: No que se refere a um componente, lista cada item em que aquele componente é usado diretamente e em que quantidade. Estas informações geralmente são disponibilizadas através da técnica conhecida como implosão.

Nivelamento da Produção - Production Smoothing: Termo usado para descrever as tentativas de nivelar a produção.

Nivelamento de Pedidos - Second-Order Smoothing: Método de nivelamento exponencial para situações de tendências, que emprega duas médias previamente computadas — os valores nivelados de modo individual ou conjugado —, para extrapolar no futuro.

NM: Milha Marítima.

Nomenclatura Combinada - Combined Nomenclature: Nomenclatura de produtos estabelecida pelo conselho das Comunidades Européias para atender as exigências das tarifas alfandegárias e de estatísticas comerciais externas da Comunidade Européia.

344 | GESTÃO DE ESTOQUES

Norma - Standard: Documento que formaliza certo nível de consenso a respeito do que foi discutido. Aquilo que é estabelecido como base para a realização ou avaliação de alguma coisa. Princípio, regra, lei. Pode-se afirmar que norma é um "padrão obrigatório". Especificação técnica ou outro documento de domínio público, preparado com a colaboração e consenso ou aprovação de todas as partes interessadas, com base em resultados conjugados da ciência, da tecnologia e da experiência, visando a otimização de benefícios para a comunidade no seu conjunto, e aprovado por um organismo juridicamente qualificado para tal em nível nacional, regional ou internacional. Nota: 1. Uma especificação que corresponda a todas as condições indicadas nesta definição pode, por vezes, ser designada por outro temo, por exemplo, "recomendação". 2. Em certos idiomas, a palavra "norma" é freqüentemente utilizada com sentido diferente do expresso nesta definição. Nesse caso, refere-se a uma especificação técnica que não satisfaz a todas as condições indicadas, por exemplo, "normas de empresa".

Nota de Entrega - Delivery Receipt: Cópia da nota de frete, assinada e datada pelo destinatário. Indica que o transportador realizou o serviço especificado no conhecimento de embarque e que, portanto, está legalmente autorizado a pagar os custos de transporte. A nota de entrega e os produtos são deixados com os entregadores para que eles possam comparar os produtos. Os transportadores, às vezes, enviam a nota de entrega por correio, previamente à entrega dos produtos. Na prática, a nota de entrega pode ser uma duplicata da nota de consignação.

Nota de Recebimento de Pedido - Order Acknowledgment: Notificação de um fornecedor para um cliente que recebeu o pedido.

Notificação Antecipada de Expedição - Advanced Shipment Notification: Informe antecipado aos clientes alertando quando os produtos deverão chegar.

Notificação Eletrônica de Embarque - Tendering Load Notification: A notificação entre os transportadores e os carregadores é feita utilizando-se um intercambiamento de dados eletrônicos.

NVOCC: Operador de Transporte Marítimo Sem Embarcação.

O

Objetos de Custo: É a razão pela qual as atividades são realizadas. Produtos, serviços, projetos e clientes são exemplos de objetos de custo. Um produto é um objeto de custo, pois, para que ele seja produzido, distribuído e vendido, é necessária a realização de diversas atividades que apenas são executadas com o intuito de dispor esse produto para o consumidor.

Obsolescência de Inventário (como indicador de eficácia): é a quantidade de itens obsoletos, dividida pela quantidade total de itens, vezes 100%.

OCR: Reconhecimento Óptico de Caracteres.

OEM - Fabricante de Equipamento Original - Original Equipment Manufacturer: Fabricante que compra e incorpora os produtos de outro fornecedor a seus próprios produtos.

Odômetro: Instrumento usado para indicar o total de quilômetros percorridos.

Ombudsman: Palavra de origem sueca que significa "o homem que representa os interesses"; ouvidor, profissional que tem como missão intermediar a comunicação entre o público e a empresa.

On-Carriage (Distribuição) **- On Carriage:** Transporte de produtos para o destino após descarregamento do principal meio de transporte.

One-To-One Marketing - One-To-One Marketing: É fazer a empresa voltar-se para o cliente individual, conhecendo mais seu cliente e de forma contínua. Por meio de interações com esse cliente, a empresa pode aprender como ele deseja ser tratado. Assim, a empresa torna-se capaz de tratar esse cliente de maneira diferente dos outros. No entanto, one-to-one marketing não significa que cada necessidade exclusiva do cliente deva ser tratada de maneira exclusiva. Em vez disso, significa que cada cliente tem uma colaboração direta na maneira como a empresa se comporta em relação a ele.

Operação: Atividade ou atividades realizadas em um produto por uma única máquina. Comparar com *processo.*

Operação Alternativa - Altenative Operation: Substituição de uma etapa normal no processo de manufatura.

Operação Descendente - Downstream Operation: Tarefa subseqüente à tarefa atualmente planejada ou em execução.

Operador: Aquele que executa qualquer atividade utilizando seu próprio esforço, tanto braçal como mental, para conseguir um resultado (produto ou serviço) que atenda a um cliente, externo ou interno.

Operador de Transporte Combinado - Combined Transport Operator - CTO: Parte que assume transportar os produtos utilizando modos diferentes de transporte.

Operador de Transporte Multimodal - Multimodal Transportation Operator - OTM: Qualquer pessoa jurídica, transportador ou não, que celebra um contrato de transporte multimodal e atua como principal, e não, como agentes assumindo a responsabilidade de execução do transporte porta-a-porta frente ao contratante.

Operador Logístico: Empresa especializada em movimentar, armazenar, transportar, processar pedidos e controlar estoques, entre outras coisas. Fornece seus serviços com profissionais treinados. O serviço pode ser no próprio OL ou nas dependências do cliente. Tudo dependerá do acordo firmado.

346 | Gestão de Estoques

Orçamento - Budget: Expressão financeira de objetivos. Orçamento inclui entrada e saída total no fluxo de caixa.

Orçamento Matricial (OM): É uma metodologia gerencial para o planejamento e controle orçamentário de uma organização. O objetivo é a redução de custos da empresa, e este produto pode ser aplicado em todas as organizações, públicas ou privadas, de qualquer porte.

Ordem de Compra - Purchase Order: Autorização do comprador usada para formalizar uma transação de compra com um fornecedor. O pedido de compra dado a um fornecedor deve conter: nome, número de peça, quantidade, descrição e preço dos produtos e serviços solicitados; termos acordados quanto a pagamento, descontos, data de desempenho e transporte; e todos os outros pertinentes a compras e execução pelo fornecedor.

Ordem de Confirmação - Confirming Order: Ordem de compras emitida a um fornecedor, listando os bens ou serviços e os términos de um pedido feito oralmente ou de outra forma, que se adianta ao documento usual de compras.

Ordem de Mescla - Blend Order: Ordem de montagem em indústrias de processo.

Ordem de Separação - Pick Order: Ordem de retirar certas quantidades de produtos ou produtos específicos do estoque (para expedição e/ou processo de produção).

Ordem Parada - Hold Order: Ordem por escrito que determina que certas operações sejam interrompidas ou encerradas, aguardando mudança no projeto ou outra disposição de material.

Organização: Termo genérico que designa qualquer empresa, instituição, entidade, etc. Exemplos de organizações: hospitais, indústrias, bancos, escolas, etc.

Organização Modal - Modal Arrangement: Organização modal é um sistema estruturado que cria uma corrente de racionalidade com facilidades padronizadas de movimentação, desde os fornecedores até o destinatário final, o último cliente. A organização modal implica: a determinação do módulo de embalagem, padronização de corredores e endereços de estocagem; padronização das dimensões das docas, e racionalização dos veículos de transporte que devem trabalhar com dimensões que propiciem ocupação plena com os contenedores padronizados.

Organização Orientada ao Produto - Product Oriented Organization: Modo como as responsabilidades estão divididas em uma unidade organizacional com base em grupos de produtos.

OTED - One Touch Exchange of Die - Troca de Ferramenta em Um Toque: Significa fazer uma mudança de ferramental com dispositivos automáticos ou projetados, dentro de um minuto.

Otimização de Processos: Técnicas estatísticas importantes empregadas na fase de análise das causas mais prováveis do problema considerado no giro do PDCA. Para sua utilização, na maioria das situações, será necessário realizar interferências no processo, ou seja, deverão ser provocadas alterações planejadas e controladas nos fatores do processo, com o objetivo de observar as mudanças correspondentes nos seus efeitos. Este procedimento irá gerar informações que serão processadas para que possamos confirmar as causas mais prováveis e determinar o sentido para o qual o processo deverá ser direcionado, com o propósito de atingir a meta de melhoria.

OTM: Operador de Transporte Multimodal.

Outbound: Fluxos da fábrica para o concessionário

Outplacement: Os grupos empresariais têm passado por reestruturações associadas a demissões maciças. Neste contexto, há um novo negócio a florescer, o outplacement. É uma técnica de gestão de recursos humanos que visa apoiar os trabalhadores dispensados rumo à sua reinserção profissional. As consultoras em outplacement fornecem aconselhamento financeiro e formação em recrutamento e seleção. Há quem prefira criar centros de outplacement internos, que prestam auxílio aos trabalhadores dispensados e aos que são recolocados em novas funções.

Outsourcing: Tendência, cada vez mais forte nas grandes empresas, de contratar os serviços de terceirosnecessários às áreas de logística, de informática, de segurança, etc. Desse modo, o contratante pode concentrar-se na estratégia e na gestão da sua atividade principal. Pode ser traduzido por subcontratação de serviços de terceiros.

Overpanamax: Navio com dimensão superior a 295 m (comprimento), 32,25 m (largura total) ou 13,50 m (calado máx).

P

Padrão de Vendas - Sales Pattern: Série de porcentagens, que juntas representam um total anual, calculado a partir de fatores sazonais e níveis de tendências em vendas que refletem a variação esperada nas vendas mensais devido a influências sazonais.

Padrão Sazonal - Seasonal Pattern: Conjunto de movimentos ou flutuações com período igual ou inferior a um ano, sistemáticos, mas não necessariamente regulares, que ocorrem em série temporal, tais movimentos decorrem normalmente de variações climáticas, causando variação de preços em determinados produtos.

Padrão Técnico de Processo - PTP: É o documento básico para o controle do processo. Contém todos os parâmetros técnicos, conforme definidos pela área técnica da empresa, necessários à fabricação de um bem ou condução de um serviço. Existe um PTP para cada produto ou família de produtos. É, ainda, o documento final do trabalho de QFD, pois é para o PTP que o Desdobramento da Qualidade (QD) e o Desdobramento da Função Qualidade (sentido restrito) - QFDR convergem. O PTP é um documento que deve ser confeccionado pelas áreas de Engenharia do Produto e Processo, com a participação

348 | GESTÃO DE ESTOQUES

ativa da Produção. São registrados no PTP os seguintes dados: processos, qualidade assegurada, nível de controle, método de controle e ação corretiva.

Padronização: Conjunto de atividades sistemáticas para se estabelecer, utilizar e avaliar padrões quanto ao seu cumprimento, à sua adequação e aos seus efeitos sobre os resultados.

Padronização da Rede de Informações do Depósito - Wins-Warehouse Information Network Standard: Uma mensagem e um padrão de comunicação utilizada nos armazéns nos Estados Unidos, compatível com UCS.

Palete - Pallet: É uma plataforma disposta horizontalmente para carregamento, constituída de vigas ou blocos com a(s) face(s) sobre os apoios, cuja altura é compatível com a introdução de garfos de empilhadeira ou paleteira ou outros sistemas de movimentação. Permite o arranjo e o agrupamento de materiais, possibilitando o manuseio, estocagem, movimentação e transporte como uma única carga.

Palm Tops: É um computador portátil, utilizado pelos vendedores de campo com a finalidade de registrar eletronicamente as informações comerciais pertinentes ao processo de vendas, possibilitando seu download direto no sistema do fornecedor, dispensando a manipulação manual de informações.

Pantógrafo: Dispositivo de locomotiva elétrica, que fica em contato com a rede aérea e transmite a corrente aos motores da máquina.

Parâmetro: É uma medida numérica que descreve alguma característica de uma população.

Parceiros Comerciais: São as partes envolvidas em uma transação comercial.

Parcerias - Partnerships: O entendimento das necessidades de compartilhar informações, comunicar os requisitos e envolver alianças em todos os processos que fornecem uma vantagem competitiva naquilo que é o negócio principal da empresa.

Parceirização: Processo de conhecimento mútuo e aceitação, pelo qual duas empresas devem passar para estarem realmente integradas, visando mesmos objetivos.

Parte Contábil - Accounting Part: Parte dos registros de uma relação comercial relacionada a dados contábeis de determinado indivíduo ou organização com o qual a empresa mantém relações comerciais.

Participação dos Ganhos - Gain Sharing: Método de incentivos no qual os colaboradores/funcionários compartilham os ganhos gerados por melhorias de produtividade.

Participação no Mercado - Market Share: Quociente de vendas (expresso em termos quantitativos ou financeiros) de uma categoria específica de produtos de um fornecedor (empresa ou marca) e o total de vendas de todos os fornecedores da categoria de produto relevante em um determinado período de tempo.

PCM: Planejamento e Controle de Materiais.

GLOSSÁRIO DE LOGÍSTICA | 349

PCP: Planejamento e Controle da Produção.

PDCA - Método de Solução de Problemas (QC Story): Plan, Do, Check e Act, ou Planejar, Executar, Verificar e Agir. Ferramenta que implica a melhoria de todos os processos de fabricação ou de negócios.Consiste na utilização do Ciclo PDCA para a solução de problemas. É um método gerencial utilizado tanto na manutenção como na melhoria dos padrões. Este método é peça fundamental para o controle da qualidade e deve ser dominado por todas as pessoas da empresa. "O domínio deste método é o que há de mais importante no TQC".(Campos, V.F.) O Método de Solução de Problemas (MSP) apresenta duas grandes vantagens: possibilita a solução dos problemas de maneira científica e efetiva, e permite que cada pessoa da organização se capacite para resolver os problemas específicos de sua responsabilidade. Na aplicação do MSP são utilizadas as Sete Ferramentas da Qualidade. O Método de Solução de Problemas é constituído de oito processos: 1 - Identificação do problema (definição clara do mesmo); 2 - Observação (investigação das características do problema); 3 - Análise (descoberta das causas fundamentais); 4 - Planejamento da Ação (planejar a ação de bloqueio das causas do problema); 5 - Ação (executar o plano de ação para bloquear as causas fundamentais); 6 - Verificação (verificar se o bloqueio foi efetivo); 7 - Padronização (prevenir contra o reaparecimento do problema); 8 - Conclusão (recapitulação de todo o processo e planejamento das ações futuras). Ver Ciclo PDCA para Melhorar.

PDV - Ponto de Venda: É o lugar físico no espaço de vendas do varejista onde se concretiza efetivamente a venda ao consumidor final - caixas registradoras/checkouts. Também é utilizado para descrever o equipamento que registra a venda ao consumidor. Hoje, é chamado de EECF - Equipamento Emissor de Cupons Fiscais. Nele, pode estar ligado um leitor óptico, o scanner, que lê os códigos de barras.

Pedido a Prazo Fixo - Call-Off Order: Instrução de um fornecedor para entrega de um pedido de compra em aberto, uma quantidade específica de produtos em uma data específica ou dentro de um período específico.

Pedido de Compra em Aberto - Blanket Purchase Order: Compromisso, a longo prazo, com um fornecedor de materiais, frente ao qual serão geradas liberações em curto prazo para satisfazer as necessidades de consumo. Os pedidos em aberto geralmente cobrem apenas um item com datas de entrega predeterminadas.

Pedido de Término - Forward Order: Pedido que necessita ser entregue em um determinado momento posterior.

Pedido em Aberto - Open Order: 1. Em um sistema MRP, uma ordem de compra ou manufaturada liberada; 2. Um pedido de cliente ainda não concluído.

Pedido em Atraso - Back Order: Pedido ou compromisso não efetivado ou cumprido. Um pedido pendente é uma demanda imediata de determinado item, cujo estoque é insuficiente para satisfazer tal demanda.

350 | GESTÃO DE ESTOQUES

Pedido Experimental - Experimental Order: Pedido gerado pelo grupo de engenharia, laboratório ou pesquisa e desenvolvimento, que deve percorrer as instalações normais de produção com desenvolvimento potencial de mercado ou produto.

Pedido Final - All-Time Order: O último pedido de um produto específico na última fase do seu ciclo de vida. O tamanho deste pedido é tal que a demanda e/ou consumo deste produto pode ser atendida.

Pedido Firme Planejado - Firm Planned Order: Pedido planejado que pode ser 'congelado' em quantidade e tempo. O computador não tem permissão para alterar automaticamente; é responsabilidade do planejador, encarregado do item que está sendo planejado. Esta técnica pode auxiliar planejadores que trabalham com sistemas MRP a responder a problemas de material e capacidade. Além disso, os pedidos planejados compõem o método normal de apresentar o programa mestre de produção.

Pedido Mínimo: Quando a empresa estabelece um lote mínimo para aceitar uma ordem de compra, visando economias de escala para o atendimento. Objetiva baixar os custos do processamento de pedidos, já que para atender a um mesmo volume de negócios seria necessário um número maior de pedidos.

Pedido Parcial - Partial Order: Qualquer expedição recebida ou enviada que seja menor do que a quantidade solicitada.

Pedido Pendente - Backlog: Todos os pedidos de clientes que foram recebidos, mas que não foram processados.

Pedido Planejado - Planned Order: Quantidade de pedidos sugerida e data de vencimento criada por um sistema MRP. Os pedidos planejados em um nível serão explodidos em necessidades brutas de componentes no próximo nível inferior. Os pedidos planejados também servem como "input" para o planejamento das necessidades de capacidade junto com pedidos liberados para mostrar as necessidades de capacidade total em períodos futuros.

Película Plástica - Skin-Pack: Filme plástico que envolve fielmente o produto embalado, e aderente a uma cartela de papelão.

Pensamento Estratégico: As décadas de 70 e 80 foram a época áurea do planejamento estratégico. Na prática, a maioria desses planos acabou por fracassar. Henry Mintzberg diagnosticou os motivos. Segundo ele, o excesso de análise cria uma espécie de paralisia. Por outro lado, considera que não se deve separar, o planejamento, da ação. Enquanto planejar é um exercício analítico, a estratégia baseia-se na criatividade, intuição e capacidade de síntese. Para designar esta última atitude, propõe, em alternativa, o termo pensamento estratégico.

Pensamento Lateral: Criado por Edward de Bono, o conceito de pensamento lateral consiste na geração de novas idéias e no abandono das obsoletas. Aplicado às empresas é uma técnica para aumentar a criatividade e um recurso estratégico da organização. Na opinião de seu autor, é necessário estimular o cérebro por meio da atitude de quebrar os princípios estabelecidos e passar a encarar a realidade de um modo diferente. De Bono distingue o pensamento lateral (descontínuo e destinado à geração de idéias) do vertical (contínuo e orientado para desenvolvê-las). Enquanto o pensamento lateral dá idéias, o vertical as desenvolve.

PEPS - Primeiro que entra/Primeiro que sai (FIFO - First in/First out): É um conceito de organização de estoques, principalmente em se tratando de perecíveis, no qual as mercadorias estocadas deverão ser despachadas na mesma ordem de entrada, isto é, as primeiras mercadorias recebidas serão as primeiras a serem despachadas.

Perdas de Estoque - Inventory Shrinkage: Perdas resultantes de furto, refugo ou deterioração.

Perfect Order - Pedido Atendido sem Erros: São entregas que atendem completamente aos quesitos de sortimento, quantidades e prazo estipulado, estando livre de problemas (qualidade dos produtos, leitura óptica, código EAN, etc.) e permitindo o faturamento completo.

Perfeição: Eliminação total de muda para que todas as atividades ao longo de um *fluxo de valor* criem *valor.*

Perfil de Carga - Load Profile: Apresentação das necessidades de capacidade futura com base em pedidos planejados, ou liberada durante um período de tempo específico.

PERT - Project Evaluation and Review Technique: Técnica de Avaliação e Revisão de Projetos.

Peso Bruto (Em Transporte) **- Gross Weight:** Peso dos produtos incluindo embalagem, mas excluindo o equipamento do transportador; expresso, geralmente, em quilogramas.

Pesquisa Operacional (PO): A Pesquisa Operacional (PO) é uma ciência que objetiva fornecer ferramentas quantitativas ao processo de tomada de decisões. É constituída por um conjunto de disciplinas isoladas, tais como: Programação Linear, Teoria das Filas, Simulação, Programação Dinâmica, Teoria dos Jogos, etc. O termo Pesquisa Operacional (em inglês: Operations Research) foi empregado pela primeira vez em 1939, como uma tentativa de englobar, sob uma única denominação, todas as técnicas existentes ou que viriam a ser desenvolvidas e que tinham o mesmo objetivo citado.

Pick and Pack: Separar os materiais e etiquetar, embalar, etc.

Picking List: É a listagem de materiais a serem retirados do estoque para a fabricação de produtos acabados ou para a montagem e expedição dos produtos dos pedidos dos clientes.

Pilotagem - Pilotage: Operação de assistência ou ajuda à manobra dos navios na sua entrada ou saída do porto, assim como às manobras de atracagem e de desatracagem.

352 | GESTÃO DE ESTOQUES

A execução deste trabalho é de responsabilidade dos membros da Associação de Pilotos de cada porto.

Pirâmide de Necessidades: Maneira gráfica de se representar e organizar as necessidades dos clientes de maneira lógica e inter-relacionada. A Pirâmide de Necessidades possibilita o desdobramento ou ramificação de uma necessidade primária em necessidades secundárias e terciárias. Quando se planeja para a Qualidade, é indispensável analisar as necessidades secundárias e terciárias dos clientes.

Planejamento - Planning: Processo que envolve tomada de decisões e avaliação prévia de cada decisão, de um conjunto de decisões inter-relacionadas. Processo de se estabelecer objetivos a serem atingidos no futuro.

Planejamento com Gráfico de Barras - Bar Charts Planning: Processo de planejamento no qual as atividades são sistematicamente representadas por meio de barras, com a extensão da barra que representa o tempo e posição da barra que mostra a relação mútua entre as atividades; também conhecida como Gráfico de Gantt.

Planejamento da Capacidade Bruta - Rough-Cut Capacity Planning: É o processo de converter o Plano Mestre dentro das necessidades brutas dos recursos-chaves, freqüentemente incluindo: mão-de-obra, equipamento, materiais, espaço de armazenagem e, em alguns casos, recursos financeiros. Esta capacidade não contempla algumas atividades que somente serão programadas no estágio de Programação da Capacidade Finita, como preparação de máquinas, manutenção preventiva, etc. Estes elementos de tempo são apenas estimados com base na eficiência global.

Planejamento da Capacidade Usando Fatores Globais - Capacity Planning Using Overall Factors: Técnica de planejamento da capacidade. As quantidades e itens do programa mestre são multiplicados pelo tempo total necessário para a montagem de cada item, para fornecer o número total de horas necessárias ao cumprimento do programa. Aplicam-se as porcentagens históricas do centro de trabalho ao total de horas para se obter uma estimativa de horas por unidade de trabalho para apoiar o programa mestre.

Planejamento das Necessidades de Material - Material Requirements Planning: Técnica para planejamento das prioridades que é orientada por um programa mestre de produção e relaciona as demandas de componentes aos programas de produção de itens.

Planejamento das Necessidades de Material em Circuito Fechado - Closed-Loop Material Requirements Planning: Sistema global em que o planejamento das necessidades de material está relacionado a outros sistemas para oferecer "feedback" de informações MRP em circuito fechado, entre as funções de planejamento e execução, fechando assim o circuito de informações.

Planejamento das Necessidades de Recursos - Resource Requeriments Planning: Processo de conversão do programa mestre (ou planejamento mestre de produção) no

GLOSSÁRIO DE LOGÍSTICA | 353

impacto dos recursos, como: horas/homem, horas de máquina, estocagem, níveis de estoque, etc. As listas de recursos podem ser usadas para este objetivo. O propósito disto é avaliar o plano antes de tentar implementá-lo.

Planejamento de Aquisição - Acquisition Planning: Planejamento da aquisição incluindo determinação da política relacionada às etapas a serem seguidas para motivar os clientes externos a comprarem.

Planejamento de Atividades - Activity Planning: Planejamento de todas as atividades de um departamento ou divisão, para um calendário anual específico elaborado com base nas regras aplicadas a toda a empresa, e que também serve de parâmetro para a base orçamentária.

Planejamento de Carga - Load Planning: Planejamento da distribuição da capacidade necessária sobre a capacidade disponível de cada um dos funcionários, recursos de produção, departamentos, etc.

Planejamento de Distribuição - Distribution Planning: Planejamento da distribuição, ou seja, seleção dos canais de distribuição e criação de uma estrutura das condições sob as quais a distribuição de produtos deverá ocorrer.

Planejamento de Pedidos a Prazo Fixo - Call-Of Planning: Planejamento dos pedidos a prazo fixo em relação à freqüência e quantidade com que os pedidos relevantes devem ser entregues.

Planejamento de Recursos - Resouce Planning: Planejamento da capacidade em nível de plano organizacional. O processo de estabelecer e ajustar limites ou níveis de capacidade a longo prazo. O planejamento de recursos normalmente baseia-se no plano de produção, mas pode ser orientado por planos de níveis mais elevados além do tempo para o plano de produção. Consideram-se aqueles recursos que demoram mais para serem adquiridos. As decisões do planejamento de recursos necessitam da aprovação da alta direção.

Planejamento de Requerimentos de Transporte - Transportation Requeriments Planning: Utilização da tecnologia informatizada e informações já disponíveis em banco de dados MRP e DRP para planejar as necessidades do transporte baseada na demanda.

Planejamento de Vendas e Operações - Sales and Operations Planning - SOP: Um módulo do software ERP/MRP que trata das previsões de vendas e compatibilização com os recursos e operações.

Planejamento e Programação Avançados - Advanced Planning Scheduling - APS: Planejamento da demanda do suprimento, programação e execução avançada.

Planejamento Estratégico: Conjunto de atividades necessárias para determinar as metas (visão) e os métodos (estratégia), e seus desdobramentos. É a arte gerencial de posicionar os meios disponíveis da empresa visando manter ou melhorar posições

354 | GESTÃO DE ESTOQUES

relativas a potenciais favoráveis a futuras ações táticas na guerra comercial. O planejamento estratégico visa garantir a sobrevivência da empresa. É o processo de decidir a
partir dos objetivos, das suas alterações e dos recursos utilizados para alcançá-los, as
diretrizes que irão nortear a aquisição, o uso e distribuição desses mesmos recursos.

Planejamento Estratégico de um Layout - Strategic Layout Planning: Planejamento da
fábrica partindo das camadas gerenciais mais altas em direção à base. Gerencia
primeiramente a política, para, em seguida, fazer o arranjo da tecnologia, organização e
as instalações para dar suporte ao todo.

Planejamento Mestre - Master Planning: Planejamento em que as atividades futuras são
descritas e apresentadas de forma ampla em relação a tempo e local. As datas para realização
das atividades mais importantes e datas de conclusão são especificadas no planejamento de
um projeto em particular. No planejamento da produção contínua, os níveis de produção são
descritos para os períodos futuros próximos. No planejamento de produção em lotes e
produção cíclica, descreve-se a seqüência e, possivelmente, o tamanho dos lotes.

Planejamento Organizacional - Business Planning: Planejamento a longo prazo, com
período mínimo de um ano, das principais linhas da política organizacional. Pode consistir
de projeções de rendimentos, custos e lucros, usualmente acompanhados de orçamen-
tos, bem como da declaração do fluxo de caixa (fonte e aplicação de fundos). Geralmente,
é expresso somente em termos financeiros.

Planejamento para contingências: É planejar para alguma circunstância extraordinária
que paralise a operação normal do sistema logístico. Estas contingências podem ser:
acidentes, greves, produtos defeituosos, paradas no suprimento, etc. Para toda a
ocorrência prevista, deverá haver um plano de ação emergencial previsto para ser
colocado em prática.

Planejamento por Cenários: A velocidade da mudança obriga os gestores a encarar uma
dura realidade: é cada vez mais difícil (senão impossível) prever as ocorrências no meio
envolvente a longo prazo. Peter Schwartz popularizou a técnica que permite resolver o
problema: o planejamento por cenários. Por meio dela, a Shell foi a única empresa do
setor preparada para a crise do petróleo de 1973. Os cenários não são previsões.
Construídos a partir da geração de hipóteses alternativas sobre o futuro, permitem às
empresas estar preparadas para a ocorrência de cada uma dessas hipóteses e exercitam
os gestores a refletir sobre as estratégias a longo prazo.

Planejamento Sistemático de Layout - Systematic Layout Planning - SLP: Usa o passo
a passo dos procedimentos, convenções e fases para planejar um layout, adicionando um
sistema e uma estrutura para o plano.

Planilha: Arranjo ordenado de informações do planejamento e que consiste, geralmente, em
linhas horizontais, para listar as necessidades, e colunas verticais, para listar os meios
de se atender as necessidades.

Plano: Conjunto de métodos e medidas para a execução de um empreendimento; o plano estabelece o que deve ser feito para realizar uma meta.

Plano de Ação: Quando se quer atingir metas, é importante planejar algumas ações, como os meios e caminhos para chegarmos até a meta. Este conjunto de ações é chamado de plano de ação. Se o Plano de Ação for bem-elaborado, a meta será atingida. Cada plano deve ter um responsável (quem), um prazo (quando), um local (onde), uma justificativa (porque) e um procedimento (como).

Plano de Embarque - Bay Plan: Plano que mostra a localização de todos os contêineres em uma embarcação.

Plano de Produção - Production Plan: Plano elaborado conforme acordo mútuo que deriva da função de planejamento (produção) de operações e vendas, especificamente o nível geral do resultado planejado de manufatura a ser produzida. O plano de produção é a autorização da direção para o programador mestre convertê-lo em um plano mais detalhado, ou seja, o programa mestre de produção.

Plano Índice de Custo - Cost-Ratio Plan: Variação do plano para avaliação e seleção de fornecedor. Este procedimento determina os custos verdadeiros considerando os fatores de compensação. Os fornecedores são selecionados e/ou avaliados com base no menor índice de custo.

Plano-Piloto - Pilot Plan: Instalação de produção em pequena escala usada para desenvolver processos de produção e fabricar pequenas quantidades de novos produtos para teste em campo, etc.

Plano Total - Total Plan: Plano total ou plano agregado que representa a soma de todos os itens.

Planograma: É o desenvolvimento de mapas da área de vendas das lojas, para identificar a posição e a localização dos produtos, que estão agrupados de acordo com algumas características comuns (tamanho, volume de vendas, etc.) nas gôndolas/prateleiras.

Player: empresa que está desempenhando algum papel em algum mercado ou negociação.

POD - Comprovante de Entrega - Proof Of Delivery: O comprovante de entrega e os produtos são deixados com consignatários para que possam verificar os produtos no recebimento. Às vezes, a empresa de transporte envia o comprovante de entrega via correio antes dos produtos. Na prática, o comprovante de entrega pode ser uma cópia do conhecimento de embarque.

Poka-Yoke: Dispositivo ou procedimento à prova de erros destinado a impedir a ocorrência de defeitos durante o recebimento de pedidos ou a fabricação de produtos. Um exemplo disso, no recebimento de pedidos, é o de uma tela para a entrada do pedido, desenvolvida a partir de padrões tradicionais de registro de pedidos, que questiona os pedidos que não estão dentro do padrão. Os pedidos suspeitos são, então, examinados, o que muitas vezes leva à descoberta de erros de entrada ou compra com base na interpretação

356 | Gestão de Estoques

incorreta de informações. Um exemplo disso, na fabricação, é o conjunto de fotocélulas em **contêineres** de peças ao longo de uma linha de montagem, que impedem que componentes com peças faltando passem para a próxima etapa. **Poka-yoke,** nesse caso, destina-se a suspender a transferência do componente para a próxima estação, se o feixe de luz não tiver sido interrompido pela mão do operador em cada compartimento que contém uma peça para o produto em montagem no momento. Algumas vezes chamado, também, de baka-yoke.

Política: Conjunto de objetivos que dão forma a um programa de ação gerencial ou administrativa e condicionam sua execução.

Política da Qualidade: Intenções e diretrizes globais de uma organização relativas à qualidade, formalmente expressas pela alta administração.

Política de Inventário - Inventory Policy: Definição de objetivos e enfoque adotados por uma empresa em relação à gestão de materiais.

Ponte Terrestre - Landbridge: Sistema intermodal que transfere carga internacional de um ponto a outro sem pagamento de taxas ou impostos aduaneiros.

Ponto de Consolidação - Consolidation Point: Local em que pequenas expedições são combinadas e carregadas para reexpedição.

Ponto de Contagem - Count point: Ponto situado no fluxo de materiais ou seqüência de operações, em que as peças, submontagens ou montagens são contadas e consideradas completas. Os pontos de contagem podem ser designados no final das linhas ou na remoção de um centro de trabalho, mas com grande freqüência são designados nos pontos em que as transferências de materiais ocorrem de uma seção para outra.

Ponto de Equilíbrio - Break-Even Point: Nível de produção ou volume de vendas para o qual as operações nem geram lucro, nem prejuízo. É o ponto de equilíbrio representado pela intersecção entre as curvas de custos totais e rentabilidade.

Ponto de Expedição - Shipping Point: Local de onde os materiais são enviados.

Ponto de Pedido Flutuante - Floating Order Point: Ponto de pedido receptivo às mudanças na demanda ou às mudanças no lead time.

Ponto de Pedido - Time-Phased - Time-Phased Order Point: Método usado no planejamento das necessidades de material para itens de demanda independente. As necessidades brutas vêm de uma previsão, não via explosão. Esta técnica pode ser usada para se planejar os estoques em armazém, bem como para o planejamento de serviços, uma vez que a lógica MRP pode encaminhar prontamente itens de demanda dependente, independente, ou uma combinação de ambos.

Ponto de Ressuprimento: Quantidade determinada para que ocorra o acionamento da solicitação do Pedido de Compra. Também denominado de "Estoque Mínimo".

GLOSSÁRIO DE LOGÍSTICA | 357

Ponto de Venda - Pont of Sale - POS: Liberação de estoque e cômputo de dados de vendas no momento e local de venda, geralmente através do uso de códigos de barra ou equipamentos e meios magnéticos. É o termo utilizado para indicar cada caixa de uma loja, onde é utilizado o scanner para a leitura do código de barras de identificação de produtos.

Pontos de Concentração de Recursos - Resources Convergence Point: Concentração de recursos de distribuição e serviço, para tornar acessível o atendimento do usuário.

Pontos Fora da Rota - Off-Route Points: Pontos que saem fora das rotas, usados pelos transportadores, e que devem ser especialmente programados.

Porão - Hold: Espaço sob o deck de uma embarcação, usado para transportar carga.

Porcentagem de Entregas - Percent of Fill: Medida da eficácia com a qual o sistema de gerenciamento de estoque responde à demanda real. A porcentagem dos pedidos de clientes que saíram da prateleira pode ser medida em termos financeiros ou unitários.

Porto de Escala - Port of Call: Local onde uma embarcação ancora ou atraca durante certa viagem.

Posicionamento - Placement: Atividade de posicionar pessoas e/ou produtos em determinado local.

Posto no Costado - Ao Lado do Navio (Porto de Expedição) **- Free Alongside Ship - FAS:** De acordo com este termo, as obrigações do vendedor terminam quando a mercadoria foi colocada no navio, no cais ou nos barcos utilizados para o carregamento. Isto significa que o comprador deve, a partir deste momento, arcar com todos os custos e riscos de perda e danos das mercadorias. Convém frisar que, diversamente do FOB, o presente termo exige que o comprador desembarque a mercadoria da alfândega tendo em vista a sua exportação.

Postponement: Retardamento da finalização do produto até receber de fato o pedido customizado.

PPAP - Production Part Approval Process: Processo de Aprovação de Peça de Produção.

PPB - Balanceamento de Peças do Período - Part Period Balancing: Técnica dinâmica para dimensionamento de lote, que usa a mesma lógica do método de custo total mínimo, mas que acrescenta uma rotina chamada "look ahead/look back". Quanto se utiliza o "look ahead/look back", calcula-se uma quantidade de lote e, antes de ser fixada, a demanda seguinte ou as demandas dos períodos anteriores são avaliadas para determinar se seria economicamente viável incluí-las no lote atual.

PPCP: Planejamento, Programação e Controle da Produção.

Prancha de carregamento: Faz parte das normas de operação dos portos, e significa a tonelagem mínima estabelecida que será operada num período de seis horas.

358 | GESTÃO DE ESTOQUES

Prazo - Need Date: Data em que um item é necessário para cumprir seu propósito.

Preço de Transferência - Transfer Price: Preço que um segmento (subunidade, departamento, divisão, etc.) de uma organização cobra por um produto ou serviço fornecido a outro segmento da mesma organização.

Preço Prevalescente na Data de Expedição - Price Prevaling At Date of Shipment: Acordo entre o comprador e um fornecedor para que o preço dos produtos solicitados fique sujeito a mudança, conforme critério do fornecedor, entre a data em que o pedido é efetuado e a data em que é expedido, e que o preço, então, estabelecido seja o preço de contrato.

Pré-Expedição - Pre-Expediting: Função de acompanhar os pedidos em aberto antes da data programada para entrega, visando assegurar a entrega dos materiais no momento oportuno, na quantidade especificada.

Pré-Içamento - Pre-Slinging: Ato de colocar os produtos em cabos de içamento que são deixados em posição e usados para carga e descarga de uma embarcação.

Prendedor - Fastener: Qualquer dispositivo ou meio usado para unir os componentes de uma palete com montagens para empilhamento.

Preparação de KIT - Kitting: Montagem simples das peças e dos componentes de modo a satisfazer uma demanda, geralmente para mercado de reposição. Tal atividade é freqüentemente desempenhada no armazém.

Pré-Transportador - Precarrier: Transportador encarregado dos produtos antes de eles serem transferidos para o principal meio de transporte.

Previsão Agregada - Aggregate Forecast: Estimativa de vendas para alguns grupos de produtos, talvez todos os produtos ou uma família de produtos fabricados. Apresentando um termo de unidade ou valor monetário, a previsão é usada no planejamento de operações e vendas e para controle da empresa.

Previsão Intrínseca - Intrinsec Forecast: Previsão baseada em fatores internos como, por exemplo, média de vendas no passado.

Previsão de Vendas: É a função que tenta prever vendas e uso de produtos para que eles possam ser comprados ou fabricados em quantidades adequadas com antecedência.

Princípio de Pareto - Pareto Principle: Vilfredo Pareto observou que a maioria da riqueza dos países é controlada por uma minoria. O princípio baseado nessa observação diz que, dentre todas as variáveis ou causas que, em conjunto, contribuem para um efeito, apenas um número reduzido representa a maior parte do efeito causado coletivamente (Regra 80% - 20%). Se uma empresa possui 100 clientes, por exemplo, cerca de 20% deles são responsáveis por 80% do faturamento desta empresa.

Princípio dos Três GEN: Deve ser usado pelo gerente ou supervisor no tratamento das anomalias. Constitui-se de: *Genba* - local real, local ou área de trabalho. Cada anomalia deve marcar a presença do gerente no local em que ocorreu. **Genbutsu** - coisa real ou fenômeno ocorrido. Deve-se olhar e observar a coisa real ou que ocorreu. **Genjutsu** - realidade ou informação real. Deve-se colher a informação real junto ao local real (genba) e à coisa real (genbutsu).

Procedimento de Comprovação - Cut-Off Procedure: Procedimento necessário para garantir que a condição da contagem física e o registro relativo no computador são idênticos a despeito do tempo decorrido.

Procedimento Operacional - POP: É o documento que expressa o planejamento do trabalho repetitivo que deve ser executado para o alcance da meta padrão. Contém: listagem dos equipamentos; peças e materiais utilizados na tarefa, incluindo-se os instrumentos de medida; padrões da qualidade; descrição dos procedimentos da tarefa por atividades críticas; condições de fabricação, de operação e pontos proibidos de cada tarefa; pontos de controle (itens de controle e características da qualidade) e os métodos de controle; relação de anomalias passíveis de ação; roteiro de inspeção periódicas dos equipamentos de produção. O mesmo que SOP - Standard Operation Procedure ou Procedimento Padrão de Operação.

Procedimentos Operacionais Padrão - Standards Operating Procedures - SOP: As especificações e instruções para serem consideradas através de operações, processo ou atividade.

Procedimentos para Mensagens de Intercâmbio de Carga - Cargo Interchange Message Procedures: Procedimentos desenvolvidos pelas companhias aéreas, membros da ATA (Air Transport Association of America) e pela IATA (International Air Transport Association).

Processo: Série de operações individuais necessárias para se criar um projeto, pedido ou produto, interligadas, visando cumprir uma missão. Conjunto de causas que produzem um ou mais efeitos (produto). Define-se um processo agrupando em seqüência todas as tarefas dirigidas à obtenção de um resultado, bem ou serviço. Isto equivale a dizer que um processo é constituído de: pessoas, equipamentos, materiais ou insumos, métodos ou procedimentos, informações do processo ou medidas, condições ambientais, combinados de modo a gerar um produto (bem ou serviço). Uma série de tarefas correlatas pode ser chamada de processo e um grupo de processos correlatos pode ser visto como um sistema. Qualquer organização ou empresa é um processo e, dentro dela, encontramos diversos processos de manufatura ou serviços. Um processo é controlado através dos seus efeitos.

Processo de Transação Pós-Dedução de Estoque - Post-Deduct Inventory Transaction Processing: Método de registro de estoque em que o estoque de componentes consta do livro é automaticamente reduzido pelo computador somente depois da conclusão da atividade, com base no que deverá ser usado conforme especificação na lista de materiais e registros de alocação. Esta abordagem tem a desvantagem de apresentar um diferencial entre o registro em livro e o que consta fisicamente em estoque.

360 | GESTÃO DE ESTOQUES

Processamento de Transação Pré-Dedução de Estoque - Pre-Deduct Inventory Transaction Processing: Método de registro em que o estoque de componentes que consta no livro é automaticamente reduzido pelo computador antes da emissão. Neste momento, cria-se um recebimento programado criado via explosão na lista de materiais. Esta abordagem tem a desvantagem de apresentar um diferencial entre o registro contábil e o que consta fisicamente em estoque.

Processamento Eletrônico de Dados - Eletronic Data Processing: Processamento de dados realizado por dispositivos eletrônicos.

Processamento por Lotes - Batch Processing: Técnica de produção na qual as transações se acumulam e são processadas em conjunto ou em lotes.

Produção Contínua - Continuous Production: Sistema de produção na qual o equipamento produtivo se organiza e seqüencia de acordo com os passos envolvidos na fabricação de um produto. Este termo denota que o fluxo de materiais é contínuo durante o processo produtivo. As rotinas de trabalho são fixas e os formatos alteram-se com pouca freqüência.

Produção em Fluxo de uma Peça - Process Flow Production: É uma técnica de produção onde a peça flui pela linha de máquinas de produção sem parar, do início ao fim. Também conhecida como sistema de lote unitário ou células de produção/ manufatura.

Produção em Massa - Mass Production: Processo de produção em grandes quantidades, caracterizado pela especialização de equipamentos e mão-de-obra.

Produção Intermitente - Intermittent Production: Processo de produção no qual um produto específico é fabricado com interrupções em um período específico.

Produção para Estoque - Make-To-Stock: Produtos finais fabricados e mantidos em estoque anteriormente ao recebimento do pedido do cliente.

Produção Sincronizada - Synchronized Production: Filosofia administrativa de manufatura que inclui uma série consistente de princípios, procedimentos e técnicas em que cada ação é avaliada em relação à meta global do sistema. Junto com o Kanban é parte da filosofia da Teoria das Restrições, representa as abordagens de controle da produção.

Produção Sob Encomenda - Make-To-Order: Produtos finais feitos de acordo com as especificações do cliente, após recebimento do pedido.

Produtividade: Quociente entre faturamento e custos. Inclui todos os insumos da empresa: Equipamentos e Materiais (hardware); Procedimentos (software) e Ser Humano (humanware). É a relação entre o que a empresa produz e o que ela consome. É o mesmo que Taxa de Valor Agregado.

GLOSSÁRIO DE LOGÍSTICA | 361

Produtividade de Fator Único - Single-Factor Productivity: Quantidade média de determinado produto (output) atribuída a uma unidade de recursos (input). Os fatores incluem: capital e mão-de-obra.

Produto: Resultado (efeito) de um processo, que pode ser um bem ou um serviço: um automóvel é um produto (bem), um curso de aperfeiçoamento é um produto (serviço).

Produto com Demanda Duradoura - Evergreen Product: Produto que apresentou demanda por um longo período de tempo e para o qual espera-se continuar existindo demanda.

Produto de Grande Demanda - Fast Mover: Produto entregue ou usado na produção com grande freqüência, ou em número relativamente elevado por período.

Produtos em Trânsito - Ongoing Goods: A quantidade de produtos expedidos de um fornecedor a seus clientes, expressa em termos quantitativos ou financeiros.

Produto Logístico: O que uma empresa oferece ao cliente com seu produto é satisfação. Se o produto for algum tipo de serviço, ele será composto de intangíveis como: conveniência, distinção e qualidade. Entretanto, se o produto for um bem físico, ele também possui atributos físicos, tais como peso, volume e forma, os quais têm influência no custo logístico. (definição de Ronald H. Ballou).

Programa de Pedidos a Prazo Fixo - Call-Off Schedule - COS: Documento com o qual uma quantidade específica de produtos será solicitada para ser entregue conforme ordem de compra.

Programação - Scheduling: Estabelecimento do tempo para execução de uma tarefa. Existem vários níveis de programação dentro de uma empresa de manufatura. O programamestre estabelece os planos logísticos globais para abastecimento do material de apoio à produção e às vendas. As necessidades de materiais, para atender ao programa mestre de produção. As ordens de serviço podem ser divididas em programas mais detalhados para cada operação, e as datas desejadas de conclusão (ou início) de cada uma dessas operações são estabelecidas para mostrar quando devem ser concluídas, a fim de se conseguir o término da ordem de serviço no prazo.

Programação Dinâmica - Dynamic Programming: Método de tomada de decisão seqüencial no qual o resultado da decisão em cada etapa gera o melhor meio possível de explorar os resultados prováveis (porém, imprevisíveis) nas etapas posteriores de tomada de decisão.

Programação Mestre da Produção de Múltiplos Níveis - Multilevel Master Production Schedule: Técnica de programação mestre capaz de permitir que qualquer nível de itens em uma lista de materiais seja adotado em um programa mestre. Para isto, os itens MPS devem receber solicitações de fontes de demanda dependente e independente.

Programação por Blocos - Block Scheduling: Técnica de programação de operações, na qual cada operação equivale a um bloco de tempo, como, por exemplo: um dia.

362 | GESTÃO DE ESTOQUES

Programação Retrocedente - Back Scheduling: Método utilizado para obter um programa de produção trabalhando antes do prazo para ter uma previsão da última data de início para cumprimento do prazo previsto.

Project Management: A Gestão de Projetos (project management) é baseada na formação de equipes temporárias e pluridisciplinares. Trata-se de um grupo de trabalho constituído por empregados provenientes de diferentes setores da empresa, que tem um projeto a desenvolver e que é validado pela Direção Geral. Os membros devem ter especializações e competências diversas. A equipe deve ser colocada sob a responsabilidade de um chefe de projeto que depende diretamente da Direção Geral. Os membros são desligados, total ou parcialmente, mas apenas de uma forma temporária, do seu serviço de origem.

Project team: Força-tarefa.

Projeto e Fabricação Conforme Pedido - Engineer-To-Order: Produtos cujas especificações do cliente necessitam de customização significativa ou projeto exclusivo de engenharia. Cada pedido de cliente resulta em uma única série de peças, listas de materiais e roteiros.

Promoção Eficiente de Produto(s): É a estratégia que redireciona as promoções dos fornecedores, dos simples subsídios aos varejistas, para atividades de vendas ligadas diretamente ao comportamento de compra do consumidor. Um aspecto-chave é o balanceamento entre o fluxo de produtos na promoção e a demanda do consumidor, permitindo benefícios substanciais na diminuição de estoques na cadeia. Outro aspecto é o desenvolvimento do melhor mix de promoções dos produtos de uma mesma categoria.

Proposta: É o documento pelo qual o fornecedor torna oficial a sua oferta comercial ou de assistência técnica de serviços e/ou produtos ao requisitante.

Prototipação: Método de desenvolvimento que prevê a execução de vários ciclos de análise, especificação e codificação de um sistema. No primeiro ciclo, gera-se um produto simplificado em pouco tempo, de modo que o usuário possa examiná-lo e refinar as suas demandas. Nos ciclos seguintes, o produto é aperfeiçoado e novas funções são sucessivamente implementadas, até se chegar ao produto final.

Provedores de Serviço de Capacidade - Capacity Service Providers - CSP: Mantêm e operam infra-estruturas de data center.

Provedores de Serviço de Negócios da Internet - Internet Business Service Providers - IBSP: Propõem entregar serviços baseados na Internet, organizados como portais e "virtual marketplaces".

Provedor Logístico: Fornece serviços baseados nas áreas da logística.

Pull System: É o esquema de reposição de mercadorias no qual a demanda real do consumidor é o que determina a compra e abastecimento de produtos ao varejista.

GLOSSÁRIO DE LOGÍSTICA | 363

Pulmão - Buffer: Utilizado geralmente em fábricas, serve para proteger as atividades de produção, baseado em tempos e quantidades suficientes para não interromper o fluxo contínuo, considerando variáveis de estatísticas e de demandas, ou mesmo de gargalos operacionais.

Pulmão Dinâmico - Dynamic Buffering: Um método utilizado para melhorar o processo de pulmão. Desta forma, o tamanho do pulmão aumenta caso aumente a exigência dos recursos requerendo um lead time adicional. O pulmão dinâmico diminui à medida que a demanda diminui.

Push Back: Empurrar para trás o avião no pátio do aeroporto, através de veículos industriais, do tipo trator.

Push System: É o esquema de reposição de mercadorias no qual o fornecedor força a venda de produtos ao varejista, objetivando iniciar uma reação em cadeia que levará seus produtos ao consumidor final.

Puxar: Sistema de produção e instruções de entrega das atividades posteriores para as atividades anteriores, no qual nada é produzido pelo fornecedor anterior sem que o cliente sinalize uma necessidade. Oposto de empurrar.

Q

QFD - Quality Function Deployment: Literalmente, Desdobramento da Função Qualidade. Metodologia que se baseia nas pessoas para determinar rigorosamente as necessidades e desejos dos clientes.

QR: Resposta Rápida.

QS 9000: Quality System Requirements. Norma criada pelas três maiores empresas automobilísticas americanas: Ford, General Motors e Chrysler. Seu objetivo é a redução de sistemas paralelos de desenvolvimento de fornecedores, pelas montadoras, com vistas a uma conseqüente redução substancial de custos. Exige-se a melhoria contínua.

Qualidade: "Produto ou serviço de qualidade é aquele que atende perfeitamente, de forma confiável, de forma acessível, de forma segura e no tempo certo, as necessidades do cliente" (Campos, V.F.). "Qualidade deve ser definida como cumprimento de requisitos" (Crosby, P.B.). A palavra Qualidade tem diversos significados, todavia, podemos especificar alguns desses significados essenciais no planejamento da própria qualidade e no planejamento estratégico da empresa. No que se refere ao desempenho, a qualidade aponta para características indicadoras da satisfação do cliente frente a produtos ou serviços. Relacionada à satisfação do cliente, a palavra qualidade também se vincula a "ausência de defeitos ou falhas". Todavia, não podemos perder de vista que um produto ou serviço sem deficiências não significa necessariamente que satisfaça o cliente, porque algum produto ou serviço concorrente pode apresentar um desempenho melhor, atraindo o cliente. Qualidade também significa adequação ao uso.

364 | Gestão de Estoques

Quantidade de Lote Padrão - Standard Batch Quantity: Quantidade de um item composto que é usada como base para especificar as necessidades de materiais da produção. Geralmente, é usada pelos fabricantes que usam alguns componentes em quantidades bem pequenas ou por fabricantes que utilizam processos afins.

Quantidade de Pedido por Período - Period Order Quantity: Técnica de dimensionamento de lote em que o tamanho do lote é igual à necessidade líquida por determinado período, por exemplo, demandas futuras.

Quantidade de Pedidos a Prazo Fixo - Call-Off Quantity: Quantidade de produtos retirados e/ou entregues de acordo com o pedido a prazo fixo.

Quantidade do Ponto de Pedido - Reorder Point Quantity - ROP: Em gestão de estoques, a quantidade média necessária para suprir as necessidades da produção e de vendas, pelo tempo necessário para realização, processamento e transporte de um novo pedido. 1. Em um sistema de controle de estoque de pedido fixo, a quantidade fixa, que deverá ser solicitada cada vez que o estoque disponível ficar abaixo do ponto de pedido; 2. Em um sistema de quantidade variável de reposição de pedido, a quantia solicitada irá variar de um período para outro.

Quike Step: Passo acelerado.

R

Raio - Spoke: Extensão entre um hub e um dos grupos de consignatários e/ou expedidores servidos pelo hub.

Rampas de escape: Utilizadas principalmente no transporte rodoviário, são dispositivos especiais, posicionados em determinados pontos das rodovias, projetados para permitir uma saída de emergência para veículos que apresentem falhas ou perdas de freios em declives íngremes, retirando-os do fluxo de tráfego e dissipando as suas energias pela aplicação de resistência ao rolamento, desaceleração gravitacional, ou ambas.

Rastreabilidade - Traceability: Capacidade de investigar o histórico, a aplicação ou a localização de um item ou de uma atividade (ou itens ou atividades semelhantes) por meio de informações devidamente registradas.

Rastreamento Completo - Full Pegging: Capacidade de um sistema rastrear automaticamente as necessidades por determinado componente por todo o caminho, chegando até o item final, cliente ou número de contrato.

Reabastecimento Eficiente - Efficient Replenishment - ER: Fornecedores e varejistas trabalham juntos para assegurar o abastecimento do produto correto, para o lugar certo, na hora certa, na quantidade correta, da maneira mais eficiente possível.

GLOSSÁRIO DE LOGÍSTICA | 365

Reacondicionamento - Reconditioning: Todas as atividades relacionadas à restauração e/ou alteração da embalagem de um produto; ajuste da embalagem para que possa ser apresentada ao cliente na forma restaurada e/ou alterada.

Rebocador: Pequeno vapor utilizado para rebocar navios ou manobrá-los com segurança em áreas dos portos.

Reboque Sobre Rodas - Roll Trailer: Carroceria especial para transporte e estocagem em terminal a bordo de embarcações que usam roll-on roll-off.

Recebimento de Pedido Planejado - Planned Order Receipt: Quantidade planejada para ser recebida em data futura, como resultado de uma liberação de pedido planejado. Os recebimentos de pedidos planejados diferem dos recebimentos programados pelo fato de não terem sido liberados.

Rechego: expressão utilizada em portos, que caracteriza a movimentação de cargas entre pátios, feita por tratores e/ou outros equipamentos de movimentação.

Recibo de Doca - Dock Receipt: Um recibo que indica que um carregamento foi entregue a um transporte de exportação.

Recipientes Intercambiáveis - Swap Body: Frete que carrega unidades não suficientemente fortes para serem empilhadas, exceto em alguns casos quando vazio ou sustentado. Usado somente para movimentação via rodovia ou ferrovia.

Reconhecimento Óptico de Caracteres - Optical Character Recognition - OCR: Leitura controlada por computador e reconhecimento de letras e números. Os caracteres lidos não se encontram codificados e também podem ser reconhecidos e lidos pelos homens.

Recursos: É todo insumo econômico aplicado ou utilizado para a realização de uma atividade dentro de uma organização.

Recurso Compartilhado - Shared Resource: Recurso que é compartilhado com outras combinações de produto/mercado.

Redespacho - Bridge Shipment: Processo de expedição em que um transportador recebe o frete por outro transportador e o entrega a um terceiro.

REDEX: Recinto Especial para Despacho aduaneiro de Exportação.

Reengenharia - Reengineering: Método usado para reprojetar e reformar sistematicamente toda uma empresa, função e processo. Mudança ou melhoria que envolve um repensar radical da forma como a organização gere o seu negócio, incluindo a pertinência ou não de algumas das suas atividades. A gestão da qualidade diz respeito tanto a mudanças radicais (reengenharia) como a pequenas alterações incrementais.

Reestruturação de Empresas: A Reestruturação pode ser aplicada para processos específicos, funções dentro da empresa ou na empresa como um todo. Cada caso exige uma abordagem e uma metodologia diferente devido à variedade de formatos e estruturas de

GESTÃO DE ESTOQUES

organização e atividades específicas. A empresa deve fazer reestruturação quando percebe que a estrutura organizacional não contribui mais para o alcance de seus objetivos empresariais.

Reexpedição - Reconsignment: Serviço de transporte que permite mudar o destino e/ou o destinatário após a expedição ter chegado ao destino original.

Regeneração (Em Programação) - Regeneration: Abordagem de processamento MRP em que o programa mestre de produção é totalmente reexplodido em todas as listas de materiais para manter as prioridades válidas. Nesse momento, novas necessidades e pedidos planejados são completamente regenerados.

Registro de Débito da Ordem de Expedição - Shipping Order Debit Memo: Documento usado para autorizar a expedição de materiais rejeitados de volta para o fornecedor e criação de uma entrada de débitos em contas a pagar.

Registro de Inventário Perpétuo - Perpetual Inventory Record: Registro em computador ou documento manual em que cada transação de estoque é anotada para que se mantenha o registro atualizado.

Regra de Serviço em Ordem de Chegada - First-Come-First-Served Rule: Regra de expedição em que as tarefas obedecem à ordem de chegada.

Remessa - Consignment: Quantidade separada e identificada de produtos (disponível) para ser transportada de um expedidor a um consignatário, via uma ou mais formas de transporte e especificados em um único documento de transporte.

Remodelagem - Retrofit: Projeto para ajustar ou remodelar um produto, com o objetivo de satisfazer as necessidades dos clientes.

Reposição Contínua - Continuous Replenishment - CR: Reposição Contínua, uma forma de VMI para o varejo supermercadista, é uma ferramenta que tem por finalidade repor os produtos na gôndola de forma rápida e adequada à demanda, com os objetivos de minimizar estoques e faltas. É a prática de parceria entre os membros do canal de distribuição, que altera o tradicional processo de reposição de mercadorias de geração de pedidos elaborados pelo distribuidor, com base em quantidades economicamente convenientes, para a reposição de produtos baseada em previsão de demanda efetiva. Por meio de práticas distintas, busca integrar o fluxo de informações e produtos.

Reposição Eficiente de Estoque(s): Destina-se a integrar os esforços da cadeia de distribuição em prol de um sistema de resposta rápida. Tem por objetivo melhorar tempos e custos no sistema de reposição de estoques, por meio de pedidos automatizados, provindos de depósitos ou de lojas. Também visa melhorar os trabalhos de logística, redução de erros em faturamento e produtos danificados ou devolvidos do lado dos fornecedores.

Reposição Periódica - Periodic Replenishment: Método de adição de necessidades para reaprovisionar, em quantidades variáveis e em intervalos de tempo regulares, mais do que quantidades iguais em intervalos de tempo variáveis.

Reposição, Previsão e Planejamento Colaborativos - Collaborative Planning, Forecasting and Replenishment - CPFR: Permite a comunicação aberta e segura, em tempo real, e apóia um conjunto amplo de requisitos, possibilitando que consumidores/clientes contribuam na geração dos números e participem das etapas do processo para melhorar a acuracidade.

Requisitos: Necessidades básicas do cliente, geralmente explicitadas como condição de negócio no contrato com o fornecedor. São características que o cliente "requer" do produto, tais como: especificações técnicas, prazo de entrega, garantia. Uma condição ou capacidade necessitada por um usuário, para resolver um problema ou alcançar um objetivo.

Resíduos - Scrap: É a parte da matéria-prima ou de outros materiais que resta depois que estes foram usados em um processo de produção, e que não pode mais ser usada com propósitos semelhantes. É a parte dos refugos que perdeu completamente seu valor original, porém, é possível reaproveitar parte dos resíduos como matéria-prima para fabricação.

Responsividade - Responsiveness: Resultado de uma política capaz de satisfazer os anseios dos clientes de forma precisa, rápida e sem alterações do nível de qualidade do produto/serviço.

Resposta Rápida - Quick Response: Sistema de ligação de todos os elementos à cadeia de abastecimento, eletronicamente, os quais podem utilizar expedições diretas dos fornecedores para os usuários finais. Sistema para relacionar vendas finais no varejo às programações de produção e expedição com a cadeia de abastecimento; emprega escaneamento no ponto de vendas e troca eletrônica de dados, e pode usar expedições diretamente da fábrica.

Resposta Rápida de Entrega - Quick Response Delivery: Um processo expandido de entrega rápida que utiliza a tecnologia de informação para medir as exigências dos clientes, possibilitando que os atacadistas mantenham um estoque nas prateleiras caso haja necessidade e, ao mesmo tempo, mantenham o mínimo em estoques.

Retrabalho: Ação implementada sobre um produto não-conforme de modo que ele atenda aos requisitos especificados.

RFDC: Coleta de Dados por Radiofreqüência.

RFI - Comunicação de Dados Via Radiofreqüência - Radio Frequency Data Communications: É um sistema no qual a comunicação é feita através de uma conexão entre o servidor e o recurso de coleta de dados, tais como terminais. RF/DC pode ser usado para fazer uma comunicação com as empilhadeiras ou os funcionários responsáveis pela armazenagem sem a necessidade do uso de papel.

RFID: Radiofrequency Identification Data ou Identificação via radiofreqüência.

Risco de Obsolescência - Obsolescence Risk: Risco de os produtos não serem usados por causa de mudanças no planejamento e/ou engenharia ou alteração na demanda. É expresso como uma fração ou porcentagem do valor de capital destes produtos.

Risk Management: Ou Gestão do Risco, significa fazer a análise, controle e seguro ideal dos riscos de uma empresa. Visa antecipar, analisar e valorizar os riscos de funcionamento da empresa de modo a minimizá-los. Implica otimizar a qualidade/custo dos diferentes seguros da companhia. O método inclui todos os tipos de riscos clássicos (como segurança de pessoas e bens) e também alguns cuja freqüência ou amplitude cresceu nos últimos anos, tais como: riscos de cópias, os ligados ao meio ambiente ou as despesas médicas dos empregados.

Ritmo de Produção - Production Rate: A quantidade de produtos de um único tipo fabricada em determinado período de tempo.

ROA - Return on Assets/Retorno sobre Ativos: É o indicador de desempenho que mede a lucratividade de uma empresa em relação a todos os seus ativos ou ao total de investimento em ativos.

Road railer: Sistema pelo qual os caminhões são acoplados aos vagões.

ROI - Return on Inventory Investments - Retorno sobre investimento em estoques: É o indicador de desempenho que mede a lucratividade em relação a investimentos em estoque. O denominador mais utilizado no cálculo desse indicador é o estoque médio para o período (normalmente anual), por ser mais representativo em termos de níveis de estoque ao longo do ano em comparação ao balanço do último dia do ano.

Romaneio - Bordereau: Documento usado em transporte rodoviário, listando a carga transportada, geralmente refere-se a cópias da guia de carga.

Romeu e Julieta - Dolly: 1) Um reboque - com uma quinta roda usada para converter um semi-reboque. 2) Uma plataforma pequena sobre rodas usada para movimentar o produto em um armazém.

Rota Completa - Through Route: Rota completa do ponto de partida até o ponto de destino.

Rota ou Plano de Viagem: É o percurso escolhido para o transporte, por veículos, através de vias terrestres, rios, corredores marítimos e/ou corredores aéreos, considerando a menor distância, menor tempo, menor custo ou uma combinação destes. Tudo isto podendo estar conjugado com múltiplas origens e destinos.

Rotatividade: É a indicação do número de vezes em que um estoque se renovou. (Ra = Ca/Em), onde Ca é o consumo total anual e Em é a média aritmética dos 12 estoques mensais.

Roteiro Alternativo - Alternate Routing: Roteiro, em geral, menos preferido do que o roteiro original, mas que resulta em item idêntico. Roteiros alternativos podem ser mantidos no computador ou manualmente, mas o computador deve ser capaz de aceitar roteiro alternativo para tarefas específicas.

Rough Cut: Corte bruto.

S

SAC ou Customer Service: Serviço de Atendimento ao Consumidor ou Cliente.

Said To Contain - STC: Termo que significa que o transportador não está ciente da natureza ou da quantidade dos conteúdos de, por exemplo, uma caixa ou contenedor, e conta com a descrição fornecida pelo expedidor.

Saldo Disponível - On-Hand Balance: É a quantidade física em estoque, já abatendo as quantidades em estoque que estão reservadas.

Sazonalidade - Seasonality: Um padrão repetitivo de demanda que apresenta alguns períodos de considerável elevação ou redução em determinado período de tempo.

Scanner: Aparelho ou sistema eletrônico que converte, através de leitura óptica, informações codificadas em numeração alfanumérica ou simbolização em barras.

Scanning: É a leitura óptica por meio de ferramenta eletrônica - scanner - para converter informações codificadas em sinais de controle elétricos com o objetivo de coletar informações ou controle de vendas no sistema.

SCM - Gerenciamento da cadeia de abastecimento - Supply Chain Management: Um processo de integração que combina as funções da logística clássica de distribuição física e o gerenciamento de materiais com a compra de matérias-primas e/ou componentes, tecnologia de informações e funções de planejamento estratégico. Abordagem integral que envolve questões fundamentais relacionadas à cadeia de abastecimento, como: estratégias funcionais, estrutura organizacional, tomada de decisão, administração de recursos, funções de apoio, sistemas e procedimentos.

SCOR - Supply Chain Operation Model - Modelo de Referência das Operações na Cadeia de Abastecimento: Foi criado pelo Supply Chain Council (USA) visando padronizar a descrição dos processos na cadeia de abastecimento.

Score Card (Cartão de Metas): É uma ferramenta para planejar e mensurar o desempenho da empresa em relação à utilização dos princípios de ECR, bem como para melhorar o desempenho entre parceiros comerciais.

SDR - Self Distributing Reyailer: É o sistema próprio de distribuição do varejo para reposição dos produtos nas lojas.

Seções de Trabalho - Job Shop: Forma funcional de organização da manufatura, cujos centros de trabalho são organizados por tipos de equipamento.

Segmentação de Mercado - Market Segmentation: A habilidade para identificar um mercado-alvo promissor e selecionar as melhores estratégias para o marketing.

Seiban: O contrário de *Kanban*, ou seja, programar e controlar a produção por previsões (empurrar).

Seis Sigma - Six Sigma: Seis Sigma é hoje o programa mais importante de melhoria de processos e redução de custos. Trata-se de uma estratégia gerencial de mudanças para acelerar o aprimoramento em processos, produtos e serviços. O conceito Seis Sigma é uma nova forma de medir a eficiência dos processos internos das empresas. Quando um processo tem qualidade Seis Sigma a probabilidade de produzir defeitos (itens fora de especificação) é extremamente baixa. Isto é conseqüência do emprego de toda uma cultura de estratégias, ferramentas e metodologias estatísticas para melhorar o processso de análise e tomada de decisão das empresas.

Semi-reboque: é o conjunto monolítico formado pela carroceria com um eixo e rodas. É engatado no cavalo mecânico ou trator para o transporte, ou ainda, passa a ser utilizado como reboque quando é engatado em um dolly. É muito utilizado no transporte de cana- de- açúcar.

Separação de Pedidos - Order Picking: Atividade de desmonte de cargas uniformes com a finalidade de compor uma carga mista de itens de produtos visando atender ao pedido de um cliente.

Separação de Pedidos Discreta - Discrete Order Picking: Conclusão de um único pedido por vez. Esta metodologia requer um giro completo pela área de separação de pedidos para cada pedido a ser expedido.

Separação e Embalagem - Pick and Pack: Processo de retirar os produtos de um estoque e embalá-los de acordo com as condições determinadas pelo cliente.

Separação em Lote - Batch Pick: Uma retirada inicial do estoque a granel de uma quantidade acumulada dos pedidos, os quais serão subseqüentemente separados.

Separação em Ondas - Wave Picking: Um sistema de separação por pedido que divide cada mudança dentro de um período, durante o qual cada grupo específico de pedidos é separado e carregado.

Separação Negativa - Negative Picking: Dispositivo que permite puxar o palete todo e devolver um pequeno número de itens ao local de origem caso ocorra excesso de quantidade em relação a um certo dado limiar.

Separadores (Embalagem) - Dunnage: Madeira ou outro material usado na separação de cargas, internos a um contenedor,, como pranchas, blocos ou braçadeiras de metal. Utilizados em transporte ou no estoque, para suporte e segurança dos suprimentos, protegendo-os de avarias, proporcionando um manuseio conveniente.

Serviço ao Consumidor - Customer Service: O termo geral para descrever o nível, a freqüência e o tipo de serviço de entrega fornecido para os clientes. Existem muitas implicações comerciais, práticas e físicas quanto aos custos do ponto de vista da distribuição.

Serviços Compartilhados (Shared Services): São aqueles que podem ser utilizados por dois ou mais parceiros comerciais ao mesmo tempo. Em se tratando de ECR, a estrutura/ empresa que gerencia os serviços administrativo-financeiros poderia ser um exemplo desses serviços.

Serviço Completo de Locação de Caminhões - Full Service Truck Lease: Um serviço completo de locação é um sistema que atende as necessidades do cliente quanto ao caminhão, além de serviços adicionais de suporte.

Serviço de Abastecimento - Feeder Service: Linhas de transporte curto que vão dos caminhões para áreas próximas, para coleta e distribuição de frete para a principal operação de transporte. Linhas de serviço de abastecimento geralmente têm entre 40 e 50 quilômetros.

Sete Muda: Enumeração original de Taiichi Ohno dos desperdícios encontrados comumente na produção física. São eles: o *excesso de produção* antes da demanda; a *espera* pela próxima etapa de processamento; o *transporte* desnecessário de materiais (por exemplo, entre as ilhas de processo ou fábricas); o *excesso de processamento* de peças devido ao projeto inadequado de ferramentas e produtos; *estoques* acima do mínimo absoluto; *movimento* desnecessário dos funcionários durante o curso do trabalho (em busca de peças, ferramentas, ajuda, etc.), e produção de *peças defeituosas.*

Setup: Tempo compreendido entre a paralisação de produção de uma máquina, a troca do seu ferramental e a volta de sua produção.

Ship Broker: Agente Marítimo.

Shipping ou Expedição: Departamento de uma empresa que, de posse da Nota Fiscal ou uma pré-Nota Fiscal, identifica, separa, embala, pesa (se necessário) e carrega os materiais nos veículos de transporte.

Shipping Área: Área de Expedição.

Sider: Tipo de carroceria de caminhão, que tem lonas retráteis em suas laterais.

Sidetrack ou caminho alternativo: É quando se utiliza um percurso diferente do habitual ou previsto, por variados motivos (trânsito ruim, segurança, etc.).

372 | Gestão de Estoques

Sigma: Sigma é uma letra do alfabeto grego. O termo "sigma" é usado para designar a distribuição ou o desvio sobre a média de qualquer processo ou procedimento. Para os negócios ou processo de manufatura, o valor sigma é uma métrica que indica quão bem o processo é desempenhado. O sigma mede a capacidade do processo de não gerar defeitos. A escala sigma de medição está perfeitamente correlacionada a algumas características, como: defeito por unidades, peças por milhão defeituosas e a probabilidade de falha/erro. A capacidade seis sigma significa não mais do que 3,4 defeitos por milhão de peças. Recentemente, programas seis sigma têm se tornado uma abordagem mais ampla, refletindo os esforços globais para promover melhorias, bem como uma produção livre de erros.

SIL - Sistema de Informações Logísticas: providencia a informação especificamente necessária para subsídio da administração logística em todos os seus níveis hierárquicos. Para a alta administração, serve para planejamentos, políticas e decisões estratégicas; para a média gerência, é utilizado em planejamentos e decisões táticos; para a supervisão, serve para planejamentos, decisões e controles operacionais; para o operacional, serve para processamentos de transações e resposta a consultas.

Simulação - Simulation: Técnica de observar e resolver um modelo artificial que representa um processo no mundo real, que por razões técnicas ou econômicas não é viável ou disponível para uma experimentação direta.

Simulação da Capacidade - Capacity Simulation: Possibilidade de realizar um planejamento preliminar da capacidade utilizando um MPS ou um plano de materiais simulados, em vez de dados reais.

Simulação Monte Carlo - Monte Carlo Simulation: Uma subdivisão dos modelos digitais de simulação com base em processos aleatórios ou probabilísticos.

Sincronização da Cadeia de Abastecimento - Supply Chain Synchronization: Combina o nível de saída de cada ponto da cadeia de abastecimento com estágio prioritário dentro de uma cadeia de abastecimento. A saída de cada atividade majoritária dentro de um sistema de fornecimento de produtos deve estar de acordo com o perfil de exigência do cliente. Da mesma forma, a saída do fornecedor deve combinar com a saída da produção, e a saída da produção com as necessidades dos consumidores finais.

Sinergia: Refere-se à convicção de que dois mais dois podem ser cinco. Esta é uma não-evidência que serviu para justificar as injustificáveis operações de fusão e aquisição que caracterizaram o mundo dos negócios nos anos 80. O conceito de sinergia, introduzido por Igor Ansoff, no livro Corporate Strategy, procura provar que duas empresas juntas valem mais do que a soma das duas separadas. Se não existir sinergia (ou se for negativa), não valerá a pena concretizar-se uma fusão ou aquisição. O conceito pode ser aplicado em outras áreas, como alianças estratégicas, joint-venture, acordos de cooperação, relações das empresas com fornecedores ou clientes e equipes de trabalho pluridisciplinares.

Sistema - System: Uma combinação de elementos que influenciam uns aos outros e têm relações específicas com o ambiente.

Sistema Automatizado de Informações - Automated Information System - AIS: Hardware e software configurados para automatizar cálculos, seqüenciamentos, estocagem, retirada, comunicação e outros dados de materiais para prover informações.

Sistema com Dois Pontos de Pedido - Double Order Point System: Sistema de gerenciamento da distribuição do estoque que inclui dois pontos de pedido. O menor é igual ao ponto de pedido original, que abrange lead time de reabastecimento. O segundo ponto de pedido é a soma do primeiro ponto de manufatura. Permite que os armazéns avisem à manufatura quanto a pedidos futuros de reabastecimento.

Sistema da Qualidade - Quality System: Estrutura organizacional, responsabilidades, procedimentos, processos e recursos para implementação da gestão da Qualidade.

Sistema de Difusão - Broadcast System: Seqüência na qual certas unidades específicas são fabricadas e completadas dentro de um ritmo determinado. Esta seqüência se comunica aos centros de atividades de aprovisionamento e montagem, para realizar as operações e colocar o material de tal forma que se combine em uma unidade correta conforme ordem de montagem.

Sistema de Empurrar: Sistema tradicional de programação de produção. Conforme as peças são processadas de acordo com o programa, elas são empurradas para o próximo processo, independente de serem ou não necessárias naquele momento.

Sistema de Estocagem/Recuperação Automática - Automated Storage/Retrieval System - AS/RS: Sistema de armazenagem em estruturas porta-palete de alta densidade com transelevadores que efetuam cargas e descargas automaticamente.

Sistema de Estocagem por Gravidade - Gravity Live Storage: Colocam-se paletes e caixas no lado alimentador e transportadores livres que funcionam por gravidade permitindo que as unidades de estocagem alcancem a face de separação.

Sistema de Estoque Básico - Base Inventory System: Método de controle de estoque que inclui a maioria dos sistemas em prática como casos especiais. Neste sistema, quando um pedido ou item é recebido, é usado um documento de separação e as cópias, chamadas de pedidos de reabastecimento de estoques. Pedidos positivos ou negativos, chamados de pedidos de estoque básico, também são ocasionalmente usados para ajuste do nível do estoque básico de cada item. Na prática, os pedidos de reabastecimento geralmente são acumulados quando emitidos e liberados a intervalos regulares.

Sistema de Estoque Híbrido - Hybrid Inventory System: Sistema de estoque que combina características do modelo de estoque com quantidade fixa de repetição de pedido. Características deste modelo de estoque podem ser combinadas de várias formas. Por exemplo: no sistema de combinação para revisão periódica, efetua-se um pedido se o

374 | GESTÃO DE ESTOQUES

nível de estoque ficar abaixo do nível especificado antes da data e revisão; ou, a quantidade de pedido é determinada na data de revisão seguinte. Outro sistema de estoque híbrido é o modelo opcional de reabastecimento.

Sistema de Execução Colaborativo - Collaborative Execution Systems: Categoria de software de aplicativo que capacita uma efetiva coordenação e fluxo de informações através de toda a cadeia de valor. Tarefas automatizadas necessitam do gerenciamento de cada transação e fornecendo visibilidade em tempo real da informação. Sistemas de Execução Colaborativos são projetados para melhorar a produtividade e o atendimento.

Sistema de Informações Gerenciais - EIS - Executive Information System: É o sistema de informações que visa dar suporte à alta direção da empresa no processo decisório. É um sistema user friendly e de fácil operação, que concatena informações de diversas áreas da empresa.

Sistema de Liquidação de Contas de Transporte de Carga (Em Transporte Aéreo) **- Cargo Accounts Settlement System - CASS:** Sistema de contabilidade e liquidação de contas entre uma companhia aérea CASS e, de outro lado, agentes de carga designados pela IATA (International Air Transport Association).

Sistema de Localização em Estoque - Stock Location System: Sistema em que todos os locais em um armazém são nomeados e numerados para facilitar a estocagem e recuperação de estoque.

Sistema de Pedido Periódico - Periodic Ordering System: Sistema de pedido em que se determina, em momentos fixos, se um pedido deve ser efetuado e qual a quantidade.

Sistema de Pedidos a Prazo Fixo - Call-Off System: Sistema de pedido no qual os pedidos em aberto são efetuados e o pedido a prazo fixo é feito em datas posteriores.

Sistema de Planejamento com Data Fixa - Bucketed System: Técnica aplicável ao planejamento das necessidades de material, em que as necessidades em etapas são acumuladas em períodos de tempo, e combinadas formando uma necessidade total, programada para ocorrer no início do período.

Sistema de Planejamento Quantitativo - Quantum Planning System: Sistema de planejamento para produção em seções de trabalho. Neste sistema, vários produtos ou componentes dos quais um produto é formado são combinados (produtos compostos), e cada um passa pelas várias etapas de processamento enquanto unidade. Em um produto composto, combina-se o produto que segue a mesma seqüência de processamento. Esta combinação é feita de modo que o tempo de operação para um produto composto seja sempre constante para cada operação. Isto resulta em tempos e momentos iguais de avanço. Para produtos compostos com a mesma seqüência de processamento e o mesmo tempo de operação por operação, podem-se construir linhas de produção em que um tipo de linha de produção seja possível. Na verdade, estas linhas podem ser formadas atraves da organização de grupos relevantes de processamento em um layout de linha, ou orientação de produtos compostos por uma fábrica ou local de trabalho com um layout funcional, por meio de um planejamento detalhado, de modo a atingir o que se propõe a produção em linha.

Sistema de Ponto de Pedido - Order Point System: Sistema para solicitar produtos de demanda independente, no qual o momento de pedido e a quantidade de pedido devem estar coerentes com um número de condições previamente estabelecidas.

Sistema de Produção da Toyota - Toyota Production System: Um modelo de processo de manufatura desenvolvido pela Toyota para atingir liderança na indústria automobilística. O enfoque do sistema de produção é eliminar as perdas - tudo que não agrega valor ao produto. O TPS foi desenvolvido com base em quatro fatores-chaves que diferenciaram a Toyota: 1. Redução do tamanho dos lotes e flexibilidade da produção. 2. Controle de peças necessárias para a montagem através do sistema de puxar no momento necessário. 3. Arranjo dos equipamentos de produção na seqüência dos processos para que as pessoas trabalhem agregando valor. 4. Controle de qualidade nos equipamentos e processos através de dispositivos à prova de falhas e manutenção produtiva total.

Sistema de Puxar - Pull System: Sistema em que as peças necessárias para um posto de trabalho são requisitadas e puxadas até este posto. "Puxar" parte do princípio de que deve-se apenas produzir quando houver vendas, e toda a empresa cria condições para reduzir o ciclo de manufatura.

Sistema de Quantidade Fixa de Pedido - Fixed Order Quantity System: Técnica para dimensionamento de lote em MRP ou gestão de estoques que sempre irá fazer com que os pedidos planejados ou reais sejam gerados para uma quantidade fixa predeterminada, ou múltiplos desta, se outras necessidades para o período excederem a quantidade fixa de pedido.

Sistema de Repetição de Pedidos a Intervalo Fixo - Fixed Interval Reorder System: Sistema de renovação periódica de pedido em que o intervalo de tempo entre os pedidos é fixo, semanal, mensal ou trimestral, mas o tamanho do pedido não é fixo e os pedidos variam de acordo com o uso, conforme última revisão. Este tipo de controle de estoques é empregado quando convém examinar os estoques em intervalos de tempo fixos como, por exemplo, em sistemas de controle de armazém, sistemas em que os pedidos são efetuados mecanicamente.

Sistema de Reposição - Replenishment System: O ato de prover ao cliente quantidades de um produto de maneira que atenda as necessidades do cliente. Exemplo: entrega de pedidos de fornecedores. A entrega de acordo com as bases das vendas, estoque, estoques padrões, localização dos estoques e os tempos dos processamentos dos clientes.

Sistema de Veículo Guiado Automaticamente - Automated Guided Vehicle System - AGVS: Sistema de movimentação que encaminha materiais, e os posiciona em destinos predeterminados sem intervenção do operador.

Sistema de Veículos Guiados Automaticamente (Laser) - Laser Guided Vehicle - LGV: Um tipo de AGVS que é controlado por raio laser.

Sistema Duas Caixas - Two-Bin System: Sistema em que o estoque é distribuído em dois contenedores fisicamente diferentes, e as quantidades necessárias do item são retiradas do primeiro contenedor. Quando o primeiro contenedor estiver vazio, é colocado um pedido para reabastecimento do mesmo, e o item passa a ser retirado do segundo contenedor.

Sistema Eletrônico de Suporte ao Desempenho - Eletronic Performance Support System: Também conhecido como EPSS. Trata-se de uma ferramenta baseada em computador, projetada para fornecer informações específicas em relação a procedimentos, esquemas, informações de referências, aconselhamento de especialista, etc., mediante demanda.

Sistemas Integrados: É um termo aplicado à entrada direta de informações que foram recebidas eletronicamente no sistema do destinatário da informação. Quem recebe a informação (destinatário), adota todos os parâmetros preestabelecidos.

Sistema Logístico - Logistics System: Planejamento e coordenação dos aspectos de movimentação física das operações de uma empresa, de modo que um fluxo de matéria-prima, peças e produtos acabados é realizado de forma a minimizar os custos totais para os níveis de serviço desejados.

Sistema Min-Máx - Min-Max System: Tipo de sistema de reabastecimento no ponto de pedido em que "mín" (mínimo) é o ponto de pedido e "máx" (máximo) é o nível máximo de estoque.

Sistema Modular - Modular System: Sistema que consiste de componentes relacionados a um módulo.

SKU - Stock Keeping Unit - Unidade Mantida em Estoque ou Unidade de Manutenção de Estoque: É a referência que designa cada item de acordo com sua forma de apresentação, tamanho, forma, cor ou outras características. Um inventário de SKU identifica o número de códigos e referências diferentes que o catálogo de ofertas da empresa possui.

SLA: Service Level Agreement ou Acordo sobre o Nível de Serviço.

SLM: Service Level Management ou Gerenciamento do Nível de Serviço.

SLM: Strategic Logistics Management ou Gestão Logística Estratégica.

SMED - Single Minute Exchange of Die - Troca de Ferramentas em Minuto Simples (1 dígito): É a preparação e ajuste rápido; com tempo de até 9,9 minutos, ideal para a produção em lotes pequenos.

Smart tag ou e-tag: Etiqueta inteligente que possui um microchip capaz de armazenar várias informações, como: data de validade, lote de fabricação, descrição do produto, etc. Os dados são transmitidos por meio de radiofreqüência a um equipamento de leitura.

SMEDO - Single Minute Exchange Of Die - Troca de Ferramenta em Minuto Simples: O termo foi usado primeiramente pelo especialista japonês em manufatura Shigeo Shingo, como uma abordagem à redução de tempos de setup que visa reduzir todos os tempos de setup para menos de 10 minutos.

SMS: Short Mensaging System.

Sobretaxa - Surcharge: Adicional cobrado sobre o frete comum.

Solicitação de Oferta (Em Compras) - Enquiry: Documento emitido por uma parte interessada na compra de produtos especificados e indicação de condições específicas desejáveis no que se refere aos termos de entrega, etc., endereçados ao fornecedor potencial com o objetivo de obter uma oferta.

Solicitação e Controle de Pedido a Prazo Fixo - Call-Off and Order Survey - COOS: Documento com o qual uma quantidade específica de produtos será solicitada para entrega conforme ordem de compra, incluindo uma análise do pedido.

Sobretaxa ou Surcharge: Taxa adicional cobrada além do frete normal.

SOP: Standard Operation Procedures (Procedimentos padrão de Operação).

Sortimento Eficiente de Produto(s): É o ato de otimizar os estoques e espaços da loja na interface com o consumidor, ou seja, estabelecer o mix ideal de produtos que satisfaça as necessidades do conjunto de clientes de determinada loja, obtendo, com isso, aumento no volume de vendas, na rentabilidade e no giro dos estoques.

Spread: taxa de risco.

SSCC (Serial Shipping Container Code): É uma estrutura de identificação de 18 caracteres usados principalmente para pallets e caixas contendo produtos valiosos ou delicados, seguindo a padronização EAN/UCC 128.

Stakeholders: Palavra que significa depositários. Pessoa ou grupo com interesse na performance de organização e no meio ambiente na qual opera.

Stock options: Programa de Ações - um incentivo que permite aos funcionários comprar ações da empresa onde trabalham por um preço abaixo do mercado.

Stockout (Quebra ou ruptura de estoque): É a falta de materiais, componentes ou produtos acabados que são necessários à manutenção das atividades do negócio. No caso do varejo, caracteriza-se pela ineficiência do processo de reposição das gôndolas, ocasionando a falta de produtos para o consumidor.

STP: Sistema Toyota de Produção.

378 | Gestão de Estoques

STV: Veículo de Transferência Ordenado.

Subcontratado: Organização que fornece um produto ao fornecedor. O subcontratado pode ser chamado também de subfornecedor.

Suporte Logístico Integrado - Integrated Logistic Support - ILS: Abordagem de sistema aplicado à engenharia simultânea e aquisição de produto(s)/equipamentos e suporte logístico, para fornecer ao usuário o nível desejado de disponibilidade, custo ótimo do ciclo de vida e manter este nível por todo o ciclo de vida.

Supply Chain Management: Gerenciamento da Cadeia de Abastecimento.

SWL - Carga Segura Manipulável - Safe Working Load: Carga máxima que um mecanismo ou dispositivo de elevação pode suportar.

T

Tacógrafo: Instrumento destinado a registrar movimentos ou velocidades; tacômetro registrador.

Tacômetro: Aparelho que serve para medir o número de rotações por minuto do motor e, portanto, a velocidade de máquinas ou veículos; o mesmo que taquímetro.

Takt Time: Tempo necessário entre a conclusão de unidades sucessivas de um produto final, visando o atendimento de determinada demanda. O takt time é usado para estabelecer o ritmo das células e linhas em ambientes de produção.

Tamanho de Lote - Lot Size: Quantia de um item específico que é solicitado de uma fábrica padrão para o processo de produção.

Tambor-Pulmão-Corda - Drum-Buffer-Rope: Uma técnica de programação desenvolvida usando a teoria das restrições primária e estabelece a taxa para que o sistema gere um valor agregado. O pulmão é um mecanismo de tempo usado para proteger estas localizações dentro de uma agenda, a qual é particularmente vulnerável a quebras. A corda é o mecanismo usado para sincronizar a fábrica para a taxa de restrição e determina a liberação nas datas.

Taquímetro: O mesmo que tacômetro.

Tara - Tare: Peso de uma Unidade de Transporte intermodal (Intermodal Transport Unit - ITU) ou veículo sem carga. Ao se pesar o total, subtrai-se a tara, chegando-se assim ao peso da carga.

Target : Alvo.

Tarifa Adicional - Over Pivot Rate: Tarifa por quilograma a ser cobrada pelo peso global.

Tarifa Combinada de Transporte (Em Transporte Aéreo) **- Combination Joint Rate:** Um índice obtido pela combinação de dois ou mais índices publicados.

Tarifa de Unitização de Carga a Granel (Em Transporte Aéreo) **- Bulk Unitization Charge:** Tarifa aplicada a remessas transportadas do aeroporto de partida para o de chegada, inteiramente em Unitizadores de Carga.

Tarifa por Quantidade - Quantity Charge: Índice unitário inferior ao índice normal e que se aplica a expedições que correspondem a determinadas necessidades de peso.

Taxa de Atendimento a Pedido - Order-Fill Rate: Porcentagem de atendimento de um pedido ou um grupo de pedidos que podem ser completadas (preparadas e expedidas). Para algumas empresas, em particular aquelas que vendem produtos muito similares, esta taxa é um indicador-chave de serviço ao cliente.

Taxa de Atracação - Wharfage: Uma taxa cobrada do expedidor por usar um cais para atracação, carga ou descarga de uma embarcação ou estocagem de produtos além do cais ou doca.

Taxa de Encargos Gerais - Burden Rate: Custo, geralmente expresso em unidades monetárias por hora, que se transmite normalmente no custo de cada hora padrão de produção para cobrir gastos gerais.

Taxa de Incentivo - Incentive Rate: Uma taxa que induz o transportador a transportar um alto volume por transporte.

Taxa de Lead Time do Sistema de Fornecimento de Produto - Product Supply System Lead Time Ratio: É o tempo utilizado para fornecer a um requisitante produtos acabados, para que ele possa fazer a entrega ao cliente. Isto pode ser igual ou menor que a expectativa do cliente em relação ao lead time de reabastecimento. Mede-se dividindo o lead time do fornecimento atual pelo lead time de reabastecimento esperado pelo cliente. O alvo a atingir é uma taxa de lead time do sistema de fornecimento do produto menor ou igual a 1.

Taxa de Manuseio de Terminal - Terminal Handling Charge - THC: Quantia fixa que os armadores organizados numa Conferência Marítima cobram pelo manuseio das mercadorias no terminal portuário. Os armadores que não pertencem a qualquer conferência (outsiders) também estabelecem uma determinada THC.

Taxa de Valor Liberado - Released-Value Rates: Taxa baseada sobre o valor do transporte.

Team Building: Dinâmica de grupo em área externa, onde os participantes serão expostos a várias tarefas físicas desafiadoras, que são exemplos comparativos dos problemas do dia-a-dia da empresa. Tem como finalidade tornar uma equipe integrada.

Técnica de Interpolação de Gerenciamento do Tamanho do Estoque - Lot-Size - Inventory Management Interpolation Technique: Técnica para identificar grupos de produtos semelhantes em tamanhos de lote, para determinar o efeito que lotes econômicos terão no estoque total, custos totais de setup e disponibilidade de máquina.

Tecnologia de Grupo - Group Technology: Filosofia de engenharia e manufatura que identifica a semelhança física de peças (roteiro comum) e determina a produção mais eficaz. É uma análise de dois passos:

380 | GESTÃO DE ESTOQUES

1. Organizar diferentes peças em grupos baseados nas semelhanças de seqüência de produção, tipo de material, dimensão e forma.

2. Determinar uma célula de trabalho que seja capaz de produzir esta família de peças.

Tecnologia de Informação - Information Tecnology - IT - TI: Termo geral que se refere a todos os aspectos da tecnologia da computação e comunicações, incluindo hardware e software, e abrange: criação, arquivo, processamento, distribuição e apresentação da informação, para uma variedade de empregos, incluindo negócios, educação, científico, pessoal, etc.

Tecnologia Otimizada de Produção - Optimized Production Technology - OPT: Conceito de gerenciamento de uma organização de manufatura que objetiva aumento do faturamento aumentando simultaneamente o processamento, reduzindo o estoque ao preço de compra e reduzindo as despesas operacionais.

Tecnologias Móveis - Mobile Technologies: Normalmente, se refere aos computadores básicos e tecnologias de comunicação que podem ser facilmente carregados e operados sem a necessidade de um recurso de energia externa. Como exemplos, temos os notebooks, telefones celulares, e agendas eletrônicas pessoais.

Tempo até o Mercado - Time-To-Market: Tempo total necessário para projeto, construção e entrega de um produto (tempo da conceituação à entrega).

Tempo de Ciclo: É o tempo de execução completa de todas as operações de uma peça ou montagem de um produto. É o tempo que comanda o ritmo de sistema de puxar.

Tempo de Ciclo de Caixa-a-Caixa - Cash-to-Cash Cycle Time: Tempo entre o pagamento do cliente final e o pagamento a fornecedores. Este índice é um importante indicador do desempenho do processo de gestão de inventários e financeiro. Algumas empresas obtêm valores negativos, o que significa um outro desempenho.

Tempo de Ciclo de Operação de Lote - Lot Operation Cycle Time: Tempo necessário, do início do setup até o final da limpeza, para um lote de produção em uma dada operação. Inclui setup, produção, limpeza, etc.

Tempo de Compra: É o período compreendido entre a data da requisição do material até a data do fechamento do pedido.

Tempo de Espera em um Canal de Serviço - Waiting Time at a Service Channel: Tempo de espera que surge porque uma determinada atividade foi realizada por um ou mais recursos com uma capacidade limitada. Resulta em filas e, conseqüentemente, em tempo de espera. Dentre os fatores determinantes, encontram-se: * número de canais de serviço; * fator de carga por canal de serviço; * tempo de processamento para as atividades.

Tempo de Fila - Queue Time: Período de tempo entre a chegada do material em uma estação de trabalho e o início de processamento do mesmo. Ou tempo que um produto leva na fila esperando o próximo projeto, processamento de pedido ou etapa de fabricação.

Tempo de Movimento Predeterminado - Predetermined Motion Time: Um todo organizado de informações, procedimento, técnicas e tempos de movimento empregado no estudo e avaliação de elementos de trabalho manual. Útil na categorização e análise de todos os movimentos em elementos cujos tempos são computados conforme fatores como extensão, grau de controle muscular e precisão. Os tempos fornecem a base para calcular um padrão de tempo para as operações.

Tempo de Processamento - Throughput Time: Tempo durante o qual realmente se trabalha no projeto ou na produção de um produto ou tempo durante o qual um pedido realmente está sendo processado. Em geral, o tempo de processamento é uma pequena fração do tempo de throughput e do lead time.

Tempo de Reabilitação - Breaking-Down Time: Tempo necessário para um centro ou estação de trabalho voltar a uma condição padrão após conclusão de uma operação.

Tempo de Resposta - Response Time: O tempo decorrido ou atraso médio entre o início de uma transação e os resultados da transação.

Tempo de Ressuprimento: É a somatória de todos os tempos, ou seja, o Tempo do Pedido de Compra mais o Tempo de Compra, mais o Tempo de Processamento e Embarque pelo fornecedor, mais o Tempo de Transporte, mais o Tempo de Recebimento (conferência, testes, etc.), até o material ficar disponível para utilização.

Tempo de Trânsito - Transit Time - Travel Time: Padrão de tempo, que se assume em qualquer ordem, para o movimento físico de itens de uma operação à outra.

Tempo de Transporte: É o período compreendido entre a data de entrega do material até a chegada do mesmo para o requisitante (destino).

Tempo de Troca de Ferramenta - Setup: O tempo utilizado para se fazer a troca de ferramenta para se produzir um outro produto em um determinado equipamento. Medido a partir da última unidade do novo produto produzida até a primeira unidade do novo produto.

Tempo de Validade - Shelf Life: Tempo de vida de um produto, até seu vencimento.

Tempo do Desenvolvimento de Promoção - Promotion Development Leadtime: A média do tempo decorrido desde a concepção até a promoção ao consumidor para iniciação dos eventos.

Tempo Médio de Atraso Logístico - Mean Logistics Delay Time (MLDT): Tempo de parada necessária para substituição de peças, fornecimento, ferramentas ou dados que estão sendo obtidos.

Tempo Takt: Tempo de produção disponível dividido pelo índice da demanda do cliente. Por exemplo, se o cliente demanda 240 peças por dia e a fábrica opera 480 minutos por dia, o tempo takt será de dois minutos; se o cliente quiser que sejam projetados dois novos produtos por mês, o tempo takt será de duas semanas. O tempo takt define o ritmo de

382 | GESTÃO DE ESTOQUES

produção de acordo com o índice de demanda do cliente, tornando-se a pulsação de qualquer sistema enxuto.

Tempo Throughput: Tempo necessário para que um produto evolua da concepção ao lançamento, do pedido à entrega, ou da matéria-prima às mãos do cliente. Inclui o tempo de processamento e o tempo de fila. Comparar com *tempo de processamento* e *lead time.*

Teoria das Filas - Queuing Theory: Coleção de modelos que lida com os problemas da linha de espera. Por exemplo: motivos pelos quais os clientes ou unidades que chegam a uma instalação de serviço têm de enfrentar filas de espera. A Teoria das Filas e a Teoria da Simulação são técnicas de planejamento que permitem a modelagem de um sistema, seja ele de produção, logística, fluxo de papéis em um escritório, de clientes em um banco, etc. Estas técnicas surgiram no início do século XX e seu uso manual teve relativo sucesso enquanto o computador não dominou totalmente estas áreas. Elas constituem a base teórica de programas de computador relacionados com simulação.

Terceirização - Outsourcing: Uso de terceiro, fabricante, transportador ou armazém para realizar funções normalmente realizadas pela própria empresa.

Terminais de Radiofreqüência - Radio-Frequency Terminals: Dispositivos de rádio-comunicação utilizados como uma ligação entre computadores. Os terminais RF podem ser utilizados para transferir dados entre computadores ou entre dispositivo portátil de entrada de dados e um computador.

Terminal: Local em que ocorre uma alteração modal. É o local em qualquer um dos pontos de uma linha de transporte, incluindo escritório, instalações de reparo ou movimentação.

Terminal de Faturamento - Billing Terminal: Terminal que prepara a fatura de frete para uma expedição. Normalmente, este será o terminal de origem. Entretanto, se o transportador tiver centralizado o sistema de faturamento, poderá ser o escritório geral do transportador. Por outro lado, se o transportador regionalizou o faturamento, o terminal de faturamento pode ser um terminal intermediário ou destino.

Teste de Soma Cumulativa - Cumulative Sum Test: Método de sinalização em que um sinal é disparado se a soma das disparidades entre o real e o previsto ultrapassar um certo limite de controle.

TEU - Twenty Foot Equivalente Unit - Unidade Equivalente de Transporte: Tamanho padrão de contêiner intermodal de 20 pés.

Tijolos e Cimento - Bricks and Mortar: Expressão utilizada para designar as empresas tradicionais (tijolos e cimento) fundamentadas no mercado físico.

Tijolos e Cliques - Bricks and Clicks: Expressão utilizada para designar as empresas convencionais do mercado físico que adotaram práticas digitais operando num modelo híbrido.

Glossário de Logística | 383

Time to Market - Tempo até o Mercado: É o tempo necessário para projetar, aprovar, construir e entregar um produto.

Time Phasing: Técnica para expressar a demanda futura, fornecimento e estoques por período de tempo.

Tipo de Embalagem - Package Type: Tipo de embalagem que corresponde a um certo projeto, por exemplo, uma caixa com dimensões específicas.

TKU: Toneladas por quilômetro útil.

TMS - Transportation Management Systems: Sistemas de Gerenciamento de Transporte.

TOC - Theory of Constraints - Teoria das Restrições: Técnica administrativa desenvolvida pelo físico israelense Eliyahu Goldratt, que consiste em identificar e eliminar as restrições (ou gargalos) em todas as atividades do negócio.

Tolerância de Expedição - Shipping Tolerance: Desvio permitido em que o fornecedor ainda pode expedir ou conforme quantidade em contrato.

TPA: Trabalhadores Portuários Avulsos.

TQC - Total Quality Control - Controle de Qualidade Total: Controle de todos os fatores que podem influenciar a satisfação do cliente/usuário. Os objetivos do controle da qualidade total estão interligados, onde o objetivo operacional é manter o hábito de melhoria da qualidade, enquanto a meta é a perfeição.

Trabalho Multifuncional: Treinamento de operários para operar e manter diferentes tipos de equipamentos de produção. O trabalho multifuncional é essencial à criação de células de produção nas quais cada trabalhador utiliza muitas máquinas.

Trabalho Padrão: Descrição precisa de cada atividade de trabalho que especifica o *tempo de ciclo*, *tempo takt*, a seqüência de trabalho de tarefas específicas e o estoque mínimo de peças disponíveis necessário para realizar a atividade.

Trackstar: Veículo utilizado no setor ferroviário para verificação e manutenção dos trilhos, dormentes e geometria.

Trade-off - Compensação: Na sua forma básica, o resultado incorre em um aumento de custos em uma determinada área com o intuito de obter uma grande vantagem em relação às outras (em termos de aumento de rendimento e lucro).

Trade Marketing: Significa a otimização da relação entre o produtor e o distribuidor. O conceito surgiu no início dos anos 90 devido à importância crescente dos intermediários (grossistas e retalhistas) na distribuição. A relação entre produtores e distribuidores é, em regra, conflituosa. O objetivo do trade marketing é encontrar formas para que ambos tirem o máximo partido de um acordo de colaboração. Propõe a criação de uma parceria de longo prazo entre produtores e distribuidores em áreas como:

384 | GESTÃO DE ESTOQUES

trocas de informação, oferta do produto com a marca do distribuidor, e publicidade ou promoções conjuntas.

Tráfego - Traffic: Departamento ou função que tem a responsabilidade de organizar a classificação mais econômica e método de expedição tanto para produtos quanto materiais que são recebidos e expedidos.

Tráfego entre Países (Em Expedição) **- Cross Trades:** Termo usado em expedição para os serviços de uma embarcação entre nações diferentes, em vez de somente para a nação em que a embarcação é registrada.

Transbordo - Transhipment: Ação pela qual os produtos são transferidos de um meio de transporte para outro, no decorrer uma operação de transporte.

Transelevador - Turret Crane: Equipamento para movimentação de materiais em que os garfos têm capacidade de rotação de 180 graus para estocar e recuperar paletes de ambos os lados do equipamento em um corredor estreito.

Transferência Eletrônica de Fundos - Eletronic Funds Transfer: Sistema informatizado que processa as transações financeiras efetuadas entre duas partes.

Transferência Interfábricas - Interplant Transfer: Expedição de uma peça ou produto de uma fábrica para outra divisão empresarial.

Transitário - Traffic Agent: Empresa especializada na organização e gestão de toda a cadeia de transporte de mercadorias (ou parte desta), e encarregada pelo utilizador (estivador) de efetuar esse serviço. Para realizar este trabalho, faz contratos, relativamente às diversas fases do transporte, com outros operadores como, por exemplo: consignatários, agentes alfandegários, agências de transporte, etc.

Transponder: Dispositivo usado para identificação, que transmite automaticamente certos dados em códigos quando da atuação de um sinal especial de um transponder de interrogação.

Transportador - Carrier: Parte que assume o transporte de produtos de um ponto a outro.

Transportador Contínuo - Conveyor: Mecanismo que transporta materiais por meio de correias, roletes móveis, etc.

Transportador Contínuo Extensível - Accordion Roller Conveyor: Um transportador contínuo de roletes com estrutura flexível que pode ser estendida ou contraída assumindo vários comprimentos.

Transportador Contínuo Portátil - Portable Conveyor: Qualquer tipo de transportador portátil, usualmente possuindo suportes, os quais permitem uma mobilidade.

Transportador Isento de Taxas - Free Carrier - FCA: Este termo foi designado para ir de encontro às necessidades dos transportes modernos, particularmente o transporte intermodal, transporte por contêiner ou "roll-on roll-off", por reboques e barcos. Baseia-se no mesmo

GLOSSÁRIO DE LOGÍSTICA | 385

princípio do FOB, mas aqui, o vendedor apenas cumpre as suas obrigações quando entrega a mercadoria ao transportador no local designado. Se nenhum ponto exato for designado na altura do contrato de venda, ambas as partes devem se referir ao local onde o transportador deverá tomar a mercadoria à sua responsabilidade. O risco de perda ou dano da mercadoria é transferido do vendedor para o comprador, naquele momento, e não, na altura do embarque.

Transportador Isento - Exempt Carrier: Transportador contratado isento de regulamentação econômica.

Transporte Acompanhado - Accompanied Transport: Transporte de veículos rodoviários por outro tipo de transporte (via férrea, por exemplo) acompanhado do motorista.

Transporte Combinado - Combined Transport: Transporte intermodal onde a principal parte da jornada é via ferroviária, fluvial ou marítima, e qualquer transporte inicial e/ou final por terra é o mais curto possível. Refere-se ao transporte de um veículo de transporte por outro (piggy back), como, por exemplo, uma carreta transportada por um vagão ferroviário ou por um ferry boat.

Transporte Coordenado - Coordinated Transportation: Dois ou mais transportadores de diferentes tipos transportando uma expedição.

Transporte Intermodal - Intermodal Transport: É a integração dos serviços de mais de um modo de transporte, com emissão de documentos independentes, onde cada transportador assume responsabilidade por seu transporte. São utilizados para que determinada carga percorra o caminho entre o remetente e seu destinatário, entre os diversos modais existentes, com a responsabilidade do embarcador.

1. Expedições movidas por tipos diferentes de equipamentos, combinando as melhores características de cada modelo. 2. Uso de dois ou mais tipos diferentes de transportadores no movimento completo de uma expedição.

Transporte Multimodal - Multimodal Transportation: É a integração dos serviços de mais de um modo de transporte, entre os diversos modais. Ex: Rodo-Ferroviário, Rodo-Aéreo, Ferro-Hidroviário, Hidro-Aéreo, Ferro-Aeroviário, etc. É um conceito institucional que envolve a movimentação de bens por dois ou mais modos de transporte, sob um único conhecimento de transporte, o qual é emitido por um Operador de Transporte Multimodal - OTM, que assume, frente ao embarcador, total responsabilidade pela operação, desde a origem até o destino, como um transportador principal, e não, como um agente.

Transporte PiggyBack - PiggyBack Transport: Transporte combinado via rodovia ou ferrovia.

Transporte Vaivém - Shuttle Service: Transporte de ida e volta em uma rota geralmente curta entre dois pontos.

Trapiche: Armazém de mercadorias junto ao cais.

386 | GESTÃO DE ESTOQUES

Treinamento fora do Trabalho - Off-JT - (Off the Job Training): Compõe-se das atividades de treinamento (educação) realizadas fora do posto de trabalho, tais como cursos, seminários, visitas, etc.

Treinamento no trabalho - OJT - (On the Job Training): É o treinamento realizado no posto de trabalho, quando o profissional vai aprender e praticar, com seu chefe, as tarefas que ele realiza no dia-a-dia. É baseado nos Procedimentos Operacionais Padrão - POP.

Treminhões: é o conjunto formado por um caminhão normal ou cavalo mecânico mais semi-reboque, engatado em 2 reboques, formando assim um conjunto de três carrocerias puxadas por um só caminhão. É muito utilizado no transporte de cana-de-açúcar.

Trend: tendência.

TRF - Troca Rápida de Ferramentas: Novos pedidos ou aumentos de programação, dificilmente poderão ser atendidos pelo fornecedor se não dispuser de um bom programa neste sentido.

Trick: é uma asa-delta motorizada que vem equipada com rodas e/ou flutuadores e assentos de fibra de vidro.

Troca de Máquina: Instalação de um novo tipo de ferramenta em máquinas que operam com metal; uma tinta diferente em um sistema de pintura; uma nova resina plástica em um novo molde em um equipamento de moldes por injeção; novos softwares em computadores, e assim por diante. O termo aplica-se sempre que se aloca um dispositivo de produção à realização de uma operação diferente.

Troca Instantânea de Ferramenta: Série de técnicas para a mudança das especificações de equipamentos de produção em menos de dez minutos, nas quais Shigeo Shingo foi pioneiro. *Preparação de máquinas quase instantânea* é o termo utilizado quando a mudança nas especificações de máquina exige menos de um minuto. Obviamente, o objetivo a longo prazo é sempre *tempo de preparação de máquina zero*, no qual a mudança nas especificações é instantânea e não interfere no fluxo contínuo.

Tronco/Linha Principal - Trunk: Extensão que interliga dois hubs mutuamente.

Truck: Caminhão que tem o eixo duplo na carroceria, ou seja, são 2 eixos juntos. O objetivo é agüentar mais peso e propiciar melhor desempenho ao veículo.

Turnover: Palavra em inglês, cuja tradução significa: rotatividade; movimentação; giro; circulação; medida da atividade empresarial relativa ao realizável em curto prazo; vendas.

U

UEPS: É a nomenclatura para o método de armazenagem, em que o produto que é o Último a Entrar no estoque é o Primeiro a Sair.

Umland: Entende-se pelo ambiente físico portuário, ou seja, o porto em si, suas instalações, tarifas e a qualidade dos serviços que presta.

Unidade de Carga Padrão - Standard Cargo Unit: Unidade de carga que contém uma quantidade predeterminada de produtos de determinado tipo. Considerados juntos como uma unidade padrão para transporte e/ou estocagem.

Unidade de Previsão da Demanda - Demand Forecasting Unit: Uma unidade de previsão da demanda juntamente com uma SKU provê um maior nível de detalhamento para a manutenção da informação planejada. Cada unidade adiciona, por exemplo, itens como: grupo de demanda, tipo de cliente, região, um canal de vendas, etc.

Unidade de Processamento - Processing Unit: A menor unidade de processamento que pode ser usada para planejamento e sinalização no que diz respeito à produção. Pode ser uma máquina, um funcionário ou uma combinação de ambos.

Unidade Estratégica de Negócio - Strategic Businesss Unit: Muitas empresas dividem suas atividades em uma espécie de unidade de negócio e repartem o planejamento estratégico em dois tipos de estratégia: estratégia corporativa e estratégia da unidade organizacional.

Unidade Gerencial Básica - UGB: Considerando-se um organograma típico de uma organização, a UGB corresponde à última unidade organizacional, que são em algumas empresas as seções e, em outras, os setores, com os respectivos supervisores e operadores. Pode-se dizer que ela funciona como uma organização.

Uniqueness: Expressão utilizada sobre a organização / empresa que é muito difícil de ser copiada.

Unitização: Agregar diversos pacotes ou embalagens menores numa carga unitária maior. É a conversão de diversas unidades de carga fracionada numa única unidade, para movimentação e armazenagem, por meio de contêineres intermodais ou paletes. A consolidação de um número de transporte para facilitar a movimentação.

UPC - Universal Product Code - Código Universal de Produto: Um sistema de numeração e codificação de barras para identificação dos itens dos consumidores, que são tipicamente escaneados nos pontos de venda por varejo nos Estados Unidos. O equivalente internacional (do qual o UPC é tecnicamente um reajuste) está no sistema de numeração do artigo europeu (EAN).

Utilização Comum de Recursos - Pool: Uso compartilhado de equipamentos por um número de usuários que juntos investem nos equipamentos em questão.

V

Valor - Value: Capacidade oferecida a um cliente, no momento certo, a um preço adequado, conforme definido pelo cliente. 1. O ponto até o qual um produto ou serviço alcança as

388 | Gestão de Estoques

necessidades ou os desejos do cliente, medidos em termos de sua capacidade para comandar o preço a ele atribuído. É aquilo que o cliente acha justo pagar. 2. Em Análise do Valor, valor é o menor custo atribuído a um produto ou serviço que deverá possuir a qualidade necessária para atingir a função desejada.

Valor Agregado - Value Added: Em termos de manufatura, é o aumento real na utilidade de um item do ponto de vista do cliente, à medida que uma peça é transformada de matéria-prima em produto acabado. É a contribuição de operações ou de uma fábrica para a utilidade final e valor de um produto do ponto de vista do cliente. Devem-se eliminar todas as atividades que não agregam valor na produção e entrega de um produto ou serviço.

Valor Contábil - Accountable Amount: Equivale ao preço de compra inicial de um ativo, menos a depreciação cumulativa cobrada à conta, mais uma cobrança de balanço igual à diferença entre os juros reais suportados pelo Contratante no ativo comprado e o juro médio cobrado à conta da data do ativo sendo comprado na data de transferência, venda ou terminação. A depreciação e cálculos do valor residual podem ser emendados como acordado entre as partes de tempo em tempo.

Valorização do Estoque - Inventory Valuation: Tratamento contábil dado ao valor do estoque com o propósito de determinar o custo dos produtos vendidos.

VAN: Value Added Network. É uma empresa que opera serviços de recepção, armazenamento e transmissão de mensagens entre empresas que se comunicam por EDI.

Vantagem competitiva: Michael Porter demonstrou que as empresas bem-sucedidas obedecem a padrões definidos de comportamento que podem ser resumidos em três estratégias genéricas (as fontes de vantagem competitiva sobre os concorrentes): (1) Liderança baseada no fator custo - Possuir custos mais baixos do que os rivais; (2) Diferenciação - Criar um produto ou serviço que é visto na indústria como único; (3) Focalização - Combinar as duas estratégias direcionando-as para um alvo específico.

Vão - Slot: É uma localização de armazenagem simples. Em um sistema de armazenagem de palete, representa uma posição do palete. Em um sistema de separação, representa uma posição para uma única unidade de estoque.

Variabilidade: Também denominada variação ou dispersão, é uma característica inerente a todo processo, segundo a qual a medição de qualquer item de controle nunca se repete com o mesmo valor. Para um conjunto de valores medidos, a variabilidade pode ser medida pela amplitude, ou pelo desvio padrão. É o resultado de alterações nas condições sob as quais as observações são tomadas. Estas alterações podem refletir diferenças entre as matérias-primas, as condições dos equipamentos, os métodos de trabalho, as condições ambientais e os operadores envolvidos no processo. A variabilidade é a causa da fabricação de produtos (bens ou serviços) defeituosos.

GLOSSÁRIO DE LOGÍSTICA | 389

Velocidade de Entrega - Delivery Speed: Capacidade de reduzir o tempo, o máximo possível, entre o recebimento do pedido e a entrega para o cliente.

Velocidade de Processamento - Throughput Speed: Quantidade média de produtos, informações, pedidos, etc., que é processada por unidade de tempo em um processo de produção, por exemplo, em funções administrativas.

Venda e Distribuição Direta - Outlet: Cliente direto ou indireto em nível de distribuição.

Vendas Alavancadas: Sistema de relacionamentos com o cliente que tenta eliminar os surtos de demanda causados pelo próprio sistema de vendas (por exemplo, devido aos alvos de vendas trimestrais ou mensais) e criar relacionamentos de longo prazo com o cliente, permitindo a previsão das compras futuras pelo sistema de produção.

Vendas Brutas - Gross Sales: Importância total faturada aos clientes durante o período contábil.

Vendor: É o instrumento financeiro para venda financiada.

Vento de través: Expressão utilizada no transporte aéreo, que significa quando o vento está no sentido de direção para a lateral da aeronave, tanto em vôo de cruzeiro como para pouso/decolagem.

Verificação Focada - Spot Check: Método de inspecionar uma expedição na qual somente uma amostragem do número total de contêineres ou itens recebidos são inspecionados.

Viagem de Mão-Única - One-Way Trip: Movimento de uma carga do expedidor ao receptor.

Viagem de Retorno - Backhauling: Movimento de retorno de um meio de transporte que forneceu serviço de transporte em uma direção. A viagem de retorno pode ser com carga completa, parcial ou nula, sendo que um backhaul sem carga é chamado de deadheading.

Vida de Prateleira - Shelf Life: Tempo em que um item pode ser mantido em estoque antes de tornar-se inadequado ao uso.

Vida Econômica - Economic Life: Período de tempo, da compra e instalação até retirada e disposição que o proprietário espera haver para determinado equipamento.

Visão: Corresponde ao sonho (meta) da alta administração, como ela vê as situações de sobrevivência de sua empresa após a definição dos cenários futuros do mercado e da concorrência.

Visão Estratégica de Qualidade: A qualidade entendida como caminho para assegurar à empresa uma vantagem competitiva de mercado. O foco aqui é o mercado. Para tanto, poderão ser necessários trabalhos de revisão da missão, visão e estrutura da empresa. Ser o melhor em seu segmento, apurado em ações de benchmark, é o propósito desta dimensão da qualidade.

390 | Gestão de Estoques

Visão Sistêmica: A visão sistêmica consiste na compreensão do todo a partir de uma análise global das partes e da interação entre estas. Várias forças atuam num sistema em funcionamento, sejam estas internas ou externas.

VLC: Veículo Leve de Carga.

VMC: Veículo Médio de Carga.

VMI - Vendor Managed Inventory - Estoque Gerenciado pelo Fornecedor: é quando o fornecedor, em parceria com o cliente, repõe de forma contínua o estoque do cliente, baseado em informações eletrônicas recebidas.

Volume para Expansão - Ullage: Espaço livre entre um líquido contido em um tambor ou tanque, expresso como porcentagem da capacidade total. Este volume geralmente é usado para deixar espaço para possível expansão do líquido.

Vorland: Significa o maior ou menor afastamento de um porto em relação às principais rotas de navegação ou sua área de abrangência marítima e, igualmente, influencia a escolha do armador.

VU: Sigla utilizada no transporte aéreo, que significa a velocidade que a aeronave atinge e não pode mais desistir de decolar. A partir desta velocidade, que varia de acordo com cada tipo de aeronave, a desistência de alçar vôo poderá significar acidentes ou maiores riscos, pois os comandos (freios, reversos, flape) podem não ser suficientes para parar com segurança.

VUC: Veículo Urbano de Carga.

W

Warehouse Management - Gerenciamento de Armazém/Depósito: É um sistema que compreende funções como endereçamento das mercadorias, controle do prazo de validade, e adoção de depósitos virtuais por categoria de produto, visando à otimização da montagem da carga.

WCS: Warehouse Control Systems ou Sistemas de Controle de Armazém.

Wharfage ou Taxa de atracação: É a taxa cobrada pela administração de um porto para utilização do mesmo, nas operações que envolvem atracação, carga, descarga e estocagem nas docas e armazéns ligados ao porto.

Wireless: Sistema de acesso sem fio.

WMS - Warehouse Management - Sistema de Administração de Armazéns: Software aplicado à gestão de áreas de armazenagem, no que tange ao controle de entrada e saída de materiais, endereçamento, realização do FIFO, controle de estoque, formação de cargas para despacho, etc.

Workflow: Processo no qual a informação flui por toda a organização, de maneira rápida e organizada, seguindo a seqüência preestabelecida de tramitação. O processo de Workflow sincroniza pessoas, tarefas e documentos pela organização de trâmites e prazos, eliminando tarefas desnecessárias, economizando tempo e esforços.

WWW: World Wide Web.

X

XML- Extensible Markup Language: Formato de documento para a WEB que é mais flexível que o atual HTML. O XML permite que as páginas da WEB funcionem como fichas em um banco de dados. Subconjunto de SGML, o XML é uma metalinguagem que contém uma série de regras para construção de outras linguagens que permitem a troca de informações. Com o XML, o usuário cria seus próprios tags (identificadores), que podem ser expandidos para descrever o número e tipos de informação que poderão ser fornecidos sobre os dados a serem incluídos dentro de um determinado documento XML.

Z

ZAL - Zona de Atividades Logísticas - Logistic Activities Centres - LAC: Zona da área portuária onde são efetuadas operações de intercâmbio de meios de transporte e outras atividades logísticas, comerciais, e de gestão. São pontos de ligação de redes de diferentes meios de transporte e de convergência de serviços logísticos, como a gestão da informação, o armazenamento, a preparação de pedidos, o agrupamento, a embalagem, a etiquetagem, etc. Além disso, é nesta zona que se realizam operações comerciais, não-físicas, de gestão e organização do transporte.

Zero Defeito - ZD: No sentido literal, significa um produto livre de defeitos. A expressão "Zero Defeitos", criada por Crosby, é também utilizada como slogan em campanhas pela melhoria da qualidade. O seu uso tem sido criticado com base em argumentos diversos, um dos quais é o de que não basta um slogan sugestivo, é indispensável um método. Da mesma maneira, um produto sem defeito não significa necessariamente que atenda às expectativas do cliente.

Zona de Livre Comércio ou Zona Franca - Free Trade Zone: Zona (local ou região de um estado ou país) onde os produtos ou materiais são considerados isentos de taxas e tarifas de importação, com anuência das autoridades fiscais governamentais.

RESPOSTAS DOS PROBLEMAS PROPOSTOS E TESTES

Capítulo I

PROBLEMAS PROPOSTOS

1.

Item	Custo anual	Porcentagem de atuação	Classificação
1	5.049.000	44,25	A
2	2.760.000	24,19	A
3	900.000	7,89	B
4	923.000	8,09	B
5	980.000	8,59	B
6	480.000	4,21	B
7	40.000	0,35	C
8	90.000	0,79	C
9	63.000	0,55	C
10	73.500	0,64	C
11	27.000	0,24	C
12	24.000	0,21	C
Total	11.409.500		

2.

Item	Custo Anual	Porcentagem de atuação	Classificação
Parafuso	360.000	5	C
Arruela	68.800	0,9	C
Porca	134.200	2	C
Antena	900.000	11	B
Botão de Silicone	2.400.000	30	A
Anéis de borracha	3.600.000	46	A
Rebite	420.000	5	C
Total	7.883.000		

3.

Item	Categoria
Tônico	A
Xarope	C
Esparadrapo	B
Ampola	C
Seringa	C
Agulha	C
Gaze	B
Pomada	C
Cápsulas	B

4.

Item	Categoria
Xarope	C
Tônico	A
Pomada	B
Band-Aid	C
Esparadrapo	C
Gaze	A

Item	Categoria
Cotonete	B
Seringa	A
Espátulas	C
Comprimido	B
Agulha	C
Mercúrio	C
Faixa	B
Colírio	C
Tala de Gesso	C
Vitamina	C

TESTE

1.a; **2.**a; **3.**b; **4.**d; **5.**c; **6.**b; **7.**c; **8.**d.

Capítulo II

PROBLEMAS PROPOSTOS

1. O estoque girou 1,02 vezes.

2. O estoque girou 2,03 vezes.

TESTE

1.c; **2.**a; **3.**d; **4.**a; **5.**b; **6.**c; **7.**d; **8.**a.

Capítulo III

PROBLEMAS PROPOSTOS

1. a) $Qo = 300$ volantes.

b) O número de pedido por ano é de 32.

c) A duração do ciclo de pedido é de 1/32 ou de nove dias de trabalho.

d) O custo total (CT) é $= \$4.800$.

2. a) Qo= 131 carcaças de vídeo.

b) Custo Total (CT) é = $1.704.

3. a) 306 frascos.

b) O número de pedido por ano é de 35.

c) A duração do ciclo de pedido é de 8 dias.

d) O custo total (CT) é = $ 5.507.

4. a) 36 sacas.

b) 18 sacas.

c) 135.

d) $1.080.

5. a) 204 resmas.

b) $611,74.

c) Sim.

d) Não; CT= 612, o que economizaria apenas $0,26.

6. a) Qo= 1.039 potes com custos totais anuais de encomenda e manutenção = $519,62.

b) O custo adicional será de **$44,55**.

7. a) Qo= 1.211 pára-choques.

b) O número de corrida para produção por ano é de 4,13 (arredondamos para 4).

c) O tempo de duração de uma corrida para produção é de 0,24 x 300= 72,66 (73 dias).

8. D= 26000   p= 500/dia   H= $3   S= $135   opera= 240 dias

u= 26000 buzinas em 240 dias, ou seja, 108 buzina/dia.

a)

$$LEF = \sqrt{\frac{2.D.S.}{H}} \ * \ \sqrt{\frac{p}{p-u}}$$

$$LEF = \sqrt{\frac{2.26000.135}{3}} \ * \ \sqrt{\frac{500}{500-108}}$$

LEF= 1.529,71 * 1,13 = **1.729 buzinas.**

b) Ctmín= custo de manutenção do estoque + custo de setup=

$$\left[\frac{Imax}{2}\right] * H + \left[\frac{D}{Qo}\right] * S$$

Portanto, temos que calcular o valor de Imáx:

Imáx= Qo/p * (p-u) = $\dfrac{1729}{500}$ * (500 − 108) = 3,46 x 392= 1356.

CTmín= (1356/2) * 3 + (26000/1729) * 135= 2.034 + 2.030 = **$4.064.**

c) O tempo de duração de um ciclo = Qo/u $\Longrightarrow$ $\dfrac{1729}{108}$ = **16 dias.**

d) Tempo de duração de uma corrida de produção = Qo/p $\Longrightarrow$ $\dfrac{1729}{500}$ = **3 dias.**

Cada corrida de produção demandará três dias para ser completada.

9. a) LEF= 3541 lacres.

b) Ctmín= $3050.

c) Tempo de duração do ciclo= 10 dias.

d) Tempo de duração de uma corrida de produção = 1 dia e1/2.

398 | GESTÃO DE ESTOQUES

10. a) LEF= 2.400 rodas.

b) Ctmín= $1.800.

c) Tempo de duração do ciclo= 12 dias.

d) Tempo de duração de uma corrida de produção= 3 dias.

11. a) 10.328 sacos.

b) 3.098 sacos.

c) A duração aproximada de uma corrida de produção é de 10 dias.

d) Em um ano existiriam, aproximadamente, 8 corridas de produção.

12.

Faixa de variação	Preço Unitário	H
De 1 a 499	$0,90	0,40(0,90)= 0,36
De 500 a 999	$0,85	0,40(0,85)= 0,34
De 1000 ou mais	$0,80	0,40(0,80)= 0,32

a) O LEC está na faixa de 500 a 999, ao preço de $ 0,85.

b) O tamanho do pedido que corresponde ao custo mínimo é de 1.000 chaves (0,80).

13.

Faixa de variação	Preço unitário
De 1 a 49	10,00
50 a 79	8,00
80 a 99	7,00
100 ou mais	6,00

a) O LEC é de 36 caixas de gaze.

b) O melhor custo é $6 por caixa na faixa de variação de 100. Portanto, o LEC que atenderia as expectativas é de 100 caixas.

14. a) 10.000 caixas.

b) 1,8 pedidos.

15. De 495 a 1.000 conjuntos de circuitos.

16. a) Utilizando um nível de serviço de 1 – 0,05= 0,9500, a partir da Tabela B do Apêndice, o valor de **z = 1,68**.

b) Estoque de Segurança= zσdLT= 1,68 (7) = **11,76 toneladas**.

c) PPR= demanda esperada durante o lead time + estoque de segurança = 70 + 11,76 = **81,76 toneladas**.

17. a) ES = 4 resmas.

b) PPR = 24 resmas.

18. a) 370 unidades.

b) 70 unidades.

c) Menos estoque.

d) Menor, o PPr seria de 362 unidades.

19. a) A equação adequada é: $\boxed{PPR = \overline{d} \times LT + Z \times \sqrt{LT}\,\sigma d}$, porque somente a demanda varia.

b) Utilizando um nível de serviço de 0,92, a partir da Tabela B do Apêndice, obtemos **z = 1,42**.

c) $\boxed{PPR = 65 \times 1 + (1,42 \times 1 \times 8)}$ = 65 + 11,36 = **76,36**

20. A quantidade necessária seria **70,14 litros**.

21. 0,066(60) = 3,96. **4 kg**, aproximadamente.

400 | GESTÃO DE ESTOQUES

22. a) **Uma unidade**, aproximadamente.

b) Corresponde a um nível de serviço de **90%**, aproximadamente (valor obtido por interpolação).

23. a) 12,33. **12 unidades** por ano, aproximadamente.

b) 5,78. **6 unidades** por ano, aproximadamente.

24. 292 unidades.

25. 1354 unidades.

26. a) Nsanual= 0,75

Assim o nível ótimo de estocagem precisa satisfazer a demanda durante 75% do tempo. Para a distribuição uniforme, isso corresponde a um ponto igual à demanda mínima mais 75% da diferença entre as demandas máximas e mínimas.

So= **450 litros**.

b) O risco da falta de estoque é de $1,00 - 0,75 = $ **0,25.**

27. a) Nsanual= 0,75

Isso indica que 75% da área sob a curva normal precisam estar à esquerda do nível de estocagem. A Tabela B do Apêndice mostra que o valor de z entre +0,67 e +0,68, digamos, +0,675, atenderá a essa condição. Assim,

So = 40 quilos + 0,675(6 quilos)= **44.05 quilos.**

b) $4,89 por quilo.

28. A faixa de variação para o custo de excedentes está entre $0,53 e $ 1,76.

TESTE

1.d; **2.**a; **3.**b; **4.**c, **5.**a, **6.**b, **7.**c, **8.**c

Capítulo IV

PROBLEMAS PROPOSTOS

1. a) Uma maneira fácil de calcular e de acompanhar as necessidades de componentes é fazer isso diretamente na árvore; utilizando-se uma codificação de nível baixo, torna-se relativamente simples agrupar itens similares, a fim de determinar necessidades globais.

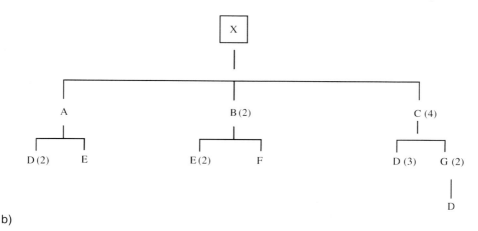

b)

Nível	Item	Número de unidades (para 1 unidade de W)	Número de unidades (para 100 unidades de W)
0	X	1	100
1	A	1	100
	B	2	200
	C	4	400
2	E	5	500
	F	2	200
	G	8	800
3	D	22	2.200

2. Para F, 2 unidades; para G, 1 unidade; para H, 1 unidade; para J, 6 unidades; para D, 10 unidades; para L, 2 unidades; para A, 4 unidades; para C, 2 unidades.

3.

Semana	1	2	3	4	5	6
Quantidade						100

Item final LT=2	1	2	3	4	5	6
Necessidades brutas						100
Recebimentos programados						
Estoque disponível projetado						100
Necessidades líquidas						100
Recebimentos de pedidos planejados						100
Emissões planejadas de pedidos						

A(2) LT=1	1	2	3	4	5	6
Necessidades brutas				200		
Recebimentos programados						
Estoque disponível projetado (50)	50	50	50	50		
Necessidades líquidas				150		
Recebimentos de pedidos planejados				150		
Emissões planejadas de pedidos			150			

B(4) LT=1	1	2	3	4	5	6
Necessidades brutas				400		
Recebimentos programados				100	100	
Estoque disponível projetado (100)	100	100	100	100	100	100
Necessidades líquidas				200		
Recebimentos de pedidos planejados				200		
Emissões planejadas de pedidos			200			

4. a) Programa-Mestre

Semana	1	2	3	4	5	6	7
Quantidade						100	100

b)

P LT=1semana	1	2	3	4	5	6	7
Necessidades brutas						100	100
Recebimentos programados							
Estoque disponível projetado							
Necessidades líquidas						100	100
Recebimentos de pedidos planejados						100	100
Emissões planejadas de pedidos					100	100	

K LT= 2 semanas	1	2	3	4	5	6	7
Necessidades brutas					100	100	
Recebimentos programados			10			30	
Estoque disponível projetado			10	10	10		
Necessidades líquidas					90	70	
Recebimentos de pedidos planejados					90	70	
Emissões planejadas de pedidos			90	70			

G (3) LT=1semana	1	2	3	4	5	6	7
Necessidades brutas			270	210			
Recebimentos programados							
Estoque disponível projetado (40)	40	40	40				
Necessidades líquidas			230	210			
Recebimentos de pedidos planejados			253	231			
Emissões planejadas de pedidos		253	231				

404 | GESTÃO DE ESTOQUES

H(4) — LT= 1 semana	1	2	3	4	5	6	7
Necessidades brutas			360	280			
Recebimentos programados							
Estoque disponível projetado (200)	200	200	200	40			
Necessidades líquidas			160	240			
Recebimentos de pedidos planejados			200	240			
Emissões planejadas de pedidos		200	240				

5.

Semana	1	2	3	4	5	6	7
Quantidade				100	150		200

Mesa	1	2	3	4	5	6	7
Necessidades brutas				100	150		200
Recebimentos programados							
Estoque disponível projetado							
Necessidades líquidas				100	150		200
Recebimentos de pedidos planejados				100			200
Emissões planejadas de pedidos			100	150		200	

Ripas (2)	1	2	3	4	5	6	7
Necessidades brutas			200	300		400	
Recebimentos programados		100					
Estoque disponível projetado		100	100				
Necessidades líquidas			100	300		400	
Recebimentos de pedidos planejados			100	300		400	
Emissões planejadas de pedidos		400		400			

Apoios (3)	1	2	3	4	5	6	7
Necessidades brutas			300	450		600	
Recebimentos programados							
Estoque disponível projetado (60)	60	60	60				
Necessidades líquidas			240	450		600	
Recebimentos de pedidos planejados			240	450			
Emissões planejadas de pedidos	240	450	600				

Pernas (4)	1	2	3	4	5	6	7
Necessidades brutas			400	600		800	
Recebimentos programados							
Estoque disponível projetado(120)	120	120	120				
Necessidades Líquidas			280	600		800	
Recebimentos de pedidos planejados			308	660		880	
Emissões planejadas de pedidos	968		880				

Teste

1. b; **2.**a; **3.**d; **4.**c; **5.**d; **6.**a; **7.**b; **8.**c.

Capítulo VII

Teste

1.b; **2.**a; **3.**a; **4.**d; **5.**c; **6.**d; **7.**b; **8.**d.

Capítulo X

Teste

1.d; **2.**c; **3.**d; **4.**b; **5.**a; **6.**c; **7.**d; **8.**a.

Impressão e Acabamento
Gráfica Editora Ciência Moderna Ltda.
Tel.: (21) 2201-6662